De-Kulturation und Germanisierung

Hans-Christian Harten, geb. 1948, ist z. Zt. Professor für historische Pädagogik an der Universität München.

Hans-Christian Harten

De-Kulturation und Germanisierung

Die nationalsozialistische Rassen- und Erziehungspolitik in Polen 1939–1945

Campus Verlag
Frankfurt/New York

Die Deutsche Bibliothek – CIP-Einheitsaufnahme

Harten, Hans-Christian:
De-Kulturation und Germanisierung: die nationalsozialistische Rassen- und Erziehungspolitik in Polen 1939–1945/ Hans-Christian Harten. – Frankfurt/Main; New York: Campus Verlag, 1996
ISBN 3-593-35508-6

Umschlaggestaltung: Atelier Warminski, Büdingen
Druck und Bindung: KM-Druck, Groß-Umstadt
Gedruckt auf säurefreiem und chlorfrei gebleichtem Papier.
Printed in Germany

Inhaltsverzeichnis

Einleitung

Der nationalsozialistische Polen-Politik kommt innerhalb der Besatzungspolitik, die die Deutschen während des 2. Weltkrieges betrieben, ein besonderer Stellenwert zu. Hatte der Krieg im Westen nur die Funktion, den deutschen Hegemonieanspruch in Europa durchzusetzen, so gingen die Ziele in Polen sehr viel weiter: Polen sollte nicht nur unterworfen, sondern als Staat zerstört und zu großen Teilen "germanisiert" werden. Dies beinhaltete eine groß angelegte deutsche Besiedlung, verbunden mit der Vertreibung der polnischen Bevölkerung, soweit sie als nicht "eindeutschungsfähig" erschien. Der "Blitzkrieg" gegen Polen diente zunächst nur der Vorbereitung auf den Rußland-Feldzug; das eigentliche Kriegsziel war die Kolonisierung der Sowjetunion als Basis für die Errichtung der deutschen Hegemonie in Europa. Polen war die Brücke zum Osten, es war das Aufmarschgebiet für die Vorbereitung des Krieges gegen die Sowjetunion; aber von Anfang an beanspruchten die Nationalsozialisten Polen auch als einen Teil des Großdeutschen Reichs, nicht nur als unterworfene Nation. Deshalb wurde Westpolen dem Deutschen Reich sofort nach der Kapitulation angegliedert. In diesem Teil sollten die Polen kein Heimatrecht mehr haben; nur vorübergehend brauchte man sie noch, als Arbeitskräfte für die deutsche Kriegs- und Ernährungswirtschaft und als Hilfskräfte für die hier anzusiedelnden Volksdeutschen. Langfristig sollten hier aber nur noch Deutsche bzw. Menschen "germanischer Rasse" leben. Der mittlere Teil Polens, das "Generalgouvernement" erhielt den Status einer Kolonie zur wirtschaftlichen Ausbeutung, in die man schrittweise die polnische Bevölkerung der ins Reich eingegliederten Gebiete abschieben wollte. Dem Generalgouvernement waren aber noch andere Funktionen zugedacht: es sollte zugleich als Abschiebeterritorium für Juden, Polen, Zigeuner und überhaupt "unerwünschte Elemente" aus dem "Altreich" dienen – dahinter stand die Utopie einer Reinigung des deutschen "Volkskörpers"; es sollte als Aufmarschgebiet für den Krieg gegen die Sowjetunion dienen; und es sollte den Vorposten für sukzessive weiter voranzutreibende deutsche Besiedlungen nach Osten bilden, den Ostwall aus deutschen Wehrbauern, den man wie einen Keil langsam weiter in den Ostraum hineintreiben wollte, um in Rußland deutsche Siedlungszonen als Stützpunkte für die Errichtung der Kolonialherrschaft zu schaffen. Darüber, ob das Generalgouvernement auf lange Sicht polnisches Arbeitskräftereservoir bleiben oder ebenfalls "germanisiert" werden sollte, bestand in der nationalsozialistischen Führung noch keine Einigkeit.

Für einen großen Teil der polnischen Bevölkerung bedeutete dies, daß sie nur ein vorübergehendes Bleiberecht hatte. Die Politik der Germanisierung war deshalb von einer rigorosen Politik ethnisch-rassischer Trennung begleitet. Dahinter stand nicht nur die Absicht, Kontakte und Vermischungen zwischen Deutschen und Polen zu verhindern, sondern auch, die langfristig geplante – und stellenweise auch bereits in Angriff genommene – Abschiebung zu erleichtern. Darüberhinaus hatte die nationalsozialistische Apartheidspolitik den Sinn, die deutsche Volksgemeinschaft aufzubauen und nach innen zu festigen. Polen war auch – und darin liegt die andere Besonderheit der nationalsozialistischen Polen-Politik – das Experimentierfeld für die Errichtung der künftigen gesellschaftlichen Ordnung im erträumten "Germanischen Reich deutscher Nation" überhaupt. Hier, dies gilt vor allem für die eingegliederten Gebiete, konnte man eine Politik der tabula rasa betreiben, ohne Rücksichtnahme auf Traditionen und Empfindungen der Bevölkerung, die ja aus diesem Raum verschwinden sollte. Deshalb war Polen auch das Experimentierfeld für die Verwirklichung der nationalsozialistischen Utopie. Das Generalgouvernement war zudem das Erprobungsfeld für die in anderen Regionen geplante deutsche Kolonialverwaltung. In Polen, das die längste Dauer deutscher Besatzung während des Krieges zu erdulden hatte, konnte das experimentelle Handeln der Nationalsozialisten, die Arbeit am Aufbau der neuen Ordnung, die Vorbereitung der Zukunft, sich am intensivsten entfalten. Die Analyse der nationalsozialistische Polen-Politik ist daher auch in besonderer Weise geeignet, die nationalsozialistische Utopie zu enthüllen. Zu dieser Utopie gehört schließlich noch eine weitere Besonderheit der deutschen Polen-Politik: die Vision eines "judenfreien" Europas sollte hier vor allem ihre Verwirklichung finden. Weil Polen nicht nur das Experimentierfeld der Zukunft, sondern zugleich das Land mit den höchsten Judenzahlen in Europa war, wurde hier auch der gesamteuropäische Holocaust organisiert.

Die nationalsozialistische Polen-Politik war nicht nur von macht-, sondern auch von rassenpolitischen Zielen geleitet. Es ging nicht nur um ökonomische Ausbeutung, sondern auch um die Umsetzung einer rassistischen Ideologie und der Utopie einer neuen, rassisch differenzierten, von "minderwertigen" und "zersetzenden" Rassen gereinigten Gesellschaft. Für Juden und Zigeuner gab es überhaupt keinen Platz mehr in der neuen Ordnung; den Polen – und generell den "ostisch-slawischen" Rassen – war immerhin der koloniale Status von "Schutzangehörigen" zugedacht, die, am unteren Ende der sozialen Hierarchie stehend, die künftigen Arbeitssklaven des Großgermanischen Reichs stellen würden – deshalb mußte das polnische Volk zuallererst seiner Kultur und der sie tragenden Führungsschicht beraubt werden. Die politische und kulturelle Führung war den germanischen Kernrassen mit den "Nordern" an der Spitze zugedacht. Solche Vorstellungen der "Versklavung" und Enthumanisierung bestanden nur gegenüber dem "ostisch-slawischen" Rassenkreis, während sie in den besetzten Gebieten Nord- und Westeuropas niemals eine Rolle spielten. Die Ostpolitik war aufs engste mit der Beseitigung der Juden verbunden; denn in der "jüdisch-bolschewistischen" Gefahr erblickten die Nationalsozialisten eine entscheidende Bedrohung ihrer hegemonialen Ansprüche: Weil die ostisch-slawischen Rassen zu eigenen staatlichen und kulturellen Leistungen als unfähig angesehen wurden, führte der nationalsozialistische Rassenwahn solche Leistungen auf die Wirkung der Juden zurück – wären sie erst einmal beseitigt, hätte man daher leichtes Spiel bei der Unterwerfung der Völker des Ostens.[1] Es gehört zu den bizarren Aspekten dieses Rassenwahns, daß, so die Vorstellung, von der insbesondere Himmler besessen war, die andere große Gefahr des eigenen Herrschaftsanspruchs von eigenen "Blutsbrüdern" ausging: Germanen, die in vergangenen Jahrhunderten in den Osten auswanderten, dort im polnischen (oder russischen, tschechischen etc.) Volk aufgingen und schließlich zu staatlichen und kulturellen Leistungsträgern wurden, die auch am ehesten befähigt schienen, den Widerstand gegen die deutschen Besatzer zu organisieren. Der andere große Kampf galt daher der "Rückgewinnung des nordischen Bluts". Auch diese Politik wurde vor allem in Polen organisiert. Himmlers Idee einer systematischen Suche nach nordischem Blut in fremdvölkischer Umgebung machte im Rahmen seines wahnhaften Weltbildes durchaus Sinn und war darin auch von militärisch-strategischer Relevanz.

Der nationalsozialistische Rassismus hatte einen ideologischen, einen instrumentellen und einen utopischen Aspekt. Der ideologische Aspekt war die Legitimation des deutschen Hegemonialanspruchs in Europa durch die Behauptung der besonderen Führungsqualitäten der "nordischen Rasse", eine Behauptung, für die zahllose wissenschaftliche Untersuchungen den Nachweis zu erbringen suchten. Dieser Führungsanspruch war durch die "zersetzende" Wirkung gefährdet, die man den Juden unterstellte, aber auch durch den Heroismus, den man beispielsweise den "polonisierten Nordern" zuschrieb. Der instrumentelle Aspekt des Rassismus liegt in seiner Funktion

[1] Vgl. Hillgruber 1977.

der De-Personalisierung des Anderen, die seine De-Humanisierung einleitet und Ausgrenzung, Unterjochung und schließlich Vernichtung psychologisch möglich macht. Darauf wurden die Deutschen durch die rassenpolitische Erziehung im Dritten Reich permanent vorbereitet. Hier liegt auch die psychologische Funktion der Apartheidspolitik, wie sie in idealtypischer Weise im besetzten Polen zur Entfaltung kam. Die außerordentliche Wirkung der nationalsozialistische Rassenideologie ist aber ohne einen utopischen Aspekt nicht zu verstehen: Erst die utopische Vision einer vermeintlich besseren Zukunft der gesellschaftlichen Ordnung vermochte jene Energien zu mobilisieren, die den Nationalsozialismus trugen. Diese Vision richtete sich sowohl auf das Versprechen von Macht für den einzelnen als auch auf den Wunsch nach einer Volksgemeinschaft, in der jeder seinen Platz fände und aus der das "Fremde" und damit die Angst vor dem Fremden verbannt wären; die Imagination des "Fremdrassischen" und "Fremdvölkischen" war eine Symbolisierung des Wunsches nach einer Gemeinschaft, in der es keine grundlegenden Konflikte mehr gäbe, weil alle durch die gemeinsame "Stimme des Blutes" miteinander verbunden wären, die nicht mehr durch das "Fremde" verunreinigt wäre. Sie war eine Symbolisierung des Wunsches, der anstrengenden Pragmatik diskursiver Kommunikation enthoben zu sein, die auf der Anerkennung der Differenzen beruht statt auf ihrer Negation.

Vor diesem Hintergrund wird der historisch einzigartige Charakter des Herrschafts- und *Erziehungssystem* sichtbar, das die Deutschen im besetzten Polen errichteten. Es stützte sich auf ethnische Differenzierungen und rassisch begründete Selektionen, für die es kein Vorbild in der kolonialpolitischen Tradition gibt. Diese Einzigartigkeit des nationalsozialistischen Herrschafts- und Erziehungssystems in Polen rechtfertigt es, hier von einem eigenen "Paradigma" zu sprechen. In den dem Reich angegliederten Gebieten war das Ziel dieser Politik, in kolonialgeschichtlicher Hinsicht, weder "Assimilation" noch "Separierung". Weder Assimilation: Die polnischen Kinder sollten nicht zum "Deutschtum" erzogen werden, "Germanisierung" hieß vielmehr Inbesitznahme und Besiedlung durch Deutsche und "Rückdeutschung" deutschstämmiger (und "nordrassischer") Polen; noch Separierung in dem Sinn, daß den Polen ein untergeordneter, aber eigener Raum getrennt von den Deutschen zugestanden werden sollte: Sie sollten keine eigene, wie auch immer begrenzte kulturelle Identität mehr haben, da ihnen lediglich die Funktion einer Sklavenarbeiterschaft für die deutschen Interessen zugedacht war. Auf mittlere Sicht sollten die dem Reich angegliederten Gebiete – auf lange Sicht nach den Vorstellungen Himmlers auch das "Generalgouvernement" – überhaupt "polenfrei" gemacht werden, die Polen würden dann nur noch als

Wanderarbeiter gebraucht und geduldet werden. Diese Ziele fanden ihren Ausdruck in der Schulpolitik, die damit zu einem wichtigen Instrument der Rassen- und Volkstumspolitik avancierte: Den polnischen Kindern wurde die eigene Kultur verweigert, sie durften aber auch nicht an der Kultur der neuen Herrenschicht partizipieren. Die polnische Sprache wurde aus dem Unterricht verbannt, Deutsch wurde aber nur so weit unterrichtet, wie es zum Verstehen einfacher Arbeitsanweisungen unerläßlich war.

Diese Politik lief auf eine Strategie der "De-Kulturation" hinaus. Sie destruierte, von deutschen Erziehungswissenschaftlern und Pädagogen mitgetragen, was die geisteswissenschaftliche Pädagogik seit langem zur Aufgabe der Pädagogik deklariert hatte, nämlich die "Enkulturation" der Heranwachsenden. Insofern fällt diese Politik auch aus dem Kontext der allgemeinen Evolution moderner Bildungssysteme heraus, deren Merkmal fortschreitende "Inklusion" ist, während hier eine Rückbildung durch die Etablierung von Mechanismen des Ausschlusses erfolgt. Hatte diese Rückbildung in Deutschland schon mit der Ausgrenzung der Juden aus den allgemeinen staatlichen Bildungssystemen eingesetzt, hier aber nur eine kleine Minderheit betroffen, so erhielt sie jetzt mit der Übertragung auf eine ganze Nation eine ganz andere Dimension: Hier kündigten sich die Strukturen einer Neuordnung der Bildungssysteme überhaupt an. An die Stelle einer Differenzierung nach Prinzipien individueller Leistung und sozialer Chancengleichheit trat jetzt eine Differenzierung nach Leistung und "Blut", in der askriptive – rassische – Merkmale über den Zugang zu Bildungsinstitutionenen und das Maß staatlich zugeteilter "Enkulturation" entschieden. Diese Politik unterschied sich damit z.B. auch von der südafrikanischen Apartheid, die noch am ehesten Analogien zum nationalsozialistischen Rassismus aufwies – die Rassentrennung, die die Nationalsozialisten in Polen einführten, glich ihr in vielem, aber in Südafrika zielte sie auf Separierung, nicht Dekulturation.

Diese Politik einer Kombination von De-Kulturation und Germanisierung nach ethnisch-rassischen Kriterien ist damit freilich nur idealtypisch beschrieben; sie entsprach den Intentionen Himmlers und der Rasse- und Volkstumsexperten, die für ihn arbeiteten, wurde aber in der Realität nicht einheitlich und konsistent durchgesetzt. Sie bildete eher eine Utopie, die das Handeln leitete, aber in der Praxis auf Realisierungsschwierigkeiten stieß. Wie wenig sich die Deutschen von solchen Schwierigkeiten beirren ließen, zeigt freilich der Holocaust und der wahnhafte Kampf für den "Endsieg". Am ehesten näherte sich die reale Politik der Utopie im Warthegau an; im Generalgouvernement dagegen war sie von Anfang an nur mit Abstrichen und pragmatischen Zugeständnissen durchführbar.

Gleichwohl läßt sich am Beispiel der nationalsozialistischen Polen-Politik die Macht, die Utopien – gerade auch "schlechte" Utopien – über das reale Handeln erlangen können, demonstrieren. Der utopische Aspekt, der in der nationalsozialistischen Rassenideologie steckt, ist kein Sekundärphänomen; er macht erst die Mobilisierung der Energien verständlich, die der Nationalsozialismus zustande brachte – die Mobilisierung von Aufbauenergien für die "Germanisierung", die vor allem die Hitler-Jugend erfaßte, und die Mobilisierung destruktiver Energien für De-Kulturation, Vertreibung und Völkermord gleichermaßen. Insofern läßt sich diese Politik als ein Versuch der Realisierung einer zweifachen Utopie lesen: der Utopie eines neuen, und wie viele glaubten, auch besseren Deutschlands und einer Utopie des Schreckens.

Den Hintergrund dieser Utopien bildeten imperiale und "rassenhygienische" Träume, für die die Rassen- und Volkstumswissenschaftler des Dritten Reichs eine rationale Grundlage zu liefern suchten. In diesem wissenschaftlichen Begründungsversuch, der in der Polen-Politik unmittelbar handlungsrelevant werden sollte, läßt sich wiederum ein – bei aller Problematik und bei allem Wahnhaften – "moderner" Zug des Nationalsozialismus ausmachen, der das Wahnhafte, auf der Folie empirischer Untersuchungen, als rational erscheinen ließ. "Modern" war diese Politik insbesondere auch darin, daß sich hier Planungsvorstellungen ohne Rücksicht auf traditionale Gebundenheiten in die Tat umsetzen ließen – man wollte Modellhaftes für die Zukunft schaffen, "Mustergaue", die möglich schienen, weil man hier eine Politik der tabula rasa betreiben konnte.[2] Die Kehrseite dieser Politik war ihre destruktive Energie, die einkalkulierte Vernichtung von Menschen und kulturellen Strukturen. Erst vor diesem Hintergrund wird auch der bemerkenswerte Anteil verstehbar, den Wissenschaftler, speziell auch Psychologen und Pädagogen an dieser Politik hatten, die von einer Planungs und Gestaltungseuphorie erfaßt wurden. Diese Politik wurde nicht einfach nur von paranoiden Politikern entworfen und von kulturlosen SS-Horden in die Tat umgesetzt; sie wurde vielmehr von Wissenschaftlern und wissenschaftlich gebildeten Verwaltungsbeamten geplant und verwirklicht, sie war unter anderem auch das Werk von Pädagogen, die sich als kulturelle Elite und als Träger der abendländischen Kultur begriffen. Wenn später, gerade in der Pädagogik, von "Verführung" die Rede war, von der Macht der Demagogie, dann war dies auch eine Selbsttäuschung: Die aktive Beteiligung von Professoren läßt sich auf diese Weise nicht wegrationalisieren. Diese Rede erlaubte nach 1945 die Konstruktion einer neuen Identität, die die eigene Verstrickung aus dem Bewußtsein und aus den Disziplinen verschwinden ließ.

---

[2] Bramwell 1985, S. 157.

Die Beschäftigung mit der nationalsozialistischen Rassen- und Erziehungspolitik im besetzten Polen soll deshalb auch als ein Beitrag zur wissenschaftsgeschichtlichen Rekonstruktion des Dritten Reichs verstanden werden. Aber die Auseinandersetzung mit dem Nationalsozialismus ist natürlich nicht nur von wissenschaftshistoriographischem Interesse. Erziehungsgeschichtlich läßt sich an diesem Beispiel lernen, was mit Mitteln der Eziehung bewirkt werden kann. Die Erziehungswissenschaft muß sich der ganzen Reichweite der Möglichkeiten von politisch instrumentalisierter Erziehung stellen, will sie eine tragfähige Theorie der Erziehung und Bildung für die Zukunft entwickeln. Darüberhinaus gibt es aber auch einen konkreten politischen Anknüpfungspunkt für dieses Thema: die Kontinuität des "Anti-Polonismus", die heute, da nach dem Fall des "Eisernen Vorhangs" die Aussöhnung mit Polen allmählich auf die politische Tagesordnung gelangt, von besonderer Aktualität ist. An dieser Stelle sei auf einige jugendsoziologische Untersuchungen verwiesen: In einer Befragung unter Jugendlichen der ehemaligen DDR über Sympathien für Angehörige anderer Völker nannten jeweils zwischen 60 und 70% der Jugendlichen Sympathien für US-Amerikaner, Engländer und Franzosen; am anderen Ende der Sympathie-Skala standen Polen mit 12%, gefolgt nur noch von Vietnamesen, Türken und Zigeunern. Bemerkenswert ist, daß die Sympathie für Polen bei Jugendlichen geringer ist als bei Erwachsenen.[3] In einer anderen Untersuchung aus dem Jahr 1990 antworteten auf die Frage "Sind, Ihrer Meinung nach, die Deutschen in ihrer Gesamtheit besser als die folgenden?" bei "Franzosen" nur 8%, bei "Polen" dagegen 67% mit "ja".[4] Im September 1994 veröffentlichte der "SPIEGEL" Ergebnisse einer Umfrage unter deutschen Jugendlichen; auf die Frage: "Wenn Sie meinen, daß die Deutschen einem Volk überlegen seien, an welches Volk würden Sie denken?" nannten 87% zuerst die Polen, auf die Frage: "Sie sitzen alleine in einem Bahnabteil. Herein kommt eine Menschengruppe. Welche wäre Ihnen am unangenehmsten?" wurden an erster Stelle Türken, an zweiter Polen genannt. In solchen Zahlen kommt nicht zuletzt das Versagen der Pädagogik bei der Aufarbeitung der deutsch-polnischen Geschichte zum Ausdruck.

---

[3] Lederer u.a. 1991. Fügen wir hinzu, daß die Zahl der Jugendlichen in Ostdeutschland, die dem Nationalsozialismus positive Seiten abgewinnen können, seit 1988 deutlich gestiegen ist: Müller/ Schubarth 1991.

[4] Friedrich/ Schubarth 1991.

1. Von der Rassenhygiene zur deutschen Ostpädagogik: Vordenker und Vorbereitungen

1. 1. Völkische Esoterik und nationalsozialistische Rassenwissenschaft

Die nationalsozialistische Polen-Politik war von handfesten materiellen Interessen bestimmt: ökonomische Ausbeutung des Landes und seiner Bevölkerung, sowie die Eroberung von Territorium für eine deutsche Besiedlung. Hinzu kam das militärische Ziel, hier ein Aufmarschgelände für den Krieg gegen die Sowjetunion zu schaffen. Die Rassentheorie sollte diese Ziele der Kolonisierung und "Germanisierung", wie man die deutsche Besiedlung nannte, rechtfertigen. Der nationalsozialistische Rassenwahn entfaltete aber darüber hinaus eine eigene Dynamik, die weit über unmittelbar ökonomische Interessen hinausging. Die Rassentheorie erfüllte nicht nur die Funktion einer Ideologie, sondern auch die einer Utopie und einer Ersatzreligion; nur deshalb konnte sie ihre außerordentliche mobilisierende Kraft entfalten.[1] Sie zielte auf eine neue Sozialordnung und auf einen neuen Menschen ab. Im Osten sollte diese neue Ordnung zuerst verwirklicht werden. Vor allem Himmler, dem Hitler die Hauptverantwortung dafür übertrug, war in seinem Denken und Handeln von dieser Utopie geleitet.

Die Herausbildung des nationalsozialistischen Paradigmas der Rassentheorie und der "nordischen Idee" erfolgte bereits vor 1933. Sie hat im wesentlichen drei Stränge: die naturwissenschaftlich-medizinische Konzeption der "Rassenhygiene", die völkische Mystik und eine völkische "Phänomenologie", die in rassensoziologische und -psychologische Ansätze mündete. In der "Rassenwissenschaft", die sich im Dritten Reich an den deutschen Universitäten, Hochschulen und Forschungsinstituten etablierte und die eine zentrale Bedeutung in der praktischen Polen-Politik spielen sollte, treffen diese drei Stränge zusammen. Elemente dieser Politik sind in allen drei Traditionssträngen vorbereitet worden.

---

[1] Mommsen spricht in bezug auf den Holocaust von einer "chiliastischen Dimension", die die Idee des Kampfs gegen die Juden bei Hitler erhielt; bei Himmler habe sich dies in den Ehrgeiz umgesetzt, "das Millennium noch zur Lebenszeit des Diktators" zu verwirklichen: Mommsen 1983.

Beginnen wir mit dem Konzept der "Rassenhygiene" – heute würde man von Eugenik bzw. Sozialeugenik sprechen. Die nationalsozialistische Polen-Politik war angewandte Rassenhygiene in dem Sinn, daß im eroberten "neuen Osten" "schlechte, minderwertige" Rassen ausgesondert und teils vernichtet, teils abgeschoben, teils in eine neue Schicht höriger Sklavenarbeiter umgewandelt werden sollten. Gleichzeitig wollte man hier eine "nordisch-germanische", erbgesunde Volksgemeinschaft schaffen. Die Rassenhygiene war eine wissenschaftliche Bewegung, die im späten 19. Jahrhundert begann, getragen von der diffusen Angst vor einer allgemeinen "Degenerierung" der Menschheit infolge der Urbanisierung und der modernen Sozialpolitik, die, so die sozialdarwinistische Argumentation, die "Schwachen" schütze und so zur Vermehrung "minderwertigen Erbgutes" in der Gesellschaft beitrage.[2] "Minderwertigkeit" machte sich vor allem an Erbkrankheiten fest, und die rassenhygienische Politik zielte in erster Linie darauf ab, die Fortpflanzung Erbkranker zu verhindern. Aber der Begriff "erbkrank" war weit gefaßt und schloß z.B. vielfach auch psychische Krankheiten mit ein. Vor allem aber verband er sich von Anfang an auch mit sozialen Wertungen wie der Annahme von der Vererbbarkeit krimineller und anderer "asozialer Anlagen". Mit der Unterbindung der Fortpflanzung Minderwertiger – vor allem auf dem Weg über entsprechende Ehegesetze und staatlich verordnete Sterilisierungen – hofften die Rassenhygieniker, einen alten Traum der Medizin zu verwirklichen: den Traum von einer erbgesunden Menschheit. Diese Utopie hatte zunächst keine oder kaum offen rassistische Kompenenten. Der wichtigste Vertreter der frühen medizinischen Rassenhygiene in Deutschland, *Schallmeyer*, sprach bewußt von Rasse-, nicht Rassenhygiene, er meinte die "menschliche Rasse" schlechthin, die es durch sozialeugenische Maßnahmen zu regenerieren und zu vervollkommnen gelte.[3] Schallmeyer, der sozialistischen Ideen nahestand, schlug eine eugenische Sozialreform vor, wie sie zum Teil schon von Galton in England propagiert worden war: eugenische Auszeichnungen wie "Ehrendiplome" und steuerliche Privilegien für Kinderreiche mit gesunden Nachkommen zur Förderung der Fortpflanzung "hochwertiger", d.h. erbgesunder Menschen und Eheverbote, um die Fortpflanzung "Minderwertiger", d.h. Erbkranker zu verhindern. Zu diesem Zweck sollten "Erbkataster" für die gesamte Bevölkerung angelegt werden – ein Programm, das sehr schnell in die Forderung nach einer Politik der Sterilisierung mündete. Schon Nietzsche hatte von einer "Höherzüchtung" der

[2] Zur Geschichte des Sozialdarwinismus und der Rassenhygiene siehe vor allem: Marten 1983; Becker 1988; Weingart/ Kroll/ Bayertz 1988.

[3] Schallmeyer 1918.

Menschheit durch die Sterilisation von Kranken und Kriminellen geträumt.[4] Schallmeyer ergänzte dieses sozialeugenische Reformprogramm mit einem Bildungsreformprogramm: Zum einen müsse die junge Generation zur "Moral des Rassedienstes" erzogen werden – das bedeutete z.B., daß den Heranwachsenden Kenntnisse für eine gesunde Lebensführung und die richtige Gattenwahl vermittelt werden, also ein rassenhygienischer Unterricht. Zum anderen forderte Schallmeyer ein Bildungssystem, in dem das Prinzip der Chancengleichheit so verwirklicht wäre, daß die "Tüchtigen und Leistungsfähigen nach oben kommen". Über die Auslese der Besseren und Fähigeren durchs Bildungssystem sollte sich eine soziale Differenzierung nach Leistung herstellen, die die natürlichen Fähigkeiten abbildete. Schallmeyer nahm auch reformpädagogische Forderungen auf wie die Entrümpelung der Lehrpläne von allem "Unnützen", die größere Berücksichtigung von Leibesübungen, freien Bewegungsspielen etc.[5] An seine sozialeugenische Schulkritik (die sich auch gegen die "Stoffüberbürdung" wandte) schloß sich die Forderung nach einer Verkürzung der Unterrichtszeiten an, damit die "Gebildeten", und das heißt: die "Höherwertigen", früher zur Eheschließung gelangen und sich stärker fortpflanzen können – ein Anliegen, das die nationalsozialistischen Rassenhygieniker später teilten und das vor allem von dem sächsischen Staatsminister Hartnacke in zahlreichen Publikationen vorgetragen wurde. Dahinter stand das Argument von der Gefahr der Selbstausrottung der "Hochwertigen". Denn weil sie zu lange im Bildungssystem festgehalten würden, kämen sie in ihren "besten Jahren" nicht zur Fortpflanzung. Außerdem gingen viele Studenten "aus Not" zu Prostituierten, holten sich dort die Syphilis und würden so unfruchtbar.

Diese kontraproduktive, weil "degenerative" Wirkung des Bildungssystems wurde auch von *Fritz Lenz* hervorgehoben, einem führenden Repräsentanten der Rassenhygiene und Sozialeugenik in den zwanziger Jahren und während des Dritten Reichs. An ihm läßt sich exemplarisch zeigen, welchen Beitrag die medizinische Wissenschaft zur Herausbildung des nationalsozialistischen Rassismus leistete. Bei ihm verbindet sich die Rassenhygiene mit der völkischen Idee einer erneuerten deutschen Volksgemeinschaft. Lenz, 1887 geboren und seit 1923 Professor für menschliche Erblehre und Rassenhygiene in München, seit 1933 in Berlin, entwarf das soziale Modell einer neuen Ständeordnung, die aber nicht starr sein, sondern auf einer Differenzierung nach Erbgesundheit, erblicher Tüchtigkeit und Leistung beruhen sollte – eine für die rassenhygienische Bewegung charakteristische

[4] Weingart/ Kroll/ Bayertz 1988, S. 70ff.
[5] Schallmeyer 1918, S. 434ff.

Verknüpfung traditionaler und moderner Elemente. Auch Lenz beschäftigte sich mit Fragen der Erziehung. Die Schule, so meinte er, müsse das "erste Sieb der Auslese" sein. Gleiche Bildung für alle und die Einheitsschule, wie sie die Sozialdemokratie forderte, seien Irrwege, weil sie die soziale Auslese zum Nachteil der Begabten hemmten. Die Begabten könnten sich nicht entfalten und würden zu lange im Bildungssystem festgehalten, sie gelangten zu spät zur Familiengründung und zögen sich außerdem Geschlechtskrankheiten zu: "Jedes Jahr Verlängerung der Ausbildungszeit bedeutet einen großen Prozentsatz Syphilis mehr für die jungen Leute der geistigen Berufe."[6] Daher auch hier die Forderung nach Verkürzung der Bildungszeiten, verbunden mit einer Verschärfung der Selektion und einer frühen Sonderung nach Begabungen. Dies war gegen die bildungspolitischen Demokratisierungsbestrebungen in der Weimarer Republik gerichtet. Während diese Politik, so Lenz, dazu beitrug, daß sich die Fortpflanzungsraten der "erblich Besten" immer mehr verringerten, unterstützte sie gleichzeitig durch eine übertriebene Förderung der "sozial Schwachen" und weniger Begabten den Aufstieg "Minderwertiger". Die Sozialpolitik habe das Ihre dazu beigetragen, indem sie Minderwertige, eigentlich nicht Lebensfähige, künstlich am Leben erhielt. Gerade die "minderwertigen Elemente" der Gesellschaft pflanzten sich aber übermäßig fort. So komme es zu einer Schere der Entwicklung der Begabungen. Dabei drohe der Niedergang der "Rasse" weniger von den Erbkranken – Idioten und Schwachsinnige hätten zumeist nur wenig Kinder – als von den "Dummen", jene die nicht gerade schwachsinnig seien, aber, weil es ihnen an sozialem Verantwortungsbewußtsein fehle, überdurchschnittlich viele Kinder hätten, unter denen dann besonders häufig Schwachsinnige aufträten. Der Niedergang, so das Schreckensszenario, drohe "von der Vermehrung der Minderbegabten, schwächlichen und kränklichen und mehr noch von der unzulänglichen Fortpflanzung der überdurchschnittlich Begabten".[7] Die Gefahren, die von den "Minderwertigen" und "Dummen" drohten, schienen empirisch-statistisch belegt. Ebenso schien empirisch belegt, daß sich diese "Typen" in den untersten sozialen Schichten finden: "seelische und körperliche Schwächezustände" träten hier gehäuft auf.[8] Lenz glaubte, eine große Gruppe sozial Minderwertiger, deren "Schwächen" erblich bedingt wären, in Bettlern, Landstreichern, Prostituierten, Zuhältern und Gewohnheitsverbrechern ausmachen zu können, jenen Gruppen, die man im Dritten Reich dann unter dem Begriff der "Gemeinschaftsunfähigen" zusammenfaßte.

---

[6] Lenz 1925 S. 41.
[7] Lenz 1943.
[8] Lenz 1921, S. 59f.

Diese Vermutungen über "Erbgesundheit" und "Erbwerte" verknüpfte Lenz mit rassischen Kategorien.[9] Für ihn war es ausgemacht und auch statistisch erwiesen, daß das "nordische Blut" in den höheren Ständen stärker fließt – deutsche Professoren beispielsweise trügen verhältnismäßig häufig "nordisches Blut" in sich, während gleichzeitig nordische Rassentypen seltener an Verbrechen beteiligt seien. Ebenso schien ein Begabungsunterschied der Rassen erwiesen: Die Begabungen seien im Durchschnitt am größten in Nordwesteuropa, wo die nordische Rasse dominiert, am geringsten dagegen in Süd- und Osteuropa. Aber: das große Schreckbild der allgemeinen Degeneration stand als Menetekel an der Wand, wissenschaftlich durch unzählige statistische Untersuchungen erwiesen: die Vermehrung der Hochwertigen blieb immer mehr hinter der der Minderwertigen zurück. Wie konnte das Unheil abgewendet werden? Nur durch eine entschlossene Politik der Rassenhygiene. Dazu gehörte neben einer Bildungsreform eine Politik der – wie Lenz 1943 formulierte – "Förderung der Fortpflanzung hochgearteter Erbstämme". Zu diesem Zweck müsse der Staat eine "Pflicht zur Kinderaufzucht" als "völkische Pflicht" analog der Wehrpflicht durchsetzen. Lenz dachte hier an einen eugenischen Familienlastenausgleich: "Jeder lebenstüchtige Volksgenosse hat die Pflicht, mindestens 4 Kinder aufzuziehen. Wer diese Pflicht nicht erfüllen kann, hat die Kosten der Aufzucht der fehlenden Kinder trotzdem zu tragen." Für jedes fehlende Kind wollte er 10% des Einkommens ansetzen, um damit fortpflanzungswillige, erbgesunde Familien zu unterstützen. Alle Erbkranken, Schwachsinnigen etc. hingegen müßten sterilisiert werden.[10]

Eine weitere strategische Ebene war für Lenz die Förderung eines erblich gesunden und hochwertigen Bauerntums. Denn eine Hauptursache für den rassischen Niedergang, darin waren sich die meisten Rassenhygieniker einig, lag im Niedergang des Bauerntums, für Lenz: in der nachlassenden Vermehrung des Bauerntums gerade in den "germanischen Kerngebieten" Deutschlands. Das gesunde Bauerntum galt als der Quell der rassischen Erneuerung der Gesellschaft. Schon 1921 trat Lenz für die Stärkung eines "gesunden germanischen Bauerntums" ein: Die besitzende Landbevölkerung sei berufen, die "Quelle der Rassentüchtigkeit" zu bilden.[11] Diese Quelle könne durch "bäuerliche Lehen" wieder zum Sprudeln gebracht werden. Der Staat solle geeignete Grundstücke an ausgesuchte rassetüchtige Familien vergeben. Diese Grundstücke würden so lange im Besitz der Familien bleiben, wie diese

9 Ebd., S. 62ff.
10 Lenz 1943.
11 Lenz 1921, S. 158ff.

sich durch ausreichende Kinderzahl bewährten, anderenfalls fielen sie an den Staat zurück. Diese Bauernfamilien würden einst den neuen Erb- und Leistungsadel der Nation bilden. Familien, die zur Führung des Volkes geeignete Männer stellen, gedeihen, meinte Lenz, am besten auf größeren Landgütern. Dieses Projekt verband Lenz nun mit dem Konzept einer restriktiven Einwanderungspolitik, die sich vor allem gegen die polnischen Wanderarbeiter richtete und die der Landflucht im deutschen Osten entgegenwirken sollte. Die völkischen Rassenhygieniker hatten zwei Schreckensszenarien: Während in Deutschland die Erbkranken und Minderwertigen sich rasant vermehrten und die Hochwertigen ausstürben, vermehrte sich gleichzeitig die polnische Bevölkerung, die "minderwertige ostisch-slawische Rasse", um ein Vielfaches schneller als die deutsche, so daß das hochwertige germanische Blut von innen und außen unter wachsenden Druck geriet. Hier wurde die Angst vor dem polnischen Bevölkerungsdruck, vor der "polnischen Flut" ausgemalt. Kern dieses Szenarios war der "Mißstand" der Bewirtschaftung von Gütern im deutschen Osten durch polnische Landarbeiter als eine Folge der Landflucht. Langfristig, so Lenz, würde Deutschland eine slawische Siedlungskolonie werden, wenn es nicht gelinge, das Ruder rechtzeitig herumzureißen. Sein Vorschlag war, daß der Staat Güter, die sich ohne fremde Arbeiter nicht halten können, aufkauft und in Lehenssiedlungen für jene erbtüchtigen germanischen Bauern umwandelt, aus denen die neue deutsche Elite hervorgehen soll. Lenz hatte darüberhinaus auch schon die weitergehende Vision einer deutschen Siedlungsbewegung nach Rußland hinein: sobald der Bolschewismus "abgewirtschaftet" hätte, würde man deutsche Kolonisatoren dort gerne sehen. Die Zuwanderung nach Deutschland wollte er dagegen einer rassenhygienischen Kontrolle unterwerfen, die Einwanderung von Osteuropäern wollte er ganz unterbinden. Man findet in diesem Programm von 1921 bereits zentrale Elemente der späteren nationalsozialistischen Ostpolitik angelegt.[12]

Die Verknüpfung rassenhygienischer Reformvorstellungen mit der Siedlungsidee und der Idee der Ostkolonisation, die bei Lenz nur skizziert ist, wurde vor allem von Esoterikern der deutsch-völkischen Bewegung vorangetrieben – Einzelgängern und Außenseitern der rassenhygienischen Bewegung mit zum Teil abstrusen und bizarren Ideen, die jedoch aufgrund des Einflusses, den sie auf später führende Vertreter des Nationalsozialismus ausübten, von Bedeutung sind. Zu ihnen gehört der ehemalige Priester und

[12] Lenz verfaßte 1940 eine Denkschrift für das RuSHA über die Ansiedlung deutscher Bauern im annektierten Teil Polens, in dem er empfahl, nur "rassisch absolut einwandfreie Deutsche" dort anzusiedeln: Müller-Hill 1984, S. 77.

Zisterziensermönch *Jörg Lanz von Liebenfels*, dessen Schriften der junge Hitler in Wien studierte.[13] Er entwarf bereits 1905 das Zukunftsbild einer Rassenpolitik, die nach der negativen Seite hin großangelegte Maßnahmen der Sterilisation, Ausrottung und Versklavung "Minderwertiger", nach der "positiven" Seite hin Maßnahmen der Höherzüchtung beinhaltete, um die Vorherrschaft eines reinrassigen Germanentums auf dem Erdball zu sichern. Lanz von Liebenfels dachte bereits die ganze Reichweite der Möglichkeiten durch, die die Sozialeugenik zu eröffnen schien. Sein Denken war noch kaum wissenschaftlich fundiert, sondern überwiegend intuitiv. Er hatte noch keinen Begriff, aber bereits eine Ahnung vom Kommenden, daher waren seine Ideen noch in eine mystische und esoterische Sprache gekleidet. Aber wenn man Mystizismus und Phantastik beiseite räumt, gelangt man zu einem relativ "rationalen" Kern seines Denkens, nämlich zu dem Versuch einer sozialeugenischen und rassenhygienischen Umdeutung der christlichen Eschatologie. Darin kündigt sich etwas an, was für das Verständnis des nationalsozialistischen Vernichtungswahns bedeutsam ist, nämlich das Bewußtsein, als Träger einer welterlösenden Mission zu handeln.

Nach Lanz' Auffassung war die Erde im Zustand des Paradieses von rassenreinen "blau-blonden" Göttern bevölkert. Der Fall kam mit der Erbsünde, als sich diese Heroen mit Tieren einließen (schuld war die Labilität der Frau) und ein bastardiertes Menschengeschlecht hinterließen. Die Erlösung beginnt deshalb mit der Entmischung durch eine neue Reinzucht. Das Jüngste Gericht deutete Lanz als Prozeß dieser Entmischung, als Scheidung der Guten von den Schlechten durch eine rassenhygienische Auslese. Sie ist das Werk der neuen Ecclesia, der Gemeinde der auserwählten Heiligen. Diese Gemeinde errichtet während des tausendjährigen Reiches eine Rassenkultreligion als Grundlage für alle Zuchtmaßnahmen, die zur endgültigen Erlösung führen sollen.

Als Instrumente der "Reinzucht" nannte Lanz Prämien für die Eheschließung rassenschöner ("blau-blonder") Menschen, die Einrichtung von "Zuchtmutterklöstern" und "Reinzuchtkolonien", die Einführung der Polygamie des Mannes, des Zeugungshelfers u.ä. Da die Erbsünde durch die Frau in die Welt kam, erschien ihm die Frau als besonders gefährdet. Deshalb sollten die künftigen "Zuchtmütter" in strenger Abgeschiedenheit leben, damit sie nicht in Versuchung gerieten, sich mit Minderwertigen einzulassen. Dafür würden sie aber "der Liebe der schönsten, jugendkräftigsten Männer teilhaftig werden" und sich der "schönsten und edelsten Kinder erfreuen können". Schon 1907 rief Lanz zur Gründung von Reinzuchtkolonien auf, Fabri-

[13] Zu Lanz von Liebenfels siehe Daim 1985; Becker 1988.

ken gleichsam zur Produktion des neuen, reinrassigen Kindes in idealer ländlicher Umgebung, die er sich als Gralsburgen in Gestalt von Doppelklöstern – Männer- und Frauenklöster – dachte.[14] An negativen Maßnahmen nannte Lanz zum einen die Hemmung der Fortpflanzung "Minderwertiger" – Verbrecher, Geisteskranke, erblich Belastete etc. – durch antikonzeptionelle Mittel, Sterilisation und Kastration, zum anderen ihre Versklavung zu Zwangsarbeiten für die neu entstehende Herrenrasse, die "arioheroischen Edelinge", die künftig die Lehrer und Priester wären. Er hatte hier bereits die Vision von biologischen Robotern: "Was der Edelmensch, vor allem der Germane, an Gehirnwerten der Menschheit gegeben, das müssen nunmehr die Minderen in Handarbeit als Gehirnzins zurückzahlen. Ich denke hier nicht so sehr an eine Unterjochung der farbigen Rassen oder germanischen Menschen, vielmehr an die Neuzüchtung eines Sklavenwesens mit derben Nerven und festen Armen, dem der Verstand zugemessen werden wird. Dieses Wesen wird uns all die Geschäfte verrichten müssen, für die Maschinen nicht erfunden werden können."[15] Innerhalb der Geschichte der eugenischen Utopien ist dies ein Novum: die Idee, nicht nur die "Minderwertigen" zu beseitigen, sondern vielmehr einen "Untermenschen" planmäßig zu züchten. Das nationalsozialistische Erziehungsprogramm für die "polnischen Schutzangehörigen" liest sich wie eine "pädagogische" Umsetzung dieser Idee.

Der Prozeß der Entmischung und Reinzucht ist der Prozeß der innerweltlichen Erlösung. Er endet in der Auferstehung ("Gott ist gereinigte Rasse") und in der Wiedergeburt der Menschen als Gotteskinder. Lanz' Endzeitvision ist das Reich Gottes auf Erden; der Weg dorthin war für ihn offenbar geworden: "Das Himmelreich wird erreicht offenbar durch Eingriffe in das Geschlechtsleben."[16] Dieses Reich ist das Reich des heiligen Geistes; in ihm hebt sich der Staat in eine Theokratie auf – nicht mehr die Gesetze des bürgerlichen Staates, sondern die "fleischernen Tafeln des Herzens" regieren: "Nicht mehr Parlamente, auch nicht Autokraten und Tyrannen, sondern weise Priesterfürsten, geniale, ariosophisch-mystisch geschulte Patrizier und Führer ritterlich-geistlicher Geheimorden werden die Geschicke der Völker leiten."[17]

Weniger gewalttätig und abstrus war das Projekt *Willibald Hentschels*, das eine wichtige Etappe auf dem Weg zur neugermanischen Siedlungsidee markiert. Hentschels Ausgangspunkt bildete die verbreitete, auf den Sozialanthropologen Ammon zurückgehende Theorie von der Degeneration der

---

[14] Becker 1988, S. 351.
[15] Lanz von Liebenfels 1905, S. 140.
[16] Ebd., S. 147.
[17] Zit. n. Daim 1985, S. 171.

Rasse als Folge der Verstädterung. Die Regeneration müsse deshalb aus der "Neubegründung der ländlichen Reserven", der Erschließung neuer Quellen zur Hebung der rassischen Kraft auf dem Land kommen; freilich nicht in Gestalt einer unvermittelten, naiven Rückkehr zum Land und zum Dorf in ihren bestehenden Formen, sind diese doch selbst längst vom allgemeinen Niedergang betroffen. Hentschel wollte vielmehr ideale Landgemeinden für die rassische Hochzucht des Menschen gründen. Dieses Projekt verband sich mit dem Ziel einer "neudeutschen anthropologischen Renaissance",[18] die die nordisch-germanische Rasse mit ihrem "heroischen" Menschentyp wieder zum Blühen bringt. Daraus entstand die Idee, neugermanische Zuchtkolonien auf dem Land zu schaffen. Hentschel wollte das Dorf in einen "Menschheitsgarten" verwandeln, "in dem kluge Gärtner kunstreich ihres Amtes walten".[19] In Anlehnung an die altgermanische Mythologie nannte er diesen Garten "Mittgart".

Die Umsetzung dieses Projektes soll mit einer strengen Selektion beginnen: Nur die Tauglichsten und Besten, die dem nordisch-germanischen Idealbild des heroischen Menschentyps noch am nächsten kommen, dürfen in die Pflanzstätten des neuen Menschen aufgenommen werden. Damit wird der bisherige Prozeß der Erschöpfung der ländlichen Reserven umgekehrt: "Nicht die Tüchtigsten und Besten dürfen vom Land in die Stadt ziehen, sondern die weniger Tüchtigen."[20] Der nächste Schritt besteht in der Etablierung einer sozialeugenisch und rassisch wirksamen Zeugungsehe. Die "Mittgart-Ehe" wird durch einen Ältesten-Rat geschlossen, Männer und Frauen leben auch nach der Heirat in Männer- und Frauenhäusern getrennt. Alleiniger Zweck der Ehe ist die Zeugung hochwertigen Nachwuchses. Die Ehe wird deshalb bereits wieder aufgelöst, sobald die Frau schwanger geworden ist, so daß sich die Frau ausschließlich der "Ausbildung und Pflege" ihres Kindes widmen kann und der Mann für eine neue Zeugung frei wird.

Eugenische Züchtung und Erziehung ergänzen einander in Hentschels Utopie, denn auch der konstitutionell beste Nachwuchs bedarf entsprechender Umweltbedingungen, unter denen sich sein heroisches und tugendhaftes Wesen entfalten kann. Er wird deshalb von Geburt an in eine Umwelt hineingestellt, die so weit wie möglich den ursprünglichen germanischen Naturzustand der Rasse wiederherstellt; eben dies ist nur in einem abgeschiedenen, künstlich isolierten Schutzraum möglich. Das junge, neue Leben bedarf einfachster wirtschaftlicher Verhältnisse, bürgerliche und industrielle Lebens-

---

[18] Politisch-anthropologische Revue 6/1907-1908, S. 343f.

[19] Hentschel 1907, S. 601.

[20] Ebd., S. 604.

formen belasten es und gehören, so Hentschel, weder in einen "Zuchtkreis" noch in die Kinderstube. In Mittgart herrscht eine archaische Kollektivwirtschaft und ein ebenso archaisches Recht: Die Männer kultivieren gemeinsam die Gutswirtschaft, die Frauen erhalten Gartenstellen zur Bewirtschaftung. Es gibt weder Handel noch Geldverkehr, alle Mitglieder der Kolonie bilden eine einzige große Familie, "die Männer insbesondere eine Brüderschaft". Hentschels Utopie ist eine Art "anarchokommunistisches" Germanien. Da es keinen Besitz gibt, bedarf es auch keines bürgerlichen Rechts: "Die Väter vererben den Buben und Mädchen in Mittgart ihre gesunden Knochen, kräftigen Muskeln und ihren offenen Sinn, und wo freie Menschen unter einfachen Verhältnissen einen Treuebund schließen, da bedarf es keines Obligationenrechtes, mit dessen Hilfe die Menschen einander Sklavenketten schmieden."[21] Brauch und Sitte, über die die Alten wachen, nicht geschriebene Gesetze regeln die wenigen Konflikte, die es unter freien Männern noch geben kann Streitigkeiten werden durch Ehrengerichte und Zweikämpfe ausgetragen.

Hentschels Mittgart ist eine in hohem Maße entinstitutionalisierte und vollständig entbürokratisierte Gesellschaft. Daher gibt es auch keine Schulen. Die Kinder wachsen gemeinsam bei der Mutter auf, die Mädchen bleiben bis zu ihrem 16. Lebensjahr weitgehend unter deren Aufsicht, während die Jungen frei umherstreifen können und die natürliche Umwelt zu ihrer eigentlichen Erzieherin haben. Beide Geschlechter erhalten ihre gesellschaftliche Erziehung auf natürliche Weise im Zusammenleben untereinander und mit den Erwachsenen: "Von den entwöhnten Mittgart-Kindern wird grundsätzlich aller Schulstaub ferngehalten. Die Mädchen wachsen im Haushalt ihrer Mütter, die Knaben in spartanischer Einfachheit zu Hundertschaften vereint empor. Sie tummeln sich tagsüber in der Pferdekoppel, spielen und werden von den Alten in Hieb und Stoß, in Wehrhaftigkeit und mutiger Gesinnung erzogen. Ihr im Freien geübter Unterricht erstreckt sich auf Heldengesänge, in denen sie Gedächtnis und rhythmisches Gefühl üben. Sie kehren am Abend müde und hungrig in den mütterlichen Haushalt zurück."[22] Mit 10 Jahren wird den Knaben ein leichter Säbel ausgehändigt, damit sie sich im Zweikampf messen und eventuelle Streitigkeiten austragen können, "denn ganz ohne Blut geht es nicht, was man auch dagegen sage; das Auge muß sich zeitig an diesen Saft gewöhnen, es tut der Engherzigkeit Abbruch."[23] Mit 16 Jahren werden die Jugendlichen auf eine "bürgerliche Schule" geschickt, d.h.

[21] Hentschel 1914, S. 24.
[22] Hentschel 1907, S. 609.
[23] Hentschel 1914, S. 25.

auf eine Staatsschule außerhalb der Kolonie, denn die "bürgerliche Welt" existiert ja noch fort. Hier erwerben sie die Kenntnisse und Qualifikationen, die sie beim Eintritt in die bürgerliche Gesellschaft benötigen. Hentschels Idee war, in den Mittgart-Kolonien einen höheren Menschentypus heranzuzüchten, um der Gesellschaft wieder einen Zustrom frischen und gesunden Blutes zu sichern. Die Mittgart-Abkömmlinge sollten die neue völkische Oberschicht, den neuen Adel bilden und entsprechende Ämter in der Gesellschaft übernehmen.

Nach Hentschels Berechnungen wären, um eine wirklich erfolgreiche rassische Regeneration des deutschen Volkes einzuleiten, etwa 300 solcher Zuchtkolonien erforderlich, in denen jeweils 1000 Frauen und 100 Männer leben (während die Frau sich zweieinhalb bis drei Jahre den eugenischen Mutterpflichten für ein Kind zu widmen hat, ist ein Mann nach Erfüllung seiner Zeugungspflicht schnell wieder für eine neue Ehe bereit). Daraus ergäbe sich ein jährlicher Zustrom von rund 100 000 "ungebrochenen Menschenkindern" von hervorragendem konstitutivem Wert in die Kulturstätten, der "von Stund an einen Umschwung in der ganzen Breite des nationalen Erlebens bewirken" würde.[24] Die Mittgart-Dörfer selber behielten jeweils die Hälfte des weiblichen und ein Sechzehntel des männlichen Nachwuchses für die eigene Reproduktion. Mittgart würde auf diese Weise zum Instrument einer Selbsterlösung der (germanischen) Menschheit. Hentschel gab ihm eine eschatologische Bedeutung, er nannte es ein "System züchterischer Heilsbewegung" und sprach von Mittgart als dem "letzten Heilsgerät der Menschheit – ihre universale Kirche, ohne die sie zur Hölle fährt."[25]

Hentschel war zwar ein Esoteriker und ein Einzelgänger, seine Ideen wurden aber für die Herausbildung der nordischen und nationalsozialistischen Utopien bedeutsam. Auf ihn geht die Entstehung des *Artamanenbundes* zurück, eine völkische Jugendbewegung der Weimarer Zeit. Nachdem die Pläne zur Gründung einer ersten Mittgart-Kolonie über den Ausbruch des 1. Weltkrieges zum Scheitern gekommen waren, verfaßte Hentschel 1923 einen Aufruf an die deutsche Jugend zur Gründung einer ritterlichen Kampfgenossenschaft, eines "Heils-Heeres", dem er den Namen "Artam" gab.[26] Die Artamanen sollten sich für ein Jahr zu freiwilligen Arbeiten auf einem Gutshof im deutschen Osten verpflichten. Nach dieser Probezeit sollten aus diesem Kreis die neuen Menschen für innerkolonisatorische Aufgaben rekrutiert werden: zum Kampf für die Erhaltung des Deutschtums gegen die "polnische

---

[24] Ebd., S. 25.
[25] Hentschel 1907, S. 601; vgl. Löwenberg 1978, S. 53; Becker 1988 S. 235ff.
[26] Becker S. 253.

Flut" an den Ostgrenzen. Der Artamenenbund, der sich danach bildete, pflegte Hentschels arisches Rassen- und Zeugungsideal. 1927 plante man die Gründung einer "Arbeitsgilde für Rassenhygiene und Sippenpflege". Über die Artamanen ging Hentschels Gedankengut in den Nationalsozialismus ein.[27] Himmler, Darré, Alfred Rosenberg, Rudolf Höß und H.F.K. Günther, der führende Theoretiker der Nordischen Bewegung, gehörten dem Bund an. Himmler wurde 1929 Gauleiter des Bundes in Bayern, Rosenberg war Mitherausgeber der Artam-Blätter.[28] Darré, der spätere Reichsernährungsminister des Dritten Reichs, knüpfte mit seinem Konzept eines "Neuadels aus Blut und Boden" an Hentschel an,[29] Himmlers Idee der "Wehrbauerndörfer" im Osten war deutlich von dessen Vorstellungen beeinflußt.[30]

Verbindungen zwischen rassenhygienischen, züchtungsutopischen und lebensreformerischen Ideen, wie sie bei Hentschel sichtbar werden, spielen auch in anderen völkischen Siedlungskonzeptionen eine bemerkenswerte Rolle. Ein anderes Beispiel stellt *Margart Hunkels* Projekt einer "Deutschen Schwesternschaft" dar. Margart Hunkel wollte eine deutsch-völkische Frauenbewegung ins Leben rufen, die sich der Erziehung unehelicher und verwaister Kinder "arischer Herkunft" annähme und das Amt einer "Deutschen Gottesmutterschaft" durch Gründung von Heimstätten ausübte. Es ging ihr dabei nicht nur um ein Fürsorgeprojekt, sondern mehr noch um den Aufbau von Zuchtkolonien, denn entscheidend waren die Auslesekriterien bei der Aufnahme der Kinder: Nur gesunde Kinder rein deutscher Abkunft, ohne "jüdischen und farbigen Blutseinschlag", würde man akzeptieren. "Bei unehelichen Kindern muß die Abstammung besonders sorgfältig geprüft werden, da wir unsere beste Kraft nicht an Rassenbastarde verschwenden dürfen."[31] Mit den so ausgelesenen Kindern würden die Frauen der "Deutschen Schwesternschaft" auf eigenem Grund und Boden in ländlicher Idylle zusammenleben. Auf lange Sicht sollten diese Stätten deutscher Erneuerung finanziert werden, indem der Staat die Grundrenten privater Grundbesitzer als Mutterschaftsbeihilfen umverteilt. Margaret Hunkel träumte von einem "sonnigen Kinderland", in dem die "Deutsche Schwesternschaft" ihre "heilige Mission" erfüllt: "Im Kinde wollen wir deutscher Zukunft dienen, im Kinde Wiedergeburt und Hinaufzüchtung deutscher Art anbahnen".[32] Solche Ideen fanden später eine Umsetzung im von der Nordischen Bewegung gegründe-

---

[27] Bergmann 1970.
[28] Stachura 1975, S. 96f.
[29] Darré 1930, S. 14.
[30] Löwenberg 1978, S. 60f.; Kater 1971.
[31] Hunkel 1919 S. 77.
[32] Ebd., S. 74.

ten *"Bund Kinderland"*, dessen Ziel die Vermittlung rassisch hochwertiger Kinder zur Adoption war. Der Bund plante 1928 ein erstes "Kinderlandheim" in Niederschlesien, 1931 richtete er ein "Nordisches Kinderlandheim" in Pommern ein, in dem die Kinder untergebracht wurden, bis sich eine Adoptivfamilie aus der Nordischen Bewegung gefunden hatte.[33] Eine andere Gründung der Nordischen Bewegung war die "Nordische Ehevermittlungsstelle" in Berlin, die planmäßige Eheanbahnungen unter rassischen und rassenhygienischen Gesichtspunkten anstrebte.[34]

Züchtungsutopische Ideen vertrat auch *Max Robert Gerstenhauer*, "Reichsherr der Deutschen Bauernhochschulbewegung" und Gründer des "Deutschbundes". Gerstenhauer rief 1928 zur Gründung einer "Teutstiftung" beim "Hochstift zur Rassen- und Volkstumspflege" auf, das der Deutschbund schon vor dem 1.Weltkrieg eingerichtet hatte.[35] Diese "Teutstiftung" sollte die Keimform eines künftigen Rasseamtes bilden, dem "Stammeswarte" in den Gemeinden und der "Freya-Bund", eine Heiratsvermittlungsstelle zwischen "geprüften rein deutschblütigen jungen Menschen", unterständen. Ihre Aufgaben wären, Erziehungsbeihilfen für die Zeugung nordrassischer Kinder zu vergeben, Pflege- und Adoptivkinder zur Vermittlung aufzunehmen, die Gründung von Kinderlandheimen und rassischen Siedlungen zu fördern. Das leitende Ziel war die Schaffung von "nordischen Rassekernen" zur Rettung des "Deutschen Volkskörpers". Als das beste Mittel dazu erschienen Gerstenhauer rassische Siedlungen: "Solche Rassenkerne sind ... auch in einer nicht-völkischen Umwelt möglich. Besser ist es natürlich, wenn ihre Mitglieder in rassischen Siedlungen von der verderbten Umwelt abgesondert untergebracht werden können. Denn die Rückkehr aufs Land ist das wichtigste Mittel rassischer Aufartung ..."[36]

Gerstenhauer propagierte auch die Gründung von Heimat- und Bauernhochschulen, die er sich als ländliche Siedlungsgemeinschaften "rein deutschblütiger junger Leute des Mittelstandes, vorzugsweise aus kinderreichen Familien, die auf ihre rassische Tüchtigkeit geprüft sein müssen", dachte.[37] Hier war das Ziel einerseits, eine rassische kulturelle Elite heranzubilden, die künftigen Führer des Volkes, andererseits eine generative Auslese zu treffen, von der besonders zahlreiche hochwertige Nachkommen zu erwarten wären. Der Unterricht auf diesen Hochschulen würde im Kern in "deutscher Staats-

---

[33] Siehe die Vereinsberichte in den Zeitschriften "Die Sonne" und "Nordische Blätter" aus den Jahren 1928-1931.

[34] Viergutz 1928, S. 518ff.

[35] Gerstenhauer 1913, S. 51.

[36] Nordische Blätter 4 (2) 1928, S. 26.

[37] Gerstenhauer 1927, S. 49.

bürgerkunde in biologischer Betrachtungsweise" bestehen. Gerstenhauers soziale Utopie war die Substitution des kapitalistischen Systems durch einen "organischen Aufbau des Volkskörpers", eine "gesunde Gliederung der Berufsstände"; von der rassischen Erneuerung erhoffte er sich eine "soziale und geistige Einheit des ganzen Volkes, indem alle Volksgenossen durch das Gefühl der Volksgemeinschaft und durch brüderliche Gesinnung verbunden sind und der Stärkere dem Schwächeren hilfreich die Hand reicht."[38]

Diese völkische Version der "Brüderlichkeit" beruhte freilich auf Aus- und Abgrenzungen, sie setzte ein Reinigungswerk nach innen und außen voraus. Nach außen. dies beinhaltete schon in den frühen völkischen Siedlungskonzeptionen auch den Aufbau eines Schutzwalls gegen die "polnisch-slawische Bedrohung", der man mit einem deutsch-völkischen Ring aus rassischen Siedlungen begegnen wollte. Davon träumte z.B. *Friedrich Siebert* schon im 1. Weltkrieg: Er hoffte auf Flucht und Vertreibung der Grenzlandbewohner, so daß ein freier Streifen von 20 km Breite entstünde, in dem tüchtige deutsche Unteroffiziere und Bauern mit einem gesunden Erbbild auf eigenen Bauernhöfen angesiedelt werden könnten.[39] Siebert entwarf im übrigen das Programm einer völkisch-rassistischen Kulturrevolution, von dem die Nationalsozialisten später vieles verwirklichen sollten. Höchstes Ziel war ihm die Reinheit der Blutsgemeinschaft: "Der Fremdblütige im Volkskörper ist immer eine Ansteckungsquelle, durch die fremde, unverdaute Dinge einzudringen versuchen."[40] Deshalb gab es in Sieberts Zukunftsstaat zweierlei Recht: Die vollen Bürgerrechte erlangt nur, wer reine Deutschstämmigkeit nachweisen kann, wer einen Fremdblütigen heiratet, wird dagegen auf den Status des "Halbbürgers zurückgestuft". Er verliert das Recht, Grund und Boden zu erwerben oder langfristig zu pachten, das Recht zur Mitarbeit an oder in Aktienunternehmungen etc. Zum anderen träumte Siebert von einer das gesamte Alltagsleben durchdringenden völkischen Erziehung. Er unterschied zwischen Führererziehung durch "Belehrung" und Volkserziehung durch die "Sitte": Letztere wird durch einen Volksrat verwaltet; in seiner Zuständigkeit liegt die Schaffung einer völkischen Kultur. Siebert schlug die Verdeutschung der Monatsnamen, der Maßsysteme, der Schrift, der Sprache (Ausschaltung aller Fremdwörter) und vor allem der Kleidung vor: Die Kleidung solle nicht länger Geld- und Vermögensstand, sondern die Stellung des einzelnen im Körper der Blutsgemeinschaft anzeigen. Man müsse eine deutsche Tracht einführen, die nach Stammeszugehörigkeit, Ehestand, Kinderzahl etc. differenziere.

---

[38] Ebd., S. 100.
[39] Siebert 1917, S. 188f.
[40] Ebd., S. 210.

Ziel einer solchen Kulturrevolution wäre, eine deutsche Umgebung zu schaffen, in der die Politik der rassischen Aufartung erst gelingen könne: "so darf kein Deutscher nur einen Finger rühren, ohne dabei seine deutsche Eigenart auszudrücken."[41]

Solche Ideen und Utopien waren zu Beginn des Jahrhunderts und in der zwanziger Jahren Legion.[42] Sie zeigen, daß sich der Aufstieg des Nationalsozialismus auf einem breiten Fundament utopischer Erwartungen vollzog. Eine mehr wissenschaftliche, "seriösere" Richtung erhielt die völkisch-rassistische Utopie durch die Entwicklung der Rassensoziologie und -psychologie in den späten zwanziger und den dreißiger Jahren. Der wichtigste Theoretiker einer "nordischen" Rassensoziologie war *Hans F. K. Günther* (1891-1968), zugleich der führende Theoretiker der Nordischen Bewegung. Günther, ursprünglich Philologe, erzielte mit seinen Schriften unter der rassenkundlichen Literatur des Dritten Reichs wohl die höchsten Auflagen. Allein von seiner zuerst 1922 erschienenen "Rassenkunde des deutschen Volkes" waren bis 1942 124 000 Exemplare verkauft. Eine popularisierende Ausgabe, die "Kleine Rassenkunde des deutschen Volkes", erreichte bis 1942 eine Auflage von 295 000. Mit seinen Schriften dürften alle späteren Rassenexperten der SS vertraut gewesen sein. Günther wurde 1930 Mitglied im "Führerrat der Nordischen Bewegung". Im gleichen Jahr berief ihn der damalige thüringische Innenminister der NSDAP Frick auf den Lehrstuhl für Sozialanthropologie in Jena. Hitler und Göring wohnten seiner Antrittsvorlesung bei. 1932 trat Günther in die NSDAP ein, im folgenden Jahr wurde er in den Sachverständigenbeirat für Bevölkerungs- und Rassenpolitik im Reichsinnenministerium berufen, 1935 wurde er als erster Preisträger mit dem Preis der NSDAP für Wissenschaft geehrt, im gleichen Jahr erhielt er eine Berufung auf einen Lehrstuhl für "Rassenkunde, Völkerbiologie und ländliche Soziologie" in Berlin.

Günther, dessen Werk der Idee und dem Programm der "Auf-" oder "Wiedervernordung" gewidmet war, bemühte sich um eine soziologische Begründung dieses Programms. Ausgangspunkt war auch bei ihm die These von der allgemeinen Degeneration, vom drohenden "Untergang des Abendlandes" infolge des beschleunigten Aussterbens der nordischen Rasse, der Trägerin schöpferischer Kultur schlechthin. Die Hauptursachen lagen für ihn in den Prozessen der Industrialisierung und Verstädterung seit dem 19. Jahrhundert: Während auf der einen Seite gerade die Besten, die Norder, in die

---

[41] Ebd., S. 208.
[42] Siehe z.B. Hermand 1988.

Städte abwandern und dort aussterben, weil die städtischen Lebensbedingungen ihrem natürlichen Freiheitsdrang nicht entsprechen, ziehen auf der anderen Seite auch "Minderwertige" in die Städte, die unter traditionalen gesellschaftlichen Verhältnissen eigentlich nicht lebensfähig wären – "nicht zunftfähige Menschen" – , in der städtischen Industrie aber ein Auskommen finden, weil die Industrie eine wachsende Zahl von Arbeitsplätzen bietet, die nur sehr geringe Anforderungen an geistige, sittliche und berufliche Fähigkeiten stellen. So kommt es zu einer Verkehrung der natürlichen Auslesevorgänge, die sich in der Abnahme der Hoch- und Zunahme der Minderwertigen, politisch in der "Vermassung" niederschlägt: Aus "Volk" wird "Masse", aus "adelstümlicher" wird "massentümliche Freiheit". Die Verstädterung wird Günther zu einem Gradmesser der "Barbarei": Die "erbliche Leistungshöhe" der Gesellschaft bleibt immer mehr hinter der Höhe "angesammelter Verfahren und Bildungsgüter" zurück, der Fortschritt der Produktivkräfte läuft nicht mit einer Steigerung der geistigen Kräfte parallel.[43] Das moderne Bildungssystem mit seinem "Gleichheitswahn" und die Sozialpolitik, die die Schwachen fördert, tragen entscheidend dazu bei, diese Prozesse des kulturellen und geistigen Niedergangs der Art zu beschleunigen. Entwurzelung, Rassenvermischung und "Artverwirrung" sind die Folgen.

Das eigentlich Bedrohliche bei all dem ist für Günther, daß vor allem die nordische Rasse diesen Prozessen der Industrialisierung und Urbanisierung zum Opfer fällt, so daß die Gesellschaft zunehmend die Kräfte ihrer schöpferischen Weiterentwicklung und Regeneration verliert. Die Rettung des Abendlandes muß deshalb aus der Aufnordung kommen. Zu diesem Zweck muß man das, was noch an rassisch hochwertigem Potential vorhanden ist, aufspüren und sammeln, um daraus einen neuen Adel zu schaffen. Dieser neue Adel, das wendet Günther gegen den italienischen Eliten-Theoretiker Pareto ein, kann nicht nur eine Leistungselite, er muß vielmehr ein Adel aus "Leistung und Artung" (d.h. Anlage) sein; denn eine äußerlich sichtbare Anpassung könne auch das Ergebnis von Hemmungs- und Rücksichtslosigkeit sein, echter Adel der Artung zeige sich dagegen in richtiger, der Volksgemeinschaft gegenüber verantwortlicher Gattenwahl. Deshalb dürfe zum Beispiel der Vertreter einer bereits als adelsfähig befundenen Familie nicht geadelt werden, ehe er durch die Richtung seiner Gattenwahl nicht den Willen zur weiteren "Hinaufpflanzung" seiner Familie bewiesen habe; ebenso müsse bei falscher Gattenwahl Entadelung und "Verlust des Wappens" eintreten.[44]

---

[43] Günther 1934a, S. 31.
[44] Günther 1934b.

Zum zweiten ist der neue Adel für Günther nur als ein neues Adelsbauerntum denkbar, denn für ein Volk germanischer Prägung könne es keinen Adel geben, dessen Familien nicht im Landbesitz wurzelten: "Ein germanischer Staat bleibt so lange gesund, wie er aus dem Erbgute eines gewissen Adelsbauerntums schöpfen kannö."[45] Günther schlug deshalb ähnlich wie Lenz ein politisches Programm der Reagrarisierung vor, in dessen Zentrum die Förderung ländlicher Besiedlung nach eugenischen Kriterien stand: Der Staat möge für siedlungswillige "erblich Höherwertige" Erbhöfe schaffen; als Auslesekriterien sollten die gleichen Maßstäbe gelten, die bei der Aufnahme in die Reichswehr zugrunde gelegt werden, sowie die richtige Gattenwahl. Zogen bisher die Besten in die Städte, so soll dieser Prozeß jetzt umgekehrt werden: "Es sollte eine Art Hausgesetz und Vermächtnis in den besten Familien aller Stände werden, daß einmal wenigstens für einen der Söhne und von einem der Söhne aus ein Familienerbhof oder -erbgut begründet werden kann."[46]

Mit diesem Programm war eine grundlegende "Umwertung vorhandener Wertungen", eine Art Kulturrevolution verbunden, eine "Entstädterung der Gesinnung",[47] um das Ansehen des Landes zu erhöhen und das Verantwortungsbewußtsein gegenüber dem Erbe und der Rasse wieder zu wecken. Als ergänzende Maßnahmen schlug Günther vor, für die städtische Bevölkerung eine Arbeitsdienstpflicht, für die ländliche hingegen eine Heeresdienstpflicht als Zeichen einer besonderen Ehre einzuführen. Dies – die "Dauerbewaffung der selbständig wirtschaftenden Familienväter", ein Projekt, das auch Darré verfolgte – entsprach seinem Idealbild vom "germanischen Freisassentum",[48] das künftig die wahre, die "nordische Demokratie" tragen würde. Günthers Utopie war eine "nordische Rasserepublik",[49] ein sozialaristokratischer Ständestaat, in dem erst echte Demokratie – in Abgrenzung zur "massentümlichen Demokratie" – möglich werde: "Volksherrschaft, Demokratie ist auf 'geborene' Freie und Gleiche mit ländlicher Lebensauffassung und mit selbständiger Tätigkeit angewiesen und auf einen starken Volkskern nordischer Rasse – wenn sie die Staatsform aufsteigenden Volkslebens sein soll."[50] In diesem Staat wird es nur noch eine natürliche Abstufung nach Leistung und Adel des Blutes und des Erbes geben, eine in Wahrheit göttliche Abstufung, die den Staat als Zwangsinstitution eines Tages überflüssig machen wird. Günther entwarf ein Transformationsmodell, das auf einer er-

---

[45] Günther 1933, S. 32; vgl. a. Günther 1936, S. 39.
[46] Günther 1936, S. 42.
[47] Günther 1934b, S. 48.
[48] Ebd., 1936, S. 35.
[49] Lutzhöft 1971, S. 140f.
[50] Günther 1934b, S.44.

sten Stufe die Züchtung einer reinrassigen Adelsbauernkaste vorsah – mit vorbereitenden Maßnahmen wie Ausschaltung des jüdischen Handels, Abschaffung der progressiven Besteuerung u.ä.,[51] auf einer zweiten die Herstellung einer Volksgemeinschaft aus "wesenshaften, den Rassenanlagen nach gleichen Menschen", mit dem Endziel einer nordischen Rasserepublik aus freien und gleichen, reinrassigen nordischen Menschen, die in geschlossenem Gebiet auf eigenem Grund und Boden siedeln, in der die Volksherrschaft durch die tüchtigsten und angesehensten Familienoberhäupter als natürlichem Führungsadel ausgeübt wird. In dieser Republik kann es keine Zwietracht, keine Interessengegensätze mehr geben. Wahlen, Abstimmungen und politische Diskurse erübrigen sich: "Denn die Regierenden stehen unter demselben inneren 'Artzwang' wie die Regierten, können also gar nicht der 'volonté générale' zuwider handeln. Ihre Politik ist naturnotwendig Ausfluß des allen Volksrasse-Genossen gemeinsamen 'Artwillens'".[52]

Dies war Günthers Utopie vom neuen Reich als Auferstehung des nordischen Menschen; dieser ist nicht nur der begabteste, sondern auch der schönste unter allen: "... ein königliches Geschlecht unter den Menschen! So sind die nordischen Menschen als der Schmuck der Welt erschienen, als die strahlenden Kömmlinge aus der Freude der Schöpfung."[53] Günther entwarf eine nordische Eschatologie, in der die wahre Freiheit aus der Reinheit der Rasse kommt: "Der Nordrasse ewiges Gesetz ist ohne Zwang, allein aus Artfreude und Blutstolz des heldischen Menschen, jedem einzelnen nordischen Mann und Weib das *eigne* ewige Gesetz."[54] Die "Aufnordung" ist die wahre Transsubstantiation und innerweltliche Erlösung. Auf diese Eschatologie gründete Günther den neuen "kategorischen Imperativ", die Reformulierung der Kantschen Ethik als "nordrassisches Sittengesetz": "Handle so, daß du die Richtung deines Willens jederzeit als Grundrichtung einer nordrassischen Gesetzgebung denken könntest ... So müßte der Staatsgrundsatz eines heldischen Staates lauten, an ihm würden die Männer gemessen, von denen die heldische Staatskunst kommen soll. Eine heldische Gesetzgebung, eine Rassengesetzgebung, das hieße das Erbe der nordischen Väter zum Eigenbesitz erwerben, hieße, das alte Wahre ergreifen. Gesetzlichkeit des einzelnen und Gesetzlichkeit seiner Rasse, heldische Sittlichkeit und Sittlichkeit eines ganzen heldischen Volkes müssen sich finden und einen im Ursatz einer rassischen Gesetzgebung."[55]

---

[51] Lutzhöft 1971, S. 152.
[52] Ebd., S.141.
[53] Günther 1920, S. 149f.
[54] Ebd., S. 160.
[55] Ebd., S. 159.

Jedoch – die Deutschen sind nicht mehr ein reinrassiges Volk, sie sind ein Mischvolk. Sie setzen sich nach Günther im wesentlichen aus sechs Rassetypen zusammen: der nordischen, fälischen, westischen, dinarischen, ostischen und ostbaltischen Rasse. Diese Rassetypen stehen einander mehr oder weniger nahe und bilden eine historisch-völkische Schicksalsgemeinschaft. Aber das Gefüge und die schöpferisch-heldische Kraft dieser Schicksalsgemeinschaft beruht letztlich auf der führenden Rolle der Norder: Die nordische und die fälische Rasse bildeten für Günther – und darin folgten ihm die meisten nationalsozialistischen Rassentheoretiker – die germanischen Kernrassen. Die meisten Deutschen sind nur noch "Mischtypen". Hier liegt freilich auch die Möglichkeit und Chance einer "Wiedervernordung" begründet: Darin nämlich, daß in den meisten Menschen noch ein nordischer Blutsanteil fließt – im einen mehr, im anderen weniger. Dieser Anteil muß angesprochen und zum Leben erweckt werden. Es gilt, den "Willen zum heldischen Wesen", zur nordischen Art zu erwecken. Dies ist die Hauptaufgabe der Erziehung. Bei allen Grenzen, die die Erziehung in der Macht des Erbes findet, kommt doch letztlich aus ihr die "Rettung", aus einer *nordischen Erweckungspädagogik*: "Wir wollen an diesem Werk doch nicht verzweifeln, trotz allem nicht!"[56]

Günther trat zwar für ähnliche rassenhygienische Maßnahmen und Bildungsreformen ein wie Lenz: eine Schulreform zugunsten der "Begabten", Verkürzung der Bildungszeiten, Erziehung zur "rechten Gattenwahl" etc. – aber eugenische Erziehung bedeutete für ihn in erster Linie die Aufstellung eines "positiven Auslesevorbildes", das sich aus der nordischen Idee ableitete. Setzten die Erbanlagen der Erziehung auch enge Grenzen, so gab es doch einen Erziehungsspielraum, der die Förderung bzw. Zurückdrängung von Eigenschaften nach einem "völkischen Bildungsvorbild" gestattete: Dieses Vorbild war der "tüchtige, edle und schöne Mensch" als Einheit von Leib, Seele und Geist, der nordisch-heldische Mensch (für Günther übrigens eine nordisch-hellenische Synthese; der Hellenismus galt als nordische Kulturschöpfung). Dieses Auslesevorbild hätte die Schule zu vermitteln, damit es später die Gattenwahl lenke – dies war Günthers "sanfte" Version sozialeugenischer "Züchtung". Seine Idee war, Schillers Konzept der ästhetischen Erziehung auf der Grundlage einer "biologischen Ästhetik" zu erneuern, eine Neuauflage des platonischen Vollkommenheitsideals durch eine "deutsche Lehre vom Schön-Tüchtigen", die das Zuchtvorbild aufstellt und zum "auslesenden Blick" erzieht.[57] Eine im engeren Sinn eugenische Menschenzüchtung tritt dann in den Hintergrund. Stattdessen wird die Schule zum

[56] Ebd., S. 156.
[57] Günther 1928.

wichtigsten Instrument der Aufartung und Aufnordung, gerade durch ihre doppelte Orientierung auf Selektion und Erweckung: Beides zusammen schafft eine zu nordischer Zuchtwahl befähigte Bildungselite. Diese Elite wird dann den Prozeß der rassischen Regeneration in Gang setzen: durch ihre Zuchtwahl, die die völkischen Bildungswerte in möglichst vielen vorbildlichen Geschlechtern "verleiblichen" wird, und durch ihre erzieherische Vorbildwirkung auf das ganze Volk. "Das völkische Vorbild derjenigen gebildeten Menschen, deren bloße Artung schon überzeugt, wird bildender auf ein Volk wirken, als der Schulungseifer und Erzieherwahn des umweltgläubigen 19. Jahrhunderts. Das schönste Zeugnis für die Erziehung und Bildung eines Volkes ist die Verleiblichung der Bildungswerte dieses Volkes in vielen vorbildlichen Geschlechtern."[58] Die Neuschöpfung Deutschlands muß daher letztlich vom Geist kommen, sie ist zuallererst eine Aufgabe weltanschaulicher, historischer und ästhetischer Erziehung, eine sittliche Aufgabe, die durch die Wiederbelebung des Erbes die Begeisterung der Jugend, den Willen zur Verantwortung vor dem Erbe und den Willen zur Aufnordung erweckt[59]– ein Programm, das Günther (und in seiner Nachfolge viele andere) in ein "nordisches Curriculum" umsetzte.

Günthers Programm entwickelte *Ludwig Ferdinand Clauss* (1892-1974) zum Konzept einer nordisch-existentialistischen Pädagogik weiter. Clauss, der wie Günther in Freiburg studiert und dort 1921 promoviert hatte, war der Begründer der "Rassenseelenkunde". Er unternahm – auch nach 1945 noch – ausgedehnte völkerpsychologische Expeditionen und lieferte vor allem durch seine photographische Methode der Darstellung der Rassenseele eine entscheidende Grundlage für die Entwicklung der rassenkundlichen Diagnostik während des Dritten Reichs. Er war seit 1936 Dozent für Rassenpsychologie an der Universität Berlin, 1941 wurde er verbeamtet, zwei Jahre später aber nach einem Parteiausschlußverfahren aus dem Universitätsdienst entlassen, nachdem herausgekommen war, daß er eine jüdische Mitarbeiterin hatte. Er erhielt aber auch danach Forschungsaufträge von der SS.[60] Clauss stand den Ideen Günthers in vielem nahe, bemühte sich aber um eine "wertfreie", auf Methoden der Phänomenologie und der Gestaltpsychologie gegründete Rassenpsychologie. Er entwickelte eine Art Monadologie der Rassenseelen, indem er jeder Rasse den ihr eigenen Wert zuordnete, ohne eine Rangordnung damit zu behaupten. Jede Rassenseele sei nur aus ihrem eigenen, inneren Gefüge, ihrer "Gestalt" heraus zu verstehen und dürfe nur an sich selbst ge-

---

[58] Günther 1936, S. 124.
[59] Günther 1928, S. 424ff.
[60] Zum "Fall Clauss" siehe Müller-Hill 1984 und – etwas undistanziert – Weingart 1985.

messen werden: “Jede Rasse stellt in sich selbst einen Höchstwert dar. Jede Rasse trägt ihre Wertordnung und ihren Wertmaßstab in sich selbst und darf nicht mit dem Maßstab irgendeiner anderen Rasse gemessen werden.”[61] Deshalb kritisierte Clauss auch den überzogenen Kult der nordischen Rasse – “Die Welt ist angefüllt mit Affen der Nordheit” – und jeden nordrassischen Herrschaftsanspruch, der sich andere Rassen zu unterwerfen trachte und dadurch “fremde Artgesetze verletze und verwirre”. Ist der nordische Mensch etwa ein ”Leistungsmensch”, so manifestiert sich dies in einem bestimmten Ausdrucks- und Lebensstil, der nur für diesen Menschen gelte, nicht aber anderen aufoktroyiert werden dürfe. Solche Ideen einer “Monadologie der Rassen” finden sich in unserer Zeit im Denken der “Neuen Rechten” wieder. Sie richten sich gegen den Universalismus der Menschenrechte und die Idee eines interkulturellen Austausches.[62] In Wahrheit handelt es sich um Ideologien zur Rechtfertigung rassischer und kolonialer Herrschaft. Denn wenn man den verschiedenen Rassen unterschiedliche Merkmale und Eigenschaften zuschreibt, führt dies zu funktionalen Differenzierungen, die der einen Rasse politische oder ökonomische Führungsaufgaben, der anderen untergeordnete Funktionen zuweist. In diesem Sinn wird es nie eine Egalisierung der Chancen etwa in einer Gesellschaft geben, d.h. soziale Ungleichheit und Herrschaft finden in der “Rassenmonadologie” eine biologische Rechtfertigung und Festschreibung.

Sowohl in der nationalsozialistischen Polen-Politik als auch in den kolonialpolitischen Entwürfen des Dritten Reichs spielten solche Ideen eine Rolle. Die Polen, dies betonte z.B. Hitler immer wieder, dürften nicht “assimiliert”, zu Deutschen erzogen werden, man müsse sie vielmehr ihrer eigenen rassischen Wesensart gemäß leben lassen. Was diese Wesensart sei, darüber entschied freilich das deutsche “Herrenvolk”. Ähnliche Grundsätze wurden für eine nationalsozialistische Kolonialpolitik formuliert: Ablehnung aller “Europäisierungs- und Zivilisierungsmaßnahmen”, stattdessen müsse man den “Eingeborenen” dabei helfen, die eigenen ”Artgesetze” zu erkennen und zu bewahren.[63] Daher liefen die kolonialpolitischen Zielvorstellungen des Nationalsozialismus auf eine strikte Politik der Rassentrennung hinaus. Im besetzten Polen wurde diese Politik zuerst erprobt.

Clauss kritisierte zwar den nordischen Herrschaftsanspruch. Mit ethnologisch geschärftem Blick schrieb er: “Der Stil des nordischen Leistungslebens greift um die Erde mit dem erbarmungslosen Werkzeug mechanischer Macht

---

[61] Clauss 1940, S. 16.
[62] Moreau 1983.
[63] Ludwig 1937.

und zerstört alles artrechte Leben derer, die nicht Leistungsmenschen sind."[64] Dem stellte er eine Rassenseelenwissenschaft entgegen, die die Völker nicht trennen, sondern verbinden wolle, "indem sie zwischen Art und Art ein wissenschaftlich geklärtes Verstehen begründet."[65] Wenn es auch letztlich ein volles fremdrassisches Verstehen nicht geben kann, weil jeder an den Stil seines eigenen rassischen Erlebens gebunden bleibt, so kann doch die Rassenpsychologie als "Grenzforschung" zum Verständnis und zur Anerkennung des Fremden beitragen. Aber eben auf die "Anerkennung des Fremden" gründete sich der koloniale Herrschaftsanspruch des nationalsozialistischen Rassismus, auf den Grundsatz nämlich, "daß wir nur dann ein Recht auf Beherrschung eingeborener Völker in den Kolonien anerkennen können, wenn es sich dabei um Kolonialvölker handelt, die geschichtlich erwiesenermaßen nicht in der Lage sind, ohne Hilfe fremder, ihnen überlegener Völker sich weiter zu entwickeln und ihre eigene Wohlfahrt anzustreben."[66] Mit anderen Worten, es gibt Völker, die aufgrund ihrer rassischen Eigenart unfähig sind, sich selbst zu regieren, und die deshalb der Hilfe einer Rasse bedürfen, die in besonderer Weise zu Führungsaufgaben befähigt ist. Genau diesen Nachweis versuchten die Rassenwissenschaftler später im besetzten Osten zu liefern, um die deutsche Okkupation zu rechtfertigen.

Bei allem Bemühen um "Wertfreiheit" waren es gerade Clauss' rassenpsychologische Stilbeschreibungen, auf die sich der Führungsanspruch der "nordischen" (bzw. "nordisch-fälischen") Rasse stützen konnte. Seine Phänomenologie lieferte eine scheinbar wissenschaftliche Legitimation für den nationalsozialistischen Rassismus. Sie lieferte darüberhinaus einen wichtigen Anstoß für die Entwicklung eines *Forschungsparadigmas,* das dem Ideal einer funktional nach Rassetypen differenzierten Volksgemeinschaft nachjagte und das, weil es sich als deskriptiv und rational ausgab, vielen, darunter gerade auch jüngeren Wissenschaftlern, attraktiv erschien. Clauss übernahm weitgehend Günthers Rassentypologie des deutschen Volkes. Er konstruierte eine psychologische Typologie, die scheinbar deskriptiv und wertfrei war, tatsächlich aber eine Differenzierung nach sozialen Funktionen implizierte, in der eine soziale Rangordnung verborgen war. So beschrieb er den nordischen Typ als "Leistungsmenschen" mit "faustischem Drang zur Weite und Ferne", der sich der Welt als Subjekt entgegenstellt und in der "sieghaften Überwindung der Schwere" sich selbst verwirklicht. Abstand und Distanz, Selbstreflexivität und Selbstverantwortlichkeit zeichnen ihn aus. Der ostische Mensch

[64] Clauss 1940, S. 14.
[65] Ebd., S. 19.
[66] Ludwig 1937, S. 501.

hingegen ist ein "Enthebungstyp", ein Mensch, der jeder selbständigen Entscheidung enthoben sein möchte und sein Glück in dienender Ein- und Unterordnung findet. Der fälische Typ wiederum ist ein "Verharrungsmensch", der in wehrhafter Verteidigung seines Bodens etwa zu sich selbst gelangt. Der westische und dinarische Typ (von Clauss als "mediterraner" Rassentyp zusammengefaßt) erlebt die Welt als Bühne, auf der er gefallen und glänzen möche, er ist ein "Darbietungstyp" usf. Solche rassentypologischen Beschreibungen wurden in zahllosen Schriften aufgenommen, variiert und weitergeführt.[67] Dazu gehören auch wirtschaftswissenschaftliche Studien, die die Eignung der verschiedenen Rassentypen für unterschiedliche ökonomische Tätigkeitsbereiche untersuchten.[68] Hervorzuheben ist, daß im Rahmen dieses Forschungsparadigmas noch keine dieser Rassen, also auch nicht die "ostische", ausgegrenzt wurde: Sie bildeten alle einen Teil des deutschen Volkes als einer historischen Schicksalsgemeinschaft, und jeder Typus sollte in dieser Gemeinschaft seinen natürlichen Platz finden. Die widersprüchlichen Auffassungen über die "ostische Rasse", die sich nicht nur im deutschen Volk fand, sondern der vor allem auch ein großer Teil der polnischen Bevölkerung zugerechnet wurde, wird uns später noch beschäftigen. Die phänomenologisch orientierte Rassenpsychologie wies den "Ostern", die in der Hierarchie der Rassentypen des deutschen Volkes ganz unten standen, in der Volksgemeinschaft einen ehrenhaften Platz als Fließbandarbeiter zu.[69] Clauss' eigene Überlegungen weisen übrigens darauf hin, daß er offensichtlich auch ein nach rassischen Merkmalen differenziertes Schulwesen im Auge hatte, wie es später im besetzten Polen errichtet wurde. So schrieb er – von seinem Ansatz her durchaus "human und einfühlsam" – von der "Tragik der ostischen Seele", wenn die "nicht vorwiegend nordisch geprägte Seele" in der Schule "artwidrigen" Anforderungen ausgesetzt wird: "Schon in der Schule, wenn in den 'Lehr'-gegenständen die ganze ihnen artwidrige Wertordnung der nordischen Leistungswelt an sie herangebracht wird, ist ihnen, als würde von allen Seiten an ihnen gezerrt. Sie schützen sich dann durch ein emsiges Auswendiglernen des wesensfremden Stoffes und setzen diese emsige Geschäftigkeit auch später im 'praktischen Leben' fort: Sie schuften sich redlich von einem Tag zum andern."[70] Zwar neigt die ostische Seele dazu, "sich einzurichten" und das Glück im "Dienen-dürfen" zu finden, aber in einer nordisch bestimmten Schule müssen die Oster scheitern; denn sie "versagen sofort, wenn von

[67] Eine zusammenfassende Darstellung bei Tumlirz 1939, S. 156ff.
[68] Z.B. Huth 1937; Schmitz 1936; AWI 1939a; Berger 1940.
[69] AWI 1939a, S. 299.
[70] Clauss 1940, S. 178.

ihnen eine selbständige Handlung verlangt wird, aber sie sind vollkommen, sobald ein Herrenwille über sie verfügt."[71]

Bildeten die Deutschen in der Realität ein gemischtrassiges Volk, so zielte die Utopie auf eine Neuordnung und Entmischung. Auf Vermischung der Rassen führte Clauss alle Phänomene des Niedergangs und der Entfremdung zurück. Da jeder seine Identität nur in seiner rassischen Art finden kann, muß Artvermischung zu Verwirrung und Entfremdung führen, Verstehen und Gemeinschaft sind dann nicht mehr möglich. In dieser Situation "tiefster Bedrängnis und Verzweiflung" – die Zeit der Weimarer Republik bedeutete den Höhepunkt in dieser Entwicklung rassenseelischer Entfremdung, weil in ihr (neben der jüdischen) die ostische Seele zur Macht gelangt sei, die am wenigsten Widerstandsfähigkeit gegen das Fremde besitze – kommt die Rettung aus dem nordischen Gedanken. Denn der Norder besitzt aufgrund seiner psychologischen Qualitäten am ehesten die Fähigkeit, die Entfremdung zu überwinden und das Volk zu einer wirklichen Volksgemeinschaft zusammenzuführen. Und da in mehr oder weniger jedem Deutschen noch ein mehr oder weniger großer nordischer Blutsanteil fließt, ist auch mehr oder weniger jeder für dieses Werk ansprechbar. Je stärker der nordische Anteil im innerseelischen Erleben, desto größer die Fähigkeit, in Abstand zur Wirklichkeit zu treten und aus innerer Distanz heraus das Artfremde im eigenen Erleben zu erkennen und somit den Zustand der rassenseelischen Vermischung zu entdifferenzieren. Um das Fremde in sich zu erkennen, das die Ursache der Entfremdung, der Artverwirrung ist, muß man in Abstand zu sich selbst treten, weil man nur so das Fremde in sich überwinden kann. Dies ist "nordisches Erleben". So sehr die Deutschen auch ein gemischtrassiges Volk sind, so erlaubt doch der nordische Anteil in jedem im Prinzip, das Gesetz des nordischen Erlebens in sich zu entdecken.[72] Daraus folgt jene existentialistische Erweckungspädagogik der Nordischen Bewegung, die die Wiedervernordung auf eine Erziehung zur *Entscheidung* für den nordischen Stil gründet. Diese Entscheidung ist eine völkische Aufgabe – die Entscheidung zur deutschen Volksgemeinschaft, die nur unter der Dominanz des nordischen Artgesetzes denkbar ist. Sie stellt eine Aufgabe dar, die sich jedem einzelnen täglich stellt, nämlich beständig die Stile anderen Erlebens zurückzudrängen, damit das nordische Gesetz immer reiner hervortreten kann: "Das Nordische wecken, ihm den Vorzug in der Entfaltung geben und ihm so zur Herrschaft helfen in uns selbst und in der kommenden Gemeinschaft."[73]

---

[71] Ebd., S. 180.
[72] Clauss 1935.
[73] Clauss 1940. S. 89.

Clauss war überzeugt, damit den Schlüssel gefunden zu haben, der das Tor zur sehnsüchtig herbeigewünschten Volksgemeinschaft der Deutschen aufschließt. Aber es ist leicht zu sehen, daß dieses Konzept nordischer Erweckungserziehung nur eine neue Hierarchie begründet und neue Trennungen schafft, nämlich eine Abstufung nach Graden der Fähigkeit, "das nordische Gesetz in sich selbst zur reinen Herrschaft zu führen". Zugleich fungiert die Pädagogik hier als Mittel sozialer Integration, indem sie den psychologisch Schwächeren, deren nordischer Blutsanteil nicht ausreicht, die Einsicht zur freiwilligen Unterordnung vermittelt. Das Erziehungswerk stellt eine gewaltige Aufgabe dar, an der viele scheitern werden. Selbst die Stärke des nordischen Bluts bietet noch keine Gewähr für volksgemeinschaftliche Verantwortlichkeit, neigt doch gerade der Norder zu einem ausgeprägten Individualismus, dessen Kehrseite Rücksichtslosigkeit sein kann: "Nordisch sein heißt noch bei weitem nicht, ein wertvolles Glied des deutschen Volkes sein ... Man kann auf nordische Weise auch ein Wertfrevler, ein Verbrecher – sagen wir es ruhig: man kann auf nordische Weise auch ein Schweinehund sein."[74]

Das nordische Erleben muß mit der völkischen Aufgabe verbunden werden. Dies geschieht, wie bei Günther, durch das Aufstellen von Vorbildern: "Das Rassenseelische im Menschen ist erziehbar; Erziehen heißt hier: Führen zur Entscheidung ... Zur nordischen Entscheidung führen kann man letzten Endes ... nur durch ein Dasein als Vorbild. Erziehen heißt hier: den Zögling zum Gefolgsmann großer Vorbilder machen, deren Leben ... ein Leben durch nordische Entscheidung war. Erziehen heißt hier vor allem: selbst ein Vorbild nordischen Entscheidungslebens sein."[75] Diese Vorbilder findet man vor allem im historischen und mythischen Erbe. Wie Günther postuliert Clauss das Idealbild des nordisch-hellenischen Menschen, Inbegriff des "schönen" Menschen", "lebende Ganzheit", in der Körper und Seele eins sind: ein Idealbild, das die Schule zu vermitteln hätte. Wie Günther richtet Clauss, der hier ebenfalls an Schillers "ästhetische Erziehung" anknüpft,[76] an einen solchen Unterricht im nordisch-hellenischen Geist die Erwartung, daß damit zugleich ein Auslesevorbild für die Gattenwahl geschaffen würde. Die Wiedervernordung beginnt mit der Erziehung und mündet in die nordische Zuchtwahl. Daß auch Clauss sich für den vorehelichen Austausch von Gesundheitszeugnissen, für die Frühehe und für sozialpolitische Umverteilungsmaßnahmen zugunsten einer nordischen Führungselite aussprach, die eine dem Wesen ihrer Seele

---

[74] Ebd., S. 49.
[75] Clauss 1935.
[76] Clauss 1927, S. 15.

gemäße Umwelt brauche, nämlich Landbesitz und relativen Wohlstand, versteht sich von selbst.[77] Günther wie Clauss dachten an eine neue landbesitzende Klasse nach englischem Vorbild, die, durch Bildung und Gattenwahl geadelt, die Geschicke der Nation lenken würde.

Gleichwohl, die Utopie vom nordischen Menschen war bei Clauss schon weitgehend in ein geisteswissenschaftliches Bildungsprogramm übersetzt worden. Clauss entfernte sich weiter als andere Rassentheoretiker von im engeren – naturwissenschaftlich-medizinischen – Sinn eugenischen Vorstellungen, genauer: Seine Idee war eine Eugenik auf der Grundlage einer ästhetischen Erziehung, die die "Erbganzheit" von Körper, Seele und Geist wieder zum Leben erwecken sollte. Er gründete diese Erwartung auf ein existentielles Urerlebnis, das im Mittelpunkt der nordischen Pädagogik stehen sollte: der Durchbruch zum "Sieg des nordischen Artgesetzes". Diesem Urerleben wiederum gab Clauss eine mythische Bedeutung, nämlich die geistige, erlebte Wiederholung jener "Tat der Eroberung", "durch die ja einmal auch unser deutsches Volk entstanden ist, indem nordische Eroberer Herrschaft übten über Unterworfene von fremder Art."[78] Damit näherte sich Clauss solchen Konzeptionen nordischer Pädagogik an, wie sie etwa Luserke, Schöll, Tietjen oder Lehmann vertraten, die im Eintauchen in die nordisch-germanische Urgeschichte und -landschaft das ursprüngliche rassische Wesen in seiner Reinheit und Ganzheit wieder emporheben wollten. Von da führt eine direkte Linie zur Idee der "Grenzlandpädagogik": zur Idee, daß sich nordische Art im Einsatz für die Volksgemeinschaft am besten im Volkstumskampf an den bedrohten Grenzen entfaltet und bewährt.

1. 2. Von Darré zu Himmler

Verkörpert die Clauss'sche Konzeption den einen Pol, zu dem sich die nordische Idee hin entwickelte, so stand das Züchtungsprojekt *Richard Walther Darrés* für eine andere Variante. Darré teilte das Idealbild vom Menschen, das Günther und Clauss entwarfen; und auch für ihn war der englische Landadel das große Vorbild: Sein Ziel, wie das Günthers und Clauss', war die Schaffung einer einheitlichen und vorbildlichen deutschen Oberschicht mit Führungsqualitäten und staatsbürgerlichem Verantwortungsbewußtsein, die sich durch vornehme Gebildetheit und verantwortliche Gattenwahl auszeichnen sollte. Darré entwickelte deshalb ein Bildungsprogramm, das an der

[77] Ebd., S. 132.
[78] Clauss 1939, S. 97.

Elite-Erziehung des englischen College orientiert war (die Bewunderung für die englische Oberschicht teilten auch Hitler und Himmler). Aber parallel dazu entwarf er ein sozialeugenisches Programm "züchterischer Auslese" durch den Staat: Auf die Wirkung ästhetischer Auslesevorbilder allein mochte er sich offenbar nicht verlassen. Darré begriff die "Aufnordung" nicht mehr allein als eine Erziehungs- und Bildungsaufgabe – obwohl dies bei ihm weiterhin eine Rolle spielte –, sondern hielt eine staatlich-bürokratische Regelung der Fortpflanzungsverhältnisse für erforderlich, um einen neuen "Leistungsadel aus Blut und Boden" zu schaffen, der erst zum wirklichen Träger der nordischen Idee werden könne. Damit bahnte Darré theoretisch die Verknüpfung der nordischen Idee mit der Rassenhygiene und dem Ordens-, Auslese- und Züchtungsprojekt der SS an. Darré, der über das Studium der Schriften Günthers und Rathenaus zur Nordischen Bewegung fand, wurde 1931 Leiter des Rasse- und Siedlungshauptamtes der SS, erst 1938 mußte er dieses Amt wegen Spannungen mit Himmler aufgeben. Aufgrund seiner landwirtschaftlichen Kenntnisse – Darré war Diplomlandwirt wie Himmler – setzte ihn Hitler 1930 zum agrarpolitischen Berater der NSDAP ein und übertrug ihm 1933 das Amt des Reichsernährungsministers und Bauernführers. Rivalitäten und Meinungsverschiedenheiten mit Himmler über die Pläne der Ostsiedlung und die Methodik der Kriegsführung führten schließlich 1942 zu seiner Amtsenthebung.

Darré träumte von einem neuen Bauernadel, einem Adel aus Blut und Boden mit einer Hierarchie von Titeln und Rängen ("Edle", "Ritter", "Herzöge"), die aber nicht vererblich wären, sondern nur für besondere Verdienste vergeben würden. Das erste Auslesekriterium für diesen Adel sollte die Qualität des Erbgutes sein: Nur rassisch hochwertige und erbgesunde Deutsche sollten in diesen Adel aufsteigen können. Die eugenische Prüfung sollte durch einen neuen, vom Staat besoldeten Berufsstand erfolgen, die "Zuchtwarte"; sie wären für alles zuständig, was das Erbgut des Volkes betraf und sollten über die Krankheiten, Strafen und Schulbildung aller Volksgenossen Buch führen. Die eugenische Auslese wollte Darré vor allem am weiblichen Geschlecht vollziehen, weil von seiner Konstitution die Qualität der Nachkommen entscheidend abhinge. Die Erbwertigkeit des Mannes käme dann, wie dies auch bei Günther gedacht war, vor allem in der Bewährung bei der Gattenwahl zum Tragen. Zu diesem Zweck schlug Darré eine Einteilung der Frauen in vier Klassen vor: Die 1. Klasse umfaßt die "Besten", die Darré auf etwa 10% eines Jahrgangs schätzte, die 2. Klasse jene, bei denen keine Bedenken bestehen. In die 3. Klasse werden Frauen eingestuft, die zwar im sittlichen und strafrechtlichen Sinn einwandfrei sind, bei denen es aber erbwertliche Bedenken gibt – sie dürfen die Ehe eingehen, wenn sie sich zuvor der Sterilisation unterziehen; die 4. Klasse schließlich umfaßt minderwertige Frauen, die mit einem Eheverbot zu belegen sind, weil anderenfalls der Begriff und die Idee der deutschen Ehe herabgewürdigt würde (Geisteskranke, Prostituierte, rückfällige Verbecherinnen etc.).[79] Betrifft diese Klassifizierung die Frauen aller sozialen Schichten und "Stände", so gelten für den künftigen Bauernadel – die "Hegehof-Ehe" – strengere Maßstäbe: Nur die Frauen der 1. Klasse können ohne weiteres geehelicht werden, bei Frauen aus der 2. Klasse muß die "Adelsgenossenschaft" zustimmen, die Ehe mit Frauen der 3. Klasse ist vorab ausgeschlossen. Die künftigen Frauen der Oberschicht sollen "Edelfrauen" sein, die eine "adlige Sittlichkeit" vorleben, ihr vornehmstes Amt in der Mutterschaft sehen und das Haus und damit auch die Seele der Kinder mit ihrem Geist erfüllen.[80]

Für die Auslese des männlichen Adels gelten andere Kriterien. Darré sieht drei Stufen der "Siebung" vor, die Stufen männlicher Sozialisation und Erziehung bezeichnen, nämlich die Bewährung in der schulischen Erziehung, in der staatlichen Dienstpflicht und in den korporativen Pflichten. In Darrés nordischer Zukunftsrepublik ist der neue Adel zur Volksführerschaft bestimmt, daher muß er schon frühzeitig zu staatsbürgerlicher Gesittung erzogen werden: So wichtig "körperliche Rassegemäßheit" ist, sie genügt nicht, solange in der Jugend noch "artfremder Geist" bleibt. Es gilt, die Jugend mit "echt deutschen Begriffen vom Staat" zu durchdringen. Dies ist Aufgabe der Erziehungsträger. Zunächst des Staates, der für die schulische Erziehung zuständig bleibt; hier wollte Darré den Korps- und Gemeinschaftsgeist der englischen Elite-Erziehung mit der "deutsch-germanischen" Betonung der Einzelleistung, der Entfaltung des Ichs zur Selbstverantwortlichkeit, also Elementen germanischer Selbstverwaltung verbinden. Daher soll auch der Adelsnachwuchs in Internaten erzogen werden, aber nicht in kasernenmäßig organisierten Anstalten, sondern in selbstverwalteten Hochschulgenossenschaften, wie sie Gerstenhauer, Tanzmann und andere propagiert hatten.[81] Weiterhin wollte Darré eine allgemeine staatliche Dienstpflicht einführen, die mehr wäre als die Wehrpflicht der Vorkriegszeit, nämlich eine Erziehungsschule für ein wehrhaftes deutsches Staatsbürgertum – hier wird die Tradition der Charakterschulung des preußischen Heeres wieder aufgenommen. Mit der Absolvierung der Dienstpflicht, während der die Jugendlichen aller Stände zusammentreffen, werden die Bürgerrechte erworben. Als dritte Stufe folgt schließlich die "Zuerkennung des Eherechts" durch die Korporation, im

[79] Darré 1930, S. 170f.
[80] Ebd., S. 174.
[81] Ebd., S. 204ff.; vgl. Bergmann 1970

Falle des Jungadels durch die "Adelsgenossenschaft" der "Hegehofgeschlechter"; der Übernahme eines Hegehofes als Voraussetzung der Ehefähigkeit geht eine landwirtschaftliche Prüfung durch die Genossenschaft voraus.

Darrés Modell war eine Konkretisierung jener Idee von Günther, daß der neue Adel aus Blut und Boden sich in Leistung und Gattenwahl bewähren müsse, freilich mit der Modifikation, daß die Gattenwahl durch staatlich-eugenische und nicht nur sittlich-ästhetische Auslese geregelt und damit ein Rahmen vorgegeben würde, der die Wahlfreiheit des Mannes begrenzt. Von Günther übernahm Darré auch die völkische Theorie vom "Blutskreislauf", eine nationalsozialistische Variante der Paretoschen "Zirkulation der Eliten", nämlich die Erneuerung der städtischen Führungsschichten durch die Zufuhr frischen Blutes vom Land. Um die Funktionsfähigkeit des Hegehofs zu erhalten, sollte jeweils nur ein Sohn als Erbe eingesetzt werden. Die nichterbenden "Edelmannssöhne" sollten das "Rückgrat der eigentlichen Führungsschicht des Volkes" werden. Hier wirkte der Einfluß Hentschels nach: "Während bewährtes Führertum des Deutschen Volkes fortdauernd in die Adelsgenossenschaft übernommen wird, und dort durch klare Zuchtgesetze im Laufe der Geschlechterfolge von möglicherweise vorhandenen erbwertlichen Schlacken bereinigt wird, fließt aus den Hegehöfen, als den Erneuerungsquellen, wertvolles Führerblut fortdauernd in alle Stände und Schichten des Volkskörpers zurück, hier entweder tatsächlich führend oder bei nur durchschnittlicher Begabung unbemerkt im Volksuntergrund versickernd."[82]

Darré verknüpfte dies mit der Idee einer deutschen Besiedlung im Osten. 1932, als er bereits an einer Kartothek der biologischen Erbmasse der nationalsozialistischen Elite, insbesondere der SS, arbeitete, empfahl er Hitler die Gründung solcher Adelshöfe im – noch zu erobernden – Osten, um dort eine neue deutsche Herrenschicht zu schaffen. Himmler griff dies in seinem Wehrbauerndörfer-Projekt für das besetzte Polen später wieder auf. "Aus dem Menschenreservoir der SS", so soll Darré erklärt haben, "werden wir den neuen Adel züchten ... Mir schwebt die Bildung von 'Adelshöfen' vor, wo der neue Adel, fest mit dem Boden verwurzelt, zugleich die stählende Aufgabe der Führung innerhalb eines fremden Volkstums haben wird. Das heißt, diese Adelshöfe werden mitten im fremdsprachigen Raum unseres kommenden Reiches liegen."[83] In Darrés Vision verbindet sich das rassenhygienische Projekt des neuen Landadels mit der Idee einer "Grenzland-Erziehung", die den neuen Adel jenen harten Umweltbedingungen aussetzt, unter denen das ursprüngliche wehrhaft-heldische germanische Wesen sich erst wahrhaft be-

---

[82] Ebd., S. 221.
[83] Rauschning 1940, S. 36f.

währen und offenbaren kann: "Wie das deutsche Bauerntum der ewige Blutquell des deutschen Volkes sei und als solcher besonders gepflegt werden müsse, so gelte es, den neuen Adel dadurch für alle Zeiten zu sichern und vor den Gefahren der Degeneration zu bewahren, daß er den strengsten Forderungen der biologischen Auslese unterworfen und auf besondere Weise mit dem landwirtschaftlichen Boden verwurzelt würde. Und zwar sei es die Aufgabe des Adels, jenseits der Grenze des deutschen Volksbodens als Zwingherr der deutschen Herrschaft sich als Herrenmensch zu bewähren."[84]

In den von Rauschning aufgezeichneten "Gesprächen mit Hitler" (deren Authentizität nicht verbürgt ist) wurden lange vor 1939 durch Darré und seinen Mitarbeiterstab die Grundzüge der späteren Ost-Politik skizziert: die Besiedelung mit einer deutschen Herrenschicht und eine ebenso planmäßige "Entvölkerungspolitik". Denn: "Die große Gefahr für die weiße nordische Rasse sei die große biologische Fruchtbarkeit des ostisch-slavischen Menschen, der wie alles Minderwertige die fehlende Qualität durch die Quantität, das heißt durch die Gebärtüchtigkeit seiner Weiber ersetze ... Es gelte, den slavischen Kleinbauern wieder von der Ackerscholle loszulösen, ihn zum besitzlosen Arbeiter zu machen, damit seine Fruchtbarkeit sinke. Es gelte, den landwirtschaftlichen Boden überwiegend in die Hand einer deutschen Herrschschicht zu bringen. 'Großbauer darf im ganzen Ostraum nur der Deutsche sein.'"[85] Ein neues Erbhofrecht sollte "weichende Erben" in Deutschland zwingen, "in den Osten zu wandern, um dort selbst Großbauer zu werden", während die "fremdstämmigen Bauern" zu Zwangsarbeitern für die deutsche Herrenschicht gemacht werden würden: "Ohne die Herstellung einer gewissen, modernen Form der Hörigkeit, oder, wenn man will, des Sklaventums, könne die menschliche Kultur nicht weiterentwickelt werden."[86] In demselben Gespräch mit Hitler entwickelte Darré auch seine Vision von einer neuen Gesellschaftshierarchie mit einer ständisch differenzierten Bildung, eine Vision, die Hitler sogleich aufgriff: An der Spitze stünde eine Herrenschicht, die allein das "Evangelium vom freien Menschen" auf eigenen Junkerschulen empfangen würde, am anderen Ende der Hierarchie stünde eine moderne Sklavenschicht aus unterworfenen Fremdstämmigen, die man in Analphabetismus halten würde. Darré: "Man müsse den Mut zum Analphabetentum ebenso haben wie zum Heidentum. Bildung und Wissen enthielten bestimmte Gefahren für die Herrenschicht. Aber sie bildeten auch in anderem Sinne große Gefahren für die Erhaltung einer Sklavenschicht. Das

[84] Ebd., S. 41.
[85] Ebd., S. 38.
[86] Ebd., S. 39.

Ideal einer allgemeinen Bildung sei längst überholt. Nur wenn Wissen wieder den Charakter der Geheimwissenschaft zurückerlangt hätte und nicht allgemein zugänglich sei, würde es wieder Funktionen einnehmen können, die es normalerweise habe, nämlich Mittel der Beherrschung zu sein, der menschlichen Natur wie der außermenschlichen. Damit käme man aber wieder zur Bedeutung der Neubildung eines europäischen Blutadels, den der Nationalsozialismus dem liberalistischen internationalen Geldadel gegenüberstelle." Zwischen Herren- und Sklavenschicht gäbe es dann einen Mittelstand (die "Menge der hierarchisch geordneten Parteimitglieder") und das "Kollektiv", die Masse des unmündigen Volks.[87]

Einer der wirkungsvollsten Eklektiker der nordischen Bewegung und Ideologen des neuen Adelsgedankens schließlich war *Alfred Rosenberg*, den Hitler 1941 zum Reichsminister für die besetzten Gebiete östlich des Generalgouvernements machte. In seinem "Mythus des 20. Jahrhunderts", nach "Mein Kampf" das auflagenstärkste Buch der nationalsozialistischen Bewegung (1930 waren fast eine Million Exemplare verkauft), deklarierte er die nordische Rasse zum "blutvollen Bindemittel innerhalb des deutschen Volkes". Gestützt auf eine "alpine Unterschicht" wäre sie der einzige Garant einer deutschen Volksgemeinschaft, ohne sie müßte Deutschland "restlos zerfallen".[88] Der neue Adel aus Blut und Leistung müsse zu 80% nordisch sein, "da die Erfüllung der geforderten Werte mit den Höchstwerten dieses Blutes auf einer Linie liegt."[89] In einer Rede auf der Marienburg in Westpreußen, dem großen Symbol der Ostkolonisation des Deutschen Ordens im Mittelalter, trug Rosenberg, selbst ein Baltendeutscher, seine Idee eines neuen "Deutschen Ordens" vor. Er sollte den Kern des neuen Adels bilden, eine geistige Elite, die über einen selbstkonstitutierten "Rat der Besten", den "Ordensrat", besondere Aufgaben der Staatsführung übernimmt und insbesondere das Staatsoberhaupt wählt.[90] Dieser Adelsauslese korrespondieren in Rosenbergs korporativistisch verfaßtem Staat negative Maßnahmen der Rassenpolitik und Sozialeugenik wie die Sterilisierung Erbkranker und rückfälliger Verbrecher, die Entrechtung der Juden sowie ein archaisches Strafrecht, das nicht mehr als Erziehungsmittel dient, sondern dessen Zweck "einfach Aussonderung fremder Typen und artfremden Wesens" ist: "Die Notzucht eines Fremdrassigen wird durch Auspeitschung, Zuchthaus, Vermögensbe-

---

[87] Ebd., S. 36ff.
[88] Rosenberg 1930, S. 576f.
[89] Ebd., S. 596f.
[90] Ebd., S. 546; Rosenberg 1936.

schlagnahme und lebenslängliche Ausweisung aus dem Deutschen Reiche geahndet."[91]

Praktisch wirksam wurden diese Ideen eines neuen nordisch-germanischen Bauerntums, eines neuen Adels aus "Blut und Boden" und eines neuen deutschen Ordens vor allem durch *Heinrich Himmler,* der die verschiedenen Versatzstücke der völkischen Rassenhygiene und der nordrassischen Utopie zu einem politischen Handlungsprogramm amalgamierte. Für Himmler sollte die SS den neuen Orden, die rassische Elite des Reichs bilden. In der SS versuchte Himmler, Darrés Züchtungsideen ein Stück weit in die Tat umzusetzen. Dies begann mit der Einführung rassischer Auslesekriterien für die Aufnahme in die SS und mündete in den Plan, "Wehrbauernhöfe" für verdiente SS-Offiziere im eroberten Osten zu errichten und auf diese Weise die SS-Elite zum neuen wehrhaften Landadel zu machen. Wie Darré ging Himmler von einer simplen Übertragung von Erkenntnissen aus der Vieh- und Pflanzenzucht auf den Menschen aus und entwickelte schon früh das Projekt einer Menschenzüchtung für die SS: "Wir gingen so, wie der Saatzüchter, der eine alte, gute Sorte, die vermischt und abgebaut ist, wieder rein züchten soll, zuerst über das Feld zur sogenannten Staudenauslese geht, zunächst daran, rein äußerlich die Menschen abzusieben, die wir glaubten, für den Aufbau der Schutzstaffel nicht brauchen zu können."[92] Für die Auswahl der SS-Bewerber war das Rasse- und Siedlungshauptamt der SS (RuSHA) zuständig. Es hatte zugleich die Aufgabe, die Gattenwahl der SS-Männer zu lenken und die "Bildung erbbiologisch wertvoller kinderreicher Familien" zu fördern. Die rassische Auslese erfolgte nach einer körperlichen Prüfung durch die Rassenkommission des RuSHA anhand eines von SS-Hauptsturmführer Bruno K. Schultz entwickelten Systems. Schultz war Direktor des biologischen Instituts der Reichsakademie für Leibesübungen, er war seit 1938 als Professor für Anthropologie, menschliche Erblehre und Bevölkerungsbiologie an der Universität Berlin, später an der Deutschen Universität Prag tätig und arbeitete seit 1932 im RuSHA der SS. Nach Schultz' System wurden die Bewerber in jeweils eine von fünf Kategorien eingruppiert: "in die 'rein nordische Gruppe', die 'vorherrschend nordische oder fälische' Gruppe, in die Gruppe der harmonischen Mischlinge mit 'leichten alpinen, dinarischen oder mittelmeerischen Zusätzen', die Gruppe der Mischlinge 'vorwiegend ostischen oder alpinen Ursprungs' oder in die Gruppe der 'Mischlinge außereuropäischer Herkunft'. Nur diejenigen Männer, die in die ersten drei Gruppen ein-

[91] Rosenberg 1930, S. 595.
[92] Himmler 1935, zit. n. Ackermann 1970, S. 114.

gereiht wurden, konnten in die SS aufgenommen werden."[93] Um die Gattenwahl der SS-Männer in seinem Sinn zu beeinflussen, hatte Himmler schon 1931 einen "Verlobungs- und Heiratsbefehl" erlassen, nach dem jede Eheschließung seiner Genehmigung bedurfte: "Die Heiratsgesuche wurden im Rasseamt der SS bearbeitet. Die Eheerlaubnis wurde erst nach eingehender biologischer Prüfung erteilt; denn der SS-Mann war verpflichtet, 'eine gesunde, erbgesunde, rassisch mindestens gleichwertige Frau zu heiraten'. Sie sollte sogar rassisch möglichst wertvoller sein als er, weil – so das Schulungsorgan der SS – 'Zucht nicht Erhaltung, sondern Verbesserung der Rasse' bedeute."[94]

Im Dienste dieser Aufgaben der "Hochzucht" stand der *Lebensborn*, von Himmler als eine Entbindungseinrichtung für SS-Frauen gedacht, vor allem aber auch als eine Einrichtung, die ledigen, aber rassisch hochwertigen Schwangeren die Möglichkeit geben sollte, ihr Kind auszutragen. Denn Himmler ging es darum, alles "wertvolle Blut" zu retten, um das deutsche Volk biologisch zu stärken. Himmler wollte mit dem Lebensborn die Zahl der Abtreibungen reduzieren und den Frauen den Makel der ledigen Mutterschaft nehmen. Die werdende Mutter und ihr außereheliches Kind sollten vor der "verlogenen Gesellschaft" geschützt werden und im Lebensborn eine soziale Betreuung erhalten. Diese an sich fortschrittliche Idee, die auch innerhalb der NSDAP auf viel Widerspruch stieß – selbst Fritz Lenz beispielsweise lehnte die Förderung unehelicher Geburten ab –, stand jedoch ausschließlich im Dienste der völkischen Rassenhygiene und der "Aufnordung".

Die Aufgaben des Lebensborns, der am 12.12.1935 durch die SS in Berlin gegründet wurde, waren so definiert:

"1. Rassisch und erbbiologisch wertvolle, kinderreiche Familien zu unterstützen;

2. Rassisch und erbbiologisch wertvolle werdende Mütter unterzubringen und zu betreuen, bei denen nach sorgfältiger Prüfung der eigenen Familie des Erzeugers durch das Rasse- und Siedlungshauptamt der SS anzunehmen ist, daß gleich wertvolle Kinder zur Welt kommen;

3. für diese Kinder zu sorgen;

4. für die Mütter der Kinder zu sorgen."[95]

In der Präambel der Satzung des "Lebensborn e.V." von 1938 hieß es, aus dem Lebensborn werde eine auserlesene Jugend hervorgehen, "wertvoll an

---

[93] Ackermann 1970, S. 115f.

[94] Ebd., S. 116.

[95] Zit. n. Lilienthal 1993, S. 43.

Körper und Geist, der Adel der Zukunft."[96] Der Lebensborn sollte gleichzeitig als Vermittlungsagentur rassisch wertvoller Pflege- und Adoptivkinder dienen, vergleichbar den früheren Aktivitäten des "Bundes Kinderland". In einem Rundschreiben Himmlers von 1936 wurden alle SS-Führer, die kinderlos blieben bzw. nicht die Mindestforderung von 4 Kindern erfüllen konnten, aufgefordert, "rassisch und erbgesundheitlich wertvolle Kinder" anzunehmen und sie im Sinne des Nationalsozialismus erziehen und ausbilden zu lassen. Für die Auswahl geeigneter Kinder stehe der Lebensborn zur Verfügung.[97] Der Verein übernahm die Vormundschaft für die unehelich zur Welt gekommenen Kinder, brachte sie ggf. für begrenzte Zeit in Pflegefamilien unter, wenn die Mutter wieder einer Arbeit nachgehen mußte, oder vermittelte sie zur Adoption. Darüber hinaus vergab der Verein finanzielle Beihilfen für kinderreiche SS-Familien (bis Ende des Krieges wurden 1600 deutsche SS-Familien mit insgesamt 9600 Kindern unterstützt). Organisatorisch war der Verein eingebunden in das RuSHA der SS, wurde aber schon 1938 dem Persönlichen Stab des RFSS angegliedert, d.h. direkt Himmler unterstellt, der damit zugleich Vorsitzender des Gesamtvorstands des Vereins war.[98] Der Verein finanzierte sich im wesentlichen durch Mitgliedsbeiträge; für hauptamtliche SS-Führer bestand Mitgliedschaftspflicht.[99] Das erste Entbindungsheim wurde 1936 in Oberbayern eröffnet ("Heim Hochland"). Bis 1939 waren 6 solcher Entbindungsheime in Deutschland mit insgesamt 263 Betten für Frauen und 487 Betten für Kinder entstanden.[100] Jedes Entbindungsheim wurde von einem SS-Arzt geleitet. 1945 besaß der Lebensborn acht Mütter- und drei Kinderheime. In die Kinderheime wurden auch Kinder "nordisch-germanischen Blutes" aufgenommen, die aus den besetzten Gebieten stammten, für eine Eindeutschung in Frage kamen und daher ihren Eltern fortgenommen worden waren. Insgesamt wurden in den Lebensbornheimen 11 000 Kinder geboren, davon 50 bis 80% unehelich .[101]

Voraussetzung für die Aufnahme in ein Heim des Lebensborns war, daß die werdenden Mütter "in rassischer und erbbiologischer Hinsicht alle Bedingungen erfüllen, die in der Schutzstaffel allgemein gelten", das heißt, die Frauen mußten nordisch oder nordisch-fälisch bestimmt sein; Frauen der ostischen und westischen Rasse wurden abgelehnt. Die Frauen mußten eine Ahnentafel (bis 1800), einen Erbgesundheitsbogen und einen ärztlichen Un-

---

96 Ebd., S. 47.
97 Ebd., S. 44.
98 Ebd., S. 55.
99 Ackermann 1970, S. 130.
100 Lilienthal 1993, S. 58.
101 Ackermann 1970, Anm. S. 129f.

tersuchungsbogen beibringen, einen Fragebogen zur Person ausfüllen und eine eidesstattliche Versicherung über den Vater abgeben. Sämtliche Unterlagen waren auch vom Vater einzureichen.[102] 1938 wurde in den Heimen ein zusätzlicher, geheimer Fragebogen über die Mütter eingeführt, der für Himmler persönlich bestimmt war: "Neben persönlichen Daten wurde das 'rassische Erscheinungsbild der Mutter' festgehalten. Die Eintragungen lauteten dann z.B.: 'sehr kräftiger Wuchs, nordisch mit dinarischem Einschlag, (vorderasiatischer Einschlag?)' oder 'vorwiegend westisch mit ostischen Zügen'. Notiert wurden außerdem die weltanschauliche Einstellung, Verhalten im Heim und gegenüber dem Kind. Abschließend wurde gefragt: 'Entspricht die Kindesmutter dem Ausleseprinzip der SS: a) rassisch? b) weltanschaulich? c) charakterlich?'"

Himmler entwickelte schließlich eine eigene Bewertungsskala, die die verschiedenen Ergebnisse zusammenfaßte:

"I = für die Mutter und den Vater, charakterlich, weltanschaulich, rassisch, erbgesundheitlich und gesundheitlich in Ordnung;

II = charakterlich und weltanschaulich in Ordnung, jedoch rassisch, erbgesundheitlich oder gesundheitlich gewisse Mängel;

III = gewisse Mängel und unreife charakterliche oder weltanschauliche Art oder rassische, erbgesundheitliche und gesundheitliche stärkere Fehler;

IV = unerwünschte Mutter oder unerwünschter Vater, charakterlich oder weltanschaulich fehlerhaft oder rassisch abzulehnen oder erbgesundheitlich und gesundheitlich ernsthaft zu beanstanden und deswegen als Erzeuger von Kindern unerwünscht."[103]

Von dieser Klassifizierung hing das weitere Schicksal von Mutter und Kind ab; z.B. wurden nur Mütter der Wertungen I oder II SS-Ämtern als Schreibkräfte vermittelt. Mißgebildete Kinder wurden aus den Heimen genommen und bei schweren, vor allem geistigen Behinderungen der Euthanasie preisgegeben. Bei positiver Bewertung jedoch übernahm die SS die Patenschaft über das Kind, dies wurde dann mit einer zeremoniellen Namensgebung und Namensweihe besiegelt. Ziel solcher Regelungen und Rituale war, eine lebenslange ideelle Bindung an die SS zu schaffen. Darin wird die Absicht erkennbar, den Lebensborn als Quell für den neuen Adel zu nutzen. Dies stand im Zusammenhang mit der von Himmler festgesetzten Regel, daß ein Viertel der jährlichen SS-Bewerber keine Söhne von SS-Angehörigen sein durften. Auf diese Weise wollte Himmler jenen Fehler der Inzucht vermeiden, der immer wieder zur Degeneration des "historischen Adels" geführt

---

[102] Lilienthal 1993, S. 90f.

[103] Zit. n. ebd., S. 97.

hätte. Der Lebensborn stand für die "frische Blutzufuhr" von außen zur Verfügung.[104]

Zu einer Quelle dieser "Blutzufuhr" wurden im Krieg die unehelichen, von deutschen Soldaten im besetzten Ausland gezeugten Kinder. Der Lebensborn entfaltete in diesem Zusammenhang umfangreiche Aktivitäten in den "artverwandten nordisch-germanischen Ländern", insbesondere in Norwegen.[105] Dies waren sozialpolitische Betreuungsmaßnahmen, denen aber die heimliche Absicht zugrundelag, die unehelichen Kinder der Nationalität ihrer Mutter möglichst zu entfremden oder völlig zu entziehen. Der ärztliche Leiter des Lebensborns, Ebner, hatte die Vision, mit den von deutschen Soldaten geschwängerten norwegischen Frauen und ihren Kindern die rassisch zurückgebliebenen süddeutschen Regionen "aufzunorden". Nach einem Plan des SS-Gruppenführers Hofmann von 1941 sollten die Frauen nach Deutschland gebracht werden, dort Sprachunterricht erhalten und Umschulungskurse besuchen. Die Kinder sollten im Heim "Kurmark" untergebracht werden. Nach Eheschließung sollten Mutter und Kind bei Verwandten des Bräutigams Aufnahme finden; sie sollten nach Möglichkeit in bäuerlichen Betrieben untergebracht werden, um sie vor den Gefahren der Großstädte zu bewahren. Durch die Eindeutschung rassisch geeigneter Kinder und deren norwegischer Mütter hoffte man, einen Beitrag zur Aufnordung des deutschen Volkes leisten zu können.

Während des Krieges wurden 200-250 norwegische Kinder in Heime nach Deutschland verbracht. Gegen Kriegsende gab es neun Entbindungs- und Kinderheime des Lebensborns in Norwegen. Mit insgesamt etwa 6000 Geburten lieferte Norwegen das höchste "Geburtenkontingent" des Lebensborns außerhalb des Reichs. Ähnliche Einrichtungen gab es auch in Holland, Belgien und Frankreich. Für Frankreich, das schon nicht mehr zu den artverwandten germanischen Völkern zählte, entwickelte Himmler weitergehende Zielvorstellungen. In einem Gespräch mit Hitler schlug er 1942 vor, "alljährlich einmal unter der germanischen Bevölkerung Frankreichs einen blutmäßigen Fischzug" durchzuführen; die Kinder sollten dann in deutsche Internate gebracht werden. Das Ziel solcher Aktionen war die biologische Schwächung des Gegners, den man auf diese Weise quasi präventiv seiner potentiellen Führungsschicht berauben würde. In Himmlers wahnhaftem Weltbild war dies ein höchst bedeutsames Mittel der Kriegsführung: Es würde, um Frankreich biologisch entscheidend zu schwächen, genügen, jährlich 1000 Kinder herauszuholen. Himmler wird dabei noch an die von deut-

---

[104] Ebd., S. 102.
[105] Ebd., S. 160ff.

schen Soldaten und Besatzungsangehörigen gezeugten Kinder gedacht haben, deren Zahl allein 1943 auf 85 000 geschätzt wurde.[106] Im besetzten Polen sollte sich diese strategische Linie zum einzigartigen Programm eines massenhaften Kinderraubs ausweiten. Himmler wollte mit solchen Maßnahmen sowohl die Führungsschicht des "fremdvölkischen" Gegners, die sich nach seiner Auffassung stets vorwiegend auf nordisch-germanisches Blut stützte, schwächen als auch dieses Blut sammeln und "re-germanisieren", um daraus die Führungselite eines künftigen großgermanischen Reichs deutscher Nation in Europa zu schaffen.

1942 erklärte Himmler auf einer SS- und Polizeiführer-Tagung in bezug auf die in der Ukraine zu verfolgende Eindeutschungspolitik: "Unsere Aufgabe ist, das, was gutrassig ist, herauszuholen. Das holen wir uns nach Deutschland, das kommt auf eine deutsche Schule und das, was noch höher qualifiziert ist, kommt auf eine Heimschule oder Napola, so daß der Junge von vornherein als ein bewußter Träger seines Blutes und als bewußter Bürger des großgermanischen Reiches aufwächst und nicht von uns als National-Ukrainer erzogen wird."[107] Himmler plante in diesem Zusammenhang, die Nationalpolitischen Erziehungsanstalten, die Elite-Gymnasien der NSDAP, der SS zu unterstellen. Sie sollten "als Sammelbecken für Deportierte und zur Verwertung des Beuteguts dienen, das in planmäßigen Aktionen von Kindesraub eingebracht werden sollte."[108] Himmler wollte die "Napolas" für die Nachwuchssicherung der SS nutzen und hier die Führungselite des künftigen Großgermanischen Reichs heranziehen. Dem diente der organisierte Kinderraub: Die zur Herrschaft in Europa prädestinierte Herrenrasse sollte im gesamten Herrschaftsbereich ausfindig gemacht und an die nationalsozialistische Herrschaft gebunden werden, um eine potentielle Gegenelite in den besetzten Ländern auszuschalten.[109] Die nationale Zugehörigkeit war also der rassischen Struktur untergeordnet gedacht. Solche Vorstellungen gehörten zwar eher in den Bereich der Utopie. Aber es gab auch Ansätze der Realisierung. So entschied Himmler 1942, geeignete "gutrassische" Jungen rein tschechischer Familien sollten die Möglichkeit erhalten, in eine Napola zu kommen.[110] Bereits im Oktober 1940 wurde ein als Gesundheitsbogen für Schulärzte getarnter Fragebogen über tschechische Schüler verteilt, um eine rassische Auslese zu ermitteln. Der Fragebogen war entsprechend differenziert: Angaben über Haar- und Augenfarbe z.B. genügten nicht (auch Ostbal-

[106] Picker 1979, S. 195; Lilienthal 1993, S. 189ff.
[107] Zit. n. Ackermann 1970, S. 217f.
[108] Scholtz 1973, S. 358.
[109] Ebd., S. 370.
[110] Ueberhorst 1969, S. 110.

ten sind hell etc.)[111] Für die ausgewählten Kinder sollte ein Aufnahmezug eingerichtet werden, der einer Napola oder einer deutschen Heimschule im Protektorat angegliedert wäre. Zu Beginn des 3. Schuljahrs, am Ende des Aufnahmezugs, war eine Abschlußprüfung unter Beteiligung des RuSHA der SS vorgesehen, danach sollte bei positivem Ergebnis die Zuweisung zu einer deutschen Napola oder Heimschule im Altreich erfolgen. "Dabei muß unter allen Umständen vermieden werden, daß der Junge in die Nähe bereits im Altreich wohnender Verwandter kommt."[112] Die Fragebogenuntersuchungen fanden statt, der Gesamtplan kam jedoch nicht mehr zur Ausführung.

Während des Krieges radikalisierten sich auch Himmlers Ansätze zu einer eigenen Geburtenpolitik für die SS: Es ging ihm jetzt nicht mehr vorwiegend darum, Abtreibungen zu verhindern, sondern überhaupt eine positive Einstellung zur außerehelichen Zeugung zu fördern. Dahinter stand die Angst vor einem großem Verlust rassisch wertvoller Männer durch den Krieg: "Jeder Sieg mit den Waffen war umsonst, wenn nicht der Sieg des Kindes folgt."[113] Die Paranoia, unter der Himmler offenkundig litt, wird verständlich, wenn man ihren rassentheoretischen Hintergrund bedenkt: Die Angst vor dem Niedergang des deutschen Volkes war ja verknüpft mit Vorstellungen vom Niedergang der nordischen Rasse, und dieser Niedergang drohte jetzt noch durch den Krieg beschleunigt zu werden. Da mußte man alles daransetzen, um jeden Tropfen nordischen Blutes zu retten (etwa durch systematisch organisierten Kinderraub) und alle Zeugungskräfte für die Geburtenschlacht optimal auszunutzen – durch Appelle auch zur außerehelichen Zeugung an die eigene Elite. Am 28.10.1939 erging ein Aufruf an die SS-Angehörigen, mehr Kinder zu zeugen. Die SS übernehme die Vormundschaft für alle ehelich und unehelich geborenen Kinder gefallener SS-Männer. Damit stellte Himmler einen Freibrief für außereheliche Zeugungen aus: "Über die Grenzen vielleicht sonst notwendiger bürgerlicher Gesetze und Gewohnheiten hinaus wird es auch außerhalb der Ehe für deutsche Frauen und Mädel guten Blutes eine hohe Aufgabe sein können, nicht aus Leichtsinn, sondern in tiefstem sittlichem Ernst Mütter der Kinder ins Feld ziehender Soldaten zu werden, von denen das Schicksal allein weiß, ob sie heimkehren oder für Deutschland fallen."[114] "Jeder SS-Mann soll", so Himmler, "bevor er ins Feld geht, ein Kind zeugen!" In seinem "Befehl an die letzten Söhne" ordnete

---

111 Ebd., S. 112f.
112 Ebd., S. 114f.
113 Ackermann 1970, S. 132.
114 Zit. n. ebd., S. 135.

Himmler 1942 an, statt junger Soldaten, die noch nicht für eine eigene Familie sorgen müssen, Familienväter in die Kampfzonen zu schicken, aus Angst, daß durch den Tod kinderloser SS-Männer eine SS-Sippe nach der anderen ausstürbe: "Ihr seid auf Befehl des Führers als letzte Söhne aus der Front zurückgezogen worden ... Eure Pflicht ist es, so rasch wie möglich durch Zeugung und Geburt von Kindern guten Blutes dafür zu sorgen, daß Ihr nicht mehr letzte Söhne seid ... Seid bestrebt, in einem Jahr das Fortleben eurer Ahnen und eurer Familien zu gewährleisten, damit ihr wiederum für den Kampf in der vordersten Front zur Verfügung steht."[115] Ruhig, so Himmler, könne nur der sterben, der "Söhne und Kinder" habe. Mit einer Anordnung vom 2. 10. 1943 schließlich führte Himmler für im Feld stehende SS-Männer den Sonderurlaub zur Zeugungsgelegenheit ein. Voraussetzung war, daß sich die Frauen zu empfängnisgünstigem Termin mit ihren Männern trafen.

In den Jahren 1942/43 begann man in Himmlers Stab weitergehende Möglichkeiten der Geburtenförderung zu diskutieren: Neben ärztlichen Hilfen und Beratungsangeboten für kinderlose Ehepartner befaßte man sich mit Möglichkeiten der künstlichen Befruchtung und der Institution des "Zeugungshelfers" – Männer, die der Lebensborn nur zum Zwecke der Zeugung an Ehefrauen unfruchtbarer Männer vermitteln sollte.[116] Experimente, die zu diesem Zweck angestellt wurden, gingen aber eher negativ aus: "Es haben sich in allererster Linie Frauen und Männer gemeldet, deren erbbiologischer und charakterlicher Wert meistens weit unter dem Durchschnitt stand."[117] Für die Zeit nach dem Krieg plante man wegen des zu erwartenden starken Männermangels eine Gebärpflicht für kinderlose Frauen über 30 einzuführen. Der Lebensborn würde nicht nur für die Entbindung zur Verfügung stehen, sondern auch den Zeuger vermitteln, wobei sich die Frauen "unter drei zur Wahl gestellten SS-Leuten den Vater ihres zukünftigen Kindes aussuchen" könnten. Himmler ließ schon 1942 vorbereitende Maßnahmen für dieses großangelegte Projekt treffen: "Ich habe SS-Standartenführer Sollmann völlig *geheim* den Auftrag gegeben, die Zentrale [für den Lebensborn in München] unter dem Gesichtswinkel der rund 400 000 heute wohl schon vorhandenen Frauen, die durch den Krieg und seine Gefallenen keine Männer bekommen können, zu planen und auszubauen. Das Gebäude muß entsprechend dem edlen Gedanken und der Ehre der nicht verheirateten Mutter an-

[115] Zit. n. ebd., S. 136.
[116] Ebd., S. 133.
[117] Lilienthal 1993, S. 145.

ständig und repräsentativ sein."[118] Den "Endsieg" vor Augen geriet man rasch ins Utopische. SS-Obergruppenführer Kaltenbrunner sprach sich dafür aus, nicht nur alle ledigen, sondern auch alle verheirateten Frauen, die noch nicht vier Kinder hätten, bis zum 35. Lebensjahr der Pflicht zu unterwerfen, "mit 'reinrassigen, einwandfreien deutschen Männern vier Kinder zu zeugen'. Ob diese Männer verheiratet seien, spiele dabei keine Rolle. Jede Familie, die bereits vier Kinder habe, müsse den Vater für diese Aktion freigeben."[119] Für bewährte Frontsoldaten wollte man die Doppelehe einführen. Originalton Himmler: "'Ich bin persönlich der Ansicht, daß unsere Entwicklung dazu führt, mit der Einehe zu brechen. Die heutige Form der Einehe ist ein satanisches Werk der katholischen Kirche, die Ehegesetze selbst sind unmoralisch. Wie oft begegnet man in der verbrieften Einehe der Auffassung einer Frau: Wozu auf mein Äußeres noch so sorgfältig achten wie vor der Ehe? Ich habe ja meinen Schein, der den Mann bindet ... Im Falle der Doppelehe wird die eine Frau für die andere der Ansporn sein, dem Idealbild in jeder Beziehung nahezukommen, die Haare auf den Zähnen und die Schlampigkeit werden verschwinden.' – Was Himmler vorschwebte, war eine hierarchische Abstufung der Doppelehe. Darüber sagte er: 'Die erste Frau behält besondere Rechte. Sie führt die Bezeichnung 'Domina', die das auch amtlich zum Ausdruck bringt. Die zweite Frau weiß das von vornherein. Im übrigen ist das eine Sache der Gewohnheit. Lassen sie einmal ein oder zwei Generationen darüber hinwegegangen sein, dann wird es als selbstverständlich betrachtet, daß der Mann eben zwei Frauen statt einer hat. Im übrigen werden wir der ersten Frau, wenn sie nicht mit der zweiten einverstanden ist, das Recht einräumen, sich von ihrem Manne zu trennen, doch ohne daß dieser Mann verpflichtet ist, ihr Unterhalt zu gewähren.'"[120]

---

[118] Zit. n. Ackermann 1970, S. 133.

[119] Ebd., S. 138.

[120] Giordano 1989, S. 289 f. Unter Himmlers Korrespondenz findet sich seine Antwort auf eine Niederschrift von Frau E. Plattner, Berlin-Nikolassee, 11. 7. 1944: darin wurde offenbar der Vorschlag gemacht, "Mutterhöfe" einzuführen, in denen "der junge Mann als Erzeuger in Anspruch genommen wird mit dem Vorhaben, ihn möglichst selten zu binden". Für Himmler "diskutable Gedanken", sie seien aber nicht durchführbar. In: Heiber 1968, S. 275.

1. 3. "Grenzland-Erziehung" und deutsche Ostpädagogik

1933 veröffentlichte *Herman Nohl*, einer der bedeutendsten und angesehensten Repräsentanten der geisteswissenschaftlichen Pädagogik in Deutschland, eine Sammlung von Aufsätzen und Reden, in denen er die Umrisse einer künftigen deutschen Ostpädagogik entwarf, d.h. der pädagogischen Arbeit in den östlichen Grenzgebieten Deutschlands. Ausgangspunkt auch seiner Überlegungen bildete die "polnische Bedrohung": Ihr müsse das deutsche Volk mit einer Reagrarisierung begegnen. Deutschland solle aus eigenen Mitteln leben können, autark werden, damit es nicht länger auf polnische Arbeitskräfte und Landarbeiter angewiesen sei. Die deutsche Existenz stünde in den Ostgebieten auf dem Spiel, weil die Bevölkerungsabwanderung hier einen leeren Raum hinterlasse, in den die Polen ungehindert eindringen könnten: "Gelingt es nicht, den Wall von deutschen Menschen hier zu verstärken und sie mit einem anderen Heimatwillen zu erfüllen, so brechen die Polen wirklich über kurz oder lang dort ein."[121] Die Polen, so Nohl, seien das sich am stärksten vermehrende Volk der Welt, es werde wahrscheinlich in 20 bis 39 Jahren ebensoviel Menschen wie Deutschland zählen. Die Menschenentleerung im deutschen Osten müsse daher den Nachbarn zur Einwanderung reizen.[122] Wie kann man dieser Gefahr begegnen? Ansiedlungen und genossenschaftliche Organisationen allein genügen nicht: Man müsse vielmehr auch kulturelle Verhältnisse schaffen, die den Deutschen an die Scholle binden. Daraus ergaben sich die Aufgaben der Pädagogik für eine kulturelle Erneuerung Deutschlands.

Für die deutschen Ostgebiete lagen diese Aufgaben darin, die Mentalität der Jugend zu verändern, um der Landflucht entgegenzuwirken, ein neues Selbstbewußtsein des Landmenschen zu entwickeln und die Verhältnisse der landwirtschaftlichen Ausbildung zu verbessern. Der Osten benötige einen "einheitlichen Kulturaufbau", der von "nationaler Energie" getragen wäre, die Neubevölkerung des Ostens sei "die große politische Aufgabe, die unserer Generation gestellt ist."[123] Dies stellte sich für Nohl als *allgemeine nationalpädagogische Aufgabe* dar, die durch die Probleme des Ostens nur ihre besondere Aktualität erhielt. Nohl propagierte zum einen die "Reagrarisierung" als ein grundlegendes Projekt der "Wiederbeheimatung" des

---

[121] Nohl 1933, S. 3. Die Vorträge entstanden nach der Verabschiedung des "Osthilfe-Gesetzes" durch den Reichstag im März 1931.

[122] Ebd., S.18.

[123] Ebd., S. 4ff.

Menschen,[124] zum anderen eine vereinheitlichende, mobilisierende Idee, die das deutsche Volk brauche, um den Partikularismus zu überwinden und eine wahre Volksgemeinschaft aufzubauen. Darin sah Nohl auch die große zeitgeschichtliche Bedeutung des Nationalsozialismus: "Die politische Macht hat mit einem Schlag die äußere Einheit des Willens verwirklicht, die die elementare Voraussetzung auch der nationalen Erziehung ist. Daß die Potestas eine eminent pädagogische Bedeutung hat, ist dem, der es noch nicht wußte, jetzt auf das großartigste offenbart worden, wenn auch wohl niemand die hemmungslose Wucht dieser 'Gleichschaltung' der Herzen und der Hirne geahnt hat. Die Überwindung des Partikularismus in jeder Gestalt, und eine neue Volkswerdung sind jedem sichtbar."[125] Die Konzentration der nationalen Energien auf den "Ostaufbau" werde nun das große Mittel der "Wiederbeheimatung" und der kulturellen Erneuerung, der Überwindung des "Partikularismus" werden, denn während die "Substanz der westlichen Mentalität ausgezehrt" sei, sei im Osten eine "neue Zeugung" möglich, weil der Ostaufbau als nationale Aufgabe alle Deutschen vereinen und, nachdem das "Fronterlebnis" des 1. Weltkriegs verblaßt sei, ein neues Gemeinschaftserlebnis vermitteln werde. Nach dem "restlosen Scheitern von Industriekapitänen und Parteiführern" komme jetzt die Erneuerung der geistig-moralischen Kräfte durch Erziehung: "Das letzte Ziel ist aber die Entwicklung einer nationalpädagogischen Bewegung im Osten, in der alle volksbildnerischen Kräfte zusammenwirken, um das gesellschaftliche Leben hier neu zu gestalten, die Menschen wahrhaft zu beheimaten und ihnen die geistige Kraft für ihren Lebenskampf zu geben."[126] Für die Verwirklichung dieses Ziels erschien ihm der Nationalsozialismus als der wahre Bündnispartner der pädagogischen Bewegung: "Was die Jugend heute am Nationalsozialismus begeistert und jeder Erzieher in ihm bejahen muß, auch wo er seiner agitatorischen Praxis, seiner Methode der Gewalt und seiner materialistischen Rassetheorie ablehnend gegenübersteht, ist, daß jenseits des politischen Tageskampfes auch er die seelischen und geistigen Kräfte als die entscheidenden gegenüber Wirtschaft und Politik erkennt und die Aufgabe der Zeit wieder als eine große Erziehungsaufgabe sieht: die Form des Menschen und des Volkes muß zuerst von innen her eine andere werden."

In seinem *"Plan einer nationalpädagogischen Organisation im Rahmen der Osthilfe"*, für die Leitung des Zentralinstituts für Erziehung und Unterricht verfaßt, entwarf Nohl die Grundzüge einer solchen Pädagogik. Man

---

124 Vgl. Kupffer 1984 S. 106ff.
125 Nohl 1933, S. 95.
126 Ebd., S. 30.

müsse "geistige Energien" in die "kulturarmen Bezirke" des Ostens "einströmen" lassen und praktische Hilfe leisten. Das Jugendheim müsse die Zelle, der Kindergarten das Herz des kulturellen Lebens werden. Jedes Dorf solle sein Jugendheim erhalten; deren Leiterinnen übernähmen zugleich Aufgaben der Mütterberatung und der weiblichen Jugendpflege. Die Heime wären straff zu organisieren; sie müßten sich als "staatliche Organe des nationalen Willens" fühlen und mit den Schulen zusammenarbeiten. An Schulen und anderen Bildungseinrichtungen sollten insbesondere Wanderhaushaltsschulen, Fortbildungs- und Hauswirtschaftsschulen, Volkshochschulen und Volksbüchereien gefördert werden. Am wichtigsten erschien Nohl bei alledem die Entwicklung des "mütterlichen Gedankens". In Anknüpfung an die Ideen Pestalozzis und Fröbels wollte Nohl vor allem die "weiblichen und hausmütterlichen Kräfte" stärken. Daher sah er als Ergänzung zu den Kindergärten die Errichtung von Hauswirtschaftsschulen, ländlichen Mädchenfortbildungsschulen, Wanderhaushaltungsschulen, land- und hauswirtschaftlichen Fachschulen, also Bildungseinrichtungen für Frauen und Mädchen vor. Denn im Osten müsse sich die "sozialpädagogische Energie" jetzt "nationalpädagogisch ausgestalten". Diese Energie solle sich auf die Entfaltung der "Volkskultur" richten, deren Träger für Nohl die Familie, insbesondere die Frau war. Es gelte, "Hauskultur und Wohnstubenkraft", das ländlich-familiäre Gemeinschaftsleben, wieder zu entwickeln.

Für die kultur- und sozialpädagogische Arbeit entwarf Nohl ein neues Berufsbild: das der *Siedlungshelferin*. Ihre Aufgaben waren vielfältig: Sie sollte in jeder neuen Siedlung den Frauen beratend zur Seite stehen, ihnen bei der Organisation der Arbeit helfen, ihnen die Kinder durch ihre Arbeit im Kindergarten und Hort abnehmen, die sozialen Kräfte der Nachbarschaft entwickeln, Kranke betreuen, Mütterabende durchführen, Kinderfeste gestalten usf. – eine Aufgabenbestimmung, in der Nohl bereits die spätere Arbeit der BDM-Helferinnen im besetzten Osten antizipierte. Nohl sah in der Hinwendung zum Osten die Chance, Pestalozzis und Fröbels Vision einer "mütterlichen Erziehung", die "Einsicht von der aufbauenden Kraft der Frau und Mutter unter den neuen Bedingungen unseres Tages wieder zu voller Geltung zu bringen": "Jedes Dorf soll wie seinen Lehrer auch seine Landpflegerin und Siedlungshelferin haben, die die Kranken pflegt, die Kinder – besonders in der Bestell- und Erntezeit – betreut, die jungen Mädchen in Bastel- und Nähabenden sammelt, mit ihnen singt und wandert und in der Mädchenklasse der Fortbildungsschule ihre hauswirtschaftlichen Kräfte entfaltet, aber vor allem den Müttern beisteht in den Nöten ihres schweren Lebens, mit Rat und mit Tat, wirtschaftlich und geistig und insbesonders bei der

Erziehung ihrer Kinder."[127] Die Ostpädagogik würde so schließlich zum Ausgangspunkt für eine nationalpädagogische Erneuerung des ganzen deutschen Volks. Denn generell müsse, so Nohl, das männliche Schulwesen durch eine "weibliche Volkspflege" ergänzt werden: "Die Emporbringung unseres Volkes und seine nationale Festigung in dem nächsten Jahrzehnt wird vor allem davon abhängen, ob es uns gelingt, die weiblichen Energien zu steigern und zum vollen Einsatz ihrer Kraft zu bringen."[128] Die "Dorf- und Siedlungshelferin" würde die mütterlichen Kräfte und mit ihr die Familie als die "eigentliche Lebenszelle des Volkes" stärken, sie würde entscheidend mithelfen, die Menschen wieder an Nachbarschaft, Heimat und Scholle zurückzubinden und so die Nation zu retten. Denn: "nur, wo diese Zellen froh und kraftvoll wirken, ist eine Nation unüberwindlich."[129]

Nohls Abhandlungen, die 1931 und 1932 entstanden, wurden auf einer Tagung der *Deutschen Schule für Volksforschung und Erwachsenenbildung in Behle-Grenzmark* im April 1932 über "Pädagogische Osthilfe", an der er selbst teilnahm, als "Anfang einer Neuhinwendung zur pädagogischen Arbeit in den ostelbischen Landesteilen" gewertet.[130] Auf dieser Tagung brachte Nohl die Idee ins Spiel, eine Art "pädagogischen Ostkommissar" für die gesamte Kulturarbeit vom Kindergarten bis zur Erwachsenenbildung einzusetzen. Denn die konfessionellen, politischen, wirtschaftlichen etc. Gegensätze in der Bevölkerung machten ihre "Zusammenführung in einer einheitlich gesehenen nationalpädagogischen Zielsetzung" erforderlich. Jeder staatliche Zentralismus und "behördliche Anordnungen von oben" wurden jedoch von den Teilnehmern der Tagung abgelehnt. Dagegen fanden Nohls pädagogische Ideen der Entwicklung der "Wohnstubenkultur", der Stärkung der Familie als sozialer Zelle, der Förderung von Kindergärten und Jugendheimen und der pädagogisch-kulturellen Siedlungspflege breiten Anklang. Im übrigen kam man zu dem Schluß, daß die Befestigung des Ostens vor allem von aus diesem Raum stammenden Menschen selbst kommen muß. Man müsse am Bestehenden anknüpfen, das Vorhandene vernünftig ausbauen; dies aber in einer einheitlichen Zielsetzung, "die nur in einem neuen Volksleben seinen Sinn haben kann". Man müsse deshalb "alle an der Kulturarbeit im Osten beteiligten Menschen und Gruppen" zusammenfassen.

Solche Vorschläge zur pädagogischen Osthilfe wurden vor allem im studentischen Landdienst wirksam. Nach einem Bericht von Fritz Blättner, Mit-

[127] Ebd., S. 49.
[128] Ebd., S. 87.
[129] Ebd., S. 93.
[130] Laack 1932.

herausgeber der Zeitschrift "Erziehung", absolvierten 1935 700 Studenten ihren Landdienst im deutschen Osten, bis zum Kriegsausbruch 1939 waren bereits 9000 Studenten im "Grenzlanddienst". Der Landdienst dauerte im Frühjahr vier, im Sommer acht Wochen und beinhaltete neben landwirtschaftlicher Hilfeleistungen auch "Volkstumsarbeiten und volkspolitische Aufgaben". Die Studenten sollten, so Blättner, die Dorfgemeinschaften wieder zusammenführen, Feiertraditionen schaffen und dabei an "altes Volksgut" (Laienspiel, Tanz, Volkslied) anknüpfen, um das Deutschtum gegen die "vordrängenden" Polen zu stärken. Studenten der Hochschulen für Lehrerbildung kamen im Schulhelferdienst zum Einsatz, richteten Kindergärten und Erntekindergärten ein und vermittelten durch die eigene Gestaltungsarbeit in den HJ-Heimen der Dorfbevölkerung "das Vorbild schlichter und echter Wohnkultur". Im Rahmen des Landdienstes wurden auch wissenschaftliche Studien durchgeführt: "Die Mediziner untersuchten ganze Dörfer auf ihre rassische Zusammensetzung, auf Ernährungsweise, hygienische Zustände usw."[131]

Während es Nohl in erster Linie um die Festigung des deutschen Volkstums an den Grenzen ging, vermischte sich diese Aufgabe bei anderen Pädagogen und in den folgenden Jahren deutlicher mit dem wehrhaften, kämpferischen Auftrag einer deutschen Ostpädagogik. *Hans Arnold* forderte z.B. 1934, in der Schule eine "Ostkunde als praktischen Grenzdienst" einzuführen. Auch für ihn war wesentlich, daß die Dorfschule wieder Dorfschule wird und nicht mehr "von der Stadt aus gestaltet wird", denn "die Grenzen halten kann nur der schollenverwurzelte Mensch."[132] Eine Auffassung, die auch Hans F. K. Günther vertrat: Günther wollte die Volksschullehrerbildung entakademisieren und aufs Land zurückverlegen, um die Entfremdung der Schule vom Land zu beenden.[133] *Georg Baer,* Gefolgschaftsführer der HJ, betonte 1936, die "deutsche Ostsendung" müsse praktisch erfahren und erlebt werden. Zur theoretischen und "romantischen" Osterziehung, die sich an Verstand und Gefühl wendeten, müsse eine praktische treten, es gelte "Ostkämpfer" zu erziehen und daher eine praktische Ostschulung, Ostlandfahrten und dergleichen durchzuführen.[134] Diesem Ziel dienten insbesondere die "Grenzlandfahrten" die die Hochschulen für Lehrerbildung mit ihren Studenten unternahmen: "Nicht die romantischen Landschaften waren ihr Ziel, sondern die umkämpften Grenzgaue, damit der Student auf den Einsatz in

---

131 Erziehung 14/1939, S. 457ff.
132 Arnold 1934.
133 Günther 1933.
134 Baer 1936.

ihnen vorbereitet sei und sich seines politischen Auftrages als Lehrer voll bewußt werde."[135] Das konsequenteste Konzept in dieser Hinsicht ist das des "Grenzlandschulheims" wie es *Theodor Lehmann* propagierte: Dieses setzt die Jugend jener Bewährungssituation an der Front des Volkstumskampfes aus, die Darré für den "Neuadel" im Auge hatte.[136] Lehmann, der schon 1933 auch pädagogische "Grenzlandfahrten" propagierte, damit die Grenze für die Jugend zum realen und ergreifenden Erlebnis werde,[137] schlug vor, insbesondere in Ostpreußen und Schlesien "östliche Grenz-Landschulheime" zu errichten, um hier eine kolonisatorische Aufgabe zu erfüllen. Seine Vorstellung war, in diesen Internaten die Kinder von Auslandsdeutschen zu erziehen, die in fremdvölkischer Umwelt von Entwurzelung und Entdeutschung bedroht wären: "Das Wesentliche, was hier als Leistung des Landschulheims geschieht, ist die Wiederverwurzelung ausgewanderter Familie und Sippen mit der deutschen Heimat, eine Wiederbeheimatung, die sich nach Rückkehr in das fremde Land in allen Richtungen des Verhaltens kund tut, nicht zuletzt in dem sicheren Instinkt bei der Wahl des Ehepartners."[138]

Solcher Art "Osterziehung" als "Grenzlandpädagogik", theoretisch untermauert durch die Grenzlandkunde, wie sie etwa am Institut für "Grenz- und Auslandsstudien" in Berlin betrieben wurde,[139] widmeten sich vor allem die *Hochschulen für Lehrerbildung*, die der nationalsozialistische Staat bewußt an den Ostgrenzen errichtete.[140] Mit der Umwandlung der (preußischen) Pädagogischen Akademien in Hochschulen für Lehrerbildung begann 1933 auch eine auf die Landschularbeit und nach Osten gerichtete Lehrerbildung. Anläßlich der Eröffnung der Hochschule für Lehrerbildung in Lauenburg/Pommern hob der Reichserziehungsminister Rust die Bedeutung neuer Wissenschaften in der Lehrerbildung hervor: Volkskunde, Wehrgeographie, Grenzlandkunde und Rassenkunde sollten in Lauenburg unterrichtet werden. Damit sollte die Hochschule ihren Beitrag leisten, der "Entwurzelung", der Abwanderung vom Land in den östlichen Regionen entgegenzuwirken. Die neue Hochschule sei eine "bodenständige Hochschule", sie müsse, wie *Ernst Krieck*, der führende Erziehungsphilosoph des Nationalsozialismus, 1934 in einem programmatischen Artikel formulierte,

---

135 Erziehung 15/1940 S. 105ff.

136 Lehmann 1936; Skawran 1937.

137 Lehmann 1933, S. 65.

138 Lehmann 1936, S. 99.

139 Harpe 1934.

140 Daneben sind die "Ordensburgen" zu erwähnen, die sich mit Beginn des Krieges der Schulung von Parteifunktionären für den Einsatz in den besetzten Ostgebieten widmeten: Scholtz 1967.

"volks- und bodenverbunden" sein. Krieck zählte die genannten Disziplinen einer neuen völkisch-wehrhaften Wissenschaft auf und fügte einige Grundsätze für die Hochschularbeit hinzu: "Unsere Hochschule wurzelt in der Landschaft. Aufbau und Arbeitsweise werden vom Standort bestimmt, wachsen aus den besonderen Bedingungen des Ostraumes heraus. Diese Bedingungen zwingen uns zur Scholle (Institut für Landpädagogik) und zur Grenze (Institut für historisch-politische Grenzlandkunde). Vorlesungen und Übungen sind nicht die einzigen Arbeitsformen. Unsere Studenten müssen eine lebendige Verbindung mit dem Volke, mit Land und Stadt und Grenze finden. Unser Vorgehen ist kolonisatorisch."[141]

Diese Ideen wurden sogleich in die Tat umgesetzt. *Franz Kade*, Professor für Erziehungswissenschaft in Lauenburg, dann in Danzig, der an Kriecks Plan mitgearbeitet hatte, erklärte die "Grenzlandhochschule" Lauenburg zum "ersten Brückenkopf der neuen geistigen Ostarbeit". Die Arbeit der Hochschule sollte Ostpommern im "wirtschaftlichen und kulturpolitischen Kampf an des Reiches Grenze tatkräftig ... unterstützen". Die Lehrerbildung vollziehe hier eine radikale Wendung zur "Scholle" hin: "Sie wurzelt in der Landschaft: Aufbau und Arbeitsweise werden von den besonderen Bedingungen des Ostraumes bestimmt."[142] Osterziehung in der Lehrerbildung bedeutete zum einen in einem ganz praktischen Sinn Arbeit in der Landschaft: Die Studenten gehen z.B. in kleinen Gruppen unter Führung eines Dozenten ins Land hinaus, "um es wirklich zu erobern". Sie bauen überall im Land kulturelle Zentren als Stützpunkte der Hochschularbeit auf: "Diese Zellen werden mit völkischen dorfeigenen Beispielschulen verbunden, durch die der Aufbau von Landschulengemeinschaften (nicht Zentralschulen) in Angriff genommen werden soll. Diese Landschulengemeinschaften sollen Keimzellen eines organischen, landschaftlich geschlossenen Schulsystems werden, das alle Schularten des Landes umfaßt." Für diese praktische Arbeit war der Aufbau eines *Instituts für Landpädagogik* geplant. Zum anderen sollte die Hochschule Forschungsaufgaben übernehmen, sie sollte die *"Grenzlandarbeit* geistig unterbauen und den Grenzlandkampf in breiter Front vorwärtstragen." Die Hochschule "steht als geistiger Vorposten auf östlicher Grenzwacht und wird an der kulturellen Betreuung der Ostgrenze mitarbeiten und wird versuchen, von dieser Seite her das nationalpolitische Kräfteverhältnis zu unseren Gunsten zu beeinflussen." Zu diesem Zweck war der Aufbau eines *Instituts für historisch-politische Grenzlandkunde* vorgese-

---

[141] Krieck 1934, in: Gamm 1990.
[142] Kade 1934, S. 231ff.

hen, in dem jene neuen Wissenschaften – Volks-, Grenz-, Rassenkunde und Wehrgeographie – gepflegt würden.

Kades Ideen fanden ihren Ausdruck auch im Lehrplan der Hochschule für Lehrerbildung in Danzig, an der er 1935 tätig war. Zum Studium wurde nur aufgenommen, wer sich zuvor im "Volksdienstjahr" bewährt hatte, d.h. wer ein halbes Jahr Arbeitsdienst, ein halbes Jahr SA-, BDM- oder SS-Dienst (insbesondere in der Lagererziehung) absolviert hatte. Kade hob die Bedeutung soldatisch-rassischer Erziehung der Studenten hervor. Im Lehrplan finden sich neben Veranstaltungen zur Geschichte des deutschen Ostens und zur ostdeutschen Volkskunde u.a. Übungen zu Themen wie "Landschaft und Rasse", "Biologie und Rasse", "Reichs-, Volks- und Wehrgrenze". Daneben wurde polnischer Sprachunterricht angeboten.[143]

Eine anderes Beispiel einer solchen "Grenzlandhochschule" ist die Hochschule für Lehrerbildung in Hirschberg im Riesengebirge, die 1933/34 durch die Verlegung der Halleschen Hochschule entstand. Hier erhielten die Studenten eine paramilitärische Ausbildung. Zu den Lehrfächern gehörten Vererbungslehre, Rassenkunde Vererbungserbungslehre, Rassenkunde und Vererbungslehre, Rassenkunde und "politische Grenzlandkunde" mit dem Ziel einer "bewußten Grenzlanderziehung". Der Leiter der Hochschule war *Herbert Freudenthal*, Professor für Volkskunde und Erziehungswissenschaft, Herausgeber der Zeitschrift "Die Volksschule" und einer der führenden Volkstumswissenschaftler im Dritten Reich. Auch er wollte die Lehrerbildung im Boden und in der Landschaft, im Volksdienst etc. "wiederverwurzeln". Zu ihren Aufgaben gehöre "die Inangriffnahme wissenschaftlicher Arbeiten im Rahmen der Landesplanung und auf den Forschungsgebieten der heimatgebundenen Rassen- und Volkskunde, des Naturschutzes usw., ferner der Land- und Fabrikdienst der Studentenschaft, die Grenzlandarbeit, die Singefahrten."[144] *Rudolf Lochner* war in Hirschberg als Professor für "Erziehungswissenschaft und Grenzlandkunde" tätig. Er unternahm mit den Studenten "Grenzlandarbeiten und -fahrten" und entfaltete auch außerhalb der Hochschule eine rege Vortragstätigkeit. So sprach er beispielsweise im Oktober 1935 auf einem Lehrgang zur Schulung künftiger Lagerleiter über "Grenzlandkunde und Grenzlanderziehung" und in einem nationalpolitischen Schulungslager für Philologen über grenzlandkundliche Fragen usf. Zu den zentralen Aufgaben einer Grenzlandpädagogik zählten für Lochner: "Erziehung zur Einsicht in die Volkslage im Raum, zur Erkenntnis

---

143 Kade 1935.

144 Freudenthal 1937, in: Gamm 1990, S. 222f.

der völkischen Gegner, zur Wehrhaftigkeit und zur Volksvermehrung."[145] Lochner war übrigens schon vor der Gründung der Hochschule in Hirschberg Leiter einer "Sudetendeutschen Anstalt für Erziehungswissenschaft" gewesen.[146] Später bemühte er sich um den Aufbau einer deutschen Lehrerbildung in der besetzten Tschechoslowakei; während des Einmarsches der deutschen Truppen schlug er die Gründung einer Hochschule in Reichenberg vor, 1940 entwickelte er Vorschläge für zwei Hochschulen für Lehrerbildung in Brünn und Prag, an denen die Lehrer für die deutschen Minderheiten im östlichen Mitteleuropa und im Balkanraum ausgebildet werden sollten.[147] 1944 war Lochner als Lehrbeauftragter an der neu gegründeten Reichsuniversität Posen tätig, wo er im Wintersemester 1944/45 eine Lehrveranstaltung zum Thema "Ansätze zu einer völkischen Erziehungslehre im Zeitalter der Befreiungskriege" durchführte. Lochner, der nach 1945 auch zu den anerkannten und einflußreichen Erziehungswissenschaftlern der Bundesrepublik gehörte, war ein engagierter Verfechter des großdeutschen Gedankens: "Das staats- und volkspolitische Erziehungsziel hat für uns das Großdeutschland der Zukunft zu sein."[148] Pädagogik und Erziehungswissenschaft hatten sich für ihn vollständig in den Dienst des Nationalsozialismus zu stellen, und da der Nationalsozialismus "im ganzen eigentlich eine Weltanschauung des Grenzlanddeutschtums ist", müsse auch die deutsche Erziehungslehre überhaupt zu einer Grenzlandpädagogik werden: die nationalsozialistische Erziehungslehre müsse "die binnendeutsche Sättigung und Geruhsamkeit und das Geborgenheitsgefühl des heutigen Reichsbürgers auflösen und ersetzen durch das brennende Erlebnis der grenzlanddeutschen Zerrissenheit und Schmach. Die von solcher Erziehungslehre betreute Erziehung muß jedem Binnendeutschen, ob er gleich meilenweit von jeder Grenze entfernt lebt, die Unerfülltheit der deutschen Sehnsucht und zugleich die Erkenntnis der Bedrohtheit des gesamtdeutschen Lebensraumes einpflanzen. So gewinnt der heldische und wehrhafte Zug, den unsere Bewegung fordert, die wahre Begründung und Berechtigung."[149]

Als ein Beispiel für eine "rassenkundliche Hochschularbeit", die ebenfalls in den Rahmen der von Rust vorgenommenen Aufgabenbestimmungen der Hochschulen für Lehrerbildung gehörte, sei die Arbeit *Helmut Toenhardts* genannt, der in Hirschberg als Dozent für "naturwissenschaftlichen Unterricht und Rassenkunde" tätig war. Im Januar 1936 hielt er seine Antritts-

---

[145] Lochner 1941.
[146] Eine Anstalt für "Seelenkunde und Erziehungswissenschaft": Berndt 1967, S. 523.
[147] Lochner 1967, S. 238ff.
[148] Lochner 1935, S. 320ff.
[149] Ebd.

vorlesung über "Landschaft und Rasse".[150] Toenhardt war für die "rassenkundliche Hochschularbeit in Forschung und Lehre" zuständig und betrieb mit seinen Studenten u.a. "rassenbiologische Dorfforschung": Seine Studenten begaben sich z.B. in ein niederschlesisches Dorf, um dort Untersuchungen in Gruppen von je drei Mann in vorher bestimmten Dorfrevieren vorzunehmen. Man unternahm "Erkundungen der Rassenseele der Dorfbewohner", machte anthropologische Messungen und photographische Aufnahmen ("Durch Verwendung eines Teleobjektivs läßt sich das Filmgerät so tarnen, daß der Photographierte in der Natürlichkeit seines Gebarens nicht beeinträchtigt wird"), legte Sippenkarteien an und führte Befragungen durch zu verschiedenen Themen wie "Behandlung greifbarer Ereignisse des Grenzlandkampfes und der Vorgänge im Ausland". Die Studenten stießen auf Dorfbewohner, die sich teils verschlossen, teils abweisend zeigten und offensichtlich mit dem Mißtrauen des gesunden Menschenverstandes auf ihre Aktivitäten reagierten: "Unter anderem schob man ihnen die Absicht unter, nach Judenbastarden zu fahnden, den sogenannten 'nordischen' Menschen irgendwelche wirtschaftspolitischen Vorteile nachträglich zu verschaffen oder festzustellen, wer bestimmten bevölkerungspolitischen Maßnahmen der Regierung noch nicht nachgekommen wäre". Dieses Mißtrauen konnten die Studenten, wie Toenhardt berichtet, durch "volkstümliches Auftreten" überwinden (Singen und Musizieren in den Abendstunden an den verschiedensten Stellen des Dorfes).[151]

Besonders rege waren die Aktivitäten der Hochschule für Lehrerbildung im ostpreußischen Elbing.[152] *Ernst Dobers*, der hier Biologie lehrte, brachte zusammen mit dem Berliner Rektor Kurt Higelke, der später in der Schulverwaltung des Generalgouvernements tätig wurde, ein Werk zum rassenkundlichen Unterricht heraus, an dem die Elbinger Dozenten der verschiedenen Fächer mitgewirkt hatten.[153] Die Beiträge zeigten für die verschiedenen Unterrichtsfächer, "wie der jeweilige Stoff des Einzelfachs, wie die augenblickliche Unterrichtssituation in Richtung auf einen der großen und grundsätzlichen rassenbiologischen Gedanken ausgenutzt werden kann bzw. wie sie ausgewertet werden sollte, ohne daß dabei die rassenpolitischen Fragen in die Enge des betreffenden Faches gezwungen werden."[154] Man strebte einen

---

150 Jahresbericht der Hochschule für Lehrerbildung Hirschberg 1935/36, S. 55.

151 Jahresbericht der Hochschule für Lehrerbildung Hirschberg 1936/1937. Solche rassenkundlichen Forschungsarbeiten von Studenten wurden auch an anderen Hochschulen durchgeführt, so beispielsweise in Eßlingen: Kommerell 1937.

152 Zur Geschichte der Elbinger Hochschule siehe Schwanbeck 1958.

153 Dobers/Higelke 1938.

154 Ebd., S.8f.

fächerübergreifenden, alle Fächer durchdringenden rassenkundlichen und rassenpolitischen Unterricht an. Zu den Mitarbeitern gehörte z.B. *Wilhelm Helmich*, Mitglied der SA, der in Elbing für die Methodik des Deutschunterrichts zuständig war (nach 1945 wurde er an die PH Kiel berufen). Helmich bemühte sich besonders um die "Entjudung der deutschen Sprache". Sein Anliegen war der Kampf gegen die "Überfremdung" der Sprache, denn: "Sprachmischung rassefremder Sprachen hat immer eine Wertverwirrung zur Folge. Diese Einsicht sieht im Kampf gegen das Fremdwort einen Rassekampf."[155] Dobers selbst verfaßte eine Reihe von rassenkundlichen Schriften für den Unterricht – darunter ein übles Buch über die Behandlung der "Judenfrage" im Unterricht – die in von Higelke herausgegebenen Schriftenreihen erschienen. Dobers forderte in der Erziehung eine "leidenschaftliche Kampfeshaltung". Denn im Kern ging es für ihn um die Gefahr der "Entnordung", besonders im Osten, und die Aufgabe der "Aufnordung". Die große Bedrohung liege im Osten: "Die Völker mit ostbaltischem Rassekern wachsen ungeheuer rasch an, diejenigen mit nordischem Rassekern gehen bereits zurück. So greifen Geburtenrückgang und Entnordung ineinander, deshalb ist Behebung des Geburtenrückganges zugleich 'Aufnordung', wenn dafür gesorgt wird, daß sich die Tüchtigen im deutschen Volk wieder stärker vermehren. Was für Europa im Ganzen gilt, betrifft Deutschland in besonderem Maße. Wiederum steht die deutsche Ostnot in ihrer ganzen Größe auf. Jeder vertriebene Memelländer, jeder Rückwanderer aus dem Korridor zeigt uns eindringlich, daß im Osten der nordische Mensch im Zurückweichen begriffen ist, der ostbaltische im Vordringen."[156] Die "Entnordung des Ostens" greife auf ganz Deutschland über. Osteuropäische Saisonarbeiter "sickern nach Deutschland ein": eine "Unterwanderungserscheinung durch Andersrassige". Professor Dobers wußte, wovon er sprach: "Man muß dieses Einsickern einmal auf dem Schlesischen Bahnhof in Berlin gesehen haben, wenn die vollbesetzten Züge aus dem Osten und Südosten kamen und ihre ostbaltische Menschheit entleerten, um die innere Rassendynamik in ihrer unheimlichen Folgerichtigkeit zu begreifen und Kindern plastisch darstellen zu können."[157] Die Elbinger Hochschule spielte während des Krieges eine wich-

---

[155] Helmich 1938, S. 93. Helmich konnte sich auf Studien von Georg Schliebe stützen, der in Elbing Psychologie lehrte, bevor er an die Hochschule für Lehrerbildung in Konstanz ging: "Zweisprachigkeit in echtem Sinn", so Schliebe, "ist immer auch Zweiseelentum": Schliebe 1937. Schliebe engagierte sich später in der Betreuung des Osteinsatzes von Studenten im Warthegau. Andere Experten für einen rassenkundlichen Unterricht, die in Elbing unterrichteten, waren Albert Höft und Paul Brohmer.

[156] Dobers 1936, S. 84.

[157] Ebd., S. 85.

tige Rolle bei der Ausbildung von BDM-Führerinnen zu Schulhelferinnen für die eingegliederten polnischen Gebiete. Aus Elbing wurden später mehrere Professoren in leitende Stellungen des Instituts für deutsche Ostarbeit im Generalgouvernement berufen.[158]

Es scheint, daß an die Hochschulen für Lehrerbildung, die in der Nähe der Ostgrenzen lagen bzw. errichtet wurden, besonders entschiedene und militante Vertreter der "neuen Disziplinen", insbesondere der Rassen- und Volkskunde berufen wurden. Aber ähnliche Orientierungen erhielt die Lehrerbildung auch an anderen Orten, und "Grenzlandkunde" wurde auch anderswo unterrichtet. An der Hochschule für Lehrerbildung Dortmund z.B. lehrte Horand Horsa Schacht "Geschichte und Grenzlandkunde". "Grenzlandfahrten" gehörten zum festen Bestand der außerunterrichtlichen Aktivitäten der meisten Hochschulen. Die Hochschule für Lehrerbildung Cottbus beispielsweise führte regelmäßig solche Fahrten durch, verbunden mit Begegnungen mit der Hochschule in Hirschberg und gemeinsamen Wanderungen im Riesengebirge. In Cottbus organisierte man auch Helferdienste und Praktika in Landschulen der Grenzmark, und wie in Hirschberg führten die Studenten hier eigene volkskundliche Untersuchungen durch, wie in Danzig wurden hier auch polnische Sprachkurse angeboten.[159] Professor Flug, der an der Hochschule für Lehrerbildung in Frankfurt/Oder Vorlesungen u.a. zum Thema "Die Schule im Volkstumskampf" hielt, leitete eine Studienarbeit "Der Dorfkindergarten im Grenzgebiet" an, die Liselotte Drange 1938/39 als "Reichsberufswettkampfarbeit" an der Hochschule einreichte.[160]

Ein anderer, prominenter "Grenzlandpädagoge" war *Gerhard Giese,* Professor für Erziehungswissenschaft am Herder-Institut in Riga, später an die Hochschule für Lehrerbildung in Elbing berufen. 1938 propagierte er eine "Erziehung zur gesamtdeutschen Volksgemeinschaft und zum einsatzbereiten völkischen Kämpfer". SA-Scharführer Giese beschäftigte sich mit Problemen "volksdeutscher Erziehung vor den Grenzen" und in "fremdvölkischer Umgebung". Volksdeutsche Erziehung beginne hier mit einem energischen "Trotzdem". Giese dachte insbesondere an jene "Volksdeutschen", die jenseits der Grenzen des Reichs lebten. Ihre Kraft, in fremdvölkischer Umge-

---

158 Es handelt sich um die Professoren Radig, Riemann und Wolfrum. In Elbing hatte außerdem Professor Schliebe unterrichtet, der später den Einsatz von Studenten der Hochschulen für Lehrerbildung im Warthegau leitete, sowie die Professorin Hildegard Hetzer, die als psychologische Gutachterin für die NSV arbeitete. Siehe Schwanbeck 1958.

159 Hochschule für Lehrerbildung Cottbus, Arbeitspläne 1936-1939.

160 I. Z. Dok. I-365.

bung auszuharren, gelte es zu stärken. Während den Reichsdeutschen die politische Pflicht nicht an die engere Heimat binde, sondern an das weite Vaterland, an das Reich, müsse der Volksdeutsche unmittelbar im Boden verwurzelt werden: "Es ist für einen Reichsdeutschen nicht 'Untreue', seine Heimat zu verlassen, wenn ihn die berufliche oder politische Pflicht an eine andere Stelle des Reiches oder der Welt ruft. Für den Volksdeutschen aber ist nun die Heimat der mit Schweiß und Blut erkämpfte Boden der Väter, der Ort, der nun auch von dem Erben Einsatz, Treue und Bewährung fordert. Für das Auslandsdeutschtum wird die Heimat der Raum der politischen und völkischen Pflichterfüllung, in den man sich von Gott hineingestellt weiß. Deshalb ist neben der Erziehung zum deutschen Volkstum die wesentlichste Aufgabe der volksdeutschen Erziehung die Bindung an die Heimat, die Stählung des Willens, unbedingt auszuharren, auch in politisch und wirtschaftlich schwieriger Lage." Willkürliches Auswandern müsse daher als Fahnenflucht geächtet werden.

Immerhin meinte die Erziehung zur Kampfbereitschaft bei Giese mehr diese Bereitschaft des Ausharrens als den Kampf gegen das Fremde. Denn die Bindung an die Heimat schloß für ihn "auch die anderen diesen Boden mitbewohnenden Völker mit ein". Die Deutschen würden durch die fremdvölkische Umwelt mitgeprägt und beeinflußt, sie entwickelten auch Bindungen an sie. Bei allen feindlichen Gegensätzen gebe es auch menschliche Gemeinsamkeiten. Für Giese schloß der deutsche Volkstumsgedanke daher stets auch "die Achtung vor dem fremden Volkstum" ein. Man müsse das Deutschtum verteidigen, aber: "wir dürfen nicht Haß mit Haß beantworten." Die Deutschen könnten ihre Sendung im Osten Europas nur erfüllen, "wenn sich die Macht des Reiches paart mit der Achtung vor fremdem Volkstum". Freilich meinte Giese damit nicht die Respektierung der Grenzen, er dachte vielmehr an ein großdeutsches Reich, das andere Völker einschließt, aber von ihnen als supranationale Ordnungsmacht anerkannt wird – und eben diese Anerkennung könne nur erwartet werden, wenn auch die völkischen Eigenarten der anderen respektiert würden. "... 'das Reich' ist mehr als ein starker geschlossener deutscher Nationalstaat. Das Reich umgreift von seinem machtvollen staatlichen Kern aus mit seiner Geltung über die Grenzen hinaus, ist, ohne jedes imperialistisches Ausdehnungsstreben, eine Ordnungsmacht für das Völker- und Staatengemisch Ost- und Südost-Europas, und für dieses Reich hat nun auch der Gürtel volksdeutscher Siedlungen vom Baltikum bis zum Schwarzen Meer wieder seinen Sinn. Von hier aus empfängt auch alle volksdeutsche Erziehung heute ihre Sinngebung und Zielsetzung ..."[161]

---

[161] Giese 1938.

Das "Deutschtum" als Ordnungsmacht für Osteuropa – dies führt zur Rassenideologie von der nordisch-germanischen "Führernatur" zurück. Ähnlich wie Giese proklamierte *Ernst Krieck* 1940 eine "deutsche Erziehungsmission für den Osten" mit dem Ziel, eine imperiale Ordnung aufzubauen, die den Völkern Europas den ewigen Frieden unter der Führung des nordrassischen deutschen Herrenvolkes brächte.[162] Einige Pädagogen warfen freilich die Frage auf, ob im Osten überhaupt die Voraussetzungen für die Entfaltung der "nordischen Führernatur" gegeben sind und ob eine nordisch bestimmte Erziehung der Volksdeutschen im Osten überhaupt realistisch ist: Ist womöglich eine "Erziehung zum Führertum" hier wegen der "starken Verostung" von Land und Leuten gar ein illusionäres Vorhaben? Würde der Norder nicht in der Weite und Öde des Ostens untergehen und selber "verosten"? Sind etwa die deutschstämmigen Bevölkerungsteile in Polen längst hoffnungslos "verostet"? Diese Gefahr, versicherte *Friedrich Solger*, Herausgeber der Zeitschrift "Die völkische Schule", bestehe nicht. Denn nur in der slawischen Seele erzeuge die Weite des Ostens Gefühle der Kleinheit und das Bedürfnis nach Anlehnung und Unterordnung, im germanisch bestimmten Menschen dagegen wecke sie Ehrfurcht.[163] Auch *Günther Möller*, Autor einer Abhandlung über "Erziehung zum Führertum und deutscher Osten", hielt solche Befürchtungen für unbegründet. Er argumentierte aber mehr mit dem "nordischen Blutsanteil", der in jedem Deutschen stecke, also auch in den Volksdeutschen im Osten. Deshalb könne es auch dort eine nationalsozialistische Führererziehung geben: "Jeder Mensch hat – individuell reich abgestuft – Führerfähigkeiten, in jedem Menschen müssen sie ausgebildet werden ... Los von dem – mindestens – verfrühten Wunsch, zur Durchführung der nordischen Erziehungsarbeit nur hundertprozentig nordische Schüler vorgesetzt zu bekommen, und fort mit jener Blindheit, die die nordische Aufgabe im östlichen Raum nicht zu sehen und anzupacken vermag, die nicht begreift, daß jeder Deutsche zu der seiner Anlage gemäßen Rolle im nordischen Führerstaat erzogen werden *muß* und *kann*". In jedem stecke Unterschiedliches General oder untergeordneter Angestellter: "Wichtig ist

---

[162] Krieck 1940, S.143. Den gleichen Gedanken brachte Theodor Wilhelm 1942 in etwas gewählteren Formulierungen zum Ausdruck, als er von der Aufgabe der "Immunisierung" Europas gegen die "Bedrohung von Osten und Westen" durch seine Festigung als einer Kulturgemeinschaft sprach, die "aufgebaut ist auf der Kraft der Völker und Rassen und die von diesen unter keinen Umständen mehr losgelöst werden kann". Dies bezog sich auf die "Aufräumungsarbeiten", die die "Führer der europäischen Erneuerung" im "dritten Jahr des zweiten Weltkrieges" zum Abschluß gebracht hätten: Wilhelm 1942.

[163] Solger 1934.

nur, daß auch der letztere als *Gefolgsmann* unter keinen Umständen versagt und daß er gelernt hat, *wenn es einmal darauf ankommt*, nach besten Kräften einzugreifen, um das Schicksal zu wenden, d.h. sich *führend* hervorzuwagen. Mehr als dieses: sich in *Notfällen* führend *hervorzuwagen*, darf man von dem am wenigsten Nordischen freilich kaum erwarten."[164] Sätze, die vor dem Hintergrund der pädagogischen Arbeit mit den Volksdeutschen im besetzten Polen ihre Aktualität erhielten. Im besetzten Polen wurde die pädagogische Aufbauarbeit zum Ernstfall der "Grenzlanderziehung".

Erwähnen wir abschließend noch die Aktivitäten des *"Bundes Deutscher Osten"*. Der Bund hatte ein Schulungsamt in Königsberg und gab die Zeitschrift "Deutsche Ostarbeit" mit einer Ausgabe für den Schulunterricht heraus. Gründer des BDO war Alfred Rosenberg, sein letzter Vorsitzender war Theodor Oberländer, der Leiter des Königsberger Instituts für Osteuropäische Wirtschaft, das die wissenschaftlichen Grundlagen für das Schulungsmaterial des BDO lieferte. Der BDO erstellte antipolnisches Propaganda- und Unterrichtsmaterial und bemühte sich um die Festigung des Deutschtums an der Ostgrenze vor allem durch pädagogische Initiativen, zu denen unter anderem auch die Einführung eines Puppenspieltheaters ("Grenzlandkasper") für Kinder gehörte. 1936 startete der Bund eine Kampagne gegen die polnische Sprache im Grenzgebiet und sorgte dafür, daß polnische Elemente aus den Ortsnamen an der Ostgrenze verschwanden.[165]

---

164 Möller 1943.

165 Polish Western Affairs 29/1978, S. 309ff.

2. Die nationalsozialistische Polen-Politik

2. 1. Grundzüge und allgemeine Zielsetzungen

Am 1. September 1939 begann der deutsche Überfall auf Polen. Die Polen waren gegen die militärische Übermacht der Deutschen ohne jede Chance; schon nach wenigen Wochen kapitulierte die polnische Armee, am 6. Oktober war der "Blitzfeldzug" für die Deutschen erfolgreich beendet. Gleichzeitig waren die Sowjets in Ostpolen einmarschiert. Im deutsch-sowjetischen Freundschaftsvertrag vom 28. September 1939 wurde Ostpolen (mit überwiegend weißruthenischer und ukrainischer Bevölkerung) der sowjetischen Interessensphäre zugeschlagen. Die westlichen Teile Polens wurden direkt dem Deutschen Reich angeschlossen, gegliedert in die drei Gaue Danzig-Westpreußen, Wartheland und Oberschlesien,[1] der mittlere Teil, das "polnische Kernland", wurde zum "Generalgouvernement" erklärt und in eine deutsche Kolonie verwandelt, bestehend aus den Distriktgouvernements Warschau, Krakau, Lublin und Radom; später, während des Krieges gegen die Sowjetunion, kam Lemberg hinzu. Völkerrechtlich behandelten die Deutschen die polnischen Gebiete, sofern sie sie nicht direkt annektierten, nicht als besetzte Gebiete, sondern wie Kolonien: Polen sollte aufhören zu existieren, eine wie auch immer geartete polnische Eigenstaatlichkeit sollte für immer ausgeschlossen sein. In den eingegliederten Gebieten wurde der aus der Kolonialverwaltung stammende Begriff der "Schutzangehörigen" eingeführt; in der Parteikanzlei hieß es, die Polen sollten wie "Eingeborene einer Kolonie" behandelt werden.[2] Gleichwohl bedeutete die nationalsozialistische Politik eine grundlegende Abkehr von traditionellen kolonialpolitischen Prinzipien: Man betrieb hier weder eine Politik der Assimilation noch der Entwicklung. Es ging lediglich um totale politische Beherrschung und maximale Ausbeutung. Westpolen sollte ohnehin "germanisiert", d.h. als deutsches Siedlungsgebiet erschlossen werden, während man die polnische Bevölkerung

---

[1] Die Gaue Danzig-Westpreußen und Oberschlesien entstanden durch Zusammenlegung polnischer mit deutschen Gebieten.

[2] Majer 1981, S. 323.

schrittweise nach Osten, zunächst ins Generalgouvernement abschieben wollte. Für das Generalgouvernement gab es unterschiedliche Zielvorstellungen, die zwischen ökonomischer Ausbeutung und einer langfristig ebenfalls ins Auge gefaßten Germanisierung schwankten. Entsprechend wurde auch eine Kolonialverwaltung im traditionellen Sinn, die sich auf einheimische Eliten stützte, gar nicht erst aufgebaut. Im Generalgouvernement war die Gemeindeverwaltung die höchste Verwaltungsstufe, die den Polen zugestanden wurde, in den eingegliederten Gebieten gab es nicht einmal das. Hier wurde eine rein deutsche Verwaltung aufgebaut. Die deutschen Zivilbehörden besaßen im übrigen nur eingeschränkte Handlungs- und Entscheidungsfreiheiten. Sie unterstanden den "Reichsstatthaltern" der Gaue bzw. dem "Generalgouverneur", die eine nahezu unumschränkte Machtfülle besaßen und nur dem "Führer" selbst verantwortlich waren. Ihre Macht war ansonsten lediglich durch Himmler eingeschränkt, der als oberster SS- und Polizeichef und als von Hitler eingesetzter "Reichskommissar für die Festigung des deutschen Volkstums" (RKFDV) zum eigentlichen Herrscher dieser Territorien aufstieg. Nach der Auflösung der Militärverwaltung schon am 25. 10. 1939 war der Weg frei für die Terror- und Gewaltherrschaft der SS, in deren Händen alle Angelegenheiten der Siedlungspolitik und des "Volkstumskampfs" lagen.

Die Politik der Deutschen war das Gegenteil jeder kolonialen Assimilationspolitik; sie zielte auf eine radikale Trennung und Entmischung ab. Schon 1928 hatte Hitler erklärt, der Nationalsozialismus dürfe "unter keinen Umständen Polen mit der Absicht annektieren, aus ihnen eines Tages Deutsche machen zu wollen." Man müsse vielmehr "entweder diese rassisch fremden Elemente abkapseln, um nicht das Blut des eigenen Volkes immer wieder zersetzen zu lassen oder .... sie überhaupt kurzer Hand entfernen und den dadurch frei gewordenen Grund und Boden den eigenen Volksgenossen überweisen."[3] Dies sind Überlegungen, die leitmotivisch in allen Äußerungen Hitlers zur Polen-Frage wiederkehren. Hitler wiederholte im Grunde nur die Auffassung der Rassentheoretiker, jede Rasse müsse ihrer eigenen Art entsprechend leben und behandelt werden, und die Polen müßten, da sie selbst zum "Führertum" nicht befähigt seien, von einem überlegenen, mit Führungsqualitäten ausgestatten Volk, eben den nordisch-germanisch bestimmten Deutschen, "geführt" werden; aber er simplifizierte und radikalisierte dies dahin, daß er den Polen jede Kultur und Kulturfähigkeit überhaupt absprach und sie dadurch zu "Untermenschen" machte, die man bedenkenlos versklaven könne. In einer Rede vom Oktober 1939 erklärte er: "Polen muß wie ei-

[3] Zit. n. Broszat 1961, S. 21.

ne Kolonie behandelt werden, die Polen werden die Sklaven des Großdeutschen Weltreichs werden."[4] Die Theorie von der "rassischen Minderwertigkeit" der Polen sollte diese Intention legitimieren; und wie im Falle der Juden zielte die reale Politik darauf ab, durch Entrechtung, Entwürdigung und De-Kulturalisierung jenes Bild vom "minderwertigen" Menschen erst zu schaffen, um es scheinbar zu bestätigen. Die Vorstellung von der "Minderwertigkeit" der Polen war in Deutschland zweifellos populär; die Polen galten allgemein als "verschlagen, frech, hinterlistig, geborene Knechte, bei denen nur hartes Durchgreifen am Platze war."[5] In den besetzten Gebieten wurde (wie auch in den Kolonialisierungsplänen für Deutsch-Ost- und Südwestafrika vorgesehen) die Prügelstrafe für widersetzliche Polen eingeführt, und es war selbstverständlich, daß SS- und Polizeiangehörige Reitpeitschen mit sich führten, mit denen sie öffentlich Polen verprügelten.[6]

Das Ziel, nämlich eine Schicht staatenloser Unterworfener zu schaffen, über deren Arbeitskraft und Leben willkürlich verfügt werden konnte, schloß jede Assimilation und "Germanisierung" der Polen aus. Dies bedeutete, wie es Hitler und Darré schon 1932 angedacht hatten, das Ende jedes Kultur- und Bildungslebens für alle, die nicht zur neuen Herrenschicht gehörten. In dieser Hinsicht wurde das besetzte Polen das "große Experimentierfeld" der völkischen Neuordnung Europas: "In Polen wurde .... 'im kleinen' das durchgespielt, was später als Vorbild einer Kolonialpolitik für ganz Europa dienen sollte.'[7]

Man kann die Polen nicht versklaven, wenn man ihnen "deutsche" Kultur bringt; man kann sie nur versklaven, indem man sie *entkulturalisiert*. Hitler bekräftigte in seinen "Tischgesprächen" mehrfach diese kulturpolitischen Grundsätze, die sich bald auch auf die Behandlung der Völker östlich Polens bezogen: "Auch wir müßten uns für unsere neuerworbenen Ostgebiete merken, daß es nicht darauf ankomme, die unterworfene Bevölkerung jeden Tag zu striegeln und etwa gar zur deutschen Sauberkeit erziehen zu wollen. Ob sie sich selbst, ihre Häuser und so weiter täglich mit der Wurzelbürste reinigten, könne uns ganz gleich sein. Denn unsere Aufgabe sei es nicht, das Aufsichtsorgan ihres täglichen Lebens zu spielen, sondern ausschließlich unsere Interessen sicherzustellen."[8] Entsprechend käme eine "Gesundheitsfürsorge

---

[4] Zit. n. Plesniarski 1983, S. 164.

[5] "Jeder der die polnische Landbevölkerung kennt, weiß wie primitiv, roh, vielfach fast schwachsinnig schon der Gesichtsausdruck der Leute ist und wie roh sie im Denken und Handeln sind": Otto Reche 1939, S. 353.

[6] Majer 1981, S. 339.

[7] Ebd., S. 333.

[8] Picker 1965, S. 453.

nach deutschem Muster" nicht in Frage: "Das Impfen und was es sonst an vorbeugenden Gesundheitsmaßnahmen gebe, komme für die nichtdeutsche Bevölkerung keinesfalls in Betracht. Bei den Einheimischen müsse man schon den Wunsch nach derartigen gesundheitlichen Maßnahmen unterdrükken. Man solle deshalb ruhig den Aberglauben unter ihnen verbreiten lassen, daß das Impfen und so weiter eine ganz gefährliche Sache sei."[9] Und Hitler machte jetzt mit dem "Mut zum Analphabetismus", den Darré gefordert hatte, ernst: "Von außerordentlicher Bedeutung sei ferner, daß man nicht durch irgendwelche Maßnahmen ein Herrenbewußtsein bei der nichtdeutschen Bevölkerung erzeuge. In dieser Hinsicht müsse man besonders vorsichtig sein, denn gerade das Gegenteil von einem solchen Herrenbewußtsein sei eine der notwendigen Voraussetzungen für unsere Arbeit. Aus diesem Grunde dürfe der nichtdeutschen Bevölkerung auch keinesfalls eine höhere Bildung zugestanden werden. Würden wir in diesen Fehler verfallen, so würden wir einen kommenden Widerstand gegen unsere Herrschaft selbst züchten. Man müsse ihnen zwar Schulen geben, für die sie bezahlen müßten, wenn sie hineingingen. Man dürfe sie in ihnen aber nicht mehr lernen lassen als höchstens die Bedeutung der Verkehrszeichen. Inhalt des Geographie-Unterrichts dürfe im großen und ganzen nur sein, daß die Hauptstadt des Reiches Berlin heiße und jeder in seinem Leben einmal in Berlin gewesen sein müsse. Darüberhinaus genüge es vollkommen, wenn die nichtdeutsche Bevölkerung ... etwas Deutsch lesen und schreiben lerne; Unterricht im Rechnen und dergleichen sei überflüssig. – Auch in puncto Schulwesen der nichtdeutschen Bevölkerung dürfe man nie vergessen, daß man in den besetzten Ostgebieten dieselben Methoden anwenden müsse wie (die Engländer) in Kolonien. Der ganze Aufklärungs-Rummel, der mit dem Erscheinen reichsdeutscher Pfaffen anfange, sei daher Unsinn. General Jodl habe ganz recht, wenn er ein Plakat beanstande, durch das in ukrainischer Sprache das Betreten eines Bahnkörpers verboten werde. Ob ein Einheimischer mehr oder weniger überfahren werde, könne uns doch gleich sein. – Wenn er dafür sei, die einheimische Bevölkerung in den Schulen Deutsch lernen zu lassen, so lediglich deshalb, um die sprachlichen Voraussetzungen für unsere Führung zu schaffen."[10] Ähnlich hatte sich auch schon Himmler zur "Schulfrage" geäußert. In seiner "Denkschrift über die Behandlung der Fremdvölkischen im Osten" vom Mai 1940 hieß es: "Für die nichtdeutsche Bevölkerung des Ostens darf es keine höhere Schule geben als die vierklassige Volksschule. Das Ziel dieser Volksschule hat lediglich zu sein: Einfaches Rechnen bis

---

9 Ebd., S. 469.
10 Ebd., S. 469f.

höchstens 500, Schreiben des Namens, eine Lehre, daß es ein göttliches Gebot ist, den Deutschen gehorsam zu sein und ehrlich, fleißig und brav zu sein. Lesen halte ich nicht für erforderlich."[11] In einer Rede vor SS- und Polizeiführern im September 1942 präzisierte Himmler:

> "Die Gesamtlinie ist absolut die: Wir haben diesem Volk keine Kultur zu bringen. Ich kann Ihnen wörtlich nur das wiederholen, was der Führer wünscht. Es genügt,
> 1. wenn die Kinder in der Schule die Verkehrszeichen lernen, damit sie uns nicht in die Autos laufen,
> 2. wenn sie das kleine Einmaleins bis 25 lernen, damit sie soweit zählen können und
> 3. wenn sie noch ihren Namen schreiben können; mehr ist nicht nötig."[12]

Zur bevölkerungspolitischen Behandlung der "Fremdvölkischen" im Osten gab Hitler die Devise aus, durch Förderung der Abtreibung die Fortpflanzung der "einheimischen Bevölkerung" zu verringern: "Der Chef meinte hierzu, in irgendeiner Abhandlung habe er kürzlich den Vorschlag gefunden, den Vertrieb und den Gebrauch von Abtreibungsmitteln in den besetzten Ostgebieten zu verbieten. Wenn tatsächlich irgendein Idiot versuchen sollte, ein derartiges Verbot in den besetzten Ostgebieten in die Praxis umzusetzen, würde er ihn persönlich zusammenschießen. Bei dem Kinderreichtum der einheimischen Bevölkerung könne es uns doch nur recht sein, wenn die Mädchen und Frauen hier soviel wie möglich abtrieben. Man müsse daher einen schwungvollen Handel mit Verhütungsmitteln in den Ostgebieten nicht nur zulassen, sondern geradezu fördern, da wir an einer Vermehrung der nichtdeutschen Bevölkerung nicht das geringste Interesse haben könnten."[13]

Die Ziele der nationalsozialistischen Polen-Politik waren, um dies zu resümieren, die Vernichtung des polnischen Staates und Verhinderung jeder künftigen Staatlichkeit; die De-Kulturalisierung des polnischen Volkes und damit verbunden die Ausschaltung und Vernichtung der polnischen Intelligenz – und die Verhinderung ihrer Wiederentstehung durch die Einführung eines auf möglichst niedrigem Niveau gehaltenen Bildungssystems, die Auflösung der polnischen Bevölkerung als Nation "durch nationale und soziale Aufsplitterung und ihre Ersetzung durch eine führungslose, amorphe Masse 'primitiver Arbeitssklaven.'" Dies alles diente gleichzeitig dazu, den "deutschen Lebensraum" nach Osten hin zu erweitern und die deutsche Ost-

---

[11] In: Gamm 1990, S. 453.
[12] Zit. n. Ackermann 1970, S. 220.
[13] Picker 1965, S. 469.

grenze vorzuverlegen, "um für künftige Kämpfe um die Weltherrschaft günstige Ausgangsbedingungen zu schaffen."[14] Vor dem Hintergrund dieser allgemeinen Ziele ergaben sich jedoch unterschiedliche Zielsetzungen für die eingegliederten Westgebiete Polens und das Generalgouvernement. Das Generalgouvernement sollte als Reservoir billiger Arbeitskräfte für das Reich dienen, sämtliche Ressourcen des Landes sollten zugunsten des Reichs ausgebeutet werden. Zugleich sollte das Generalgouvernement zum Sammelbecken aller Polen (und Juden) aus den eingegliederten Gebieten werden. Wurde hier eine ausschließlich negative Politik betrieben, so hatte die Politik in den eingegliederten Gebieten nicht nur eine destruktive, sondern auch eine "konstruktive" Seite, da man dort ein deutsches Siedlungsgebiet und einen deutschen "Mustergau" aufbauen wollte. Dies beinhaltete die Vertreibung der ansässigen Polen. Zunächst sollten die politische und intellektuelle Elite sowie die besitzenden Schichten, jüdische und besonders "minderwertige" Bevölkerungsteile liquidiert bzw. vertrieben werden, während die übrige Bevölkerung noch als billige Arbeitskräfte, unter anderem auch für die dort anzusiedelnden Deutschen, im Lande verbleiben sollte. Langfristiges Ziel war jedoch die restlose Beseitigung des Polentums, also die vollständige Germanisierung des Landes. Bis dahin sollte die ansässige Bevölkerung radikal von den Deutschen getrennt und einer rigiden Apartheidspolitik unterworfen werden.

War das Generalgouvernement dazu bestimmt, die erste Kolonie des Reichs zu werden, so sollten in den eingegliederten Gebieten die ersten "Mustergaue" entstehen, die, so die Vorstellung Arthus Greisers, des Reichsstatthalters im Wartheland, ein Vorbild für die spätere Gestaltung der Reichsgaue auch im Altreich liefern würden: "Schließlich war auch die Bildung neuer Reichsgaue im annektierten Polen der Versuch, die in Deutschland steckengebliebene Reichsreform nun durch die Bildung neuer Herrschaftsformen und Institutionen (und zwar ohne größere Rücksichten auf das eigene Volk oder auf das Ausland nehmen zu müssen) zu erproben. Diese Erfahrung hätte dann später nicht nur zur Vervollkommnung der Entwürfe für Modelle einer Herrschaft über fremde Völker dienen, sondern auch in Deutschland selbst die noch verbliebenen Reste des 'bürgerlichen' Rechts- und Verwaltungssystems durch eine Art Herrschaft nationalsozialistischer Reichsstatthalter ersetzen können."[15]

Folgen und Bilanz dieser Politik gegenüber Polen lassen sich in einigen Zahlen ausdrücken: 6,028 Millionen Polen sind durch Krieg und Besatzung

---

14 Röhr 1992.
15 Ebd., S. 63.

umgekommen – unmittelbar durch Kriegshandlungen übrigens "nur" 0,64 Millionen. Die große Mehrheit der Opfer waren Opfer des nationalsozialistischen Terrors, allein 4,3 Millionen Polen und polnische Juden kamen in den Konzentrationslagern ums Leben.[16] Von 3,3 Millionen polnischen Juden wurden zwischen 2,3 und 2,9 Millionen getötet. Insgesamt kamen 22% der Bevölkerung um, damit hatte Polen die relativ höchsten Verluste aller in den Krieg hineingezogenen Länder zu beklagen.[17] 2,46 Millionen Polen wurden zu Zwangsarbeiten ins Reich deportiert,[18] davon waren 29% (= 710 000) Minderjährige von 14 - 18 Jahren.[19] 1,65 Millionen Polen wurden ausgesiedelt.[20] In besonderem Maß waren Kinder und Jugendliche betroffen: Durch Krieg und Terror sind 1,8 Millionen Kinder bis zu 16 Jahren, davon 0,6 Millionen jüdische Kinder, sowie 225 000 Jugendliche von 16 bis 18 Jahren umgekommen. Rund 200 000 Kinder wurden aus Polen verschleppt bzw. zwecks "Eindeutschung" geraubt. Von diesen Kindern konnten nach dem Krieg etwa 20% identifiziert und nach Polen zurückgebracht werden. Dies entspricht einem "Gesamtverlust" von mindestens 2,225 Millionen Kindern, d.h. das polnische Volk verlor über ein Viertel aller Kinder. Zum Kriegsende gab es zudem eine Million Waisenkinder.[21]

Die nationalsozialistische Polen-Politik war immer auch "Rassenpolitik". Zum einen benötigte man das rassenpolitische und -wissenschaftliche Paradigma als ideologisch-propagandistisches Instrument zur Rechtfertigung des Vorgehens ebenso wie zur Mobilisierung "völkischer Energien"; zum anderen brauchte man es als ein Mittel der Rationalisierung des eigenen Handelns – Rationalisierung im psychoanalytischen Sinn: um sich von eigenen moralischen Skrupeln zu befreien und zu entlasten. Zweifellos hätte man alles auch in imperialistische und kolonialistische Begriffe kleiden können; aber viele Nationalsozialisten, insbesondere Himmler und seine Helfershelfer, glaubten an eine höhere Mission, nämlich die rassenpolitische Neuordnung Deutsch-

---

16 Pilichowski 1983, S. 219.

17 Gross hält eine Zahl von 17 bis 18% für realistischer. Nach Polen hatten Jugoslawien mit 10,6%, Griechenland mit 6,9% und die Sowjetunion mit 3,9% die relativ höchsten Verluste: Gross 1979, S. 84.

18 Pilichowski (S. 217) nennt eine Zahl von 2,8415 Millionen Zwangsarbeiter, die ins Reich und in von Deutschen besetzte Länder deportiert wurden; nach Röhr u.a. erreichte die Gesamtzahl kriegsgefangener und aus Polen deportierter Zivilarbeiter Ende 1944 2,426 Millionen: Röhr u.a. 1989, Tab 6, S. 360.

19 Hrabar u.a. 1981, S. 333.

20 Madajczyk 1988, S. 429. Pilichowski nennt eine Zahl von 2,478 Millionen; vgl. a. die Zusammenstellung bei Röhr u.a., Tab. 4, S. 356f.

21 Hrabar u.a. 1981, S. 331ff.

lands und Europas. Schon in den von Rauschning aufgezeichneten Gesprächen betonte Hitler: "Meine Parteigenossen, wir denken nicht in erster Linie wirtschaftlich ... Wir stehen heute vor der ehernen Notwendigkeit, eine *neue soziale Ordnung* zu schaffen. Denn nur wenn uns das gelingt, werden wir die große geschichtliche Aufgabe lösen, die uns als Volk gestellt ist."[22] Die rassenpolitische Neuordnung im Osten war das Hauptanliegen und Werk Himmlers. Sie schloß für Himmler eine "rassische Siebung", d.h. eine Durchforstung der polnischen Bevölkerung nach "rassisch wertvollem Blut" ein, da er einen nicht unerheblichen Anteil "polonisierter Deutschstämmiger" vermutete, die man wieder "rückdeutschen" könne. Dies, so Himmler, müsse "das Fundament in unseren Erwägungen sein", "die rassisch Wertvollen aus diesem Brei herauszufischen, nach Deutschland zu tun, um sie dort zu assimilieren." Insbesondere rassisch wertvolle Kinder wollte er ihren Eltern fortnehmen und in Deutschland erziehen lassen, um sie dem Polentum zu entreißen und entfremden. Alljährlich solle "bei allen 6- bis 10jährigen eine Siebung aller Kinder des Generalgouvernements nach blutlich wertvollen und nichtwertvollen" erfolgen. Die "als wertvoll Ausgesiebten" würden dann in deutscher Erziehungsumwelt vollständig assimiliert und integriert werden.[23] Himmler unterschied daher zwischen nationaler Zugehörigkeit und rassischer Abstammung, die es erlaubte, auch Polen zu "germanisieren". Insofern gab es doch eine nationalsozialistische Assimilationspolitik; ihr lagen jedoch rassische Auslesekriterien und -prozeduren zugrunde, die von der Fiktion bestimmt waren, man könne alle "Germanen", die irgendwann einmal seit dem Mittelalter in die Gebiete des Ostens ausgewandert seien, wieder ausfindig machen und in die nordrassische Volksgemeinschaft zurückholen. Solche wahnwitzigen Ideen führten in den besetzten Gebieten zu einer Scheidung der Bevölkerung in "Eindeutschungs- und Nicht-Eindeutschungsfähige" und zu einer Differenzierung nach Graden der "Eindeutschungsfähigkeit", ethnisch-rassische Differenzierungen, die ihren Niederschlag auch in der Erziehungs- und Bildungspolitik fanden.

Himmlers Eindeutschungspläne zielten vor allem auf die Kinder ab. Auch wenn die Eltern längst "polonisiert" waren: War die rassische Qualität der Kinder wertvoll ("rassisch tadellos und unseren Bedingungen entsprechend"), dann sollte den Kindern eine höhere Schulbildung in Deutschland zugestanden werden: "Erkennen wir ein solches Kind als unser Blut an, so wird den Eltern eröffnet, daß das Kind auf eine Schule nach Deutschland kommt und für Dauer in Deutschland bleibt." In diesem Fall konnte man notfalls auch die

---

22 Rauschning 1940 S. 43f.
23 In Gamm 1990 S. 452ff.

Eltern mit übernehmen. Die Eltern müßten sich dann entscheiden, "entweder das Kind herzugeben – sie werden dann wahrscheinlich keine weiteren Kinder mehr erzeugen, so daß die Gefahr, daß dieses Untermenschenvolk des Ostens durch solche Menschen guten Blutes eine für uns gefährliche, da ebenbürtige Führerschicht erhält, erlischt, – oder die Eltern verpflichten sich, nach Deutschland zu gehen und dort loyale Staatsbürger zu werden. Eine starke Handhabe, die man ihnen gegenüber hat, ist die Liebe zu ihrem Kind, dessen Zukunft und dessen Ausbildung von der Loyalität der Eltern abhängt."[24] In der Realität wurde daraus in vielen Fällen ein regelrechter Kinderraub – so war es auch gemeint: "Ich habe wirklich die Absicht, germanisches Blut in der ganzen Welt zu holen, zu rauben und zu stehlen, wo ich kann."[25] Himmler schätzte, daß etwa ein Achtel der polnischen Gesamtbevölkerung eingedeutscht werden könnte. Seine Eindeutschungspläne gingen vor allem von der Idee aus, polnische Kinder ihrer polnischen Umwelt zu entreißen und sie einer deutschen Erziehung zu unterwerfen, um daraus eine leistungsorientierte, loyale Zwischenschicht, im Einzelfall wohl auch Führungsschicht zu schaffen, auf die sich die nationalsozialistische Herrschaft im neuen großgermanischen Reich deutscher Nation stützen würde. Als sich der Krieg ausweitete, bemerkte Himmler 1942: "Auch im Kaukasus und auf der Krim gibt es noch einige Reste von Goten", die er "herausholen und zu Germanen machen" wollte. Nach dem Krieg würde er in alle Länder SS-Führer schicken, "um dort den betreffenden Völkern das gute Blut durch die Kinder wegzuholen. Der betreffende SS-Führer würde", so Himmlers pädophile Vision, "in Zivil als hilfreicher Mann auftauchen und den Kindern irgend etwas Gutes antun, ihnen von Freiplätzen erzählen und sie dann nach Deutschland mitnehmen."[26]

Die rassenpolitischen Grundzüge der künftigen Polen-Politik waren bereits im November 1939 im Rassenpolitischen Amt der NSDAP ausgearbeitet worden. Sie lagen in einer Denkschrift vom 25. 11. vor, verfaßt von *Erhard Wetzel*, Abteilungsleiter im Rassenpolitischen Amt, später rassenpolitischer Dezernent in Rosenbergs Ostministerium, und *G. Hecht*, Leiter der Abteilung für Volksdeutsche und Minderheiten im Rassenpolitischen Amt der NSDAP.[27] Die Autoren lassen sich zunächst über die "Mentalität" der Polen aus: sie seien "unschöpferisch"; ein Mangel an schöpferischer Kraft werde

---

[24] Ebd.
[25] Zit. n. Ackermann 1970, S. 207.
[26] Ebd., S. 273.
[27] Wetzel/ Hecht 1939.

“durch eine nicht zu unterschätzende primitiv raffinierte Intelligenz verdeckt.” Der Pole sei, typisch für den Oster, ein Herdenmensch, er sehne sich nach Leiden und Erniedrigung, dies komme in der Tendenz der Polen zu politischem und religiösem Märtyrertum zum Ausdruck. Die Polen erscheinen in dieser Analyse wie ein masochistisches Volk, das nur darauf wartet, von den Deutschen vergewaltigt zu werden. In der Tat galt die “ostische Seele” als “feminin”,[28] und Wetzel und Hecht meinten in der polnischen Kultur, etwa im polnischen Marienkult, noch starke “Anklänge an mutterrechtliche Lebensordnung” ausmachen zu können.

Aus diesem Volk galt es diejenigen herauszubrechen, die germanischer Abstammung waren und nordisches Blut in sich trugen. Dies war für Wetzel und Hecht die erste rassenpolitische Aufgabe, die sich im Osten stellte. In diesem Zusammenhang schlugen sie vor, einen neuen Begriff der “Staatsangehörigkeit auf Widerruf” zu schaffen, d.h. wer als “eindeutschungsfähig” erkannt werde, müsse sich die deutsche Staatsangehörigkeit unter Umständen erst noch verdienen; wer sich hingegen nicht als eindeutschungsfähig erweise, werde ins “Restgebiet” (das Generalgouvernement) abgeschoben. Zweifellos werde es nicht immer ganz einfach sein, die “nordisch-germanische” Abstammung bei Menschen zu erkennen, die zum Teil schon seit Generationen in Polen lebten, die polnische Sprache angenommen und die deutsche längst verlernt haben. Ebenso müsse man umgekehrt damit rechnen, daß sich Polen als Deutsche ausgeben, nur weil sie beispielsweise die deutsche Sprache sprechen und sich zum “Deutschtum” bekennen. Die Autoren rekurrierten hier auf den Begriff der “Umvolkung” aus der Rassenpsychologie. *Echte* Umvolkung – etwa vom “Polen- zum Deutschtum” – sei nur bei gleicher rassischer Anlage möglich. Mit *unechter* Umvolkung habe man es dort zu tun, wo zum Beispiel ein Pole nur die deutsche Sprache übernimmt, sich politisch zu Deutschland bekennt etc. Die rassisch bedingte Seele bleibe aber in diesem Fall erhalten. Eine Eindeutschung könne nur als echte Umvolkung betrieben werden, sie komme deshalb nur bei solchen polnischen Kreisen und polnisch-deutschen Zwischenschichten in Frage, “von denen aus rassischen Gründen eine echte Umvolkung, d.h. aber auch ein seelisches Hineinwachsen in das deutsche Volkstum zu erwarten ist.” Die größte Gefahr gehe, so Wetzel und Hecht, gerade von den rassisch wertvollsten Schichten des polnischen Volkes aus, die nordisch-germanischer Herkunft seien und die sich einer Wiedereindeutschung widersetzen: “Gerade

[28] Z.B. Petermann 1943. Ich spiele hier selbstverständlich nur auf den Zusammenhang von "Weiblichkeit" und Masochismus in der nationalsozialistischen Geschlechtermythologie an.

die uns rassisch gleichen, vorwiegend nordisch-fälisch bestimmten Schichten sind die Träger dieser großpolnischen, konfessionell gesicherten Idee", d.h. des National-Ideals etwa eines Königreichs Polen.[29] Die nationale Führungselite, das war rassentheoretisch gewiß, setzte sich vor allem aus polonisierten nordisch-germanischen Führungstypen zusammen, denen das polnische Volk überhaupt seine Staatlichkeit zu verdanken hätte. Nähme man ihm diese Führungsschicht, bräche auch der polnische Staat und die polnische National-Idee zusammen. Umso wichtiger war es, sich gerade der polonisierten Deutschen anzunehmen. Die Autoren formulierten daher als Leitlinie der künftigen Rassenpolitik, "die nordrassischen Schichten der verbleibenden Bevölkerung auszulaugen und einzudeutschen und den uns rassefremden Kern polnisch mit niederer Kultur zu belassen und von Fall zu Fall nach Kernpolen abzuschieben."

Einen Sonderfall würden "rassisch wertvolle Kinder" bilden, und zwar einmal die Kinder aus deutsch-polnischen Mischehen: Sie "müssen weitgehend im Altreich und in deutscher Umgebung (Erziehungsanstalten) erzogen werden. Der Einfluß des polnischen elterlichen Teiles muß weitgehend ausgeschaltet werden", zum anderen die Kinder von "Renegaten" und rassisch wertvollen Eltern, die sich der Wiedereindeutschung widersetzen. Würde man diese Kinder bei ihren Eltern lassen, so würde man damit nur einen künftigen gefährlichen Gegner heranwachsen lassen. Deshalb: "Ein erheblicher Teil der rassisch wertvollen, aber aus völkischen Gründen nicht eindeutschbaren Schichten des polnischen Volkes wird dagegen in das polnische Restgebiet abgeschoben werden müssen. Hier aber muß versucht werden, rassisch wertvolle Kinder von der Umsiedlung auszunehmen und sie im Altreich in geeigneten Erziehungsanstalten etwa nach Art des früheren Potsdamer Militärwaisenhauses oder in deutscher Familienpflege zu erziehen. Die hierfür in Betracht kommenden Kinder dürfen nicht über 8 bis 10 Jahre alt sein, da in der Regel nur bis zu diesem Alter eine echte Umvolkung, d.h. aber eine endgültige Eindeutschung möglich erscheint. Dies setzt die völlige Unterbindung jeglicher Beziehungen mit ihren polnischen Angehörigen voraus. Die Kinder bekommen deutsche Namen, die auch nach dem Wortstamm eindeutig germanisch sein müssen ..."

Was die "echten", nicht eindeutschungsfähigen Polen betrifft, so war das Fernziel ihre "restlose Beseitigung" aus den eingegliederten Gebieten: "Was von den Polen nicht eingedeutscht werden kann, muß in das polnische Restgebiet abgeschoben werden." Die Autoren rechneten damit, daß von 6,6 Millionen "reinen" Polen in den eingegliederten Gebieten etwa 1 bis 1,2 Mil-

---

[29] Wetzel/ Hecht S. 15

lionen eindeutschungsfähig seien. Die Deportationen ins Generalgouvernement sollten mit der polnischen Intelligenz beginnen. Die "primitiven polnischen Landarbeiterschichten" würden dagegen noch für eine Übergangszeit gebraucht; solange solle man sie "polnisch bleiben lassen" und sie kulturell "so niedrig wie möglich" halten. Für diese Übergangszeit war eine weitgehende Entrechtung der polnischen Bevölkerung geplant: Polen dürfen z.B. keine Geschäftsinhaber mehr sein, kein selbständiges Handwerk ausüben und keine "Lehrmeister" sein. Amts-, Geschäfts- und Verkehrssprache sollte ausschließlich deutsch sein, als Beamte und Behördenangestellte würden nur Deutsche in Betracht kommen. Für die während dieser Übergangszeit noch verbleibenden Polen schlugen Wetzel und Hecht einen elementaren deutschen Schulunterricht bis zum 10. Lebensjahr vor. Kulturpolitischer Grundsatz müsse es sein, alle Ansatzpunkte für ein völkisches und kulturelles Eigenleben zu vernichten: keine polnischen Schulen, kein Gottesdienst in polnischer Sprache mehr, Abschaffung der polnischen kirchlichen Feiertage, Auflösung aller polnischen Korporationen, Verbände und Vereine etc. "Polnische Restaurants und Cafés sind als Mittelpunkte polnischen völkischen Lebens zu verbieten. Polen dürfen deutsche Theater, Kleinkunstbühnen und Lichtspielhäuser nicht besuchen. Polnische Theater, Lichtspielhäuser und andere Kulturstätten sind zu schließen. Polnische Zeitungen gibt es nicht; ebensowenig eine polnische Buchproduktion. Aus gleichen Gründen dürfen Polen keine Radioapparate und sollen keine Grammophone haben."

Was sich hier wie ein schlechter Zukunftsroman liest, wurde in reales politisches Handeln umgesetzt. "Verständlich" werden solche Überlegungen vor dem Hintergrund des Nahziels einer rigorosen Ausbeutung der polnischen Arbeitskraft und des Fernziels der "restlosen Beseitigung des Polentums". Solange man den Polen ein vorübergehendes "Bleiberecht" als billige Arbeitskräfte zugestand, mußte man sie, um sie besser beherrschen zu können, in kultureller Unmündigkeit halten.

Die andere, "konstruktive" Seite der Politik für die eingegliederten Gebiete war die deutsche Besiedlung. Hier müsse mit der vordringlichen Besiedlung eines 150-200 km breiten Streifens an der Grenze zum Generalgouvernement begonnen werden: mit der Schaffung eines "Wehrbauerngebietes" für ein deutsches Herrentum mit polnischen Landarbeitern, die aber allmählich durch deutsche Landarbeiter ersetzt werden sollen. Polnische Landarbeiter seien bis auf weiteres tragbar, "wenn sie keine kulturelle und schulmäßige Förderung und Erziehung erhalten. Ihrer Mentalität nach werden diese Schichten sich bei ihrer hohen geistigen und seelischen Bedürfnislosigkeit unter einem gerechten und ihnen klare und anständige Arbeitsbedingungen gebenden deutschen Wehrbauerntum wohlfühlen und voraussichtlich keinerlei groß-polnische Ideologien mehr erfüllen können."[30] Es war geplant, in den eingegliederten Gebieten Deutsche aus dem "polnischen Restgebiet" und Rußland, langfristig auch aus Übersee anzusiedeln.

"Restpolen", also das Generalgouvernement würde das künftige Polen-Reservat und Abschiebe-Territorium für Juden und andere "unerwünschte" Volksgruppen aus dem Reich werden. Obwohl dieses Gebiet unter Wirtschaftstheoretikern schon als überbevölkert galt, wollte man die Bevölkerungsdichte hier nahezu verdoppeln. In diesem Raum lebten 1939 ca. 12,7 Millionen Einwohner; dazu kämen auf lange Sicht dann 6,6 Millionen aus den eingegliederten Gebieten, etwa 0,8 Millionen Juden aus dem Reich, 0,53 Millionen Juden aus den eingegliederten Gebieten sowie rund 100 000 "Zigeuner und andere Artfremde" aus dem Reich. Das ergäbe eine Bevölkerungszahl von 20,785 Millionen; davon müsse man allerdings noch rund eine Million eindeutschungsfähiger Polen abziehen, so daß Wetzel und Hecht auf eine Zahl von 19,785 Millionen kamen.

Den Polen im Generalgouvernement wurde etwas mehr an kulturellem Eigenleben zugestanden als in den eingegliederten Gebieten, aber nur auf niedrigstem Niveau. Ziel der Kulturpolitik sollte es sein, jeden Gedanken an eine polnische nationale Eigenständigkeit auszulöschen. Universitäten und höhere Schulen sollten geschlossen werden, auch hier würde es nur noch ein Volksschulwesen, allerdings ein polnisches geben. In diesen Schulen würde man Rechnen, Lesen und Schreiben unterrichten, die Kinder würden auch eine berufliche Vorbereitung erhalten, es würde aber keinen Unterricht "in den völkisch wichtigen Fächern" Erdkunde, Geschichte, Literaturgeschichte und Turnen geben. Die alten polnischen Lehrer müßten als "Träger des polnischen Chauvinismus" ausgeschaltet werden, statt ihrer würde man Lehrer aus ausgedienten Polizisten der polnischen Polizei rekrutieren: "Damit erübrigt sich die Gründung von Lehrerbildungsstätten." Das gesamte kulturelle Leben würde von deutschen Stellen überwacht und mit einer Zensur belegt werden. Die ärztliche Betreuung der Bevölkerung sollte von deutscher Seite darauf beschränkt bleiben, die Übertragung von Seuchen ins Reichsgebiet zu verhindern. Die ärztliche Versorgung, so die Autoren, "interessiert uns nicht". Für die aus den eingegliederten Gebieten abgeschobenen Polen erwogen sie, "die Wirtschaftsform des Kollektivs" einzuführen. Wohnungsbauten sollten nur in primitiver Form für die notdürftige Unterbringung gestattet sein. Unter Bedingungen, unter denen eine sich fortschreitend verschlechternde ärztliche Versorgung abzusehen war, schlugen Wetzel und Hecht schließlich eine großzügige Abtreibungspolitik – die Straffreiheit der Abtreibung – vor. Aus

---

30 Ebd , S. 22.

bevölkerungspolitischen Gründen müsse man alle Maßnahmen zur Geburtenbeschränkung dulden und fördern, unter anderem auch den Verkauf von Verhütungsmitteln und die Homosexualität.

Die reale Politik folgte weitgehend diesen von Wetzel und Hecht entworfenen Grundlinien, auch wenn sich nicht alles so realisieren ließ, wie sie es vorausgedacht hatten; dies gilt insbesondere für das Generalgouvernement, wo die deutsche Verwaltung weit mehr Konzessionen an die Polen machen mußte, schon allein deswegen, weil sie nur über sehr beschränkte personelle Mittel verfügte, um die politischen Richtlinien überall in die Tat umzusetzen. Doch wurde mit der Umsetzung der politischen Zielsetzungen und Planungsvorstellungen zumindestens überall *begonnen*. Der Verlauf des Krieges ließ dann vieles in Ansätzen steckenbleiben, und vielfach gelang es den Polen, die deutsche Politik der De-Kulturalisierung zu unterlaufen, etwa durch den Aufbau eines Untergrund-Unterrichts. Am Ende scheiterte die deutsche Politik, aber der Preis, den vor allem die Polen für dieses Scheitern zahlen mußten, war immens.

Am widersprüchlichsten und am wenigsten konsistent war die Politik im Generalgouvernement. Während Hans Frank, den Hitler zum Generalgouverneur eingesetzt hatte, immer wieder davon träumte, hier eine "koloniale imperiale Rechtsordnung aufzubauen" und das Generalgouvernement als ein "Laboratorium für Verwaltungsstudien und für die Grundsätze" bei zukünftigen kolonialen Erwerbungen – als ein Muster dafür, "wie man ... koloniale Verwaltungen überhaupt aufziehen könne" – betrachtete,[31] dachten die radikalen Volkstumsexperten der SS daran, auch das Generalgouvernement langfristig in ein deutsches Siedlungsgebiet umzuwandeln, alle hier lebenden Polen bis auf ca. 5% Eindeutschungsfähige nach Westsibirien abzuschieben und einen großgermanischen Siedlungsraum für Angehörige der SS, entlassene Soldaten, verdiente Parteigenossen und Umsiedler aus Rußland zu schaffen. Ansätze solcher Pläne, wie sie im "Generalplan Ost" dokumentiert sind, kamen auch zur Umsetzung, etwa in den Zwangsumsiedlungen und Ansiedlungen, die im Distrikt Lublin durchgeführt wurden. Die Zivilbehörden wollten dagegen nur die Städte als Zentren deutscher Macht "germanisieren", während die einheimische Bevölkerung nur von den Deutschen getrennt und im übrigen als Arbeitskraft im Land bleiben sollte.

Hitler dachte, anders als Frank, nicht daran, hier eine "blühende Kolonie" zu schaffen; für ihn war das Generalgouvernement nur ein Reservoir an Arbeitssklaven und ein Abschiebeterritorium für Juden und Polen aus den ein-

---

31 Majer 1981, S. 463; vgl. Kleßmann 1990, S. 177.

gegliederten Gebieten und dem Altreich. Seine Äußerungen waren eindeutig: "Die 'polnische Wirtschaft' muß zur Blüte kommen. Die Führung des Gebietes muß es uns ermöglichen, auch das Reichsgebiet von Juden und Polacken zu reinigen."[32] Hitler in einer Besprechung mit dem Chef des OKW, Generaloberst Keitel, vom 17. 10. 39 über die Politik im Generalgouvernement: "'Es müsse verhindert werden, daß eine polnische Intelligenz sich als Führerschicht aufmacht. In dem Lande soll ein niederer Lebensstandard bleiben. Wir wollen dort nur Arbeitskräfte schöpfen.' Es gelte einen 'harten Volkstumskampf', der 'keine gesetzlichen Bindungen gestattet', zu führen. Außerdem solle das besetzte polnische Gebiet des Generalgouvernements es ermöglichen, 'das alte und neue Reichsgebiet zu säubern von Juden, Polacken u. Gesindel.'"[33] Hitler dachte nicht an eine Politik der wirtschaftlichen Entwicklung, die auf lange Sicht auch zum Nutzen des Deutschen Reichs gewesen wäre. Er bekräftigte seinen Standpunkt 1940 in einer Unterredung mit Bormann, Frank, Schirach und Koch: "Das Generalgouvernement solle nun keinesfalls ein abgeschlossenes Wirtschaftsgebiet werden, das seine notwendigen Industrieprodukte zum Teil oder ganz selbst erzeuge, sondern das Generalgouvernement sei unser Reservoir an Arbeitskräften für niedrige Arbeit (Ziegeleien, Straßenbau usw. usw.). Man könne, betonte der Führer, in den Slawen nichts anderes hineinlegen, als was er von Natur aus sei. Während unser deutscher Arbeiter von Natur aus im allgemeinen strebsam und fleißig sei, sei der Pole von Natur aus faul und müsse zur Arbeit angetrieben werden." Das Generalgouvernement sei "die Ausleih-Zentrale für ungelernte Arbeiter ..., ein großes polnisches Arbeitslager." Frank wehrte sich in diesem Gespräch dagegen, weiter Juden ins Generalgouvernement aufnehmen zu müssen, weil dies – die Unterhaltung der immer größer werdenden Lager – die ohnehin kargen finanziellen Mittel aufbrauchte, die seiner Regierung für eine eigene Wirtschaftspolitik zur Verfügung standen. Er konnte bei Hitler nicht mit Verständnis rechnen. "Es sei ganz gleichgültig", so "der Führer", "wie hoch die Bevölkerungsdichte im Generalgouvernement sei ... Die Menschen des Generalgouvernements, die Polen also, seien nun nicht qualifizierte Arbeiter wie unsere deutschen Volksgenossen und sollten es auch gar nicht sein, sie müßten, um leben zu können, ihre eigene Arbeitskraft, d.h. sozusagen sich selbst exportieren. Die Polen müßten also nach dem Reich kommen und dort Arbeit in der Landwirtschaft, an Straßen und sonstigen niedrigen Arbeiten leisten, um sich dadurch ihren Lebensunterhalt zu verdienen; ihr Wohnsitz bliebe aber Polen, denn wir wollten sie ja gar nicht in Deutschland

---

32 Zit. n. Kuby 1986, S. 99.

33 Broszat 1961, S. 22; vgl. Roehr u.a. 1989, S. 134.

haben und wollten gar keine Blutsvermischung mit unseren deutschen Volksgenossen." Hitler bekräftigte also seine Auffassung, nach der das Generalgouvernement kein eigenes Wirtschaftsgebiet sei. Es stelle lediglich den ständigen Wohnsitz dar, in den die im Reich zu niedriger Arbeit saisonmäßig einzusetzenden polnischen Arbeiter immer wieder zurückkehren müßten: "Das Ideal-Bild sei: Der Pole darf im Gouvernement nur kleine Grundparzellen besitzen, die seine eigene Ernährung, bzw. die seiner Familie einigermaßen sicherstellen. Was er sonst an Geld für Kleidung, zusätzlicher Nahrung usw. usw. braucht, müsse er durch Arbeit in Deutschland verdienen. Das Gouvernement sei die Ausleih-Zentrale für ungelernte Arbeiter, insbesondere für landwirtschaftliche Arbeiter. Die Existenz dieser Arbeiter sei eine gesicherte, denn sie würden immer als billige Arbeitskräfte gebraucht werden."[34]

Da die Polen die künftigen Arbeitssklaven des Reichs stellen sollten, zielte die sonderrechtliche Behandlung, der sie im Generalgouvernement unterworfen wurden, nicht, wie im Falle der Juden, auf ihre letztlich physische Vernichtung ab, sondern darauf, sie auf ein führerloses Potential ungelernter Arbeitskräfte für die Zwecke des Reichs herabzudrücken. "Es hilft nichts", so Frank noch am 11. 2. 44, "wenn ich 100.000 Polen umbringe; damit ist dem Führer nicht gedient. Es hilft nur etwas, wenn ich 100.000 Polen zur Arbeit bringe." Man müsse deshalb dafür sorgen, daß die Polen in Ruhe und Frieden gehalten werden.[35] Dies war pragmatisch gedacht und bildete wohl auch den Sinn der Rede von den "Schutzgenossen", für die man auch eine gewisse Verantwortung hatte, wollte man sie wirkungsvoll ausbeuten. In der Tat waren die Deutschen auch auf die polnische Arbeitskraft angewiesen: Polen bildeten die Grundlage der deutschen Kriegswirtschaft; ihr Anteil an den fremden Arbeitskräften im Reich erreichte 1941 47%,[36] später kamen mehr "Ost-Arbeiter" aus der Sowjetunion hinzu. Schon aufgrund dieser Abhängigkeit war Frank gelegentlich bereit, der polnischen Bevölkerung in seinem Herrschaftsbereich größere Zugeständnisse zu machen, als sie Hitler zulassen wollte; gegen Kriegsende hoffte er sogar noch, die Polen für den Kampf gegen den "Bolschewismus" auf die deutsche Seite ziehen zu können.

In der Praxis mußte man freilich ein erhebliches Maß an Zwang aufwenden, damit die Polen für die Deutschen Arbeitsdienste leisteten. Der SS- und Polizeiführer von Lublin schlug im Juni 1942 vor, nur an die Polen Lebensmittelkarten zu vergeben, die in deutschen Diensten arbeiteten, "sie allen an-

---

[34] Doc. occ. Bd. VI, S. 31ff.; vgl. Broszat 1961, S. 24; Aly/Heim 1991, S. 229.
[35] Vgl. Majer 1981, S. 460.
[36] Majer 1981, S. 557; nach Pilichowski 1983, S. 217, über 60%.

deren Polen zu entziehen sowie ihnen auch Wohnraum, Strom und Heizung zu sperren ... Frank regte in dieser Sitzung an, man könne etwa eine Regelung treffen, nach der vom 1. 9. 1942 an nur noch an jene Polen Lebensmittelkarten und Wohnraum gegeben werden, die die Bestätigung einer deutschen Behörde vorweisen könnten. Dies würde auch helfen, arbeitsunwillige Elemente zu erfassen." In einigen Kreisen wurden solche Regelungen offenbar auch schon erprobt.[37] Um den Arbeitszwang durchzusetzen, versuchte man, sich die Autorität der Geistlichen über die Bevölkerung nutzbar zu machen. Anders als in den eingegliederten Gebieten wurde die katholische Kirche und der Klerus im Generalgouvernement nicht aufgelöst bzw. liquidiert. Dies gehörte zur Strategie, die Bevölkerung "ruhig zu halten". Entsprechend hatte sich Hitler 1940 geäußert: Es liege auch im deutschen Interesse, die Polen, möglichst mit Hilfe ihrer Pfarrer, dumm zu halten: "nie dürften wir sie aber auf eine höhere Stufe erheben, denn sonst würden sie lediglich zu Anarchisten und Kommunisten. Für die Polen sei es daher auch durchaus richtig, wenn sie ihren Katholizismus behielten; die polnischen Pfarrer bekämen von uns ihre Nahrung, und dafür hätten sie ihre Schäfchen in der von uns gewünschten Weise zu dirigieren. Die Pfarrer würden von uns bezahlt und dafür hätten sie zu predigen, wie wir es wünschten. Wenn ein Pfarrer dagegen handle, sei ihm kurzer Prozeß zu machen. Die Pfarrer müßten die Polen also ruhig dumm und blöd halten, dies läge durchaus in unserem Interesse; würden die Polen auf eine höhere Intelligenzstufe gehoben, dann seien sie nicht mehr die Arbeitskräfte, die wir benötigten."[38] Himmler ordnete 1942 an, bei der Anwerbung nichtdeutscher Arbeitskräfte für die Arbeit im Reich und der Durchsetzung der Ablieferungspflicht der Bauern im Generalgouvernement sei die kirchliche Hörigkeit der Polen und die Gewinnsucht ihrer Pfaffen in Dienst zu stellen: "Der Pfarrer ist unsere Sammelstelle. Er wird am Aufkommen beteiligt. Von allem, was über 100% aufkommt, erhält er 20% in Naturalien." Zugleich wird er dafür haftbar gemacht, daß nichts abhanden kommt. "Als Lagerräume sind die Schulen zu benützen, nicht die Kirchen, denn ich lege Wert darauf, daß unsere Aufkäufer in ihrem Versammlungslokal zu ihren Schäflein im Namen Gottes sprechen und diesen bei Androhung der Höllenstrafen Ernteaufbringung und Arbeit in Deutschland als Gebot des Himmels nahelegen."[39]

---

37 Majer 1981, S. 460f.

38 Doc. occ. Bd. VI, S. 33 f.; vgl. Broszat 1961, S. 24.

39 In: Heiber 1968, S. 132.

2. 2. Deutsche Apartheidspolitik

Weitere Leitlinien der Politik im Generalgouvernement waren eine konsequente Entnationalisierung – die Vernichtung eines politischen und kulturellen Eigenlebens – und die Durchführung einer Rassentrennung zwischen der deutschen "Herrenschicht" und der polnischen Bevölkerung. Beides fiel jedoch weniger restriktiv und radikal aus als in den eingegliederten Gebieten. Kultur und Bildung wurden nur auf einem niedrigen Niveau zugelassen: Kultur nur soweit, wie sie Unterhaltungscharakter hatte, Bildung nur soweit, wie sie für die Fähigkeit, in deutschen Diensten zu arbeiten und von Deutschen Befehle und Anweisungen entgegenzunehmen, erforderlich war. Zur Politik der Entnationalisierung gehörte z.B. die Entfernung polnischer Denkmäler und Erinnerungsstätten, das Verbot, polnische Orden zu tragen und polnische Hoheitszeichen zu verwenden, das Verbot des Tragens von Uniformen – "Unter dieses Verbot fallen insbesondere auch die Uniformen polnischer Schüler und Schülerinnen sowie Angehöriger polnischer Hochschulen", ebenso das Tragen von Schülermützen.[40] Die Fahnen des Deutschen Reichs und die Symbole der nationalsozialistischen Bewegung durften dagegen nur von Deutschen verwendet werden, die "Anwendung des Deutschen Grußes" war das "alleinige Vorrecht Deutscher".[41] Straßennahmen und andere Schriftzeichen im öffentlichen Raum wurden geändert, um alles, was an die polnische Geschichte erinnerte, aus dem kollektiven Gedächtnis zu löschen.[42] Um den deutschen Herrschaftswillen zu bekräftigen, wurden die zentralen Plätze der Verwaltungshauptstädte in "Adolf-Hitler-Platz" umbenannt. Die Umbenennung erfolgte in einem feierlichen Akt am 1. September 1940, genau ein Jahr nach Beginn des Krieges.[43]

Für die größeren Städte wurden Umbaupläne erstellt, um deren vermeintlich deutschen Charakter wiederherzustellen und zu verewigen. Außerdem wollte man die Polen nicht mehr in großen Städten leben lassen, die noch an nationale Größe erinnern könnten. So sollte Warschau, damals eine Stadt von 1,3 Millionen Einwohnern, zu einer deutschen Provinzstadt für 130 000 Deutsche werden, "die von 80 000 polnischen Sklaven, denen man die östliche Weichselseite, Praga, zu lassen gedachte, bedient werden sollten."[44]

---

[40] Verordnung vom 28. 11. 1939: Doc. occ. Bd. VI, S. 377f. Die Regierung des Generalgouvernements lehnte 1940 die Neuanfertigung polnischer Schülermützen ab, um einer "gemeinsamen Gesinnungsbildung" entgegenzuwirken: Hansen 1994, S. 405.

[41] Verordnung vom 23. 11. 39. In: Weh 1940, S. 41.

[42] Szarota 1989, S. 40.

[43] Das Generalgouvernement Folge 1, Heft 1, Oktober 1940, S. 21.

[44] Peschken 1985, S. 321; vgl. Klain 1993.

Vom historischen Warschau sollte nur ein mittelalterlicher (gotischer, d.h. als "deutsch" deklarierter) Kern bestehen bleiben. Das Schloß sollte als Symbol polnischer Eigenstaatlichkeit zerstört, an seiner Stelle eine "Volkshalle" errichtet werden. Nach dem Warschauer Aufstand im August 1944 wurde auch die gotische Altstadt zerstört; 85% der Gebäude der Stadt fielen dem Vernichtungswerk der Deutschen zum Opfer,[45] 650 000 Menschen mußten die Stadt verlassen. Vorher war bereits das Ghetto, in dem 400 000 Menschen lebten, zunächst "geräumt" und schließlich dem Erdboden gleichgemacht worden. Bereits im Dezember 1939 hatte der Stadtpräsident von Warschau Pläne zum "Abbau der Polenstadt" in Auftrag gegeben; im Februar 1940 lag ein erster Plan für den etappenweisen "Abbau" und parallel erfolgenden "Aufbau der deutschen Stadt Warschau" vor. Schon hier wurde die Altstadt unverändert übernommen. Der Sächsische Garten (Ogród Saski) sollte als Symbol der deutschen (sächsischen) Herrschaft des 18. Jahrhunderts zum Regierungsviertel werden, an der Stelle des heutigen Plac Pilusudsk – damals "Adolf-Hitler-Platz" – plante man, das Gauforum der Partei mit einem Turmbau zu errichten. Um den Sächsischen Garten sollten die Wohnviertel der Deutschen herumgelagert sein. Im Lazienki Park im Süden der Stadt sollte der Distriktgouverneur residieren.[46] Die letzten Pläne, Anfang 1944 sahen vor, die polnische Bevölkerung weitgehend auszusiedeln und in Arbeitersiedlungen aus 3000 bis 6000 Menschen in der Nähe von Industrieanlagen in der Umgebung der Stadt unterzubringen. Um die Industrieanlagen sollten deutsche Bauern angesiedelt werden, "so daß eine völlige Umschließung der polnischen Blöcke mit deutschen Siedlern erfolgen würde."[47] Als eine vorbereitende Maßnahme zur Umsetzung solcher Pläne sind die Versuche einer rassisch-ethnischen Trennung von Polen, polnischen Juden und Deutschen in Warschau zu werten. Der Distriktgouverneur Fischer ordnete im Oktober 1940 die Teilung der Stadt in drei getrennte Wohngebiete an. Konsequent durchgeführt wurde zwar nur die Abtrennung der Juden durch ihre Ghettoisierung; doch wurden auch die deutschen Wohngebiete in den besseren Vierteln der Stadt um den Lazienkipark herum abgetrennt und mit Straßensperren gesichert. Der polnischen Bevölkerung wurde das "Lagern auf Grünflächen und das Spielen auf der Straße" im deutschen Wohnbezirk untersagt, der Abschluß von Untermietverträgen unter Polen und Deutschen wurde für dieses Gebiet verboten, alle bestehenden Untermietverträge wur-

---

[45] "Von 957 historischen Gebäuden blieben 34 verschont, weil zuletzt Sprengstoff und Zeit fehlten": Peschken S. 321.

[46] Gutschow/Klain 1994 S. 26ff.

[47] Friedrich Gollert, Grundsätzliche Bemerkungen über die Gestaltung Warschaus während des Krieges und nach dem Kriege. In: ebd., S. 129f.

den aufgehoben.[48] Das Regierungsviertel befand sich, wie es auch die Zukunftspläne vorsahen, zwischen der Altstadt und dem Sächsischen Garten.[49]

Ein weiteres Element der deutschen Herrschaftspolitik war die Einschränkung und Kontrolle der Kommunikationswege und Medien, so etwa des Postverkehrs. Eine Anordnung vom Herbst 1939 in Warschau lautete, in ordentlichem Bürokratendeutsch: "Von Warschau aus kann man lediglich unverschlossene Briefe, deutsch geschrieben und adressiert, sowie Postkarten schicken, bis 20g, und das nur in das Gebiet des ehemaligen Reiches (ohne die ehemaligen Wojewodschaften Schlesien, Posen und Pommerellen), frankiert mit deutschen Briefmarken zu 25 Pf, die ausschließlich auf dem Postamt Warschau 1 am Napoleon-Platz verkauft werden. Einen so absendefertig gemachten Brief bzw. eine solche Karte wirft man in den Briefkasten mit der Aufschrift 'Dienstpost' in der Warecka-Straße, neben der Feuerwache."[50] Der Besitz von Rundfunkgeräten wurde genehmigungspflichtig; die Genehmigung wurde in der Regel nur Reichs- und Volksdeutschen erteilt. So mußten die meisten Geräte abgeliefert werden bzw. wurden beschlagnahmt. In Warschau wurden etwa 87 000 von 130 000 Geräten abgegeben.[51]

Wurden die Kommunikationswege generell beschränkt, so wurden zwischen Deutschen und Polen spezielle Trennungen errichtet. Um nur ein – besonders triviales und absurdes – Beispiel zu nennen: Über die Benutzung der Straßenbahn erging in Warschau am 24. 9. 1940 folgende Anordnung:

> "Am 29. September 1940 werden für Reichs- und Volksdeutsche die vordere Plattform und der vordere Teil des Motorwagens zur Verfügung gestellt.
>
> Sitzplätze im vorderen Teil des Wagens werden je nach Bedarf bereitgestellt.
>
> Der hintere Teil des Motorwagens und der Anhängerwagen ist für die polnische Bevölkerung bestimmt. Deutsche Fahrgäste benutzen die vor-

---

48 Mitteilungsblatt der Stadt Warschau Nr. 21, 26. 6. 1942 und Nr. 22, 24. 7. 1942.

49 Gutschow/ Klain 1994, S. 41 und 104f. Der Gouverneur residierte im Palais Brühl im Sächsischen Park; der Palast wurde nach dem Krieg nicht wieder aufgebaut. Das Palais Radziwil wurde als "Deutsches Haus" eingerichtet, das Schloß Belvedere diente als Zweitresidenz des Generalgouverneurs. Die Ujazdowski-Allee wurde in "Siegesstraße" umbenannt, Juden wurde ihr Betreten noch vor der Ghetto-Bildung untersagt.

50 Zit. n. Szarota 1989, S. 170. Selbstverständlich wurden auch die Briefmarken "eingedeutscht". Die Postwertzeichen des Generalgouvernements waren, wie der Baedeker fürs Generalgouvernement vermerkt, "künstlerisch besonders beachtenswert"; 1942 erschienen u.a. Sondermarken zum Geburtstag des Führers und "Kulturträger-Marken" mit den "Kopfbildern berühmter Deutscher aus dem Weichselraum: Veit Stoß, Hans Dürer, Joh. Schuch, Jos. Elsner, Nik. Kopernikus": Baedeker 1943, S. XV.

51 Ebd., S.172.

dere, nichtdeutsche Fahrgäste die hintere Plattform zum Ein- und Aussteigen.
Juden dürfen nur fahren in Wagen mit der Aufschrift
'Nur für Juden'.
Die Juden steigen durch die hintere Plattform ein und verlassen den Wagen über die vordere Plattform."[52]

Die gleiche Politik der Apartheid wurde in den eingegliederten Gebieten betrieben, aber mit mehr Rigorosität und Radikalität, weil das Ziel hier von Anfang an die vollständige "Germanisierung" war und man die hier lebenden Polen nur als vorübergehend geduldete, für deutsche Zwecke disponible Arbeitssklaven betrachtete. Die Polen wurden aus allen gehobenen und selbständigen Positionen in der Wirtschaft ausgeschlossen und durften nur noch als nichtselbständige Arbeitskräfte Verwendung finden. Die Polen wurden unter "Sonderarbeitsrecht" gestellt: "Die deutsche Sozialverfassung baut auf den Grundgedanken der Führung und Gefolgschaft im Betriebe, der Treue- und Fürsorgepflicht und der sozialen Ehre auf. Sie sieht im Betrieb die unterste Zelle des deutschen Arbeitslebens. Weder Polen noch Juden konnten daher in die Betriebsgemeinschaft aufgenommen werden."[53] Die große Masse der Bevölkerung in den eingegliederten Gebieten fand als Hilfs- und Landarbeiter in der Industrie und der Landwirtschaft Verwendung. Das "Sonderarbeitsrecht" beinhaltete, daß polnische Arbeitskräfte keinen Anspruch auf soziale Leistungen hatten und geringere Löhne als Deutsche erhielten; für die Dauer des Krieges konnten Polen keinen Urlaub bekommen, außerdem unterlagen alle Polen einem Abwanderungs- und Umzugsverbot. Es bestand allgemeine Arbeitspflicht, auch für 12- bis 18jährige. Die deutschen Jugendschutzgesetze fanden auf polnische Jugendliche keine Anwendung: Für sie galten die gleichen Regelungen wie für Erwachsene; lediglich für weibliche Jugendliche bestand ein erhöhter Arbeitsschutz.[54] Kinder unter 14 Jahren unterlagen zwar den deutschen Schutzbestimmungen, doch wurde dies im Verlauf des Krieges immer mehr unterlaufen. Der Ausnahmestatus der Polen entsprach weitgehend dem der Juden im Altreich.

Die Lebensbedingungen der Polen wurden systematisch verschlechtert und erschwert. 1941 wurde beispielsweise der Verkauf von Weizenmehl, von Kuchen, Torten und anderem Weizengebäck an Polen verboten. Man verbot

---

52 Mitteilungsblatt der Stadt Warschau Nr. 35, 26. 9. 1940. Die jüdische Bevölkerung Warschaus unterlag allerdings seit dem Oktober 1940 bereits einem generellen Verbot der Benutzung öffentlicher Straßen und Verkehrsmittel: Majer 1981, S. 580.

53 Küppers 1942, S. 112.

54 Ebd., S. 113.

den Verkauf von Obst, 1942 auch von Gemüse an Polen: Den Polen sollte nur das bleiben, was die Deutschen nicht für sich beanspruchten. Ökonomisch waren solche wie viele andere Schikanen wenig rational, denn sie führten zu Hamsterkäufen, sinkender Arbeitsleistung, hohem Krankenstand und allgemeiner Unzufriedenheit – aber die deutsche Führung kalkulierte sicher auch, daß eine systematische Erschwerung der Lebensbedingungen die Abschiebung und Abwanderung der Polen erleichtern würde; und dies war das eigentliche Ziel ihrer Politik.

Zu den rassenpolitischen Maßnahmen in den eingegliederten Gebieten gehörte eine ebenso systematisch betriebene Erschwerung der Fortpflanzung von Polen. So wurde das Mindestheiratsalter für Männer von 21 auf 28, für Frauen auf 25 Jahre heraufgesetzt, im Regierungsbezirk Zichenau wurden bis 1942 alle Eheschließungen überhaupt verboten. 1943 wurden Eheschließungen zwischen Polen in den eingegliederten Gebieten und dem Generalgouvernement untersagt, um die künstliche Grenze, die die Deutschen zwischen den beiden Teilen des besetzten Polens geschaffen hatten, zu befestigen. Doch waren diese Maßnahmen nur bedingt erfolgreich, denn sie führten zum Anstieg unehelicher Geburten. Gleichwohl gingen die Geburtenzahlen während der Besatzungszeit deutlich zurück.[55] Um die Fortpflanzung der Polen nachhaltig einzuschränken, erwog man radikalere Maßnahmen. In einer Beratung im Reichsinnenministerium unter Vorsitz des Reichsgesundheitsführers Conti am 27. 5. 41 wurde vorgeschlagen, neben der Heraufsetzung des Heiratsalters die Heiratserlaubnis an eine vorausgegangene Ableistung einer Dienstpflicht von drei oder vier Jahren zu binden und die Erlaubnis nur bei wirtschaftlich gesicherter Lage zu erteilen. Uneheliche Geburten sollten, um eine Belastung der öffentlichen Fürsorgekassen zu vermeiden, nach Möglichkeit unterbunden werden: "Bei wiederholter Belastung der öffentlichen Fürsorge durch uneheliche Geburten kann Unfruchtbarmachung der Mutter angeordnet werden." Für kinderreiche Familien plante man wirtschaftliche Erschwerungen – die Vergünstigungen für Deutsche wie Steuerermäßigungen, Kinderzuschläge, Stillgeld etc. sollten für Polen entfallen. Auf Wunsch der Mutter sollte die Abtreibung amtlich gestattet werden.[56] In einer Denkschrift Herbert Grohmanns, Obermedizinalrat in der Abteilung für Erb- und Rassenpflege des städtischen Gesundheitsamt Litzmannstadt (der deutsche Name für Lodz) vom 7. 10. 41 an den Reichsstatthalter des Warthegaus Greiser werden weitergehende Vorschläge gemacht. Zur Heiratsaltersgrenze meinte Grohmann: "Es wäre zweckmäßig, diese Forderung in der Praxis durch Ein-

55 Anordnung Greisers vom 10.9.41: Hohenstein 1961, Anm. S. 212; Koehl 1957, S. 222.
56 Doc. occ. Bd. XIII, S. 23

richtung polnischer Arbeitslager durchzuführen, in denen polnische Männer bis zum 25. und polnische Frauen bis zum 21. Lebensjahr kaserniert untergebracht werden." Unverheiratete und kinderlose polnische Arbeitskräfte sollten beim Arbeitseinsatz am Heimatort bevorzugt werden, während verheiratete Polen planmäßig im Altreich eingesetzt werden sollten, "da hierdurch die Familien getrennt werden und somit bei längerem Einsatz eine geburtenvermindernde Wirkung zu erwarten ist." Für polnische "Primitivschichten" schlug Grohmann eine "großzügige Sterilisation" vor.[57]

Analog zur Judenpolitik im Altreich wurden die Polen in den eingegliederten Gebieten einem Sonderrecht unterworfen, das sich auf alle Lebensbereiche erstreckte. So wurde zum Beispiel eine Verpflichtung für alle Polen erlassen, polnische Namen zu tragen. Bei Kindern sollte amtlich ein einheitlicher Name – etwa "Kazimierz" – hinzugefügt werden, um die polnische Herkunft für den Behördenverkehr kenntlich zu machen machen.[58] Im Wartheland wurde am 14. 9. 40 eine Anordnung erlassen, nach der bei Geburtsanmeldungen von Polen darauf zu achten sei, "daß möglichst rein polnische Vornamen Verwendung finden. Soweit Namen beantragt werden, welche in deutscher und polnischer Schreibweise übereinstimmen, so ist zu veranlassen, daß ein weiterer rein polnischer Vorname zusätzlich eingetragen wird. Im allgemeinen kann hierbei, entsprechend der Regelung für Juden im Altreich, der Vorname Wladislaw oder Wladislawa Verwendung finden."[59]

Um den Herrenmenschenstatus der Deutschen zu unterstreichen, wurde für Polen eine Grußpflicht eingeführt: Alle männlichen Polen hatten deutsche Amtsträger ("Deutsche in Uniform") zu grüßen und ihnen die Bürgersteige bei Überfüllung frei zu machen. Der Bürgermeister der Stadt Strzelno beispielsweise ordnete am 17. 10. 1939 an: "Jeder Pole hat jeden uniformierten Deutschen durch Abnehmen der Kopfbedeckung zu grüßen; falls keine Kopfbedeckung vorhanden ist, durch Verbeugung zu grüßen."[60] Eine Erwiderung des Grußes, so der Höhere SS- und Polizeiführer Posen (Erlaß vom 4. 11. 1939) "ist unzweckmäßig". Die Kreisleitung der NSDAP in Ostrowo ordnete am 10. 6. 1940 an: "Es ist verboten, daß die Polen in Gruppen von 3 oder 4 Mann auf dem Bürgersteig promenieren. Es wird im Gegenteil ver-

---

57 Doc. occ. Bd. XIII, S. 27ff. Während Grohmann die Sterilisierung "Minderwertiger" propagierte, trat er mit Vorträgen über die "nordische Rasse" bei Schulungsveranstaltungen der Litzmannstädter Erzieherschaft auf: Mitteilungsblatt des NSLB, Gauwaltung Wartheland 11, November 1942.

58 Anordnung des Reichstatthalters Wartheland vom 1. 11. 41. In: *Verbrechen* S. 199 f.

59 *Verbrechen* S. 191.

60 Ebd., S. 203.

langt, daß allen Deutschen, die durch Uniform oder Abzeichen erkennbar sind, auf dem Bürgersteig der Platz gemacht wird, der ihnen gebührt."[61] Um solche Anweisungen umzusetzen, mußten Deutsche und Polen eindeutig unterscheidbar sein; eine Art "Polenstern" einzuführen wäre in einem Gebiet, dessen Bevölkerung in der überwiegenden Mehrheit noch Polen waren, unzweckmäßig gewesen. Deshalb verfiel man hier auf die umgekehrte Methode und verordnete für alle deutschen Amts- und Hoheitstrager die Pflicht, ein Abzeichen zu tragen, das sie als Deutsche kenntlich machte. Dies war entweder das Parteiabzeichen bzw. das der angeschlossenen Verbände, das "deutsche Volkstumsabzeichen" oder ein "einfaches Hakenkreuz".[62] Angehörige von Wehrmacht und Polizei hatten außerdem durch Grußpflicht *untereinander* gegenüber der fremdvölkischen Bevölkerung die "deutsche Einheit" zu demonstrieren.

Die Grußpflicht der Polen mußte notfalls mit Gewalt durchgesetzt werden. Der Landrat des Kreises Turek beispielsweise ordnete im August 1942 für deutsche Amtsträger an, die Verweigerung des Grußes durch Polen sei als Aufsässigkeit anzusehen und "an Ort und Stelle" zu ahnden; "der Pole" sei bei Verweigerung der Grußpflicht "handgreiflich wegen seiner Aufsässigkeit zu belehren": "Sie haben in diesem Falle bei Polen und Polinnen den Gruß mit Gewalt zu erzwingen. Die Polen sollen endlich einmal die Faust des Herrn zu spüren bekommen. Es ist selbstverständlich, daß ich keinen Freibrief ausstelle, der es ermöglicht, persönlichen Rachegefühlen freien Lauf zu lassen, aber bei der Durchsetzung darf keiner weich werden. – Wer die Verweigerung des Grußes hinnimmt, ohne dagegen sofort einzuschreiten, schädigt das Ansehen des Deutschtums und beweist seine Schlappheit. Ich verlange von jedem uniformierten Mann des Kreises Turek, daß er in jedem Einzelfalle sich durchzusetzen versteht. Gegen Weichlinge werde ich mit den entsprechenden Strafen vorgehen."[63] Die Umsetzung der Verordnung der "Grußpflicht" für Polen stieß freilich auf Schwierigkeiten. In einem Rundschreiben an die Landräte und Oberbürgermeister des Warthegaus vom 28. 7. 1941 konstatierte der Vertreter des Reichsstatthalters, Ministerialdirektor Jäger, die Verordnung werde unterschiedlich gehandhabt. Nicht alle Deutschen trügen Abzeichen, und wegen Mangels an Exekutivbeamten könne die Verordnung nicht durchgesetzt werden; dies könne aber von der polnischen Bevölkerung als Schwäche ausgelegt werden, deshalb sei eine Beibehaltung der Anordnung eher schädlich. Außerdem mußte Jäger noch andere Mißstände

---

[61] Ebd., S. 206.
[62] Hansen 1994, S. 39.
[63] In: Roehr u.a. 1989, S. 203.

beobachten: "In der letzten Zeit konnten im hiesigen Bereich verschiedene Tendenzen festgestellt werden, [daß] z.B. besonders bewährte Polen die Erlaubnis bekamen, mit deutschem Gruß zu grüßen. Derartige Planungen erschienen aber im Hinblick auf eine zielbewußte Ausrichtung einer eine scharfe Grenze ziehenden Volkstumspolitik nicht als tragbar. Die Erweisung des Deutschen Grußes ist ein Vorrecht des Deutschen bzw. sich zum germanischen Gedanken bekennenden stammesgleichen Völkern wie Flamen, Holländer, Norwegen usw., nicht aber Nichtstammesgleicher artverwandten Blutes wie Polen, Tschechen, Ukrainer usw. ... Auch die von verschiedenen Behörden wie der Eisenbahn oder auch privater Institutionen wie der Strassenbahn, Wach- und Schliessgesellschaft usw. durchgeführte Anordnung, dass Polen mit dem militärischen Gruß zu grüßen haben, erscheint in keiner Weise tragbar. Die Erweisung des militärischen Grußes ist ein Vorrecht des Angehörigen der deutschen Wehrmacht, also des im Vollbesitz der Wehrwürdigkeit und damit der Rechte des deutschen Reichsangehörigen stehenden Deutschen. Eine Ausdehnung dieses Grußes auf polnische Schutzangehörige oder irgend welcher anderen in gleicher Weise Nichtstammesgleiche artverwandten Blutes erscheint in keiner Weise als angängig."[64]

Weitere Anordnungen aus verschiedenen Regierungsbezirken und Städten zeigen das Bemühen der Deutschen, von der polnischen Bevölkerung Respekt und Gehorsam zu erzwingen und ihnen ein Bewußtsein der Minderwertigkeit zu vermitteln. In Posen wurde z. B. ein "Verbot des Herumstehens mit den Händen in der Tasche bei vorbeifahrenden Wehrmachtsangehörigen" erlassen; in Strzelno war das "Herumstehen auf Straßen und Hausfluren" und das "Herumstehen mit Händen in den Taschen" verboten; bei Zuwiderhandeln wurden 20 Peitschenhiebe angedroht.[65] Verboten war Polen allgemein das Tragen von Abzeichen jeder Art oder von deutschen Trachten und Trachtenstücken. Nach einer Verordnung vom 28. 10. 1939 mußten die Polen alle Uniformen, auch Schüleruniformen und -mützen abliefern.[66] Die Anrede mit "Herr" wurde im offiziellen Schriftverkehr mit Polen weggelassen. Straftaten Deutscher wurden nicht veröffentlicht, um die Autorität des Deutschtums im Osten nicht zu gefährden usf.[67] Um "die Arbeitsmoral zu heben" wurde die Prügelstrafe als "Erziehungsmittel" eingeführt. Auf einer Tagung der "Reichstreuhänder der Arbeit" in Posen berichtete der Leiter des Arbeitsamtes Gnesen, man habe eine "motorisierte Prügelkolonne geschaf-

---

[64] Doc. occ. Bd. V, S. 303f..
[65] *Verbrechen* S. 203.
[66] Doc. occ. Bd. XIII, S.190.
[67] Majer 1981, S. 341 Anm.

fen, die in das Land fahre und jede polnische Arbeitsverweigerung mit schärfsten Mitteln breche." Die Deutschen Waffen- und Munitionswerke im Warthegau, so ein anderer Berichterstatter, brachten die Prügelstrafe immer dann "zur Anwendung", "wenn ein Pole einen Betriebsunfall erlitten habe. Ohne Prügel sehe der Pole kein Krankenhaus. Die Unfallkurve sei seitdem geradezu unvorstellbar herabgesunken."[68]

Die polnische Bevölkerung wurde strengen Verkehrsbeschränkungen unterworfen. Zum Beispiel ordnete der Bürgermeister von Strzelno am 17. 10. 1939 an, "... daß ab sofort alle Autos, Motorräder, Fahrräder und Radioapparate auf dem Polizeirevier abzuliefern sind."[69] Im Warthegau war die Benutzung öffentlicher Verkehrsmittel weitgehend verboten, Ausnahmen – insbesondere Fahrten zum Arbeitsplatz – wurden nur mit polizeilicher Genehmigung erteilt. Selbst die Benutzung von Fahrrädern war genehmigungspflichtig. Fahrräder, wurden, wenn kein "Fahrradschein" ausgestellt wurde, beschlagnahmt. Seit 1942 wurde Polen nur die Benutzung der niedrigsten Eisenbahnklasse erlaubt, polnischen Zivilarbeitern war die Benutzung von Schnell- und Eilzügen ohne Ausnahme untersagt. 1944 wurde allen männlichen Personen zwischen 16 und 65 Jahren im Warthegau der Reiseverkehr überhaupt verboten.[70]

Bei der Benutzung öffentlicher Verkehrsmittel wurde, wie schon erwähnt, strikte Rassentrennung verordnet. Nach einer Posener Anordnung sollte es nach Möglichkeit getrennte Straßenbahnwagen für Deutsche und Polen geben. Deutsche durften nicht durch Polen kontrolliert werden: "Es muß einmal vermieden werden, daß die deutschen Schaffner einem polnischen Vorgesetzten verantwortlich sind. Insbesondere kann aber den deutschen Fahrgästen nicht zugemutet werden, daß sie sich von einem Polen über ihre Ehrlichkeit kontrollieren lassen müssen."[71] Anordnungen vom März und Dezember 1941 aus dem Warthegau verboten die Benutzung einiger Triebwagen für Polen generell, einige zu bestimmten Zeiten (Spitzenzeiten); die Wagen waren dann mit dem Schild "Nur für Deutsche" zu kennzeichnen. "Sind alle Sitzplätze besetzt, haben Polen auf Verlangen eines durch Uniform oder Abzeichen erkennbaren Deutschen ihren Sitzplatz zu räumen."[72]

Zur deutschen Apartheidspolitik gehörte natürlich das Verbot der Eheschließung und des Geschlechtsverkehrs zwischen Deutschen bzw. Deutschstämmigen ("Volksdeutschen") und polnischen Volkszugehörigen. Himmler

---

[68] Doc. occ. V, S. 274ff.
[69] *Verbrechen* S. 203.
[70] Majer 1981, S. 441.
[71] Anordnung des Regierungspräsidenten von Posen am 4.2.1940: *Verbrechen* S. 190.
[72] *Verbrechen* S. 208.

verfügte am 24. 6. 1940: "Der Fremdrassige, der eine deutsche Frau oder ein deutsches Mädchen verführt, verfällt dem Strang. Deutsche Männer und Frauen, die sich mit Fremdrassigen und fremdrassige Frauen, die sich mit deutschen Männern einlassen, kommen ins Konzentrationslager."[73] In welchem Umfang diese Drohung wahrgemacht wurde, wissen wir nicht; aber während der Nürnberger Prozesse sagte der ehemalige SS-Sturmbannführer Knut Lindo am 30. September 1945 aus: "Ferner ist mir bekannt, daß bei Geschlechtsverkehr zwischen Polen und deutschen Frauen und Mädchen der Pole aufgrund eines Befehls des Reichsführers Himmler gehängt werden sollte. Die Hinrichtung der Polen und die gerichtliche Bestrafung der deutschen Frauen wurde von einem Gutachten des Rassereferenten bei dem jeweils zuständigen HSSPF abhängig gemacht. Bestand seitens des Polens eine ernsthafte Heiratsabsicht, so wurde von dem Rassereferenten geprüft, ob der Pole aufgrund seiner Gesamterscheinung 'rassisch einwandfrei' und infolgedessen 'eindeutschungsfähig' war. Fiel das Urteil des Rassereferenten bejahend aus, so geschah nichts, d.h. der Pole konnte das deutsche Mädchen heiraten und wurde 'eingedeutscht'. Fiel aber das Urteil verneinend aus, so wurde der Pole gehängt und das deutsche Mädchen dem Gericht zur Aburteilung übergeben. In jedem Einzelfalle mußte mit Entsendung von Lichtbildern an den Reichsführer Himmler berichtet werden, der sich offenbar die Entscheidung vorbehalten hatte und der nur allein den Befehl zur Erhängung erteilte."[74]

Eine Polin, die einen Deutschen mit einer Geschlechtskrankheit ansteckte, mußte im Generalgouvernement mit der Todesstrafe rechnen.[75] Bei Geschlechtsverkehr von Deutschen mit Polinnen konnte nach einer Anordnung des Gauleiters Greiser im Wartheland für den Deutschen die Überführung ins KZ, für die Polin die Überweisung in ein Bordell angeordnet werden.[76] Weiter hieß es: "Deutsche Volksangehörige, die über das dienstlich oder wirtschaftlich notwendige Maß hinaus Umgang mit Polen pflegen, werden in Schutzhaft genommen."[77] Und: "Jeder nichtdienstliche Verkehr mit Polinnen ist für einen SS-Mann und Polizeiangehörigen unehrenhaft und damit schärfstens verboten." Die Wehrmacht betrieb jedoch im Generalgouvernement Bordelle in eigener Regie, deren Insassinnen Polinnen waren.[78] Himmler un-

---

73 Zit. n. Ackermann 1970, S. 303.
74 Ebd., S. 219.
75 Majer 1981, S. 573.
76 Anordnung Greisers 1940: *Verbrechen* S. 166.
77 Ebd., S. 165.
78 Dr. Csaski, Eindrücke einer Vortragsreise durch das Generalgouvernement 6. - 11. 12. 1940. In: Hansen 1994 S. 71.

tersagte in einer Stellungnahme fürs Generalgouvernement grundsätzlich jeden Geschlechtsverkehr eines Angehörigen der SS oder der Polizei mit einer Polin: "Hierbei ist es unerheblich, ob zwischen den Beteiligten ein Liebesverhältnis besteht oder ob es sich nur um einen ein- oder mehrmaligen gelegentlichen Geschlechtsverkehr ohne irgendwelche seelischen Bindungen handelt." Er konzedierte aber gleichzeitig: "Ich verkenne die Schwierigkeiten nicht, die in geschlechtlicher Hinsicht für die Männer der SS und Polizei im Generalgouvernement bestehen. Deswegen will ich auch gegen einen Verkehr in Bordellen oder mit unter behördlicher und ärztlicher Kontrolle stehenden Sittendirnen nichts einwenden, da hierbei weder eine Zeugung noch irgendwelche inneren Bindungen zu erwarten sind."[79] Er hatte dabei aber offensichtlich nur volksdeutsche Prostituierte gemeint. Ein Referent des Rassenamtes des RuSHA meldete 1942, daß 70 bis 80% aller in Warschau stationierten Waffen-SS- und Wehrmachtsangehörigen geschlechtskrank seien; da die Ansteckung in 94,5% aller Fälle durch deutsche Mädchen erfolgt sei, sei der Reichsführerbefehl, der den geschlechtlichen Umgang mit Polinnen verbot, stillschweigend außer Kraft gesetzt worden. Himmler erregte sich daraufhin über die Aufhebung seines Befehls und verfügte: "Der Höhere SS- und Polizeiführer Ost hat sich sofort um alle derartigen Dinge persönlich zu kümmern. Die Errichtung von Bordellen, in denen ein gesundes Zusammentreffen mit Mädchen möglich ist, ohne die Gefahr, daß Kinder in die Welt gesetzt werden, daß die Männer krank werden, und daß eine gesellschaftliche Bindung zum polnischen Volkstum angeknüpft wird, ist nunmehr umgehend durchzuführen. Ich ersuche um Vollzugsmeldung."[80]

Die Politik der Rassentrennung erstreckte sich auf das gesamte Alltagsleben. So durften etwa deutsche landwirtschaftliche Betriebsführer nicht mit den bei ihnen arbeitenden polnischen Arbeitskräften an einem Tisch essen.[81] 1940 wurden sämtliche Gaststätten im Warthegau in solche für Deutsche und für Polen eingeteilt ("Zutritt für Polen – verboten"). Für Deutsche und Polen wurden jeweils spezielle Verkaufszeiten angeordnet, den "Fremdvölkischen" wurden die ungünstigen Zeiten zugewiesen, während Deutsche zu allen Zeiten einkaufen konnten und dann bevorzugt bedient werden mußten; nur in deutschen Haushalten beschäftigtes polnisches Hauspersonal durfte auch während der für Deutsche reservierten Verkaufszeit einkaufen.[82] "Während der Einkaufszeiten für Deutsche war den Polen nach einer Posener Polizei-

79 In: Heiber 1968 S. 125f.
80 Ebd., S. 129f.
81 *Verbrechen* S. 227.
82 Doc. occ. Bd. V, S. 311f.

verordnung vom 8. 11. 1940 selbst das Betreten der jeweiligen Lebensmittelgeschäfte, Fleischereien und Wochenmärkte untersagt."[83] Daneben gab es speziell gekennzeichnete Geschäfte, zu denen überhaupt nur Deutsche Zutritt hatten. Die Reichspostdirektion Posen ordnete am 28. 1. 1942 an: "An den Postschaltern sind Deutsche vor Polen abzufertigen."[84] Selbst Krankenwagenfahrten waren für Deutsche und Polen getrennt durchzuführen.

Zur Strategie der De-Kulturalisierung gehörten die zahlreichen Einschränkungen kultureller und sozialer Dienstleistungsangebote: An Samstagen und Sonntagen durften polnische Bürger keine Kinoveranstaltungen besuchen. Polnische Kinder durften keine deutschen Märchenfilme ansehen.[85] Polnische Kindergärten wurden geschlossen, selbst am gemeinsamen Baden wollte man deutsche und polnische Kinder hindern. In den Kreisen des Warthegaus war Polen der Zugang zu öffentlichen Badeanstalten, Brausen- und Wannenbädern teils untersagt, teils wurden ihnen lediglich an einem oder zwei Nachmittagen in der Woche Zutritt gewährt – die Reinhaltung sollte ein Privileg der Deutschen bleiben, um so das Stereotyp vom "schmutzigen Polen" zu erfüllen, vor allem aber sollte auch hier eine strikte Rassentrennung durchgesetzt werden.[86] Wie im Generalgouvernement betrieb man in den eingegliederten Gebieten eine Politik kultureller Entnationalisierung und Germanisierung. Orts- und Straßennamen wurden eingedeutscht,[87] polnische Bezeichnungen und generell die polnische Sprache wurden aus dem öffentlichen Leben verdrängt. Im Bezirk Litzmannstadt z.B. wurde der Gebrauch der polnischen Sprache an Orten, die nur Deutschen zugänglich waren, überhaupt verboten. Das städtische Steueramt von Litzmannstadt erhob von jedem, der ein Anliegen in polnischer Sprache vortrug, eine Gebühr für die Inanspruchnahme eines Dolmetschers.[88] Geschäfte mußten in deutscher Sprache be-

---

83 Majer 1981, S. 454 f.

84 Doc. occ. Bd. XIII, S. 299.

85 Die "Vermittlung deutscher Gefühlswerte ... erscheint ... aus grundsätzlichen Erwägungen bedenklich": *Verbrechen* S. 185.

86 I. Z. Dok. I-304.

87 Beispiele bei Röhr 1989, S. 136; zur Umbenennung von Ortsnamen siehe auch Burleigh 1988 S. 195ff. Der Stadtplan für Posen von 1941 zeigt z. B. keinen einzigen polnischen Straßennamen mehr: Illustrierter Führer durch die Gauhauptstadt Posen, Leipzig 1941. Gerhard Sappok von der Publikationsstelle Dahlem erstellte Anfang 1940 ein Memorandum, das Leitsätze für die Eindeutschung polnischer Straßennamen enthielt; danach sollten u.a. jüdische Namen und die Namen "antideutscher Persönlichkeiten" durch solche von Personen ersetzt werden, die als Träger deutscher Zivilisation im polnischen Raum gewirkt hatten. Bis Ende 1941 waren allein im Warthegau bereits 7450 Namensänderungen erarbeitet worden: Burleigh S. 196f.

88 In: Röhr 1989, S. 221; Hansen 1994, S. 46f.

schildert werden, alle Anschriften an Gebäuden mußten in deutscher Sprache abgefaßt sein usw.[89] In Straßenbahnwagen wurde die Inschrift angebracht: "Hier wird nur Deutsch gesprochen. Zuwiderhandelnde werden aus dem Wagen gewiesen."[90] Alle Volksdeutschen und "eindeutschungsfähigen" Polen hatten die deutsche Sprache zu erlernen, andernfalls wurden sie aus der deutschen Volksliste gestrichen.

Ähnlichen Einschränkungen wurden die polnischen Arbeitskräfte im Altreich unterworfen. Alle Zivilarbeiter polnischer Herkunft mußten das Kennzeichen "P" auf sämtlichen Kleidungsstücken tragen, sie durften ihren Arbeitsort nicht verlassen und keine öffentlichen Verkehrsmittel benutzen, selbst die Benutzung von Fahrrädern war ihnen untersagt. Der Besuch von Kino- und Theaterveranstaltungen war für polnische Arbeitskräfte verboten, ebenso der Kirchenbesuch und die Teilnahme am Gottesdienst, doch traf man hier einige Sonderregelungen: Als Zugeständnis wurde z.B. 1941 in Baden die "Einzelseelsorge" außerhalb der Kirche gestattet. Himmler untersagte freilich für die Einzelseelsorge Predigten und die Verwendung der polnischen Sprache. Nach einem Erlaß des Reichsministers für kirchliche Angelegenheiten vom 13. 6. 1940 war es Geistlichen untersagt, die Beichte in polnischer Sprache abzunehmen. Im September 1943 entschied Himmler, daß einmal im Monat ein Sondergottesdienst stattfinden darf, das Verbot der polnischen Sprache blieb aber weiter bestehen.[91]

Eheschließungen von Polen im Reich waren nicht zulässig, Geschlechtsverkehr mit Deutschen war untersagt, geselliger Verkehr mit Deutschen überhaupt verboten. Der deutsche Ordnungswahn erstreckte sich noch auf die Behandlung in Friseurbetrieben. Polen durften während der allgemeinen Geschäftszeit in deutschen Friseurbetrieben nicht mehr behandelt werden. "Für Polen und Ostarbeiter dürfen nur folgende Leistungen ausgeführt werden: Für Männer – Haarschneiden, Kopfwaschen, falls notwendig Rasieren; Für Frauen – Kopfwaschen, Haarschneiden und Haarordnen (Ondulation, Wasser- und Dauerwellen sind unzulässig)."[92]

---

[89] Ähnliche Anordnungen ergingen im Generalgouvernement. In Warschau z. B. wurde 1940 angeordnet, alle Gaststätten, Geschäfte, Gewerbebetriebe etc. in deutscher Sprache zu kennzeichnen; polnische Bezeichnungen waren in jedem Fall *unter* den deutschen anzubringen: Mitteilungsblatt der Stadt Warschau Nr. 22, 27. 6. 1940.

[90] *Verbrechen* S. 190.

[91] Seeber 1964, S. 168f.

[92] Anweisung des Reichsinnungsmeisters des Friseurhandwerks 1943: Doc. occ. Bd. V, S. 291f.

2. 3. Die "Deutsche Volksliste" und die Politik der Germanisierung

Die nationalsozialistische Rassenpolitik gegenüber den Polen war von der leitenden Idee einer Scheidung der Bevölkerung in Deutschstämmige und "Fremdvölkische" bestimmt; darüberhinaus wollte man "nordisch-germanische", "rassisch wertvolle" Bevölkerungsteile herauslösen und "eindeutschen". Zu diesem Zweck wurde in den eingegliederten Gebieten die *"Deutsche Volksliste"* (DVL) geschaffen.[93]. In diese Liste sollten alle deutschstämmigen und "rassisch wertvollen" Personen eingetragen werden. Wer nicht aufgenommen wurde, war dann endgültig als "Pole" – als "polnischer Schutzangehöriger" – definiert und mit der Aussiedlung bzw. Deportation ins Generalgouvernement bedroht. Mit der Deutschen Volksliste wurde eine Verknüpfung zwischen Staatsangehörigkeit, Abstammungsprinzip und rassischen Kriterien hergestellt – eine Verknüpfung, die Himmler zum Teil gegen den Widerstand des Reichsinnenministerium durchsetzte, das eher dazu neigte, die Frage der Staatszugehörigkeit pragmatisch zu regeln. Himmlers Pläne zielten auf eine imperiale Neuordnung im Osten, für die Deutschstämmigkeit und die nationale Idee keine ausreichenden Ordnungsprinzipien mehr sein konnten, sondern die auf die übernationale Kategorie der Rasse gegründet werden sollte. Seine Utopie war ein großgermanisches Reich mit einer nordisch-germanischen Führungselite, die er aus den verschiedenen Ländern Europas sammeln wollte. In diesem Zusammenhang werden auch seine Pläne verständlich, in Polen beispielsweise "art- und stammesverwandte" Kolonisten aus Holland anzusiedeln.[94] Zu diesem Zweck führte die HJ unter anderem einen "Germanischen Landdiensteinsatz" im Warthegau durch, in dem Jugendliche aus den nationalsozialistischen Jugendorganisationen der Niederlande, Flanderns, Dänemarks und Norwegens

93 Die DVL wurde im März 1942 auch im Generalgouvernement eingeführt, hatte hier aber wegen des geringen Anteils der deutschstämmigen Bevölkerung – kaum mehr als 1% gegenüber 7% in den eingegliederten Gebieten – keine vergleichbare Bedeutung.

94 Die niederländischen Nationalsozialisten hofften auf eine eigene Region im Osten als Ersatz für die an Japan verlorenen indonesischen Kolonien. Die Deutschen gestanden ihnen aber nur eine verstreute Ansiedlung, vor allem im russischen Raum geplant, zu. Tatsächlich kam es zu einem "Osteinsatz" mehrerer Hundert niederländischer Bauern; im Frühjahr 1942 wurde in Litzmannstadt ein Ausbildungslager für holländische Siedler geschaffen. Ein erster experimenteller Siedlungseinsatz war für "Flamen-, Dänen- und Hollanddeutsche" im Distrikt Lublin geplant: Bosma 1993, S. 202.

zum Einsatz kamen, mit der Aussicht, einmal einen eigenen Hof im Osten übernehmen zu können.[95]

Nachdem Hitler den Richtlinien Himmlers "für die Überprüfung und Aussonderung der Bevölkerung in den eingegliederten Ostgebieten" zugestimmt hatte, wurden in einem Erlaß vom 12. 9. 1940 folgende Kategorien der Staatsbürgerschaft gebildet, die den verschiedenen Gruppen der Deutschen Volksliste zugeordnet wurden:
(1) *deutsche Reichsbürger und Staatsangehörige* (nur diese durften nach einer Verfügung Bormanns in die Partei aufgenommen werden),
(2) *deutsche Staatsangehörige* (ohne Reichsbürgerrecht);
diesen beiden Kategorien wurden alle Deutschstämmigen zugerechnet, d.h. die deutsche Minderheit in Polen, soweit sie sich im Volkstumskampf aktiv eingesetzt oder zumindestens ihr Deutschtum nachweislich bewahrt und ein "einwandfreies Bekenntnis zum Deutschtum abgelegt hatte".
(3) *deutsche Staatsangehörige auf Widerruf*: "Ein- oder Rückdeutschungsfähige", d.h. "polonisierte" Deutsche ohne Bekenntnis zum Deutschtum, sowie "wertvolle Fremdvölkische". Sie erhielten einen "Fremdenpass" mit dem Vermerk "wiedereindeutschungsfähig".[96]
(4) *Schutzangehörige*: Polen ohne deutsche Abstammung und ohne Bekenntnis zum Deutschtum.
Genaugenommen gab es noch eine 5. Kategorie, in die Juden und Zigeuner fielen. Sie konnten nicht einmal den kolonialen Status des Schutzangehörigen erlangen, für sie existierte überhaupt kein rechtlich definierter Status.

Für die Deutsche Volksliste wurden daraufhin folgende Gruppen gebildet:
Abt. 1: Volksdeutsche, die sich aktiv im Volkstumskampf eingesetzt hatten – sie erhielten die Staatsangehörigkeit (1);
Abt. 2: Volksdeutsche, die sich nicht aktiv eingesetzt, ihr Deutschtum aber nachweislich bewahrt hatten – Staatsangehörigkeit (2);
Abt. 3: Volksdeutsche, die Bindungen zum Polentum eingegangen waren (ins Polentum "abgeglitten"), "die aber aufgrund ihres Verhaltens die Voraussetzung dafür in sich tragen, vollwertige Mitglieder der deutschen Volksgemeinschaft zu werden" Sie sollten zunächst die Staatsangehörigkeit (2) erhalten, nach endgültiger Regelung der VO über die Deutsche Volksliste vom 4. 3. 1941 wurde ihnen aber nur die Staatsangehörigkeit auf Widerruf (3) zugestanden.[97] Himmler legte am 9. 2. 1942 fest, sie nach 10 Jahren, wenn bis

[95] Das Junge Deutschland 36 (6) 1942, S. 129ff.
[96] Pospieszalski 1946, S. 359
[97] Broszat 1961, S. 125.

dahin kein Widerruf erfolgt war, endgültig in die deutsche Staatsbürgerschaft aufzunehmen.[98] In diese Gruppe konnten auch "Personen nichtdeutscher Abstammung, die in völkischer Mischehe mit einem deutschen Volkszugehörigen leben, in der sich der deutsche Teil durchgesetzt hat" sowie "die Angehörigen der völkisch nicht klar einzuordnenden, blutsmäßig und kulturell jedoch zum Deutschtum hinneigenden Bevölkerungsgruppen mit slawischer Haussprache" aufgenommen werden.[99]
Abt. 4 Deutschstämmige, die politisch im Polentum aufgegangen waren: sogenannte "Renegaten", die sich vor 1939 irgendwie deutschfeindlich betätigt hatten; sie konnten ebenfalls die Staatsangehörigkeit auf Widerruf erhalten, aber nur, wenn sie sich einer Umerziehung unterwarfen. In einer Anordnung Himmlers vom 16. 2. 42 werden sie als "aktiv verpolte Deutschstämmige" bezeichnet: "Diese aktiv verpolten Deutschstämmigen und deren Kinder sollen dem Deutschtum zurückgewonnen werden. Soweit dieses Ziel nicht zu erreichen ist, muß zumindest verhindert werden, daß sie sich weiterhin für das Polentum einsetzen können ... Die Rückdeutschung der polonisierten Deutschen setzt eine völlige Trennung von der polnischen Umgebung voraus. ... Sie sind in das Altreich umzusiedeln ... Asoziale und sonstige erbbiologisch minderwertige Personen werden nicht in die Umsiedlungsaktionen einbezogen ...", ebenso wurden politisch besonders schwer belastete Personen ausgenommen. Bei der Erfassung der Angehörigen der Abt. 4 müsse, so Himmler, "Grundsatz sein, daß kein deutsches Blut fremdem Volkstum nutzbar gemacht wird. Bei denjenigen, die eine Wiedereindeutschung ablehnen, sind sicherheitspolizeiliche Maßnahmen zu ergreifen ..."[100] Bei den Angehörigen der Gruppen 3 und 4 und all jenen, deren Abstammung nicht eindeutig feststellbar war, waren rassische "Durchprüfungen" vorgesehen.

Volksdeutsche, die sich im Volkstumskampf aktiv eingesetzt und solche, die sich zwar nicht aktiv für das Deutschtum eingesetzt, sich aber ihr Deutschtum bewahrt hatten (Abt. 1 und 2), sollten für den Aufbau im Osten eingesetzt werden; nur die erste Gruppe konnte jedoch in die NSDAP aufgenommen werden. "Aktiver Einsatz" hieß: Bewährung im Kampf, in der "völkischen Bewährungszeit" der letzten 20 Jahre: "Dabei wurde davon ausgegangen, daß in einer Kampfzeit nur solche Menschen ein Bekenntnis abzulegen bereit sind, die charakterlich und rassemäßig eine Auslese darstellen."[101] Deutschstämmige, die Bindungen zum Polentum eingegangen und

---

[98] In: Röhr 1989, S. 213.
[99] In: ebd., S. 213.
[100] In: ebd., S. 215 und S. 188.
[101] Coulon 1941, S. 81.

solche, die politisch im Polentum aufgegangen waren ("Renegaten"), sollten "durch eine intensive Erziehungsarbeit im Altreich im Laufe der Zeit zu vollwertigen Deutschen erzogen bzw. wieder eingedeutscht werden."[102] Die Angehörigen der Abt. 4, die "Renegaten", sollten nach Himmlers Anordnung vom 16. 2. 42 grundsätzlich ins Altreich umgesiedelt werden. Faktisch wurden zunächst Umerziehungsmaßnahmen in die Wege geleitet.[103]

Da Himmler einerseits davon besessen war, "nordisches Blut" zu sammeln, um daraus die Führungsschichten der eingegliederten Gebiete und überhaupt des künftigen großgermanischen Imperiums zu schaffen, andererseits aber überzeugt war, daß nordisch-germanisches Blut auf der Seite des fremdvölkischen Gegners für die Deutschen am gefährlichsten sei, gab er die Maxime aus: "Alles germanische Blut zu uns – oder vernichten". Und: "Jedes gute Blut ... , das Sie irgendwo im Osten treffen, müssen Sie entweder gewinnen oder Sie müssen es totschlagen." Denn: "Alles gute Blut auf der Welt, alles germanische Blut, was nicht auf deutscher Seite ist, kann einmal unser Verderben sein. Es ist deswegen jeder Germane mit bestem Blut, den wir nach Deutschland holen und zu einem deutsch-bewußten Germanen machen, ein Kämpfer für uns und auf der anderen Seite ist einer weniger."[104] Entsprechend wurden bei jenen Renegaten und "rassisch wertvollen" Bevölkerungsteilen, die eine Aufnahme in die DVL und damit eine Wiedereindeutschung ablehnten, "sicherheitspolizeiliche Maßnahmen" ergriffen. Ihre Kinder sollten einer "Sonderbehandlung unterzogen werden – dies bedeutete ihre "Germanisierung" in Erziehungslagern, in vielen Fällen auch Wegnahme und Deportation zur Eindeutschung in Erziehungseinrichtungen oder Pflegestellen im Altreich.

Die Volksdeutschen, denen nur die "Staatsangehörigkeit auf Widerruf" gewährt wurde, mußten erst noch zum Deutschtum erzogen werden – dies war eine Hauptaufgabe der NSDAP und ihrer Gliederungen[105] – und hatten deshalb nur begrenzte Rechte. Angehörige der Abt. 3 konnten nicht in die Partei aufgenommen werden, durften aber in ihren "Gliederungen", z.B. in der Hitler-Jugend, Dienst tun. Sie wurden nicht ins Beamtenverhältnis übernommen, konnten keine öffentlichen Ehrenämter und keine Vertrauensstellen als Angehörige des öffentlichen Dienstes bekleiden. Ihnen standen alle deutschen Bildungseinrichtungen offen – die Kinder wurden widerruflich in deutsche

---

102 Doc. occ. Bd. V, S. 117.

103 Umsiedlungen größeren Umfangs ins Altreich mußten aus praktischen Gründen auf die Zeit nach dem Krieg verschoben werden. Nach Pospieszalski (1946 S. 360) kamen bis 1944 insgesamt über 17 000 Polen zur Germanisierung nach Deutschland.

104 Zit. n. Ackermann 1970, S. 207/209.

105 Höppner 1943, S. 260ff.

Schulen aufgenommen –, sie durften aber nur mit Genehmigung des Stabshauptamtes der SS ein Hochschulstudium aufnehmen. Auf den Schulzeugnissen wurde "Staatsangehörigkeit auf Widerruf" vermerkt.[106] Wollte ein Angehöriger der Abt. 3 die Ehe "mit politischen Leitern der NSDAP, Führern ihrer Gliederungen, Offizieren, Angehörigen des Reichsarbeitsdienstes, Beamten des höheren, gehobenen und mittleren Dienstes sowie mit Behördenangestellten in selbständiger Stellung" eingehen, so bedurfte er dazu der Genehmigung durch höhere Stellen. Himmler verbot im Februar 1942 die Eheschließung zwischen Angehörigen der Abteilungen 3 und 4.[107] Wer der Abt. 4 zugeordnet worden war, konnte nur in die Deutsche Arbeitsfront aufgenommen werden, nicht in die Partei und nicht in ihre Gliederungen oder angeschlossenen Verbände. Die Kinder wurden in der HJ erfaßt; sie waren vom Besuch höherer Schulen ausgeschlossen, es sei denn, sie unterwarfen sich zuvor einer deutschen Erziehung an einer Heimschule im Altreich. "Im übrigen, insbesondere in Arbeitsentgelt, Zuteilung von Lebensmitteln, Behandlung in der Öffentlichkeit, werden sie den Deutschen gleichgestellt."[108] Die "Deutsche Volksliste" begründete also eine rassisch-ethnische Differenzierung der Bevölkerung, verknüpft mit Kriterien völkisch-politischer Leistung und Bewährung – ganz so, wie es sich Günther oder Darré vorgestellt hatten: die soziale Differenzierung nach Rasse und völkischer Leistung.

Besondere Probleme schufen Mischehen bzw. Kinder aus Mischehen (dies betrifft insbesondere die Abt. 3). Bei Kindern aus "völkischen Mischehen" war entscheidend, ob es möglich war, "sie dem Deutschtum zu erhalten". Dies hing wesentlich von der Einstellung der Eltern zur Erziehung ab: "Selbst eine Familie mit einem polnischen Elternteil konnte geschlossen als deutsch anerkannt werden, wenn sich in der Kindererziehung der deutsche Teil durchgesetzt hatte. Wenn wir davon ausgehen, daß die Familie Grundzelle des Volkes ist, so mußte es wünschenswert erscheinen, solche Familien nach Möglichkeit nicht zu trennen. Nur in Fällen, in denen ein deutliches Überwiegen des deutschen Teils nicht vorhanden war und damit eine Gefahr für die zukünftige Einstellung der Kinder bestand, mußte der polnische Teil der Familie abgelehnt werden oder gar eine Trennung der Familie zur Bedingung der Zuerkennung der deutschen Volkszugehörigkeit gemacht werden."[109]

In einer Studie aus dem Warthegau zur Mischehen-Problematik wird beklagt, daß sich in den meisten Fällen der polnische Elternteil durchgesetzt

---

106 Hansen 1994, S. 32.
107 Anordnung Himmlers vom 9.2.42, in: Röhr 1989, S. 214 ; Koehl 1957, S. 145f.
108 Doc. occ. Bd. IV, S. 262.
109 Coulon 1941, S. 83.

habe – insbesondere "die polnische Frau hat sich fast immer durchgesetzt" –, so daß die Kinder keine deutsche Erziehung erhalten konnten. Solche Situationen stellten die Rassenpolitiker vor kaum lösbare Probleme. Sollte etwa der nichtdeutsche Eheteil im Polentum verbleiben? Dies schaffte nur neue Widersprüche und Probleme: "Man stelle sich dabei nur die Schwierigkeit vor, die praktisch in solchen Fällen erwachsen. Der polnische Eheteil erhält z.B. nicht die gleichen Lebensmittelkarten wie sein deutscher Ehepartner oder seine Kinder. Er darf nach 21 Uhr das Haus nicht mehr verlassen. Er darf bestimmte Lokale nicht besuchen. Auch der Kinobesuch ist ihm verboten. Er darf keine Reisen ohne polizeiliche Erlaubnis unternehmen usw. usw. Mit diesen Schwierigkeiten, die sich schon rein äußerlich auswirken, ist ohne Zweifel das Ziel, die Kinder dieser Mischehen dem Deutschtum zuzuführen, in keiner Weise zu erreichen, da man die Kinder allein praktischerweise, solange die Eltern noch irgendeinen Einfluß auf sie haben und die Kinder nicht in Erziehungsanstalten erzogen werden, nicht rückdeutschen kann. Es treten in der Ehe Meinungsverschiedenheiten auf, die Kinder wachsen in einer ausgesprochenen Dissonanz auf und wissen letzten Endes nicht, welchem Volkstum sie angehören. Man schafft auf diese Art und Weise nur künstlich eine Zwischenschicht."[110] Der Autor des Berichtes, Herbert Strickner, Chef des Büros der "Deutschen Volksliste" in Posen, schlug deshalb vor, dem polnischen Elternteil die Möglichkeit der Aufnahme in die Deutsche Volksliste zu geben; würde er sich weigern, sollte dies ein Scheidungsgrund sein: "ein Irrtum über die Volkszugehörigkeit des Ehegatten" rechtfertige die Aufhebung der Ehe. Die Zweigstelle des RuSHA Litzmannstadt fand eine einfache Lösung dieses Problems, die vom Interesse des deutschen Staats an rassisch wertvollem Nachwuchs geleitet war: Lag bei den Kindern eine 50%ige Deutschstämmigkeit vor, so wurde die ganze Familie in die Deutsche Volksliste aufgenommen – der deutsche Elternteil in Abt. 3 oder 4, der polnische in Abt. 4.[111] Es gab also Fälle, in denen auch Polen, denen die rassischen Voraussetzungen eigentlich fehlten, "germanisiert" werden konnten.

Die klare Abgrenzung von Deutschen und Polen war auch sonst nicht immer ganz einfach. Immer wieder trifft man auf Klagen, daß viele Volksdeutsche sich äußerlich und in ihrer Haltung kaum von den Polen unterschieden. Die Volksdeutsche Mittelstelle, die für die Ansiedlungsmaßnahmen zuständig war, schrieb am 30. 6. 1943 an Himmler, das "deutsche Bewußtsein" sei bei den meisten Deutschstämmigen verschüttet, "so daß in der ersten Generation der Auszusondernden nur eine Herauslösung aus dem polnischen Milieu er-

---

[110] Strickner 1942, S. 93.
[111] Ebd., S. 95.

reicht werden könne, die Schwerkraft der Wiedereindeutschungsmaßnahmen somit bei den Kindern zu liegen habe."[112] Der rassische Wert der Kinder entschied daher oft über die Einstufung und Behandlung der Eltern. Auf diese Weise verfuhr man z.B. mit den Volksgruppen der Slonsaken und Goralen, die in den Bergregionen lebten und über deren rassische Zugehörigkeit und Wertigkeit Unklarheit bestand. Himmler meinte, daß sie germanischen Ursprungs seien. Sie wurden in einer Sonderaktion einer besonderen rassischen Überprüfung unterzogen:

"Die Kinder dieser Bevölkerungsteile sind zunächst in den Schulen ... zu überprüfen.

1. Schlecht beurteilte Kinder geben einen Anhaltspunkt für die Negativität der Eltern: diese Bevölkerung ist zu evakuieren.
2. Gut beurteilte Kinder geben Anlaß, nunmehr die Eltern in charakterlicher Hinsicht zu überprüfen. Asoziale Elemente (Diebe, Tagediebe und sonstige Straffälle) können trotz der guten Kinder nicht verbleiben und müssen evakuiert werden.
3. Wenn die Kinder gut beurteilt werden und Nachteiliges über die Eltern nicht bekannt ist, dann ist eine endgültige rassische Überprüfung der Familien vorzunehmen. Rassisch gute Familien können im Reichsgebiet verbleiben."[113]

Wo die Abstammung unklar war, hatte Himmler in einem Erlaß vom 12. 9. 1940 eine "Durchprüfung" nach rassischen, gesundheitlichen und politischen Gesichtspunkten angeordnet. Die Auslesekriterien waren faktisch weitgehend fiktiv und richteten sich oft mehr nach den Vorurteilen der mit der Selektion befaßten Stellen als nach "rassendiagnostischen" Verfahren, zumal es an hierfür "qualifiziertem" Personal fehlte. Vielfach urteilte man nur nach dem äußeren Anschein, nach der Sauberkeit der Wohnung (sauber = deutsch), der körperlichen Gesundheit u.ä.[114] Ein Grundsatz der Zweigstelle des Rasse- und Siedlungshauptamtes Litzmannstadt war, nur solche Personen in die DVL aufzunehmen, die keinen für das deutsche Volk "unerwünschten biologischen Zuwachs" und keine "Belastung" bedeuteten. Deshalb wurden z. B. Frauen, "die unter sittenpolizeilicher Kontrolle standen", vorab ausgeschlossen, ebenso rückfällige Straftäter.[115] Die Umsetzung der rassenpolitischen Richtlinien fiel im übrigen in den Gauen der eingegliederten Gebiete unterschiedlich aus: "Jeder Verwaltungschef der neuen Reichsgaue handelte auf

---

112 Kuby 1986, S. 144.
113 Anordnung des RKFDV 23. 10. 1940: Doc. occ. Bd. XI, S. 26f.
114 Heiber 1968, Anm. S. 91.
115 Strickner 1942, S. 115ff.

eigene Faust nach seinen eigenen politischen Vorstellungen."[116] Am weitesten wurden die rassenpolitischen Zielsetzungen im Warthegau realisiert, wo bereits in die DVL aufgenommene Personen seit dem Herbst 1941 noch einmal einer rassischen Überprüfung unterzogen wurden und ein Teil wieder ausgeschlossen wurde – unter anderem entdeckte man sogar "Zigeuner und Leute mit einem spezifisch mongoloiden Blutseinschlag."[117] In Danzig-Westpreußen verfuhr man dagegen relativ großzügig, in Oberschlesien wurden die rassischen Überprüfungen 1943 ganz eingestellt. Der Gauleiter von Danzig-Westpreußen, Forster, der einen eher pragmatischen Standpunkt einnahm, erläuterte Hitler in einem Gespräch die Schwierigkeiten, die sich im Einzelfall ergäben: "Wenn zum Beispiel ein polnischer Bühnenarbeiter vom Theater in Graudenz um seine Eindeutschung nachsuche, weil er unter seinen Vorfahren *eine* deutsche Großmutter habe, so könne man sein Gesuch nicht einfach ablehnen. Man müsse vielmehr zunächst einmal überlegen, daß sich ein Arbeiter aus dem Altreich kaum bereitfinden werde, als Bühnenarbeiter nach Graudenz zu gehen, daß man also bei der Ablehnung des Gesuchs schwerlich einen Ersatz für den Gesuchssteller erhalte. Ähnlich lägen die Dinge bei katholischen Krankenschwestern, wenn sie auf Seuchenstationen tätig seien, bei einer polnischen Frau, die einem deutschen Schwer-Kriegsbeschädigten den Haushalt führe und so weiter. Er stehe deshalb auf dem Standpunkt, die Entscheidung über die Eindeutschung von Polen müsse man aufgrund des Gesamteindrucks eines Menschen auch dann im positiven Sinne fällen, wenn man seine deutsche Abstammung nicht einwandfrei feststellen könne, er aber in seinem Aussehen, in seiner charakterlichen Haltung und in seiner Intelligenz eindeutig germanische Züge aufweise. – Wenn Professor Günther als Rassenforscher bei einer zehntägigen Fahrt durch den Gau Danzig-Westpreußen festgestellt habe, daß vier Fünftel des Polentums im Norden des Reichsgaues einzudeutschen seien, so halte auch er das durchaus für möglich."[118] Hans F. K. Günther hatte nach einer Besichtigungsreise im Gau im September 1940 einen Bericht für Forster erstellt, in dem er zu dem Ergebnis kam, daß man es in dem betreffenden Gebiet mit einem "gleichsam unentwirrbaren Rassengemisch" zu tun habe. Vier Fünfel der polnischen Bevölkerung stünden rassisch dem Deutschtum Ostmitteldeutschlands nicht fern, andererseits seien die Vorfahren vieler Ostdeutscher letzten Endes slawischer Herkunft. Forster ordnete daraufhin an, man müsse deutsches Blut auch dann zurückgewinnen, "wenn der Blutsträger in seinem Bekenntnis und

[116] Majer 1981, S. 425.
[117] Strickner 1942, S. 115.
[118] Picker 1965, S. 332f.

in seiner Sprache polonisiert" sei; daher sei es "ein absolutes volkspolitisches Erfordernis, die angegliederten Ostgebiete ... nach solchen germanischen Blutsträgern 'durchzukämmen.'" Eine Ausweisung der Polen dürfe erst nach strenger rassischer und ärztlicher Prüfung erfolgen.[119] Forsters Ausführungen vor der Tischgesellschaft "des Führers" waren dort übrigens auf einigen Widerspruch gestoßen. Insbesondere Bormann warnte davor, "nicht durch eine zu weitgehende Eindeutschung von Polacken dem deutschen Volkstum Blutströme zuzuführen, die sein Wesen ungünstig beeinflussen könnten." Hitler ergriff daraufhin die Gelegenheit zu einer grundsätzlichen Stellungnahme zur aufgeworfenen Problematik. Es gebe, so Hitler, keine einheitliche "slawische Rasse", vielmehr wiesen die verschiedenen Völker des Ostens unterschiedliche rassische Einschläge und Beimengungen auf, zum Beispiel "mongolide" oder "dinarische". "Bei allen Eindeutschungsmaßnahmen dürfe man demnach nicht von irgendwelchen abstrakten Sammelbegriffen ausgehen, sondern müsse sich in jedem Einzelfall überlegen, ob der Einzudeutschende einer Rasse angehöre, die verbessernd in unser Volkstum hineinwachsen könne, oder aber ob er Merkmale einer Rasse zeige, die sich bei einer Vermischung mit deutschem Blut ebenso wie die jüdische negativ auswirke. Wenn man nicht die feste Überzeugung habe, daß durch die einzelne Eindeutschung eine *Verbesserung* unseres Volkstums ermöglicht werden könne, müsse man sie, auch wenn noch soviele Gefühlserwägungen dafür sprächen, unterlassen."[120] Hitler teilte also eher die restriktiven rassenpolitischen Ansichten Himmlers.

Eine konsequente Umsetzung der rassenpolitischen Richtlinien Himmlers wurde nur im Wartheland durchgeführt, in dem mit 4,4 Millionen knapp die Hälfte der Gesamtbevölkerung der eingegliederten Gebiete lebte. Im Wartheland, wo der Anteil der Deutschen 1939 bei etwa 7% gelegen hatte, waren bis 1944 nur 11,7% der Bevölkerung in die Deutsche Volksliste aufgenommen wurden; in Danzig-Westpreußen waren es dagegen 59%, in Oberschlesien 60%. Insgesamt wurden rund drei Millionen, etwa 30% der Bevölkerung in den eingegliederten Gebieten, in die DVL aufgenommen, davon allerdings nur ein Drittel in die Abt. 1 und 2, also rund eine Million – eine Zahl, die nicht weit von den annähernd 700 000 Volksdeutschen entfernt ist, die schon 1939 hier lebten.[121] Im Generalgouvernement, wo die Deutsche Volksliste

---

119 Spittler 1986, S. 184ff.

120 Picker 1965, S. 333 f.

121 Röhr 1989, Tab. 17. Nach Zahlen von 1931 lag der Anteil der Deutschen an der Bevölkerung in West- und Mittelpolen bei insgesamt 3,9%; im Distrikt Posen waren es 10%, nur Ostoberschlesien lag mit 25,9% deutlich über dem Durchschnitt: AWI 1939b, S.4. Insgesamt lag der Anteil der deutschsprachigen Bevölkerung im polni-

ebenfalls 1942 eingeführt wurde, trugen sich lediglich rund 100 000 Personen ein, trotz großzügigerer Kriterien: Hier genügte schon eine "12,5prozentige Deutschstämmigkeit".[122]

Zentrum der rassenpolitischen Selektion war der Warthegau. Hier bemühten sich die Rasse- und Volkstumsexperten der SS auch darum, die Selektionsverfahren auf eine wissenschaftliche Grundlage zu stellen. Die Außenstelle des RuSHA in Litzmannstadt unternahm eigene Forschungsarbeiten, um z.B. die Abgrenzungsprobleme zwischen den Abt. 3 und 4 der Deutschen Volksliste und grundlegende Fragen der Ein- und Rückdeutschungsmöglichkeiten zu klären. Die rassischen Überprüfungen von Antragstellern für die Aufnahme in die Deutsche Volksliste brachten für die Rassenwissenschaftler der SS einige aufschlußreiche Ergebnisse für die "Umvolkungsforschung". Ein bemerkenswertes Resultat war, daß die der Abt. 3 zugeordneten Personen im äußeren Eindruck ein bedeutend schlechteres Erscheinungsbild machten als die Angehörigen der Abt. 4. Strickner berichtet über die "Abt. 3": "Ihre Angehörige machen den Eindruck des Treibenlassens gegenüber allen völkischen Kräften und einer ausgesprochen charakterlichen Minderwertigkeit. Die Angehörigen dieser Abteilung stellen sich in den allermeisten Fällen als typische Mischehenprodukte mit einer ausgesprochen ostbaltisch bestimmten rassenseelischen Haltung dar. Gerade polnisches Auftreten im Äußeren und typisch polnische Gefühlswerte finden wir bei den Angehörigen der Abt. 3 in vielen Fällen. Besonders bei den Frauen dieser Abteilung treten die polnischen Gefühlswerte stärker in den Vordergrund." Anders dagegen die Abt. 4: sie "zeigt mehr Haltung und zwar nicht im eigentlich deutschen Sinne. Diese sicherlich auch rassisch bedingte gute – wenn auch Beweise dafür bisher nicht vorliegen – Haltung wurde lediglich äußerlich in das polnische Volkstum umgekehrt. Der Angehörige der Abt. 4 zeigt ein sicheres Auftreten, ein Selbstbewußtsein und einen gewissen Stolz. Er ist rassenseelisch bestimmt mehr deutsch als polnisch anzusprechen, wobei besonders darauf hingewiesen wird, daß gerade die Angehörigen der Abt. 4 den Fehler er-

---

schen Staatsgebiet vor Kriegsbeginn bei 2 %, in den eingegliederten Gebieten waren es 7%, im Generalgouvernement 1,5%. Siehe auch Jansen/ Weckbecker 1992, S. 29.

122 Bis Ende August 1943 waren im Generalgouvernement rund 69 000 Personen als Deutschstämmige anerkannt, 27 000 waren abgelehnt worden: Doc. oc. Bd. VI S. 226; vgl. Gross 1979 S. 166; Wasser 1993 S. 288. Die 12,5prozentige Abstammung galt für Kinder. Greiser hat diese Praxis übrigens gegenüber Himmler mehrmals moniert und darauf hingewiesen, daß unter den im Generalgouvernement in die DVL Aufgenommenen auch Personen seien, die zuvor im Wartheland die Aufnahme in die DVL beantragt hatten, weil sie über deutsche Sprachkenntnisse verfügten, aber als nicht deutschstämmig abgelehnt und ins Generalgouvernement abgeschoben worden seien. Doc. occ. VI S. 216ff.

kannt haben, den sie früher einmal begingen ..."[123] Strickner ging auch den Gründen nach, die zu Mischehen geführt hatten; sie lägen vor allem in einem "gleichen Schönheitsideal". Dabei fiel ihm auf, daß überwiegend rassisch höherwertige Männer offensichtlich den Verführungskünsten minderwertiger Frauen unterlagen, nicht etwa umgekehrt: Nicht die "Vollblutpolin mit all den besonderen, auch den positiven Eigenschaften ihres Volkes", sei die Mischehe mit einem Deutschen eingegangen, "sondern es handelt sich meist um eine durchschnittlich haltungslose und charakterlich minderwertige polnische Volkszugehörige." Polnische Männer seien höher zu bewerten. "Einwandfrei steht also fest, daß immer der haltlose weibliche Teil – besonders aber beim Polentum – zum fremden Volkstum übergeht, das Minderwertige das Volkstum wechselt und in erster Linie 'völkisch Wertlose' von einem Volkstum zum anderen Volkstum, dessen Blut sie schon teilweise in sich tragen, ausgeschieden werden." Trotz solcher Differenzierungen gelangte Strickner zu einer insgesamt skeptischen Bewertung der in die Abt. 3 und 4 der Deutschen Volksliste aufgenommenen Personen. Es müsse "mit einer gewissen Besorgnis in die Zukunft geblickt werden. Dies nicht nur deshalb, da auch nicht feststeht, ob überhaupt die Angehörigen der Abt. 3 und 4 einen wertvollen Zuwachs des deutschen Volkes darstellen, bzw. befürchtet werden muß, ob der größte Teil dieses Personenkreises überhaupt jemals wieder ganz zum deutschen Volkstum zurückfindet oder in diesem infolge seiner polnischen rassenseelischen Werte für immer einen Fremdkörper darstellt. Es bleibt durchaus die Frage offen, ob nicht leistungs- und begabungsmäßig die Angehörigen der Abt. 3 und 4 der DVL unter dem Durchschnitt des deutschen Volkes stehen und so tatsächlich die Substanz des deutschen Volkes negativ verändern."[124]

Solche Überlegungen hatten wohl den Anstoß zu weiteren Forschungsarbeiten gegeben. So führte die Außenstelle Litzmannstadt des RuSHA eine eigene Fragebogenuntersuchung durch – 17 483 Fragebogen wurden an Personen verteilt, die einen Antrag auf Aufnahme in die Deutsche Volksliste gestellt hatten. Die Untersuchung diente einer Probeerfassung der (deutschstämmigen oder vermeintlich deutschstämmigen, bzw. sich dem Deutschtum zurechnenden) polnischen Bevölkerung in einigen ausgewählten Kreisen des Warthelandes.[125] Sie wurde ergänzt durch sozialpsychologische Eignungsprüfungen, die Rudolf Hippius mit Mitarbeitern an der Universität Posen

123 Strickner 1942, S. 127.
124 Ebd., S. 128f.
125 Vorläufiger Abschlußbericht, in: Doc. occ. Bd. IV, S. 206ff.

durchführte.[126] Hauptzweck der Untersuchungen war, "zunächst einmal aus je einem Kreise im Westen, in der Mitte und im Osten des Warthegaus einen Überblick in rassischer, biologischer, arbeitseinsatzmäßiger und politischer Beziehung zu erhalten". Anhand der Fragebogenergebnisse wurden die Polen rassisch überprüft und in verschiedene Gruppen aufgeteilt:

"Gruppe I rückdeutschungsfähig/besonders gut
" II rückdeutschungsfähig/gut
" III nicht rückdeutschungsfähig (ohne Interesse)
" IV nicht rückdeutschungsfähig unter besonderer Berücksichtigung der Fälle IV f (mit außereuropäischem Blutseinschlag).

Asoziale, die als Belastung gelten und sobald als möglich auszusiedeln sind. Berücksichtigt wurden hierbei kriminell stark belastete, arbeitsunfähige und unheilbar kranke Menschen."[127]

Die Ergebnisse brachten einen geringen Anteil "Rückdeutschungsfähiger": 7,1% wurden in die Kategorien I und II eingestuft; die große Mehrheit, nämlich 75,7% wurde der Kategorie III zugeordnet, 7,7% der Kategorie IV und 9,5% der Kategorie "asozial".[128]

Daneben wurden in Litzmannstadt auch bereits ausgesiedelte Polen durch Eignungsprüfer des RuSHA noch einmal einer rassischen Musterung unterzogen, mit dem Ziel, die "rassisch wertvollen Polensippen" von der Verschickung ins Generalgouvernement auszunehmen und zur "Wiedereindeutschung" ins Altreich in Arbeit zu vermitteln.[129] Als "eindeutschungsfähige Schutzangehörige" waren sie von den diskriminierenden Vorschriften für polnische Zivilarbeiter im Reich ausgenommen. Insgesamt dürfte es sich dabei aber nur um eine kleine Gruppe von rund 10 000 Personen gehandelt haben.

In Litzmannstadt hatte die SS eine Umsiedlerzentrale eingerichtet. Hier arbeiteten etwa 1000 Studenten – "Volkswanderlehrlinge und -gesellen" – mit Angehörigen der SS an der Erfassung und Klassifizierung des "Siedlermaterials": "Die Menschen wurden so nach ihren Heimatgemeinden im Ausland, nach ihrer sozialen Struktur, ihren Besitzverhältnissen, ihrem 'politischen Aufbau' und nach ihrem Gesundheitsstand in verschiedene Kategorien eingeteilt und neu verteilt."[130] Auch an diesen Arbeiten waren Wissenschaftler der Reichsuniversität Posen beteiligt. Für die karteimäßige Erfas-

---

126 Strickner 1942, S. 124ff.
127 Abschlußbericht S. 207.
128 Ebd., S. 216. Die Ergebnisse dieser Untersuchungen wurden bei der Planung der Aussiedlung von Polen im Kreis Zamosc bei Lublin zugrundegelegt: Wasser 1993, S. 287.
129 Broszat 1961, S. 131.
130 Aly/ Heim 1991, S. 164.

sung der Volksdeutschen wurde übrigens die Hitler-Jugend und daneben auch die Lehrerschaft der eingegliederten Gebiete herangezogen.[131] Weil es an "geschulten" Kräften fehlte, wurden Mitglieder von HJ und BDM auch mit rassischen Überprüfungen betraut – 15- bis 17jährige, die für diese Aufgabe kaum "geeignet" waren.[132] Die Rassen- und Siedlungspolitik, wie sie vor allem im Warthegau betrieben wurde, brachte einen wachsenden Bedarf an "geschultem" Personal mit sich, der in der Kürze der Zeit kaum befriedigt werden konnte. Im Durchschnitt verfügte jede Höhere SS- und Polizeiführerstelle des RKFDV über zwei akademisch ausgebildete Rassenanthopologen, die bei einem der führenden Rassenwissenschaftler der SS, zumeist Universitätsprofessoren, ihr "diagnostisches Rüstzeug" erhalten hatten; für die Durchführung der Schulungen war das RuSHA zuständig. Dieser Personalbestand reichte bei weitem nicht aus. Die Außenstelle des RuSHA Litzmannstadt fungierte deshalb zugleich als Ausbildungsstätte, an der die künftigen "Eignungsprüfer" des RuSHA "an Hand lebender Menschen" in die rassische Begutachtungspraxis eingewiesen wurden. Die Ausbildung bestand in einem vierwöchigen Kursus, an den sich ein halbes Jahr anschloß, "in dem der Eignungsprüfungsanwärter als Helfer einem bewährten Eignungsprüfer zur Einarbeitung übergeben wurde."[133]

Alle rassenpolitischen Maßnahmen dienten letztlich nur dazu, eine "Germanisierung" der eingegliederten Gebiete vorzubereiten. Man mußte zunächst eine rassische Säuberung durchführen, das heißt die "Fremdvölkischen" bzw. die "rassisch Fremden" von den Deutschstämmigen und den "Eindeutschungsfähigen" scheiden, um sie anschließend zu vertreiben und den frei gewordenen Raum mit Deutschen besiedeln zu können. Erste Projekte für eine "germanische Siedlungspolitik" wurden noch von der Abteilung für Siedlungsplanung im Stabsamt des Reichsbauernführer Darré erarbeitet. Diese Planung sah ein Vorgehen in zwei Schritten vor: Zuerst sollte die Hälfte der landwirtschaftlichen Nutzfläche durch Deutsche übernommen

---

131 Siehe z.B.: NS-Erzieher, Bundesblatt des Nationalsozialistischen Lehrerbundes Gau Danzig 8, Juli 1940, S. 33.

132 Ministerialrat Pax, Bericht über eine Bereisung des Generalgouvernements (1942), in: Hansen 1994, S. 258.

133 Koehl 1957 S. 108f.; Hamann 1986, S. 149. Eine zweite Ausbildungsstätte befand sich beim RuSHA-Rassenamt in Prag, geleitet von Prof. Bruno K. Schultz: ebd., S. 168. Die meisten Eignungsprüfer waren laut Hamann nicht mehr fronttaugliche SS-Offiziere sowie Wehrmachtspsychologen und -offiziere. Das RuSHA war für die "Feinauslese" und die Schulung der Eignungsprüfer zuständig, die "Grobauslese" überließ man zumeist anderen SS-Stellen: Müller-Hill 1984, S. 56.

werden. In einem zweiten Schritt sollte dann eine Konzentration der selbständigen Wirtschaften in deutscher Hand erfolgen. Sämtliche Wirtschaftsstellen mit über 10 ha sollten deutsches Eigentum werden, den Polen sollten nur kleinere Höfe verbleiben. Danach war die Aussiedlung von 200 000 Polen und die Ansiedlung von 64 000 deutschen Kolonistenfamilien geplant.

Hitler übertrug jedoch nicht Darré, sondern Himmler die Aufgabe, die eingegliederten Gebiete zu deutschen Bauernprovinzen zu machen. Mit seiner Ernennung zum "Reichskommisar für die Festigung des deutschen Volkstums" (RKFDV) wurde Himmler für die gesamten praktischen und organisatorischen Aufgaben der Aus- und Umsiedlung zuständig. Die Aufgaben des RKFDV wurden von Hitler wie folgt festgelegt:
"1.die Zurückführung der für die endgültige Heimkehr in das Reich in Betracht kommenden Reichs- und Volksdeutschen im Ausland,
2. die Ausschaltung des schädigenden Einflusses von solchen volksfremden Bevölkerungsteilen, die eine Gefahr für das Reich und die deutsche Volksgemeinschaft bedeuten,
3. die Gestaltung neuer deutscher Siedlungsgebiete durch Umsiedlung, im besonderen durch Seßhaftmachung der aus dem Ausland heimkehrenden Reichs- und Volksdeutschen."[134]

Himmler setzte daraufhin umfangreiche Planungsarbeiten in Gang, mit deren wissenschaftlicher Leitung der Agrarwissenschaftler Konrad Meyer betraut wurde. Nach den Plänen, die in Himmlers Stab ausgearbeitet wurden, sollten die eingegliederten Gebiete zu einem "Mustergau" gemacht werden, hier sollte die Raumordnung des künftigen Reichs zuerst entstehen. Himmlers Lieblingsidee war aber, an der Ostgrenze der eingegliederten Gebiete einen "Wall deutschen Volkstums in Gestalt eines tiefgestaffelten Gürtels germanischer Bauernhöfe" zu schaffen. Hier wollte Himmler jene "Wehrbauerndörfer" errichten, von denen er schon als Artamane geträumt hatte. Geplant war, etwa 30 bis 40 Bauernstellen um einen Führerhof mit Parteihaus und Schule herum zu gruppieren; diese Höfe sollten verdiente SS- oder Parteiführer einnehmen. Im Parteihaus würden Lehrgänge, Ostseminare und landwirtschaftliche Kurse abgehalten. Der zentrale Gutsherr des "Führerhofs" wäre zugleich der Kompaniechef der lokalen SS-Truppe, die unter den Wehrbauern zu rekrutieren wären; mehrere Bauerndörfer sollten jeweils zu einem "Wehrbauernsturm" unter Führung eines SS-Sturmbannführers zusammengefaßt werden.[135]

Himmlers Planungsstab legte für diese "Siedlungszone 1. Ordnung" fest:

---

134 Zit. n. Ackermann 1970, S. 204.
135 Ebd., S. 234; Kater 1971, S. 636.

"Für die Abgrenzung vordringlich zu besiedelnder Gebiete sind folgende strategische Gesichtspunkte maßgebend:
1. Es muß zunächst an der Grenze des Generalgouvernements entlang ein Wall deutschen Volkstums in Gestalt eines tief gestaffelten Gürtels germanischer Bauernhöfe errichtet werden. Dieser Grenzwall trennt das vorerst im Reichsgebiet verbleibende Polentum vom Hinterland endgültig ab.
2. Es muß vordringlich das Hinterland der größeren Städte mit deutschen Bauern dichter besiedelt werden.
3. Es muß ferner eine bereits deutsche Volkstumsbrücke gewissermaßen als Ost-West-Achse entstehen, die den Grenzwall mit dem Altreich verbindet, außerdem ist eine weitere schmalere Brücke zu bauen durch den ehemaligen Korridor über die Kreise Zempelburg, Bromberg, Kulm und Graudentz. Diese Volkstumsbrücken trennen dann die Reste des dazwischen liegenden polnischen Volkstums und schaffen so polnische Inseln."[136]

Auf diese Weise wollte man "deutsche Volkstumsinseln" als "Kristallisationspunkte" schaffen, "von denen der weitere Ausbau des Grenzgürtels und der Ost-West-Verbindungen im einzelnen auszugehen hat." Für spätere Zeiten war ein weiterer Schutzwall im Osten gegen die "asiatischen Völker" geplant.

Himmler hatte bereits am 24. 10. 39 in einer Rede vor SS-Führern in Posen seine Idee der Wehrbauern-Siedlung als "Vorposten gegen das Slawentum" skizziert und war dabei schon auf eine fast absurde Weise ins Detail gegangen: "Bei diesen Siedlungen ist vor allem Wert auf Hygiene zu legen, die bis heute im flachen Land kaum anzutreffen ist: In jedem Siedlungshaus stelle ich mir einen Raum im Keller vor, in dem untergebracht sind die Waschküche, ein Bad und eine Brause für den Bauer, der verschwitzt vom Felde kommt, ein Futterdämpfer usw. Der Futterdämpfer, der täglich zur Vorbereitung des Futters der Schweine gebraucht wird, liefert auch das warme Wasser. Nirgends in den Siedlungen dürfen die Wasserleitung, elektrisches Licht, Rathaus, Gemeinschaftshäuser usw. fehlen ... Die Häuser werden eingerichtet nach Plänen und Zeichnungen, die wir herausgeben. Aller Kitsch und städtischer Unrat, wie sie so viel in der hiesigen Gegend angetroffen werden, muß verschwinden ..." Die Hofbewerber sollten zunächst zwei bis drei Jahre auf Domänen angelernt werden, danach würden die Besten ausgewählt und angesiedelt. Im künftigen Osten sollte es übrigens nur noch Groß- und Mittelbauern, keine "Kätner und Häusler" mehr geben: "Wir

---

136 RKFDV, Planungsabteilung: Planungsgrundlagen für den Aufbau der Ostgebiete. In: Doc. occ. Bd. XI, S. 152f.

brauchen ein Herrenbauerntum". Für die Wehrbauernsiedlungen kam für Himmler nur eine "Auslese besonders guter SS-Männer, besonders auch in rassischer Hinsicht" in Frage – ein "Kriegeradel" aus SS-Veteranen, wie der Rassenwissenschaftler und Völkerkundler Otto Reche 1940 vorschlug.[137] Zugleich hatte Himmler die Vision einer gewissen hierarchischen Gliederung nach völkischen Gesichtspunkten. Zwei bis drei Familien besonders wertvoller Siedler sollten jeweils die Führung in einer Siedlungsgemeinschaft übernehmen. Den Kern der Siedlungen sollten 5 bis 20 Höfe mit Siedlern aus dem Altreich bilden, darum sollte sich ein "Kranz aus volksdeutschen Siedlern" legen, also Siedlern aus dem Osten. Volksdeutsche dürften niemals in geschlossenen Dörfern angesiedelt werden: "Sie sind so lange von ihrer Heimat und von jeder deutschen Kultur entfernt gewesen, daß es ihnen wohl schwerfallen wird, einen modernen deutschen Bauernbetrieb mitmachen zu können. Jedes Dorf bekommt einen Stamm altreichdeutscher Siedler, immer aus einem Gebiet geschlossen, seien es Schwaben, Bayern, Franken oder Ostfriesen." Eine "wilde Zuwanderung" wollte Himmler verhindern, um sicherzustellen, daß es auch wirklich "germanische Siedlungen" würden, mit erbgesunden und kinderreichen Bauern. "In 3-5 Jahren bereits soll jede Siedlung eine gewisse Prägung zeigen. Man muß an den blonden Mädeln und Buben sehen, daß sie einer germanischen Siedlung angehören ... In 50-80 Jahren sollen in diesem großen Siedlungsgebiet im Osten 20 Millionen deutsche Siedler leben, von denen 10 Millionen Bauern 8-10 Kinder haben."[138] Diese Ideen zur künftigen Struktur des Bauerntums im Osten setzten Himmlers Planungsexperten bereits in exakte Zahlen über die zu errichtenden Bauernhöfe im eingegliederten Osten um: Geplant waren 155 000 Bauernhöfe, 72 000 Landarbeiterstellen und 11 700 Wehrbauernhöfe, als "größere Besitzform für das wehrpolitische Führertum". Eine Führungselite aus SS-Mitgliedern sollte ein Drittel der gesamten landwirtschaftlichen Nutzfläche erhalten.[139]

Von so hochfliegenden Plänen konnte in den Kriegsjahren nur wenig realisiert werden, obwohl man sich sofort ans Werk machte. Die Umsiedlerzentrale in Litzmannstadt richtete bereits Ende 1939 Übergangslager für 62 000 Personen in konfiszierten Fabrikhallen, Schulen und anderen Gebäuden ein, und bis zum Februar 1940 waren auch schon 130 000 Volksdeutsche aus Osteuropa hier eingetroffen. Sie wurden jedoch nicht sofort angesiedelt, sondern zunächst auf diverse Lager im Altreich verteilt, um dort durch Schulung

---

137 Burleigh 1988, S.175.

138 In: Rolf-Dieter Müller 1991, S. 119-21.

139 Gröning/ Wolschke-Bulmahn 1987, S. 54; Doc. occ. Bd. XI, S. 154ff.

und Arbeit auf ihre künftigen Aufgaben vorbereitet zu werden. Der größte Teil kam anschließend nach Litzmannstadt zurück, um von dort aus angesiedelt zu werden. Während dieser Zeit waren sie einer Reihe von Beobachtungs- und Prüfungsprozeduren unterworfen, darunter auch gesundheitlichen und rassenanthropologischen Untersuchungen, und wurden schließlich in verschiedene Kategorien eingeteilt: Ansiedlung im Altreich ("A"), Ansiedlung im Osten ("O") oder "Sonderfall" ("S") – darunter fielen all jene, bei denen Zweifel über politische Loyalität, Abstammung und Rasse bestanden; sie wurden dann weiteren Untersuchungen unterzogen. Nach diesen Prozeduren kamen schließlich von den 130 000 Ende 1939/ Anfang 1940 in Litzmannstadt eingetroffenen Volksdeutschen bis Ende 1940 95 000 im Warthegau zur Ansiedlung.[140] Insgesamt belief sich die Zahl der Umsiedler in den eingegliederten Gebieten bis 1944 auf über 750 000 Volksdeutsche, vor allem aus der Sowjetunion und dem Baltikum, aber auch aus den ehemals polnischen Regionen und anderen Teilen Ost- und Südosteuropas. Von ihnen mußten freilich knapp die Hälfte noch in den Ansiedlerlagern ausharren, weil es nicht gelang, allen einen entsprechenden Bauernhof zuzuweisen. Für die Ansiedlung dieser Volksdeutschen wurden rund 1,2 Millionen polnische Millionen polnische Bauern enteignet.[141] Zu den volksdeutschen Siedlern kamen noch einmal etwa eine halbe Million aus dem Altreich zugewanderte Deutsche hinzu, Beamte, Kaufleute, Unternehmer und Handwerker, "deren Ziel häufig allein darin bestand, in kurzer Zeit Karriere zu machen und zu Wohlstand zu gelangen."[142] Langfristig hätten die eingegliederten Ostgebiete alle überschüssigen Arbeitskräfte sowie Soldaten und Kriegsversehrte aus dem Altreich aufnehmen sollen.

Parallel zur deutschen Besiedelung plante man, die polnische Bevölkerung ins Generalgouvernement abzuschieben. Dies sollte schrittweise geschehen, denn für eine längere Übergangszeit würde man noch polnische Hilfskräfte benötigen, freilich auf lange Sicht nur noch als Wanderarbeiter, nicht als an-

---

140 Koehl 1957, S. 100f.; "Der Osten des Warthelandes" S. 282ff.

141 Koehl 1957; vgl. Bramwell 1985, S. 163f.; Kuhn 1959, S. 155ff. Nach einer Statistik über den Stand der Umsiedlungsmaßnahmen waren bis Anfang 1944 rund 770 000 Volksdeutsche, die vor allem aus Polen, Rußland und dem Baltikum stammten, in diese Umsiedlungsmaßnahmen, die über die Einwandererzentrale Litzmannstadt abgewickelt wurden, einbezogen gewesen; von ihnen waren nach offiziellen Angaben rd. 400 000 im Osten, rd. 70 000 im Altreich angesiedelt worden, rd. 20.000 waren von der Ansiedlung ausgeschlossen worden, für 280 000 war noch keine Siedlerstelle gefunden worden (Koehl S. 254).

142 Madajczyk 1988, S. 444.

sässige Bevölkerung: "wir wollen mit diesen Arbeitskräften die Errichtung von Städten, Dörfern und Siedlungen, den Bau von Straßen und die Durchführung von Meliorationen bewerkstelligen. Zug um Zug und nach Erledigung dieser Arbeiten wird die Aussiedlung beginnen. Nach den festgelegten Richtlinien wird die Durchsiebung so vor sich gehen, daß ungefähr im Verhältnis 1:7 gutrassige (polnische oder sonstige nichtdeutsche) Männer und Frauen mit ihren Kindern nach Deutschland familienweise und vereinzelt in Städte und Dörfer verpflanzt werden, während 7/8 weiter nach Osten, in das Generalgouvernement abwandern müssen ... Die Frage der Deckung des Kräftebedarfs für Arbeiten, die stoßweise Massen von Menschen beanspruchen, ist einfach zu beantworten. Millionen existenzsuchender Menschen des Generalgouvernements und anderer Nachbarländer werden stets diese Kräfte stellen können und wollen."[143]

Die realen Ausiedlungsmaßnahmen begannen nach einer Anordnung Himmlers vom 30. 10. 1939; danach waren zuerst die Juden in den eingegliederten Gebieten, die "Kongreßpolen Pommerellens" sowie die "besonders feindliche" polnische Bevölkerung aus Posen, Ostoberschlesien und Masowien auszusiedeln. Darunter fielen "politisch belastete" Polen und vor allem Intellektuelle, insbesondere Lehrer, Professoren und Geistliche, von denen eine große Zahl sofort umgebracht wurde. Laut Rundschreiben des HSSPF Posen vom 12.11.1939 waren alle Juden, "alle polnischen Intelligenzler bzw. die Polen, die aufgrund ihrer nationalpolnischen Einstellung eine Gefahr für die Festigung des deutschen Volkstums darstellen können" und Kriminelle abzuschieben. "Nach einem weiteren Rundschreiben vom 16. 11. 1939 rechneten hierzu ferner Angehörige politisch und wirtschaftlich wichtiger Berufe, vor allem 'Lehrer, Großgrund- und Fabrikbesitzer', aber auch Handwerker und Einzelhändler, ferner alle asozial aussehenden (!) Personen."[144] Die Planungsarbeiten für die "Evakuierungsmaßnahmen" begannen am 10. 11. 1939. Bis zum 17. 12. waren bereits 80 Bahntransporte mit insgesamt 87 883 "Umsiedlern" ins Generalgouvernement abgegangen.[145] Im Verlauf des Krieges mit der Sowjetunion gerieten die Um- und Aussiedlungsvorhaben immer mehr ins Stocken, bis sie schließlich zum Erliegen kamen. Insgesamt wurden bis 1944 etwa 900 000 Polen aus den eingegliederten Gebieten ausgesiedelt, mehr als zwei Drittel davon aus dem Wartheland, wo rund 15% der polnischen Bevölkerung betroffen waren.[146]

143 Zit. n. Ackermann 1970 S. 302f.
144 Majer 1981, S. 448.
145 Kuby 1986, S. 99f.
146 Madajczyk 1988, S. 429ff.

Während die Evakuierungsmaßnahmen in den eingegliederten Gebieten in Gang kamen, begann man bereits daran zu denken, auch im Generalgouvernement deutsche Siedlungszonen zu schaffen. Insgesamt sollten nach dem "Generalplan Ost" vom Mai 1942 im Generalgouvernement 14 Siedlungsstützpunkte entstehen, die das Altreich und die eingegliederten Gebiete mit weiteren Stützpunkten in Rußland verbinden sollten, im Durchschnitt jeweils 100 km voneinander entfernt entlang einer von Breslau bis zu der mit Südtirolern zu besiedelnden Krim geplanten Autobahn. Diese Siedlungsstützpunkte sollten zugleich "SS- und Polizeistützpunkte höherer Ordnung" sein.[147] Nachdem die SS-Führung von Lublin Himmler den Plan unterbreitet hatte, "aus einem Teilstück heraus die Deutschbesiedelung des gesamten Distrikts Lublin durchzuführen und darüberhinausgehend (Zielbild) im Anschluß an die nordisch- bzw. deutschbesiedelten baltischen Länder über Distrikt Lublin einen Anschluß an das deutschbesiedelte Siebenbürgen herzustellen", mit dem Ziel, "im westlichen Zwischengebiet das verbleibende Polentum siedlungsmäßig 'ein[zu]kesseln' und allmählich wirtschaftlich und biologisch [zu] erdrücken,"[148] verfügte Himmler 1942 die Errichtung eines ersten deutschen Siedlungsstützpunktes im Kreis Zamosc im Distrikt Lublin. Zunächst sollte ein deutscher "Siedlungsstreifen" aus der ansässigen deutschstämmigen Bevölkerung, verstärkt mit Volksdeutschen aus dem Distrikt Radom, die in einer "Grobmusterung nach rassischen und erbbiologischen Gesichtspunkten" überprüft wurden, gebildet werden. Insgesamt sollten hier rund 100 000 Volksdeutsche u.a. aus Bosnien, dem Generalgouvernement und der Sowjetunion angesiedelt werden. Zamosc selbst sollte den Namen "Himmlerstadt" erhalten.[149] Im November 1942 begann eine großanlegte Aussiedlungsaktion. Bis Anfang 1943 waren 297 von 691 Dörfern des Kreises für die deutschen Siedler geräumt. Für die erwarteten deutschen Kinder wurden bereits Schulen eingerichtet, teilweise auch neu gebaut. Jedes Dorf sollte durch einen "Führungsbauer" kontrolliert werden, assistiert von drei bis vier Mitarbeitern, die man aus den Siedlern rekrutieren und einer zwei- bis dreiwöchigen Schulung in Lublin unterziehen wollte. Zu Beginn des Jahres 1943 waren freilich erst 8000 Ansiedlungen zustande gekommen. Die Umsetzungsprobleme erwiesen sich als kaum lösbar, nicht nur aus organisatorischen Gründen. Eine Untersuchung an 886 Umsiedlern hatte ergeben, daß die Umsiedler, die dem für die Aktion zuständigen SS- und Polizeiführer von Lublin, Globocnik, zugewiesen wurden, für ihre Aufgabe denkbar ungeeignet waren:

---

147 Doc. occ. VI, S. 74ff. Für den gesamten Ostraum waren 36 Stützpunkte geplant.

148 *Sonderlaboratorium* Bd. I, S. 29.

149 Pilichowski 1983; vgl. auch Pohl 1993.

Allein 21% mußten der "Abt. 4" zugeordnet werden; zudem befanden sich unter den Siedlern nur wenige Bauern.[150] Insgesamt wurden hier zwischen 21 000 und 24 000 Volksdeutsche angesiedelt, dabei handelte es sich zum Teil auch um Polen aus diesem Raum, die man im Rahmen der Aktion "Fahndung nach deutschem Blut" als Deutschstämmige identifiziert, rassisch überprüft, zur Einwandererzentrale Litzmannstadt gebracht und anschließend auf größere Bauernhöfe in neu gebildeten, geschlossenen deutschen Siedlungen umgesiedelt hatte. Der polnische Kleinbesitz wurde aufgelöst, um Bauernhöfe mit 20 bis 60 ha Land zu errichten. Für den Neubau der Wirtschafts- und Wohngebäude, Schulen und anderen Gemeinschaftseinrichtungen wurden Materialien aus dem Abbruch der "Polenkaten" verwendet. Die deutschen Siedlungsgebiete sollten weiterhin von ukrainischen Siedlungen umgeben werden, um ein "Vorfeld" zu den polnischen Gebieten zu schaffen. Bei der Besiedlung wurde bewußt eine Mischung der verschiedenen deutschen Volksgrupppen angestrebt, um einen "Neustamm" zu bilden.[151]

Die "Aktion Zamosc" begann, nachdem Mitarbeiter des HSSPF Lublin anhand von Dokumenten aus österreichischen Archiven und aufgrund von Namenserhebungen den Kreis Zamosc als ein altes deutsches Siedlungsgebiet von Kolonisten erkannt hatten, die hier im späten 18. Jahrhundert eingewandert waren – hier wird übrigens die praktische Funktion der historischen Ostforschung sichtbar. Anfang 1942 wurde beispielsweise der Soziologe Prof. Hans-Joachim Beyer mit der Erstellung eines "Dörferkatalogs" der deutschstämmigen Bevölkerung im Generalgouvernement beauftragt, um die "Wiederentdeckung" deutscher Siedlungsgebiete zu erleichtern.[152] Daraufhin begann eine systematische "Fahndung nach deutschem Blut". Die bloße Erhebung der deutschen Abstammung, die bis dahin im Generalgouvernement praktiziert wurde, genügte jetzt nicht mehr, da die meisten der hier vermuteten Volksdeutschen von ihrer Abstammung nichts (oder nichts mehr) wußten.[153] SS-Fahnder wurden mit "Sonderdienstmännern", die als Dolmetscher fungierten, ausgesandt. Ein SS-Fahnder berichtete z.B.: "Im Dorfe Walowice wurde ein 70 jähr. Einwohner mit Namen Greber angetroffen, der erst auf eine Anfrage nichts von seinen deutschen Vorfahren wissen wollte. Im Laufe des Gesprächs besann er sich dann doch, daß sein Vater s. Zt. von den Polen als 'Schwabe' bezeichnet worden war. Ebenso wurde von der dort ansässigen Familie Hempel festgestellt, daß ihre Vorfahren um 1750 aus Sachsen

---

150 Koehl 1957, S. 154f. und 184.
151 *Sonderlaboratorium* II, S. 215ff., S. 42 und S. 90.
152 Doc. occ. VI, S. 193.
153 *Sonderlaboratorium* I, S. 53ff.

eingewandert seien. – Einen ganz besonders vorteilhaften Eindruck machte das Dorf Swiecichow, rein äußerlich, wie auch die Bewohner einen ordentlichen und sauberen Eindruck machen. Leider verlief die Fahndung nach deutschem Blut ergebnislos, da sich weder der Bürgermeister, noch der Pfarrer oder die anderen Einwohner an deutsche Vorfahren erinnern können."[154] Aufgrund einer Grobeinschätzung der "Fahnder", die sich vor allem an äußerlichen Merkmalen orientierte, erfolgte dann eine erste Klassifizierung der Bevölkerung; daran schloß sich eine genauere Untersuchung nach Abstammung und Rasse durch die Einwandererzentrale Litzmannstadt an, die bald in Zamosc eine Niederlage errichtete. Globocnik, der hier den Ausgangspunkt eines großangelegten Siedlungsprojektes in den Ostraum entstehen sah, begann bereits eine eigene Forschungsstelle mit 14 Abteilungen in Lublin aufzubauen.[155] Um das Germanisierungsvorhaben Wirklichkeit werden zu lassen, wurden die Kriterien der DVL gegenüber der Praxis des Warthelandes gelockert: Es genügte jetzt bereits eine 25prozentige, für Kinder sogar 12,5prozentige Deutschstämmigkeit, um in das Rückdeutschungsverfahren aufgenommen werden zu können. Nach dem großen Erfolg der ersten Fahndungsaktion, die 7 500 Deutschstämmige erbracht hatte, wurde die Fahndung intensiviert und auf weitere Bevölkerungsteile ausgedehnt. Da man ein geschlossenes deutsches Siedlungsgebiet schaffen und daher den größten Teil der nicht eindeutschungsfähigen polnischen Bevölkerung deportieren wollte, wurde diese Fahndung gleichzeitig mit dem Projekt einer Erfassung der gesamten polnischen Bevölkerung verbunden. Dabei wurden auch jene Polen, die sich um eine Eindeutschung bemüht hatten, aber keine Deutschstämmigkeit nachweisen konnten, jedoch als "äußerlich deutsch" erschienen, noch einmal überprüft ("Nachlese" der bereits "Ausgeschiedenen"). Zu diesem Zweck wurde auf der Grundlage der Kategorisierung, die man bereits in Litzmannstadt praktizierte, ein Klassifizierungssystem entwickelt, das über das weitere Schicksal der Betroffenen entschied:

> "1. Die polnischen Familien der Wertungsgruppen I und II werden ausgesondert und nach Litzmannstadt zur Eindeutschung bzw. Feinmusterung gebracht ...
> 2. Von den Angehörigen der Wertungsgruppe III und IV werden die Kinder zusammen mit den über 60 Jahre alten Polen ausgesondert und ge-

---

154 Doc. occ. VI, S. 214.

155 "Forschungsstelle für Ostunterkünfte" mit den Abteilungen Planung-Forschung- Statistik; Architektur, Recht, Rußlanddeutschtum/Sammlung von volkskundlichem Material, "Germaneneinsatz", Geschichte und Ostforschung, Landwirtschaft, Forstwirtschaft, Medizin, Rasse- und Völkerforschung, Kunst, Literatur, Slavistische Philologie und Naturwissenschaften: *Sonderlaboratorium* II, S. 298ff.

meinsam, also im allgemeinen Kinder mit Großeltern, in sogenannte 'Rentendörfer' verbracht. Auch die nicht arbeitsfähigen kranken und gebrechlichen Polen unter 60 Jahren werden in 'Rentendörfer' überstellt.[156]

...

4. Die von 14 bis 60 Jahre alten arbeitsfähigen Angehörigen der Wertungsgruppe III werden, ohne arbeitsunfähigen Anhang, zum Arbeitseinsatz im Reich vermittelt. Im Einvernehmen mit dem Generalbevollmächtigten für den Arbeitseinsatz werden sie als Ersatz für die noch im kriegswichtigen Arbeitseinsatz stehenden Juden verwendet.

5. Die Angehörigen der Wertungsgruppe IV im Alter von 14 bis 60 Jahren werden in das KL Auschwitz abbefördert."[157]

Die Polen wurden ins "Sammellager Zamosc" gebracht, wo sie Karten mit entsprechenden Vermerken erhielten: "WE = wiedereindeutschungsfähig, AD = Arbeitseinsatz Altreich, RD = Rentendörfer, Ki = Kinderaktion, AG = Arbeitseinsatz Generalgouvernement, KL = Lager Birkenau."[158]

Ende 1942/ Anfang 1943 mußten daraufhin mehr als 100 000 Menschen das Gebiet verlassen. Die meisten von ihnen wurden gegen jüdische Zwangsarbeiter in Deutschland "ausgetauscht". Die SS setzte hier einen beispiellosen "Prozeß der Menschenumschichtung und -vernichtung" in Gang. Das nahm solche Formen an, daß ein Zug beispielsweise 1000 Polen aus Zamosc zur Zwangsarbeit nach Berlin transportierte und von dort 1000 Berliner "Rüstungsjuden" nach Auschwitz beförderte; von dort fuhr der Zug leer zurück nach Zamosc und brachte von hier 1000 als nutzlos oder gefährlich eingestufte Polen nach Auschwitz.[159]

---

156 "Rentendörfer" waren Durchgangsstationen zu Vernichtungslagern: Dörfer, deren jüdische Bevölkerung ermordet worden war, oder, wie Kuby schreibt, "nichtevakuierte Dörfer am Rand des Siedlungsgebietes, deren Bewohner gezwungen wurden, zusammenzurücken und die Kinder, die Alten, die Kranken aufzunehmen und zu versorgen": Kuby S. 147; Pohl S. 155. Kinder bis zu 10 Jahren – dies betraf rund 35 000 – sollten nach den deutschen Planungsvorstellungen zunächst in "Kinderheimen" untergebracht werden. Insgesamt war die Umsiedlung von 140 000 Personen geplant: Wasser 1993, S. 287. Zur "Kinderaktion" siehe weiter unten.

157 *Sonderlaboratorium* I, S.152f.

158 Ebd., S. 175

159 Aly/ Heim 1991, S. 437. Die "Aktion Zamosc" mußte, vor allem wegen des polnischen Widerstandes und der allgemeinen Unruhen, die sie unter der Bevölkerung auslöste, im Juli 1943 abgebrochen werden. Die Bilanz: "Etwa 51 000 Polen waren deportiert worden, davon 16 000 nach Majdanek und 2000 nach Auschwitz; 58 000 Menschen waren 'verdrängt' worden, also geflüchtet, tausende wurden bei 'Bandenbekämpfung' und 'Pazifizierungen' erschossen oder kamen in Übergangslagern ums Leben": Pohl 1993, S. 156; vgl. Wasser 1993, S. 290.

Ein Bericht der Umwandererzentrale Litzmannstadt vom Dezember 1942 über die erste Phase der Aussiedlung verdeutlicht das Vorgehen: Innerhalb von drei Wochen waren in 60 Dörfern 9771 Personen erfaßt worden, das waren 28,9% der in Betracht kommenden Bevölkerung: “der Rest hat sich der Aussiedlung durch Flucht entzogen”. 2716 der Wertungsgruppe III zugeordnete Polen wurden als Hilfskräfte für die deutschen Ansiedler zurückgestellt. Die Selektion der übrigen ergab 4,4% “Wiedereindeutschungsfähige” (Gruppe II), 22,6% wurden für den Abtransport nach Ausschwitz ausgesondert, die anderen (73%) wurden der Gruppe III zugeordnet. Die Deutschen führten genau Buch: 2609 Polen entzogen sich der Deportation durch Flucht oder kamen während der Aktion ums Leben. 4446 Personen wurden abtransportiert: “In 4 Transporten wurden 1310 Pers. zum Arbeitseinsatz nach Berlin, in 3 Transporten wurden 2207 Pers. in die Rentendörfer, in 2 Transporten wurden 285 Pers. zur Wiedereindeutschung, in 1 Transport wurden 644 Pers. in das Arbeitslager Auschwitz gebracht.”[160]

---

[160] In: Röhr u.a. 1989, S. 238f.

3. Die Wissenschaften im Dienste der Germanisierungsaufgaben

3. 1. Siedlungsplanung und Raumordnung

Die "Aktion Zamosc" war ein erster Schritt, die weitgesteckten Ziele des "Generalplans Ost" in die Tat umzusetzen, der die rassenpolitische Neuordnung des gesamten Ostraums jenseits der eingegliederten Gebiete zum Gegenstand hatte. Im Rahmen des "Generalplans Ost" wurde daher auch über die Zukunft des Generalgouvernements entschieden. Die wissenschaftliche Leitung der Planungsarbeiten, die von der Deutschen Forschungsgemeinschaft mit mehr als einer halben Million Reichsmark gefördert wurden, oblag *Konrad Meyer,* der Leiter des zuständigen Stabshauptamtes IV "Planung und Boden" beim RKFDV war SS-Brigadeführer *Ulrich Greifelt.* Meyer, der 1942 auch noch zum "Planungsbeauftragten für die Siedlung und Ländliche Neuordnung" beim Reichsminister für Ernährung und Landwirtschaft ernannt wurde, war seit 1931 Mitglied der NSDAP. Er war Direktor des Instituts für Agrarwesen und Agrarpolitik der Berliner Universität. 1956 erhielt er einen Lehrstuhl an der Fakultät für Gartenbau und Landeskultur der TU Hannover.[1]

Meyer erstellte im Auftrag Himmlers eine Denkschrift vom 15. 7. 1941, über die er auf der Ausstellung "Planung und Aufbau im Osten" in Posen vor Landesplanern und Raumforschern referierte.[2] Er bekam dann einen weitergehenden Auftrag und legte am 28. 5. 1942 eine zweite Fassung des "Generalplans Ost" vor.[3] Der Plan selbst ist nicht erhalten, sein Inhalt geht aber aus einer von Erhard Wetzel verfaßten Stellungnahme hervor. Vorangegangen war eine Diskussion von Vertretern des Ostministeriums und Experten der SS, in der es unter anderem um Fragen der Eindeutschung, insbesondere in den baltischen Ländern, ging.[4] Einige aus dieser Diskussion festgehal-

---

[1] Zu Meyer und zum Generalplan Ost s.a. Rössler 1990, S. 164ff.; Rössler/ Schleiermacher 1993.

[2] Rössler 1990, S. 168; Heiber 1958.

[3] Heiber 1958; Müller 1991 S. 185ff.

[4] Heiber 1958.

tenen Äußerungen sind aufschlußreich für das rassistische Denken der Beteiligten: *Bruno Kurt Schultz,* ein führender Rassenwissenschaftler der Zeit, Professor für Anthropologie, menschliche Erblehre und Bevölkerungsbiologie in Berlin, seit 1941 Chef des Rassenamtes I im RuSHA, stellte fest, der größere Teil der Bevölkerung käme für eine Eindeutschung nicht in Betracht und müßte weiter nach Osten, möglichst nach Westsibirien evakuiert werden. Eine Überprüfung der Polen habe nur 3- bis 5% Eindeutschungsfähige ergeben. In der Runde einigte man sich darauf, die durchzuführenden rassischen Überprüfungen als hygienische Untersuchungen zu tarnen, um keine Unruhe unter der Bevölkerung entstehen zu lassen. Ein Abteilungsleiter im Stabshauptamt des RKFDV, *Schubert,* zuständig für Fragen der Umsiedlung und des Volkstums, skizzierte in dieser Runde die Vision einer neuen, am antiken Sparta orientierten Gesellschaftsordnung für das besetzte Rußland, die jene Ideen, die Darré und Hitler schon 1932 formuliert hatten, wieder aufgriff: Die Deutschen müßten die Stellung der Spartiaten, die aus Letten, Esten usw. bestehende Mittelschicht die Stellung der Perioken (freie und grundeigentumsberechtigte, aber politisch rechtlose Bewohner Spartas), die Russen dagegen die der Heloten haben. Wetzel steuerte die Anregung bei: "Es sei zu erwägen, ob nicht durch die Industrialisierung des baltischen Raumes zweckmäßigerweise die rassisch unerwünschten Teile der Bevölkerung verschrottet werden könnten."

Der Generalplan Ost sah vor, den gesamten Ostraum innerhalb von 30 Jahren nach dem Krieg mit Deutschen zu besiedeln. 14 Millionen Fremdvölkische sollten in diesem Raum verbleiben. Himmler modifizierte diese Zielsetzung im Juni 1942: Man müsse schon innerhalb von 20 Jahren zu einer "totalen Eindeutschung" Estlands, Lettlands und des Generalgouvernements gelangen. Als Gesamtzahl der benötigten deutschen Siedler wurden 4,55 Millionen veranschlagt (Umsiedler aus Rußland, Volksdeutsche aus Übersee etc.). Einschließlich der Deutschen in den eingegliederten Gebieten und im Generalgouvernement kam man auf eine Zahl von 8 Millionen Deutschen in einem Raum, der zur Zeit noch mit 45 Millionen "Fremdvölkischen" bewohnt war; danach wären also 31 Millionen "Fremdvölkische" auszusiedeln. In diese Rechnung waren die Juden noch nicht einbezogen; außerdem würden sich die Fremdvölkischen in den nächsten 30 Jahren so vermehren, daß insgesamt von 60 bis 65 Mio. auszugehen sei. Daher müßten insgesamt 46 bis 51 Millionen Menschen ausgesiedelt werden – ein gigantisches und utopisches Projekt, von Himmlers Experten für die Zeit nach dem Endsieg geplant.

Zur Frage der Eindeutschungsfähigkeit wurde festgehalten, daß selbstverständlich nur die rassisch Wertvollen dafür in Frage kamen: "diejenigen Fremdvölkischen, die selbst und in ihrer Sippe sowohl in ihrem äußeren Erscheinungsbild als auch in ihrer Haltung und Leistung überwiegend die Merkmale der nordisch-fälischen Rasse aufzuweisen haben." Man dürfe allerdings nicht zu scharf selektieren, da man mit dem kostbaren deutschen Blut sparsam umgehen und deshalb genügend Fremdvölkische eindeutschen müsse: "Wir können nicht überallhin deutsche Beamte, Lehrer, Soldaten und Polizei schicken." Die Diskussion wandte sich dann den verschiedenen Volksgruppen im Ostraum zu. Am schwierigsten erschien die "Lösung der Polenfrage": Die Polen seien die "deutschfeindlichste", ziffernmäßig stärkste und darum gefährlichste Gruppe; sie neigten am meisten zu Verschwörungen. Das hatte seinen Grund offensichtlich in einem "starken nordisch-fälischen Blutseinschlag" des polnischen Volkes; die Führungsschicht bestünde zu einem großen Teil aus verpolten Deutschen mit nordisch-fälischem Einschlag und galt deshalb, wie die Rassenforschungen im Warthegau gezeigt hatten, als besonders gefährlich: "In Litzmannstadt hat sich das dahin ausgewirkt, daß die polnische Bevölkerung, weil gerade das nordische Element am ehesten zur Umvolkung geeignet zu sein scheint, zum Teil rassisch besser war als die Volksdeutschen. Das Führerkorps des polnischen Aufständischenverbandes bestand nach Untersuchungen des Unterzeichneten [Wetzel] zum großen Teil aus verpolten Deutschen, die mehr oder minder nordischen Blutseinschlag aufzuweisen hatten."[5] Der Plan ging von einer Eindeutschungsfähigkeit von 15-20% der Polen aus. Für die Abschiebung der verbleibenden 20 bis 24 Millionen fand man zwar eine technische ("Das würde an sich bedeuten, daß etwa 100 bis 120 Eisenbahnzüge nur für die Polentransporte jährlich zur Verfügung stehen müßten"), aber keine rechte politische Lösung. Die Diskussion glich hier den Überlegungen zur Judenfrage, die man eine Zeitlang durch den imaginären Plan einer Deportation nach Madagaskar zu lösen können glaubte. Es erschien nämlich als problematisch, die Polen nach Westsibirien zu deportieren, weil man sich damit die Sibiriaken zum Feind machen würde, die man als Gegengewicht gegen die Russen brauche. Daher wurde erwogen, einen Teil der polnischen Bevölkerung nach Südamerika, im Austausch gegen Südamerikadeutsche zu deportieren: "Eine Verbreitung des Polentums in Südamerika dürfte, insbesondere, wenn sich die Ausbreitung nach Brasilien erstrecken sollte, keine erhebliche politische Gefahr bedeuten, da dem fanatischen katholischen Klerus in Brasilien verhältnismäßig leicht die Umvolkung der katholischen Polen gelingen sollte."[6]

Erschienen die Polen als das feindseligste, so die Weißruthenen als das ungefährlichste, harmloseste Volk im Osten. Hier gäbe es einen hohen Anteil

[5] Ebd., S. 306.
[6] Ebd., S. 308.

wertvoller Rassen, die man möglichst schnell umvolken und eindeutschen müsse, bevor sich ein weißruthenisches Nationalgefühl entwickle. Für die Russen hingegen galt ähnliches wie für die Polen, nämlich eine besondere Gefährlichkeit nordischer Rasseneinschläge. Deren Liquidierung sei unrealistisch, es bleibe daher nur die Eindeutschung des nordisch bestimmten Teils, und ansonsten müsse man das russische Volkstum aufspalten und zerschlagen; Rußland müsse verwaltungsmäßig zersplittert werden, um "eigene volkstümliche Entwicklungen" der Bezirke anzubahnen ("Rückfinnisierung, Rückturkisierung" etc.). Man müsse daher ein starkes Nationalgefühl der einzelnen Völker entwickeln. Russisch sollte als verbindende Sprache beseitigt und durch die deutsche Sprache als Verkehrs- und Amtssprache ersetzt werden. Die nordisch-fälischen Elemente sollten dem Russentum entzogen, eingedeutscht und in geschlossenen deutschen Gebieten im Reich angesiedelt werden: "Sie können ebenso wie rassisch erwünschte Weißruthenen und Ukrainer die fehlende deutsche Landarbeiter- und Industriebevölkerung ersetzen. Sie werden die Millionen unerwünschter fremdvölkischer Arbeitskräfte aus dem Süden und dem Südosten Europas ablösen können."

Zum anderen würde man in Rußland wie in Polen eine bewußt negative Bevölkerungspolitik betreiben und alles daran setzen, die russischen Geburtenziffern unter die der Deutschen zu bringen: "Wir müssen in den Gebieten eine bewußt negative Bevölkerungspolitik treiben. Durch Propagandamaßnahmen, insbesondere durch Presse, Rundfunk, Kino, Handzettel, kurze Broschüren, Aufklärungsvorträge und dgl. muß der Bevölkerung immer wieder der Gedanke eingeredet werden, wie schädlich es ist, sich viele Kinder anzuschaffen. Es muß einmal auf die Kosten hingewiesen werden, die Kinder machen, dann auf das, was man sich dafür hätte anschaffen können. Es können die großen gesundheitlichen Gefahren, die der Frau bei Geburten entstehen können, angedeutet werden und dgl. Neben dieser Propaganda muß eine großzügige Propaganda für Verhütungsmittel ins Land gehen. Eine Industrie für derartige Mittel muß eigens geschaffen werden. Strafbar darf weder das Anpreisen und Verbreiten von Verhütungsmitteln noch die Abtreibung sein. Man sollte die Einrichtung von Abtreibungsinstituten durchaus fördern. Man kann z.B. Hebammen ... zu Abtreiberinnen ausbilden." Dies dürfe aber nicht zu einer vollständigen biologischen Vernichtung des Russentums führen, solange "wir nicht selbst in der Lage sind, mit unseren Menschen den Raum zu füllen. Denn sonst würden andere Völker diesen Raum einnehmen ...." Es würde genügen, die Russen zum Ein- oder Zweikindersystem zu bekehren.[7]

[7] Ebd., S. 317f.

Schließlich wurden noch Fragen der deutschen Siedlungspolitik berührt: das Reichserbhofgesetz müsse dahin verändert werden, daß nicht-erbende Nachkommen einen Anspruch auf Landnahme in Siedlungsgebieten des Ostens erhalten. Der Bericht äußert sich auch zur Frage der landwirtschaftlichen Hilfskräfte. Diese müßten aus rassisch erwünschten Fremdvölkischen rekrutiert werden, dabei sei es zweckmäßig, Arbeitskräfte verschiedener Herkunft zu kombinieren: "So sollte in den Baltenländern auf einem Bauernhof z.B. ein estnischer, ein lettischer und ein litauischer Knecht vorhanden sein, die sich, zumal sie sich wahrscheinlich untereinander nicht verstehen werden, schon zwangsweise deutsch verständigen müßten, so daß eine Eindeutschung kein allzu großes Problem darstellen würde."

Zur Siedlungsplanung hatte der Planungsstab um Meyer 1942 bereits recht konkrete und detaillierte Vorstellungen für die eingegliederten polnischen Gebiete entwickelt. Entsprechend der Idee vom "deutschen Mustergau" wollte man hier eine "gesunde Arbeitsteilung von Stadt und Land" einführen, die die Fehler, die in der Vergangenheit in Deutschland gemacht worden seien, von Anfang an vermeiden würde. Man dachte an die "planmäßige Verteilung eines durchgegliederten Systems von Klein-, Mittel- und Großstädten ... , in dem die Kleinstadt die Rolle des Mittlers zwischen Land und Stadt übernimmt. Dann bleibt das Land ungestört in einer artgemäßen Lebens- und Arbeitsordnung, es bleibt auch in seinem Siedlungsbild frei von der Durchsetzung mit baulichen Fremdkörpern und wird eine gesunde wirtschaftliche und kulturelle Eigenständigkeit entwickeln."[8] Jedes Dorf sollte Verwaltung, Schule, Gasthaus, Gemischtwarenladen, einen "Wirtschaftshof" als Zusammenfassung der berufsständischen und genossenschaftlichen Einrichtungen, eine Schmiede und einen Feierraum haben. Als Bezugspunkt für die Dorfgröße wählte Meyer schulpolitische Vorgaben: "Der Reichserziehungsminister hat in den neuen Ostgebieten das Hauptschulsystem eingeführt. Das bedeutet, daß nur die 6- bis 9jährigen schulpflichtigen Kinder vollzählig in die Grundschule gehen. Von den 10- bis 14jährigen wird 1/3 ausgelesen und der Aufbauschule zugeführt. Etwa 1/9 der Kinder besucht vom 10. Lebensjahr ab eine grundständige höhere Schule, so daß von den oberen 4 Jahrgängen der schulpflichtigen Kinder nur etwa 5/9 in der Grundschule bleiben. Unter dieser Voraussetzung erfordert eine normal große Schulklasse von 40 bis 45 Schülern, wenn der Anteil der schulpflichtigen Kinder an der Gesamtbevölkerung für die neuen Ostgebiete mit 18 v.H. angenommen wird ..., eine Einwohnerzahl des Dorfes von rund 300 Menschen." Diese Zahl er-

[8] Meyer 1942, S. 274.

wies sich allerdings für ein überlebensfähiges Dorf als zu klein; als idealen Richtwert legte Meyer schließlich eine Größe von 400 - 500 Einwohnern fest. Die Dörfer sollten sich um ein Hauptdorf gruppieren, in dem ländliche Funktionen konzentriert würden: "Zu diesen Einrichtungen gehören zum Beispiel die meisten Handwerkerstellen (außer dem Schmied!), eine Reihe von Ladengeschäften, Maschinenreparaturwerkstätten, Lagerhaus, Molkerei, Sparkasse, Arzt, Hauptschule und so weiter, ferner leistungsfähigere Einrichtungen kultureller, politischer und geselliger Art, um die Entfaltung eines eigenen ländlichen Gemeinschaftslebens auf einer breiteren Grundlage zu ermöglichen als im einzelnen Dorf. Den Mittelpunkt dieser Einrichtungen wird in Zukunft die Ortsgruppe der Partei als Träger des Gemeinschaftshauses mit Saalbau und Feierhalle bilden."[9]

Ein Planungsmodell für die künftige Siedlungsstruktur des Ostens war die von Christaller entwickelte "Theorie der zentralen Orte".[10] Sie entsprach dem "Führer-Prinzip", das man auf die Raumplanung übertrug: "Führer und Gefolgschaft sind die notwendigen Elemente jeder Gemeinschaft; diese Gemeinschaften werden in den Raum gestellt und hier verwirklicht, so daß es hier führende und folgende Siedlungseinheiten gibt."[11] Nach den Vorstellungen der Leitung der Hauptabteilung Raumordnung im Generalgouvernement sollte ein Netz zentraler Orte als "deutsche kulturelle, machtpolitische und wirtschaftliche Mittelpunkte" geschaffen werden, die jeweils in deutsche und nicht-deutsche Wohnbezirke gegliedert wären.[12] Gemäß dem "Führerprinzip" sollten "Bauwerke der Gemeinschaft die führende Stellung im Stadtbild erhalten."[13] Dazu gehörten etwa auch Glockenturm, Feierhalle und Aufmarschplatz. Nach einer Anordnung Himmlers aus dem Jahre 1941 sollten Türme als Erkennungszeichen der nationalsozialistischen Volksgemeinschaft in Zukunft an Stelle der Kirchen die "Stadtkrone" im "neuen deutschen Osten" bilden.[14] Das Ziel der Neugestaltung der städtischen Zentren gab dem deutschen Führungs- und Herrschaftsanspruch Ausdruck: "... die Städte müssen ein deutsches Zentrum erhalten, das als Macht-, Hoheits- und Bildungsfaktor den Städten den ihnen meist fehlenden Mittelpunkt gibt, von dem aus der deutsche führende und ordnende Einfluß den ganzen Stadtkörper durchdringt und so erst seine umwandelnde Kraft richtig entfalten

---

9 Ebd., S. 277.
10 Gröning/ Wolschke-Bulmahn 1987, S. 88.
11 Christaller, zit. n. Gröning/ Wolschke-Bulmahn 1987, S. 89f.
12 Majer 1981, S. 465.
13 Doc. occ. Bd. XI, S. 197; siehe auch Rössler/ Schleiermacher 1993, S. 270.
14 Gutschow/ Klain 1994, S. 31.

kann."[15] An das "Führerprinzip" schloß sich gleichsam organisch das Gliederungsprinzip der Parteiorganisation (und der Wehrmacht) als Grundlage der städtischen Raumplanung an.[16] Aus solchen und anderen Überlegungen heraus wurden zahlreiche Pläne für nationalsozialistische Idealstädte im "neuen Osten" entworfen.[17] Die polnischen Städte sollten umgewandelt, "entschandelt" werden und ein deutsches Gesicht erhalten. Zum Teil beinhaltete das den Abriß und Neuaufbau ganzer Städte, in denen im übrigen nur noch Deutsche leben würden. Polnische Landarbeiter sollten, soweit man ihrer noch bedurfte, außerhalb der deutschen Siedlungen leben.[18] So beauftragte etwa der Gauleiter von Danzig-Westpreußen, Forster, eine Wohnungsbaugesellschaft der DAF mit der vollkommenen Neubildung der Stadt Lipno. Die Begründung: "Diese Kreisstadt mit ca. 15 000 Einwohnern befindet sich in einem derartig schlechten baulichen Zustand und besitzt weder Wasserleitungs- noch Entwässerungsanlagen, so daß ihr selbst bei größten Investitionen kein deutsches Gesicht gegeben werden kann."[19] Ebenso war ein Neubau der Regierungshaupstadt Zichenau für 50 000 Einwohner geplant.[20] Die Planung erfolgte auf der Grundlage von Vernichtung, denn der deutsche Neubau einer Stadt beinhaltete zugleich, wie das Beispiel Warschaus zeigt, die Aussiedlung, Vertreibung und Deportation von Polen und Juden.[21]

---

[15] Zit. n. Wasser 1993, S. 289.

[16] Culemann 1941.

[17] Siehe z.B. die Beiträge in: Raumforschung und Raumordnung 5 (3/4) 1941; vgl. hierzu Mattausch 1981, S. 218ff.; zur Stadt- und Landschaftsplanung im besetzten Polen siehe auch die entsprechenden Dokumente und Beiträge in Rössler/ Schleiermacher 1993.

[18] Gröning/ Wolschke-Bulmahn 1987, S. 91.

[19] Zit. n. ebd., S. 107.

[20] Die Umbaupläne fielen je nach den vorgefundenen Verhältnissen und intendierten Funktionen unterschiedlich aus. Während die Altstadt von Posen etwa als deutsch vereinnahmt wurde und lediglich durch einige Gaubauten ergänzt werden sollte, plante man in Litzmannstadt, einen deutschen Stadtkern zu schaffen und in Lublin eine komplette SS-Stadt zu errichten: Gutschow 1993; Wasser 1993. Der deutsche Bevölkerungsanteil von Lublin sollte bis 1944 von 10-15% (1939) auf 20-25% gesteigert werden. Dies wollte man vor allem durch die Aussiedlung von mehr als der Hälfte der Einwohner erreichen. In einer "2. Etappe" sollte der deutsche Bevölkerungsanteil auf 30 bis 40% gesteigert werden. Die Errichtung der sanitären Anlagen für den deutschen Bedarf sei, so Himmler "unter Verwendung des reichlich vorhandenen Materials des Warschauer Ghettos möglich". Der "deutsche" historische Stadtkern von Lublin sollte "möglichst bald" renoviert und für "deutsche Beamte zur Verfügung gestellt" werden: Doc. occ. VI, S. 96. Aus Litzmannstadt sollten 300 000 Juden und 50 000 Polen ausgesiedelt werden: Gutschow/ Klain 1994, S. 43.

[21] Gutschow/ Kain 1994, S. 44.

Die Pläne für die Umgestaltung Warschaus haben wir bereits erwähnt. Umbaupläne gab es auch für Krakau, das als Hauptstadt des Generalgouvernements ein repräsentatives deutsches Gesicht erhalten sollte. In Krakau war man besonders darauf bedacht, historische Bauten, die als deutsches kulturelles Erbe vereinnahmt wurden zu rekonstruieren, d.h. von polnischen "Entstellungen" zu reinigen und "organisch" mit Neubauten faschistischer Architektur zu verbinden. Dies schloß nach den Plänen des Stadtbauamtes die Beseitigung "stilwidriger amerikanischer Hochhauskolosse" durch Fassadenneubau ein.[22] Überall entdeckte man "hinter nichtssagenden Fassaden und unter von Polen durchgeführten 'Instandsetzungen' herrliche Beispiele alten deutschen Schaffens in Architektur und Technik."[23] Umfangreiche Planungsarbeiten wurden auch im Warthegau unternommen, so unter anderem für Posen, Lodz und Hohensalza. Hier wurde der städtische Raum in ovale Siedlungszellen neu gegliedert, die sich jeweils zwischen einem Schulbau und einem HJ-Heim als Bezugsgrößen für die Bevölkerungszahl erstreckten.[24] Am Eingang zum Zentrum von Posen, in der Nähe des Schlosses, das in der wilhelminischen Ära erbaut worden war, war ein großangelegtes Gauforum mit Aufmarschplatz, Glockenturm und einem neuen Theaterbau geplant.[25]

Der Landesplaner von Danzig-Westpreußen, Professor *Liedecke*, legte in einer "Denkschrift über die raumpolitische Sicherung des Reichs gegen Osten" vom 23. 8. 41 einige Grundsätze über "die deutsche Stadt als Herrschaftsmittel im Osten" nieder: "Die rein deutsche Stadt verlangt, daß alle sozialen Schichten deutsch sind, so daß jede blutsmäßige Untermengung ausgeschlossen ist." Fremdvölkische Arbeitskräfte für niedere Dienste müßten daher in eigenen Siedlungen nebenan wohnen. "Die Städte müssen biologisch fruchtbar sein, d.h. sich auch in längeren Krisenzeiten aus sich selber erhalten können. Dies bedingt eine besondere Stadtform, nämlich eine sehr aufgelockerte, bodenverbundene, gartenreiche, unter bewußter Bevorzugung des Eigenheims und unter völliger Vermeidung der Mietskaserne. Es kommt also auf die Gestaltung einer biologisch und gärtnerisch gleichermaßen fruchtbaren Stadtlandschaft an." Um die Stadt sollte sich ein "Kranz bäuerlicher Hauptdorfbereiche" legen, je zusammengesetzt aus rund sechs bäuerlichen Gemeinden mit je 100 Familien und einem Hauptdorf mit je mindestens 200 Familien. "Dieser Bauernkranz macht die Stadt in Krisenzeiten weitge-

22 Urban 1941.
23 Eckhardt 1941.
24 Das Modell dafür hatte Gottfried Feder in seinem 1939 erschienenen Buch "Die neue Stadt" geliefert. Siehe Gutschow/ Klain 1994.
25 Ebd., S. 44 f.

hend ernährungspolitisch eigenständig. Der bäuerliche Bereich ist zugleich das Vorbild und die Schulungsstätte für das fremdvölkische platte Land."[26]

An der Siedlungs- und Raumplanung treten die utopischen Gehalte und Impulse der deutschen Ostpolitik besonders sichtbar hervor. Sie bildeten zweifellos eine wichtige Motivationsgrundlage für den "Drang nach Osten" und die dort zu leistende Aufbau- und Pionierarbeit. Hitler selbst entwarf – bei seiner Vorliebe für großräumige architektonische Planungen – folgende Vision vom neuen Osten, hier bezogen auf Rußland: "Der Reichsbauer (soll) in hervorragend schönen Siedlungen hausen. Die deutschen Stellen und Behörden sollen wunderbare Gebäulichkeiten haben, die Gouverneure Paläste ... Um die Stadt herum wird auf 30 bis 40 Kilometer ein Ring gelegt von schönen Dörfern, durch die besten Straßen verbunden. Was dann kommt, ist die andere Welt, in der wir die Russen leben lassen wollen, wie sie es wünschen. Nur, daß wir sie beherrschen. Im Falle einer Revolution brauchen wir dann nur ein paar Bomben zu werfen auf deren Städte, und die Sache ist erledigt. Einmal im Jahr wird dann ein Trupp Kirgisen durch die Reichshauptstadt geführt, um ihre Vorstellung mit der Gewalt und Größe ihrer steinernen Denkmäler zu erfüllen."[27]

Auch Himmler zeigte ein bemerkenswertes Interesse an Fragen der ästhetischen Gestaltung. So ordnete er 1940 eine Bepflanzung der deutschen Siedlungen mit "deutschen Bäumen" – Dorfeichen und Dorflinden – an. Zwei Jahre später akzeptierte er darüber hinaus auch noch "dreigliedrige Eschen", nachdem Volkstumsforscher deren Vorkommen auf Fehmarn auf altgermanische Traditionen zurückgeführt hatten.[28] 1942 erließ Himmler allgemeine Grundsätze zur Landschaftsgestaltung im Osten: "Es genügt also nicht, unser Volkstum in diesen Gebieten anzusiedeln und fremdes Volkstum auszuschalten. Die Räume müssen vielmehr ein unserer Wesensart entsprechendes Gepräge erhalten, damit der germanisch-deutsche Mensch sich heimisch fühlt, dort seßhaft wird und bereit ist, diese neue Heimat zu lieben und zu verteidigen."[29] Der Vokstumskampf im Osten schließt daher auch den Kampf gegen fremdländische Pflanzen ein. So klagten einige an der Raum- und Landschaftsplanung im Osten beteiligte Experten darüber, "daß die Polen die deutschen Bäume, wie Eichen, Linden usw. unterdrückt und statt ihrer fremde Gehölzarten wie amerikanische Eichen, Eschen, Ahorn, Erbsenstrauch, Robinien u.a. eingeführt hätten."[30]

---

26 In: R.D. Müller 1991, S. 148ff.; vgl. a. Gröning/ Wolschke-Bulmahn 1987, S. 152f.
27 Zit. n. Giordano 1989, S. 193f.
28 Gröning/ Wolschke-Bulmahn 1987, S. 95.
29 Ebd., S. 127.
30 Ebd., S. 143.

Himmler berief den Lehrstuhlinhaber des Instituts für Gartengestaltung der Landwirtschaftlichen Hochschule Berlin, *Wiepking*, zum "Sonderbeauftragten für den landschaftlichen Aufbau der neuen Siedlungsgebiete". Wiepking dürfte für diese Aufgabe eine ideale Besetzung gewesen sein. Er hatte erkannt, daß die Germanisierung des Bodens auch die Eindeutschung der Landschaft einschloß. So schrieb er: "Wer den Osten gewinnen will, muß gegen das Ostische kämpfen." Aus dem Osten kommt die Gefahr der Verostung: "Man wird das Weiterfressen des Ostischen nach dem Westen und Süden nur verhindern können, wenn unerbittlich die Quellen des Ostischen auf immer keinen Zufluß zum Westen mehr haben. Keine Brücke, kein Steg darf zwischen Osten und Westen bleiben." Dies war auf die Volkstums- und Rassenpolitik bezogen. "In fest geschlossenen Landsmannschaften soll hier die Blüte des deutschen Bauerntums schaffen." Um die deutschen Siedler dauerhaft im neuen Boden zu verwurzeln, darf man die Landschaft, die sie umgibt, nicht unverändert lassen. Man muß ihr das ostische Gesicht nehmen und ihr ein deutsches geben: "Wir müssen deshalb den jungen Bauern die Heimatlandschaften, aus denen sie gekommen sind, mit auf den Weg geben, ohne welche sie sonst in wenigen Jahren versandet, verostet sein würden ... In öden, baumlosen Kultursteppen wird sich deutsches Blut nicht halten können." Entsprechend wäre auch die Umwelt von Grund auf neu zu schaffen: "Wir brauchen im Osten nicht nur deutsche Menschen, sondern auch Bäume, Wälder, Wolken und Regen" – sie sollten einen Schutz gegen das dem Deutschen fremde Kontinentalklima bilden. "Wir müssen darum den Osten als eine unzerstörbare Einheit von Volkstum und Landschaft, von Heimat und Rasse zusammenfügen, die ein Fundament der Kultur, angefangen vom Boden als dem Ursprung darstellt." Wiepking berührte in diesem Zusammenhang auch die Frage der Siedlerauslese: "Nur Leistungsmenschen dürfen zur Ansiedlung kommen! Erbbiologisch heißt das: Selbst Leistungstypen als vereinzelte Ausbildung des menschlichen Erbganges sind rücksichtslos auszuschalten. Mindestens muß die Leistung der Sippe nachgewiesen werden, bis ins dritte und vierte Glied! Sicherer aber ist es, die Leistung ganzer Landschaften der Auswahl unserer neuen Bauern zugrunde zu legen."[31]

Von besonderer Bedeutung war "die Prägung einer kämpferischen Form für diese Landschaft". Damit meinte Wiepking die Gestaltung einer "Wehrlandschaft" mit Bäumen, Stauweihern, getarnten eigenen Anmarschwegen und Flächen, den Aufbau einer Verteidigungslandschaft mit Scheinpflanzungen etc. Man sieht, wie sich hier die Konzeptionen einer deutschen

31 Wiepking 1940.

Landschaftsgestaltung mit jenen Ideen der deutschen Grenzlandpädagogik berühren, nach denen der nordisch-germanische Mensch am besten in einer artgerechten landschaftlichen Umwelt aufblüht, der heldische Mensch am ehesten gedeiht, wenn er unter kämpferische Lebensbedingungen gestellt ist.

Himmler griff dies in seiner Anordnung von 1942 auf: "Kampfwälder" sollten entstehen; nur heimische Pflanzen aus "Sämlingen bester Rasse" statt "ausgefallener Varietäten und erbkranker Pflanzen" könne man dulden.[32] Wiepking empfahl auf einer Arbeitsbesprechung über Landschaftsgestaltung in den Ostgebieten am 3./ 4. 5. 1943, "die Robinie, da sie ein 'Fremdling' sei, so anzupflanzen, 'daß von der freien Landschaft nur die umgebenden heimatlichen Bäume sichtbar sind'. Wegen ihrer Bedeutung als Bienenweide und als rasch wachsender Derbholzproduzent solle sie aber nicht aus der heimischen Landschaft verbannt werden."[33] Im gleichen Sinn wie Wiepking nahm der Leiter der Sektion Gartenbau des Instituts für deutsche Ostarbeit in Krakau zu den Aufgaben einer deutschen Landschaftsplanung im Osten Stellung: "Die Aufgaben der Gartenkultur im Rahmen der Raumordnung und aller ihr nachgeordneten Bestrebungen können durch den Gestalter nur dann gemeistert werden, wenn – auf eine kurze These gebracht – die Öde der osteuropäischen Tieflandsmonotonie in das schwellende Grün der vom deutschen Baum überwölbten deutschen Landschaft gebettet wird und das urzeithafte, in der Landschaft hockende, baumlose, allslawische Dorf so schnell wie möglich verschwindet."[34]

Himmlers Anordnung ging noch weiter ins Detail. So sollte in den neuen Dorfsiedlungen "die Kultur altüberlieferter Bauernblumen, Küchen- und Heilkräuter" gepflegt werden. Die Grabmal- und Friedhofsgestaltung sollte nach altgermanischem Vorbild erfolgen: Dem entspreche nach Möglichkeit "die Schaffung von Ahnen- und Familiengräbern auf eigener Flur". Die Grabstätten, selbstverständlich nur mit "heimischen Holzarten" bepflanzt, sollten "Höhepunkte schlichter Landschaftsgestaltung" sein und einen

---

32 Gröning/ Wolschke-Bulmahn 1987, S. 145; vgl. Rössler/ Schleiermacher 1993, S. 134. Allein der deutsche Schäferhund fehlt in diesen Programmen noch. Es gab allerdings, so absurd dies erscheint, eine Politik der Diskriminierung gegenüber polnischen Hundehaltern: So wurde in Warschau eine Hundesteuer erlassen, von der deutsche Hundehalter ausgeschlossen waren; und als Warschau zum Tollwutsperrgebiet erklärt wurde, ordnete die Stadtverwaltung an, alle Hunde seien anzuketten bzw. an der Leine zu führen und mit einem Maulkorb zu versehen; jedoch: "Diensthunde der Deutschen Wehrmacht, der Polizei, der Forst- und Zollbeamten sowie des Zollgrenzschutzes dürfen bei Ausführung des Dienstes ohne Leine und ohne Maulkorb geführt werden." Mitteilungsblatt der Stadt Warschau Nr. 30-31, 7. 7. 1941 und Nr. 42-43, 29. 9. 1941.

33 Ebd., S. 148.

34 Maurer 1941, S. 37.

"würdigen Ausdruck der Ahnenverehrung und artgebundener Volks- und Naturfrömmigkeit" bilden. Die Schulen sollten mit Grünanlagen versehen werden, um in der Jugend "Natur- und Heimatliebe" zu wecken, jeder Schule sollte ein Arbeitsgarten für den biologischen Unterricht angeschlossen sein usf.[35]

Auch die Germanisierung der Wohnkultur wurde nicht vergessen. Im Warthegau bildete man 1940 den Arbeitsausschuß "Schönheit des Wohnens", "um hier im Warthegau überall auftretenden polnischen Wohnungskulturzauber durch guten deutschen Hausrat zu ersetzen, damit der neu gewonnene Lebensraum im Osten auch im Wohnzimmer so bald wie möglich ein deutsches Gepräge erhält." Gleichzeitig wurde im Posener Kaiser-Friedrich-Museum eine Sonderabteilung "Deutscher Hausrat" eingerichtet. Der Ausschuß ließ im Auftrag Himmlers über 5000 "Zimmereinrichtungen" anfertigen – unter anderem in den Tischlereibetrieben des Litzmannstädter Ghettos –, die deutschen Ansiedlern übergeben wurden.[36]

3. 2. Rassenwissenschaftliche und -psychologische Ostforschung

Umfangreiche wissenschaftliche Aktivitäten zielten darauf ab, den Prozessen der Selektion der polnischen Bevölkerung, der "Eindeutschung" und der Aussiedlung einen "rassenwissenschaftlich" begründeten Unterbau zu geben. Eine wichtige Rolle spielte dabei die rassenanthropologische Analyse der polnischen Bevölkerung. Besondere Probleme warf der Begriff der "ostischen Rasse" auf, weil man wußte, daß dieser Rassetypus auch im deutschen Volk weit verbreitet war. Niemand dachte ernstlich daran, die "Oster" aus dem deutschen Volk als "Schicksalsgemeinschaft" auszugrenzen; wie hätte man dies dann in den eingegliederten Gebieten rechtfertigen können? Der Ausweg war schnell gefunden. *Otto Reche*, Direktor des Instituts für Rassen- und Völkerkunde der Universität Leipzig, resümierte 1942 die bisherigen rassenwissenschaftlichen Forschungen dahin, daß neben den auch im "Altreich" anzutreffenden Rassentypen in Polen auch "ziemlich primitive ostische Typen vor[kommen], bei denen man sehr große Zweifel haben kann, ob sie noch mit dem Homo alpinus im Sinne Günthers gleichgesetzt werden können" – eine Formulierung, die sich wörtlich in Wetzels Bericht zum Generalplan Ost wiederfindet. Außerdem habe man Einschläge "mongoliden

---

35 In: Rössler/ Schleiermacher 1993, S. 143.
36 Zit. n. Gutschow/ Klain 1994, S. 46f.

Blutes" gefunden. Reche postulierte einen speziellen "Typus I": eine ostisch-mongolide Mischung.[37] Zu diesem Ergebnis hatten insbesondere die Arbeiten *Gottongs* geführt. Gottong war zunächst Judenreferent in der Abteilung Bevölkerungswesen und Fürsorge der Regierung des Generalgouvernements gewesen und arbeitete dann als Assistent an der Sektion für Volkstumsforschung des Instituts für Deutsche Ostarbeit in Krakau. Er hatte bei Hans F.K. Günther und Bruno K. Schultz mit einer Untersuchung über Geschichte, Lebensformen und rassische Zusammensetzung der Bevölkerung in der Oberlausitz promoviert.[38] 1941 war er zu dem Schluß gekommen, daß die ostbaltische Rasse die rassische Grundlage des polnischen Volkes bilde, doch seien in sie schon früh starke Einschläge innerasiatischer (mongolider), vorderasiatischer und Reste der früheren europäischen Rassen eingedrungen.[39] Damit war man deutlich über die ältere Auffassung hinausgelangt, wie sie etwa *Arved Schultz* von der Universität Königsberg noch 1937 vertreten hatte. Schultz hatte die rassische Struktur des polnischen Volkes weit günstiger eingeschätzt: "Nicht nur Nord- und einige Teile Mittelpolens, sondern auch größere Gebiete im mittleren Ostpolen sind vorwiegend nordisch. Der Süden ist stärker dinarisch, der Südosten alpin, also in beiden Fällen dunkler. Viele Ostische sind, wie auch in Ostdeutschland, im Grunde nordisch aufgehellte Uralpine! Der polnische Bauer ist zweifellos seelisch weniger ostisch bestimmt als der russische. In den höheren Schichten wirken sich stärker germanische und romanische Kultureinflüsse aus."[40] Gottong konnte seine Thesen in einer rassenbiologischen Untersuchung an Jugendlichen und jungen Männern des "Baudienstes" im Generalgouvernement erhärten. Seine Ver-

---

[37] Reche 1942. Reche hatte schon 1939 geschrieben: "Die polnische Bevölkerung ist zumeist ein sehr unglückliches Gemisch von Elementen der 'präslawischen' (den skandinavischen Lappen verwandten), der 'ostbaltischen' und der 'ostischen' Rasse, mit stellenweise sehr stark bemerkbaren mongolischen Einschlägen. Eine Vermischung dieser nur sprachlich, aber nicht rassisch, 'slawischen' Bevölkerung mit Deutschen ist auf alle Fälle zu vermeiden; das läßt sich nur durch Entfernung der Polen erreichen. Ob stellenweise ein Teil der polnischen Bevölkerung rassisch brauchbar ist, kann nur vom Fachrassenkundler entschieden werden...": Otto Reche 1939, S. 353.

[38] Aly/ Heim 1991, S. 123. Gottong war am IDO Assistent Josef Sommerfeldts, des Leiters des Judenreferats in der Sektion Rassen- und Volkstumsforschung. Das Judenreferat arbeitete eng mit Rosenbergs Frankfurter Institut zur Erforschung der Judenfrage zusammen: Volkmer 1989, S. 181f.

[39] Gottong 1941.

[40] Schultz 1937. Den hohen Anteil nordrassischer Bevölkerungselemente in Polen hob auch Ilse Schwidetzky hervor. Die Absurdität dieser ganzen Forschung wird daran sichtbar, daß in der polnischen Rassenanthropologie die umgekehrte These vertreten wurde, nämlich daß der nordrassische Bevölkerungsanteil in Polen *größer* als in Deutschland sei: Schwidetzky 1935.

messungen ergaben ein uneinheitliches Bild, das auf eine Geschichte vielfältiger rassischer Vermischungen auf einer "ostisch-ostbaltischen" Grundlage hinwies: "Viel versickertes wertvolles Blut deutscher Kolonisten tritt uns in vielen Menschen mit nordischen, fälischen oder dinarischen Zügen entgegen. Dazu kommen Reste derjenigen Rassen, die während der Zeit der Mongolenherrschaft aus Innerasien oder durch die Türken aus Vorderasien eingedrungen sind."[41] Solche Arbeiten lieferten nicht zuletzt eine "wissenschaftliche" Grundlage für das Projekt der "Fahndung nach deutschem Blut", weil sie "zeigten", daß in vielen Polen germanische Blutsanteile steckten, die durch Vermischungen zustande gekommen waren und die man erst bei näheren Untersuchungen erkennen konnte.

Zu ähnlichen Schlußfolgerungen wie Gottong kam *Anton Plügel*, ebenfalls als Referent und Abteilungsleiter an der Sektion Rasse- und Volkstumsforschung des Instituts für Deutsche Ostforschung in Krakau tätig, nachdem er zuvor als Referent für Volksbildungswesen in der Schulverwaltung beim Gouverneur von Krakau gearbeitet hatte.[42] Plügel konstatierte den "hohen Anteil des Ostrassenkreises", wie man ihn aus Deutschland kannte. Jedoch: "Neben der uns geläufigen ostischen und ostbaltischen Merkmalsverbindung treffen wir aber noch andere Formengruppen an, die wir zwar irgendwie in den Verband der Ostrassen werden stellen müssen, die sich aber von den beiden genannten Typen so weit unterscheiden, daß ihnen zweifellos der Rang besonderer Rassen innerhalb des Ostrassenkreises zukommt. Dabei haben wir es oft mit besonders groben und, wenn wir so wollen, primitiven Formen zu tun, die im deutschen Volkskörper so gut wie gar nicht vertreten sind, hingegen einen beträchtlichen Teil der Bevölkerung des Generalgouvernement ausmachen. Der körperlichen Form scheinen ähnlich geartete seelische Wesenszüge zu entsprechen; die Plumpheit und Dumpfheit der Empfindung und viele andere, die Eigenart der polnischen Massen kennzeichnende Züge sind wohl mit diesen Typen zu verbinden." Die Forschung zeigte im übrigen aber, wie Plügel eingestehen mußte, ein eher verwirrendes Bild: Neben ostischen und ostbaltischen waren etwa noch hellostische, dunkelfinnische, osteuropide und sudetische Rassentypen von den Anthropologen aufgestellt worden. "In ihrer Gesamtheit zeigen uns diese Versuche, daß im Generalgouvernement und im weiteren Osten ein mit einer für Mitteleuropa einigermaßen ausreichenden Rassentypologie nicht hinreichend erfaßbares andersartiges Typen-

41 Gottong 1941b, S. 21. Eine weitere Untersuchung Gottongs an Personen, die im Generalgouvernement einen Antrag auf eine Deutsche Kennkarte stellten, ergab einen nur geringen ostischen Anteil, "dinarisch-fälisch-nordische" Anteile überwogen: 1941c.

42 Hansen 1994, S. 488.

material vorliegt."[43] Die Wissenschaft, so scheint es, stand eher hilflos vor der Aufgabe, die rassische Zusammensetzung des polnischen Volkes eindeutig von den auch im deutschen Volk anzutreffenden Typen abzugrenzen. Man behalf sich mit simplen und schnell getroffenen Wertungen. Das "Blut des Ostrassenkreises", so Plügel, stelle im Generalgouvernement die eigentliche rassische Basis dar, zeige hier aber durch einen "hohen Anteil von Grob- und Primitivformen eine stark abwertige Prägung" und einen hohen Grad einer allgemeinen Vermischung aller Rassenelemente. Mit anderen Worten: Man war weit davon entfernt, einen einheitlichen und charakteristischen Rassentypus der Polen auszumachen. Vielleicht lag gerade in diesem Fehlen reiner Rassentypen die besondere "Minderwertigkeit" der Polen: "Die gesamte Zucht dieses Raumes ist durch lange Zeit vollkommen schief gelaufen und auf ein unheroisches Ideal gestellt worden."[44]

Für Plügel blieben noch umfangreiche Forschungsarbeiten zu tun. Dabei sei die Hauptaufgabe der Forschung, "ganz allgemein festzustellen, welcher Platz den einzelnen Volkstümern und ihren landschaftlichen und sozialen und rassischen Teilgruppen in der neuen europäischen Ordnung zukommt." Plügel entwarf 1941 ein Forschungsprogramm für das Institut für Ostarbeit: Die rassenwissenschaftliche Forschung müsse zunächst einen Überblick über die Verhältnisse im Generalgouvernement geben und möglichst großes Tatsachenmaterial zur Rassenkunde des Ostens erstellen. "Es ist dabei zunächst die sippenbiologisch unterbaute Aufnahme einer größeren Anzahl geschlossener Siedlungseinheiten in einem gleichmäßig über das ganze Generalgouvernement gelegten Beobachtungsnetz geplant." Sodann gelte es, den empirischen Nachweis eines spezifisch minderwertigen Ostrassentypus zu führen: "Nach der Klärung der Typologie der Ostrassen wäre dann eine Frage anzuschneiden, die schon lange die europäische Rassenkunde bewegt, ohne daß sie aus Mangel an stichhaltigem Material wirklich zu beantworten gewesen wäre, nämlich ob die Typen des Ostrassenkreises schrittweise zu den eigentlichen Mongoliden hinüberführen ..."[45] An weiteren Forschungsaufgaben nannte Plügel u.a. rassenbiologische Untersuchungen der polnischen Widerstandsbewegung, den "Aufweis versickerten deutschen Blutes im Osten" und die Ausarbeitung einer "Stellungnahme zum Kontakt unseres Volkes mit den Ostvölkern und Untersuchung der Folgen dieser Berührungen".[46]

---

43 Plügel 1941, S. 357f.; zur Rassenforschung im Osten s.a. den Literaturbericht von Grimm 1941/42.

44 Plügel 1942.

45 Plügel 1941.

46 Aly/ Heim 1986, S. 20.

Neben Forschungsinstituten wie dem IDO unternahmen, wie wir bereits sahen, auch die mit der Selektion der polnischen Bevölkerung befaßten Stellen des RuSHA eigene rassenwissenschaftliche Untersuchungen. *Herbert Strickner* faßte die Erfahrungen, die bei der Umsetzung der "Deutschen Volksliste" in Posen gemacht wurden, 1942 in einem Bericht zusammen.[47] Auch er gelangte zu dem Ergebnis, daß das polnische Volk Rassenbestandteile aufweise, "die durchaus dem gesamten rassischen Erscheinungsbild des deutschen Volkes widersprechen." Die Frage, wie man sich generell zur "ostischen Rasse" stellen solle, beantwortete er sinngemäß so, daß der ostische Deutsche zwar akzeptiert werden, daß aber von nun an ein Schlußstrich gezogen und das weitere Eindringen ostischen Blutes in die deutsche Volksgemeinschaft verhindert werden müsse. Insofern erfüllte die "Deutsche Volksliste" im Warthegau eine Vorpostenfunktion im Kampf für die Reinhaltung des deutschen Volkes: "Wenn auch in den vergangenen Jahrzehnten und Jahrhunderten in einem weitgehenden Maße Personen polnischer Volkszugehörigkeit und Abstammung eingedeutscht wurden, so ist es jetzt endlich an der Zeit, damit Schluß zu machen. Es muß ein Trennungsstrich zwischen der Gegenwart und der Vergangenheit in dieser Beziehung gezogen werden, um den Bestand des deutschen Volkes nicht zu gefährden."[48] Im übrigen konstatierte auch er für Polen insbesondere ostbaltische und "in durchaus nicht seltenen Einzelfällen außereuropäische und primitive Rassenmerkmale". Strickner sprach von einer "blutmässigen Kleptomanie" des Polentums, das sich sein Führertum von fremden Völkern hole – die These von den "verpolten Nordern", denen die Polen allein ihre kulturellen und staatlichen Leistungen zu verdanken hätten.[49]

An ostpolitisch relevanten rassenwissenschaftlichen Untersuchungen waren auch psychologisch-pädagogische Institute im Reich beteiligt. So wurde zum Beispiel bereits 1934 an der Königsberger Universität ein Charakterologisches Institut eröffnet, das sich eine "rassenpsychologische Bestandsaufnahme der gesamten Schuljugend Ostpreußens" zur Aufgabe machte. Das Institut für Jugendkunde in Bremen führte während des Krieges "Eignungsbegutachtungen" von Ostarbeitern durch.[50]

---

47 Strickner 1942.
48 Ebd., S. 32f.
49 Ebd., S. 33.
50 Zeitschrift für Pädagogische Psychologie und Jugendkunde 35 (6) 1934, S. 231f.; ebd., 44, 1943, S. 103f.; vgl. Laux 1990, S. 74ff. Leiter des Bremer Instituts war Theodor Valentiner, nach dem Krieg als Autor einer vielgelesenen Einführung in das Werk Immanuel Kants bekannt geworden.

Von besonderer Bedeutung für die Rassenpolitik im Osten war neben der rassenwissenschaftlichen Forschung die *"Umvolkungsforschung"*, die sich vor allem mit psychologischen Aspekten der "Entdeutschung" und "Rückdeutschung" befaßte, gewissermaßen die nationalsozialistische Version der Migrationsforschung. Mit diesen Fragen setzte sich eine Tagung der "Arbeitsstelle für auslandsdeutsche Volksforschung" auseinander, die vom 11. bis 13. 8. 1937 in Stuttgart unter Leitung des Volkskundlers Bebermeyer und des Psychologen Kroh stattfand. Den Einleitungsvortrag zur "Psychologie der Umvolkung" hielt *Oswald Kroh*, Professor für Psychologie und Pädagogik in Tübingen, später in Berlin – ein führender Vertreter der Entwicklungspsychologie und -pädagogik in Deutschland, dessen Schriften auch nach 1945 noch zu den Standardwerken für die pädagogischen Ausbildung gehörten. Kroh arbeitete während des Drittens Reichs am Projekt einer Psychologie auf "völkisch-anthropologischer" Grundlage.[51]

"Umvolkung" wurde definiert als Übergang von Einzelnen oder Gruppen zu einem anderen Volkstum – dies warf die Frage auf, wieweit durch solche Vorgänge auch das rassische und rassenseelische Gefüge berührt wird: Ob es im Zuge der Umvolkung nur zurückgedrängt und verschüttet wird und daher wiederhergestellt werden kann, oder ob es dabei unter Umständen auch für immer verloren geht. Kroh thematisierte in seinem Vortrag die Probleme von Deutschen, die im Ausland der Gefahr der Umvolkung unterliegen. Er entwickelte am Beispiel der Sprache eine Art "völkischer Entfremdungstheorie": "Der deutsche Mensch, der eine artfremde Sprache zugleich mit artfremden Ausdruckscharakteren übernimmt, verliert die Einheitlichkeit seines Stils, weil er sich Stilmomente aneignet, die seiner Artung widersprechen. In solchen Fällen verankert sich die fremde Gebrauchssprache zunehmend fester in tieferen Schichten der Persönlichkeit. Der fremdartige Rhythmus, das fremde Melos dringen zugleich mit fremdartiger Geste in den Menschen ein und entfremden ihn seiner angestammten Art." Krohs Ausführungen liefen darauf hinaus, daß es nur ein Entweder - Oder geben kann. Damit schied jede Haltung eines Kompromisses und eines Arrangements mit der "fremdvölkischen" Umgebung aus – eine Schlußfolgerung, die den imperialen volkstumspolitischen Zielsetzungen der Nationalsozialisten eine wissenschaftliche Begründung lieferte. Wer etwa zweisprachig aufwächst, führte Kroh aus, lebt in zwei Welten und "untersteht der ständigen Gefahr, die eine gegen die andere auszuspielen oder aus der einen in die andere zu entweichen." Dies kann nur zu Doppelzüngigkeit und Stilverdoppelung führen. "Glücklicherweise" ist diese Gefahr bei "biologisch eindeutig bestimmten Menschen" aber gering;

51 Harten 1993.

"leichter wird sie dem Mischling, anscheinend um so leichter, je verschiedenartiger das biologische Erbgut ist, das er in sich trägt." Kurz, jene Deutschen im Ausland, die sich ihr Volkstum bewahrt haben, sind wahrscheinlich Deutsche, die sich nicht mit fremdem Erbgut vermischt haben. Insofern ist die Bedrohung der Umvolkung durch die fremde Umgebung an ihrer biologischen Festigkeit abgeprallt. Andererseits konstatiert Kroh aber als Entwicklungspsychologe auch die Gefahr einer Schädigung der geistigen Entwicklung durch die Annahme fremder Sprachen: Es kann in der Kindheit, wenn die Persönlichkeit noch nicht hinreichend völkisch gefestigt ist, zu einem Entwicklungsbruch kommen. Er "äußert sich in der Persönlichkeit in eigentümlicher Unstetigkeit, die für die Umvolkung schon deshalb disponiert, weil sie zur Unsicherheit führt."[52]

Diese Gefahr hatte *Christian Vasterling* in seiner Dissertation "Entdeutschungsgefahren im Reifealter. Zur Psychologie der Umvolkung Jugendlicher" aufgezeigt. Vasterling zufolge lagen besondere Entdeutschungsgefahren in der Reifezeit, wenn die Suche nach neuem Lebenssinn und nach eigener Lebensbestimmung den Jugendlichen in einen Gegensatz zu den Eltern, zur Haltung und Tradition der Familie treibe und damit fremdvölkischen Einwirkungen zugänglich mache: "Wirkliche Gefahren für eine Entnationalisierung in den Reifejahren glauben wir in der Phase der Vorpubertät und in der Adoleszenz sehen zu müssen. – Die Vorpubertät ist besonders durch den Einfluß der Umwelt und durch das starke Geltungsstreben bestimmt. Rudelfreundschaften mit Fremdvölkischen können sehr bestimmend wirken, insbesondere aber ist von Bedeutung, wer das Geltungsbedürfnis des Knaben am meisten zu befriedigen verspricht. Jugendverbände und Äußerlichkeiten sind hier von großem Einfluß." Immerhin könne aber "eine in der Vorpubertät angebahnte Entnationalisierung, die nicht auf einer Kindheitsentnationalisierung beruht, in der Pubertät rückgängig gemacht werden."[53] In jedem Fall ergab sich daraus die Schlußfolgerung, daß man beispielsweise deutsche Kinder, die in Polen aufwachsen, von polnischen Kindern trennen und fernhalten mußte, wie es denn auch später in den besetzten Gebieten praktiziert wurde.

Der Begriff der völkischen Entfremdung als einer Vorbedingung der Degeneration spielte in der Umvolkungstheorie eine zentrale Rolle. *Robert Beck*

---

[52] Kroh 1937.

[53] Vasterling 1936, S. 152f. Ähnliche Untersuchung zu Umvolkungsgefahren bei Jugendlichen unternahm der Studienleiter Heinrich Geißler an deutschen Jugendlichen in Belgrad: Geißler 1938.

schrieb 1938 in den "Baltischen Monatsblättern" von den Gefahren des "schwebenden Volkstum", dessen charakteristische Folgen allgemeine Disharmonie, Seelenqualen und Gesinnungskatastrophen seien. Es kann, so Beck, zu charakterlichen Schäden kommen, die um so größer sind, je früher der Prozeß beginnt. Diese Gefahren seien vor allem bei Mischehen gegeben: Sie führen zu schwer auflösbaren Spannungen. Man müsse sich für ein Volkstum entscheiden oder das völkisch Unterschiedliche neutralisieren – dann werde man aber politisch neutral und uninteressiert, es komme zu Heuchelei und Degeneration der Gesinnung, also zu einer opportunistischen Haltung: "Ist erst einmal innerhalb der Gesinnung das Volk und die Gemeinschaft aus ihrer natürlichen Vorzugsstellung verdrängt, dann gibt es keinen Halt mehr im fortschreitenden Gesinnungszerfall." Eine allgemeine "Wertungsunsicherheit" führe dazu, daß man Entscheidungen ausweiche. Schließlich trete eine gänzliche Abstumpfung und Wertungsunempfindlichkeit und am Ende – beim "Renegaten" – Gesinnungsauflösung ein: "Die letzte, die Einheit der Gesinnung kontrollierende Instanz, das Gewissen ist erloschen." Damit sei aber der Weg frei für Anarchie und Verbrechen. Beck wollte mit dieser Argumentation die Absperrung Deutschlands für fremdvölkische Zuwanderer begründen: "Der äussere Gewinn assimilierter fremdvölkischer Elemente wiegt nie den Zuwachs an innerlich gespaltenen gesinnungsmässigen Zerfallskeimen auf". Aber seine Argumentation schuf natürlich auch grundsätzliche Bedenken gegen die "Rückdeutschungsfähigkeit deutschstämmiger Renegaten."[54]

Oswald Kroh meinte, wie gesagt, daß die Gefahr solcher Entartungserscheinungen und Degenerationen von der Festigkeit des rassenbiologischen und -seelischen Gefüges abhinge und leitete daraus die Forderung nach einer rassentypologischen und "stammesmäßig differenzierenden Umvolkungsforschung" ab. Nach seiner Einschätzung zeigten Niederdeutsche beispielsweise fremden, "umvolkenden Einflüssen" gegenüber mehr Widerstandsfähigkeit als Oberdeutsche. Dahinter verberge sich die Wirksamkeit bestimmter Typen, die noch wissenschaftlich zu untersuchen seien. Widerstandsfähigkeit gegenüber umvolkenden Einflüssen sei jedoch nicht nur angeboren, sondern hänge wesentlich auch von der völkischen Erziehung und der Pflege eines inneren, auf die Reinhaltung des Volkstums gerichteten "Instinkts" ab: "Artbewußte, in Selbstachtung ihrer Art erzogene Völker verfügen von Natur aus über instinktive Anlagen, die sie vor Volksentfremdung weithin bewahren ... Formen körperlicher Abneigung erlebt heute noch vielfach der artbewußte Weiße bei der Begegnung mit niederen Rassen, etwa auch gegenüber Zigeu-

[54] Beck 1938.

nern." Kroh erläuterte diese Zusammenhänge am Beispiel der Wirkung der Juden in Deutschland: Ihre "eigentümlichen Formen der Ausdrucksgestaltung" hätten lange gleichberechtigt neben denen der Deutschen gestanden, so daß ihr Stil schließlich das gesamte öffentliche Leben durchdringen konnte. "Solange dieser Zustand dauert, wird die heranwachsende Jugend die Sicherheit des Instinkts der Unterscheidung zwischen Artgemäßem und Artfremdem nicht zurückgewinnen können." Deshalb ziele die nationalsozialistische Politik darauf ab, "die Sicherheit für das Empfinden für das Eigene und Artgemäße wieder zu wecken und Möglichkeiten zur Entfaltung einer schon vorbewußten Ablehnung alles Artfremden wieder zu schaffen." Die Resistenz gegen die umvolkenden Einflüsse fremdvölkischer Ausdrucksstile hängt, so Kroh, wesentlich vom "völkischen Halt" ab, den der einzelne erfährt; und dieser Halt, die Kraft, die Spannungen auszuhalten, könne nur aus einer Weltanschauung kommen, "die das Volkstum zum Höchstwert des Lebens erhebt", wie es im Nationalsozialismus verwirklicht sei.[55]

Ein führender Vertreter der rassen*soziologischen* Umvolkungstheorie war *Hans Joachim Beyer*. Beyer, SS-Hauptsturmführer, war seit 1934 Dozent an der Hochschule für Lehrerbildung in Danzig, 1937 wurde er Leiter der neu eröffneten "Mittelstelle für auslandsdeutsche Volksforschung" des Deutschen Auslandsinstituts Stuttgart[56] 1940 erhielt er eine Dozentur an der Auslandswissenschaftlichen Fakultät der Berliner Universität – er war dort für Ostmitteleuropa zuständig. 1942 schließlich wurde er zum ordentlichen Professor für "Volkslehre und Nationalitätenkunde Osteuropas" an der deutschen Universität in Prag ernannt und dort mit dem Aufbau und der Leitung der "Reinhard-Heydrich-Stiftung" betraut.[57] Beyer setzte sich kritisch mit der amerikanischen Migrationsforschung auseinander und vertrat die Auffassung, die Alternative "Getto oder Assimilation" der amerikanischen Soziologie sei falsch, man müsse stattdessen die Bedingungen "echter Umvolkung im Sinne der Integration" untersuchen.[58] Er postulierte als volkstumspädagogische

---

55 Kroh 1937.

56 Schuster 1987, S. 333.

57 Biographische Angaben: ebd.; Rammstedt 1986, S. 103 u. 137. Zu Beyer siehe auch Roth 1993 und Ritter 1976. Roth zufolge war Beyer zusammen mit den in der Wehrmacht tätigen Ostforschern Hans Koch und Theodor Oberländer 1941 an der Organisation der Massaker an der polnisch-jüdischen Intelligenz beteiligt: Roth 1993 S. 56. Roth bezeichnet Beyer als "einen der intellektuellen Vordenker der RSHA-'Generalplanung'". Beyer leitete in der Reinhard-Heydrich-Stiftung das Institut für europäische Völkerkunde und Völkerpsychologie und hatte gleichzeitig die Position eines Direktors des Instituts für Volkslehre und Nationalitätenkunde Osteuropas an der Universität Prag inne: Deutsche Karls-Universität Prag 1944.

58 Beyer 1942; vgl. Schuster 1987 S. 338.

Aufgabe, die "Schrumpfung des volksdeutschen Bewußtseins" im Ausland zu verhindern.

Auf der Stuttgarter Tagung von 1937 hielt Beyer einen Vortrag über den "Zusammenhang zwischen Geschichtsbewußtsein und Umvolkung". Darin entwickelte er anhand von "Material über den Einbau deutschen Bluts in die polnische Führungsschicht" eine "Typik der Umvolkung", in der die Theorie von der "polnischen Kleptomanie des Blutes" vorbereitet wurde. Er unterschied fünf Haupttypen von Umvolkungsvorgängen:

1. Vorgänge der "Auslaugung besonders Begabter", zu der es insbesondere bei "Umvolkungen geschlossener deutscher Siedlungen" käme.
2. "Ausleseassimilationen"; hier weist Beyer auf die "erstaunlich große Zahl von Umvolkungsvorgängen" hin, denen keine "Veränderungen der rassischen Substanz" vorangegangen seien: die "Polonisierung ohne einen Tropfen polnischen Blutes". Andere Beispiele für "Ausleseassimilationen" seien Polonisierungen infolge der Beschäftigung mit dem polnischen Geistesleben, der polnischen Sprache etc. und der Anteilnahme am polnischen Freiheitskampf.
3. Umvolkungen aufgrund des Strebens nach sozialem Aufstieg in der fremdvölkischen Umgebung.
4. "Rein willensmäßige Umvolkungen" auch wenn es hier noch nicht zur Veränderung der biologischen Erbsubstanz käme, müsse doch von der Tendenz ausgegangen werden, daß der "gesinnungsmäßigen die rassische Angleichung" folge.
5. Eine besonders problematische, gerade für Deutsche in Osteuropa – im Unterschied zu Übersee-Deutschen – charakteristische Form der Umvolkung sei, daß es in vielen Fällen beim umgevolkten Deutschen zu einer solchen "Halt- und Charakterlosigkeit" komme, "daß er das ursprüngliche Volkstum erbittert bekämpft. Hier ist eine scharfe Grenze zwischen 'Umvolkung' und 'Renegatentum' nicht zu ziehen."

Beyer resümiert seine Überlegungen abschließend in zwei Thesen:

1. Bei Umvolkungsvorgängen handle es sich "primär um eine vorangegangene Veränderung der rassischen Eigenart (Mischehe) oder aber um eine Dämpfung des Rasse- und Volksbewußtseins, die bis zur Abtötung gehen kann und sich zumeist in dem Willen vollendet, durch eine Mischehe dem Nachwuchs eine andere rassische Eigenart zu geben."
2. Beim deutschen Volk müsse man die Auswirkungen des "Gesetzes der Spannung zwischen Leistungsmöglichkeit und Auswirkungsraum" ganz besonders beachten, denn das deutsche Volk bringe in seinen Auslandsgruppen vielfach mehr Begabungen hervor, als es in seinem völkischen Lebensraum ansetzen könne. "Das Mißverhältnis Begabungen – Wirkungsraum hat dann Aufstiegsassimilation zur Folge, d.h. Absaugung der Begabungen durch ein

leistungsschwächeres Volk, das in einem Staate einen unausgefüllten Wirkungsraum besitzt."[59]

Solchen Zusammenhängen, der Aneignung und Absaugung nordischen Blutes durch minderwertige fremde Wirtsvölker, ging insbesondere *Karl Valentin Müller,* einer der führenden Rassensoziologen des Dritten Reiches, in zahlreichen Untersuchungen nach. Müller führte letztlich alle größeren kulturellen und staatenbildenden Leistungen im osteuropäischen Raum auf das Wirken nordrassisch geprägter Auswanderer zurück und lieferte damit die wissenschaftliche Begründung für Himmlers paranoide Angst vor der nationalen Führungselite in den Ländern dieses Raums, die sich gegen das eigene Blut kehre: "Ein unheimlicher, aber wahrer Gedanke: Deutsches Blut führte schon Teile von Osteuropa und einen großen Teil der Neuen Welt, aber im Gewande fremdvölkischen Wesens, gegen das Vaterland seiner Ahnen ..."[60] Müller vertrat die Auffassung, die historische bäuerliche Kolonisation der Deutschen im heutigen polnischen Volksraum sei eine "Eliteansiedlung ausgelesener, vorwiegend nordischer Pioniergruppen" gewesen. Ihnen sei der Aufbau des Städtewesen in Polen zu verdanken, durch sie allein hätten die Polen "wirtschaftlich-kulturellen Anschluß an die abendländische Entwicklung" gefunden. Das – "gewiß verständliche" – Bemühen "umwohnender Polen", eine "deutschblütige Frau zu erhalten", habe im Laufe der Zeit zur "Verpolung" der ursprünglich nordisch bestimmten Aufstiegselite, zur "Aufpfropfung deutscher Reiser auf den polnischen Volksstamm" geführt. Einen Beweis dafür meinte Müller darin zu sehen, daß etwa die polnische Lehrerschaft in Galizien noch in der Gegenwart zehnmal mehr deutsche Namen aufwiese als dem deutschen Bevölkerungsanteil entspräche; dies gelte insbesondere für Lehrer höherer Schulen, da es hier immer an polnischen Lehrkräften gemangelt habe.[61] Müller stellte eine Reihe ähnlicher Untersuchungen über Umvolkungsvorgänge und die Bedeutung des "deutschen Bluts" im tschechischen Raum an. Damit war er für die Leitung des Instituts für Sozialanthropologie und Volksbiologie an der Deutschen Universität in Prag prädestiniert, die er 1940-45 innehatte.[62] Er war zuvor Dozent in Leipzig, dann Professor an der TH Dresden gewesen und hatte sich vor allem durch Arbeiten zur rassensoziologischen Eliten- und Begabungsforschung

---

[59] Beyer 1937.

[60] Müller 1941.

[61] Müller 1937.

[62] Noch im Wintersemester 1944/45 hielt Müller in Prag Vorlesungen zur "Rassen- und Blutsgeschichte des tschechischen Volkes" und über "Leistung und Rassenerbe in Volk und Gesellschaft": Deutsche Karls-Universität Prag 1944.

hervorgetan, in denen er unter anderem den Nachweis zu führen suchte, daß die Elite der deutschen Arbeiterschaft aus hochwertigem nordrassischem Bauerntum hervorgegangen sei. Schon 1926 meinte er in einer Untersuchung an Kindern herausgefunden zu haben, daß bei nordischen Kindern schöpferische Begabung und "Führerdrang" besonders stark ausgeprägt seien, während etwa Rassenmischlinge durch ihr "Halbmenschentum" zum "Herdentümlichen" neigten.[63] Müller, der auch für die Nordische Bewegung schrieb und die Idee einer "nordischen Volkshochschule" propagierte,[64] steuerte zu den von Darré und Günther vertretenen Ideen eines "Neuadels aus Blut und Boden" die Variante des Projekts eines neuen Arbeiteradels aus "Rasse und Meisterschaft" bei, nach dem rassisch wertvolle, erbgesunde und fortpflanzungstüchtige Arbeiter mit dem Titel des "Erbmeisters" ausgezeichnet werden sollten; ein Titel, der mit sozialen Privilegien und der Zuweisung einer Kleinsiedlerstelle verbunden wäre.[65] Müller machte, wie so viele andere Rassenwissenschaftler der Zeit, auch nach 1945 noch Karriere an deutschen Hochschulen – so leitete er in den fünfzigerer Jahren das Institut für empirische Soziologie und Sozialanthropologie der Hochschule für Wirtschafts- und Sozialwissenschaften in Nürnberg und beendete seine wissenschaftliche Laufbahn als Ordinarius für Soziologie und Sozialanthropologie an der Universität Erlangen. Er machte sich in dieser Zeit einen Namen als Bildungssoziologe und trat insbesondere durch Beiträge zur "Begabungssoziologie" hervor,[66] daneben widmete er sich Integrationsproblemen der deutschen Vertriebenen. Müller errang übrigens auch internationales Ansehen und wurde unter anderem Mitglied in internationalen Einrichtungen zu Flüchtlingsproblemen.

Die "Umvolkungsforschung" war für die nationalsozialistische Rassenpolitik wichtig, weil sie Beiträge zur Lösung der schwierigen Frage der "Rückdeutschungsfähigkeit verpolter Deutschstämmiger" zu liefern versprach. Von grundlegender Bedeutung war die Diagnose "echte oder unechte Umvolkung" – war der Deutschstämmige vollständig im fremden Volk aufgegangen oder nur an der Oberfläche assimiliert? Auf diese Formel brachte es *Egon Leuschner* in einer 1942 vom Rassenpolitischen Amt der NSDAP herausgegebenen Schrift zur "Nationalsozialistischen Fremdvolkpolitik". Echte Umvolkung, das geistig-seelische Hineinwachsen und innerliche Aufgehen in einem neuen Volkstum setze ein enges rassisches Verwandtschafts-

---

63 Müller/ Springer 1926.

64 Müller 1929; ders. 1933.

65 Müller 1935.

66 Müller führte u.a. nach dem Krieg in staatlichem Auftrag umfangreiche begabungssoziologische Untersuchungen an niedersächsischen Schülern durch: Drewek 1989

verhälnis voraus. Anders war es, wenn, wie Beyer ausgeführt hatte, ein durch Assimilation bewirkter Gesinnungszerfall zur Heirat mit Fremdvölkischen führte und durch Mischehen der ursprüngliche Blutsanteil allmählich verschwand. Echte Umvolkung war also an die rassische Grundstruktur gebunden (und "Umrassung" war, wie Müller meinte, unmöglich: Das ursprüngliche Blut könne nur allmählich versickern und verlöschen, aber sich nicht selbst verwandeln, es bleibe eine ewige Substanz, die nur durch anderes Blut verdrängt werden könne). Die Möglichkeit der Rückdeutschung, der "Umvolkung" rassisch wertvoller Polen hing daher, so Leuschner, davon ab, wieweit sich bei ihnen noch Merkmale der nordisch-fälischen Rassen aufweisen ließen. Dies sei im übrigen nicht nur am körperlichen Erscheinungsbild festzumachen, sondern müsse "in wochenlanger Beobachtung" auch des geistig-seelischen Verhaltens geprüft werden.[67]

Die "Umvolkungsforschung" gelangte zu dem Schluß, daß, wie SS-Standartenführer Dr. *Ehlich* vom Reichssicherheitshauptamt 1942 resümierte, echte Umvolkung "überhaupt nur auf rassischer Basis" erfolgen kann, "d.h. aus der Erkenntnis, dass umvolkungsfähig nur diejenigen Bestandteile dieser Völker sind, die rassisch dem deutschen Volke gleich sind" – gemeint waren die nordisch-fälischen Rassenelemente der süd- und osteuropäischen Völker. Die Mehrheit der Polen war daher nicht umvolkungsfähig. Ehlich faßte die Legitimationsideologie der Rassen- und Volkstumspolitik der SS gegenüber den Polen zusammen: Historisch dienten polnische Zuwanderer dazu, in Deutschland den im Zuge der ökonomischen Entwicklung zunehmenden Bedarf an "reinen Tagelöhner- und Knechtssippen" zu befriedigen – die Rassenpsychologen lieferten dafür eine scheinbar wissenschaftliche Begründung, indem sie die besondere Eignung der "Oster" für solche untergeordneten Tätigkeiten nachwiesen; im "deutschen Volkskörper" dagegen, "der rassenpolitisch gesehen nach höherwertigen Leistungen hin gezüchtet war, bestand", so replizierte Ehlich die Theorie Karl Valentin Müllers, "ein Überreichtum leistungstüchtiger Sippen, der sich neue Betätigungsmöglichkeiten suchte, die bei den Völkern gefunden wurden, die an solchen Begabungen relativ arm waren." In der Vergangenheit habe man den Fehler gemacht, Vermischungen zuzulassen und auf eine sprachliche Assimilation der polnischen Untertanen zu setzen. Dadurch seien für die germanischen Kernrassen des deutschen Volkes gefährliche Umvolkungsvorgänge in Gang gekommen. Die künftige Politik müsse eine Politik der Trennung und Entmischung sein. Wollte der preußische Staat einst seine polnischen Untertanen durch "Sprachzwang" germanisieren, so werde der nationalsozialistische Staat nur die germanischen

[67] Leuschner 1942.

Rassenbestandteile assimilieren ("rückdeutschen" oder "rückvolken"). Diese "Umvolkung auf rassischer Grundlage" werde aber eine "unerhört lange Erziehungsarbeit" erfordern, denn echte Umvolkung beruhe auf freiwilligem Bekenntnis und inneren Bindungen, die bei vielen erst wiederhergestellt werden müßten. Rassenpolitischer Erziehungsarbeit wies Ehlich auch deswegen eine zentrale Bedeutung zu, weil im Osten weiterhin auf längere Zeit polnische Arbeitskräfte gebraucht würden und deshalb noch lange die Gefahr von Vermischungen gegeben sei: "Daher ist die Erziehung zu dem unbedingt notwendigen Abstand gegen diese Fremdvölkischen eine der wichtigsten Aufgaben, um die Gefahren einer Unterwanderung zu verhindern."[68]

Eine anderes, nicht minder wichtiges Forschungsinteresse galt der *Psychologie der Um- und Neusiedlung*. Hier stand vor allem die Frage der richtigen "Siedlerauslese" für die polnischen Gebiete im Mittelpunkt. Die Diskussion der Siedlerauslese wurde von zwei Kriterien bestimmt: Zum einem vom Idealbild eines Neubauerntums im Osten, das an die Ideen Darrés und Günthers anknüpfte, zum anderen von den spezifischen Aufgaben und Anforderungen, die sich den künftigen deutschen Siedlern in einer vorerst noch fremdvölkischen und noch endgültig zu erobernden Umgebung stellten. Jede Siedlerauswahl, so Bruno K. Schultz schon 1935, müsse von rassischen und erbgesundheitlichen Gesichtspunkten bestimmt sein; und selbstverständlich müßten Neubauernfamilien "rein arischer Abstammung" sein, dabei müsse das "gesamte leibliche und seelische Bild der Familie" berücksichtigt werden. "Wir alle erwarten uns", so Schultz, "ein Neubauerntum, ... das dem Wunschbilde, daß wir vom deutschen Bauern in leiblicher und geistiger Hinsicht haben, möglichst nahe kommt."[69] Der Neubauer, so beschrieb Johannes Schottky dieses Wunschbild, "muß mit seiner Familie rassisch einwandfrei, beruflich tüchtig, charakterlich sauber, gesund und erbgesund sein", soll aus dem Bauerntum die "Erneuerung der nordischen Rasse" kommen.[70] Otto Reche resümierte im September 1939 kurz und bündig: "Die Siedelung hat unter entscheidender Berücksichtigung *rassischer und rassenhygienischer* Gesichtspunkte, unter verantwortlicher Aufsicht eines entsprechenden Fach-

---

68 Die Behandlung des fremden Volkstums. Referat des SS-Standartenführers Dr. Ehlich, Reichssicherheitshauptamt, auf der Tagung des Volkspolitischen Reichsreferats der RSF am 10./11. Dezember 1942 in Salzburg. In: Rössler/ Schleiermacher 1993, S. 48ff.; ähnlich äußerte sich Höppner 1943.

69 B. K. Schultz 1935.

70 Schottky 1935. Solche Kriterien bestimmten später auch die Arbeit der Einwandererzentrale in Litzmannstadt: siehe Gradmann 1942.

mannes zu erfolgen, denn für erblich minderwertige Elemente hat das deutsche Volk weder Raum noch Geld noch Zeit."[71]

Das *Wissenschaftliche Institut der Deutschen Arbeitsfront* (AWI) ging der Frage, welche deutschen Stämme und Rassen für die Siedlungsaufgaben im Osten am besten geignet wären, genauer nach. Ausgangspunkt war die Überlegung, daß "dem Schwert der Pflug folgen" müsse, d.h. daß das eroberte Land nur dann dauerhaft dem Deutschtum "zurückgewonnen" werden könne, wenn es dem Deutschen gelinge, sich fest im Boden zu verwurzeln. Hier galt der Grundsatz: "nur das ist im Stammestum von werthaftem Bestand, was zutiefst in der rassischen Wurzel verankert liegt."[72] Die Experten des AWI sahen in der von Günther und Clauss entwickelten Rassentypologie des deutschen Volks einen Ansatzpunkt, von dem her sich auch die Eignung für die Siedlungsaufgaben im Osten bestimmen ließen. So sei, wie vergangene Erfahrungen deutscher Kolonisierungsarbeiten gezeigt haben, die "nordische Komponente" von herausragender Bedeutung bei der Kolonisation, denn den Norder zeichne Unternehmungslust, Tatendrang, die Fähigkeit, "sich ein Neuland aufzuschließen" und zu erobern aus. Ebenso wichtig sei der fälische Bestandteil, "der dem Bauerntum die Schwere des Verharrens auf der Scholle gibt", die "Festigkeit des Raumbeständigen", und dem daher eine besondere Bedeutung als bewahrender Faktor gegenüber fremden Einflüssen bei Neuansiedlungen zukomme. So erschien ein nordisch-fälisches Zusammenwirken bei den Kolonisierungs- und Siedlungsaufgaben als ideale und fruchtbare Synthese: "Das nordische Blut hat tragenden Anteil an der Kolonisation gehabt, das fälische Blut ergänzend und eigentlich erst sinngebend, den bewahrenden." Ostisches Blut sei an solchen Prozessen hingegen immer nur in unbedeutender Weise beteiligt gewesen (denn "Anpassen ist gleichbedeutend mit Sichführenlassen und ist zweifellos für bestimmte Teile unserer Industrie von sehr großer Bedeutung", für Kolonisierungsaufgaben aber keine geeignete Haltung). Daneben wurden auch noch den Dinarern wertvolle Mitwirkungsmöglichkeiten eingeräumt: der Dinarer neige zu sentimentaler Heimatliebe und leidenschaftlicher Heimatverteidigung, Qualitäten, die bei der Befestigung und Verwurzelung eroberten Bodens zum Einsatz kommen können. Für die Aufgaben erobernden Siedelns unter dem Druck des Volkstumskampfs sind sie aber wohl weniger geeignet. Denn "die Geschichte ihrer Siedlung ist durch ein progressives, langsames Vordringen und nicht durch ein stoßhaftes Hervorbrechen gekennzeichnet, wie es in der Siedlungsgeschichte der Germanen zum Ausdruck kommt." Die Rassenseele

71 Otto Reche 1939, S. 352.

72 AWI, Zum sozialen Aufbau im Osten. In: Jahrbuch 1940, S. 200.

läßt sich nach den Autoren übrigens auch deutlich an den Siedlungsformen ablesen: Sie sind "erstarrter Ausdruck der Art des Gemeinschaftserlebnisses der Gründer"; so sei beispielsweise die aufgelockerte Einzelhofsiedlung typisch für den nordischen Heroismus und Individualismus, während Rundlinge dem für die ostische Seele charakteristischen "Drang zum nahen Beieinanderwohnen" (dem "Massentümlichen") entsprechen.

Die Experten des AWI sprachen schließlich die Empfehlung aus, "stammesgebundene, artverwandte und weltanschaulich aufeinander abgestimmte Menschen" für die Besiedlung auszuwählen, die die Umsiedlung auch selbst als einen "politischen Auftrag" erleben, dem für sie "höchster Wert" zukommt. Um die Einverwurzelung im neuen Boden zu fördern, sollten die Ansiedlungen die Bindungskraft des "stammestümlichen Zusammengehörigkeitsgefühls" nutzen: "Für stammesgebundene Menschen wird ... die gruppenmäßige Umsiedlung der Einzelumsiedlung vorzuziehen sein, und sofern es sich um eine Einzelumsiedlung handelt, wird man den Menschen zwischen, zumindest aber in die Nähe von artverwandten bzw. stammesgleichen anzusiedeln haben ..."[73]

In einer weiteren Studie[74] wurden zusätzliche Überlegungen zur Siedlungspolitik angestellt. Entscheidend sei, so wird noch einmal hervorgehoben, das neue deutsche Menschentum im Osten einzupflanzen. Aus der deutschen Arbeit solle eine breite und dichte "bodenfeste Gemeinschaft mit kraftvollem Eigenleben für die Zukunft" entstehen. Damit würde im Osten zugleich ein gegenüber dem Altreich erneuertes deutsches Bauerntum und eine um so tiefer gefestigte Volksgemeinschaft emporwachsen: "Je mehr dies Land vom deutschen Volke erschlossen wird, desto mehr wird das Deutschtum abermals wie vor Jahrhunderten durch die Einschmelzung vielfacher Stammesteile mit dem östlichen Boden verwachsen und ihn bald als unersetzlichen Besitz erleben und verteidigen. Vielleicht kann gerade dadurch die von der sprunghaften städtisch-industriellen Entwicklung neuerer Zeit in ihrem Wesen gefährdete alte westdeutsche Landeskultur bewahrt werden, während im Osten die deutsche Kulturlandschaft jung heranwächst."

Um die Bereitschaft, in den Osten zu gehen, zu fördern, müsse der Staat zwar auch materielle Anreize schaffen, es müsse ein "Generalprivileg für den Osten" geben: die "Aussicht, durch Bewährung im Dienst dort rascher als sonst größeren Einfluß und höheren Rang zu erlangen ... Vielleicht sollte dort ein weiterer Kreis als anderswo auf das eigene Haus oder den Wagen

[73] AWI, Die industrielle Um- und Neusiedlung als gemeinschaftspsychologisches Problem. In: ebd.

[74] AWI, Zum sozialen Aufbau im Osten. In: ebd., S. 50ff.

Anspruch machen können. Wenn die Möglichkeit, durch Leistung zu gewinnen, im Osten sichtbar besteht, werden die Unternehmercharaktere auf natürliche Weise angelockt und können sich mithelfende Kräfte gewinnen." Größere Bedeutung kommt aber der inneren Einstellung, der nationalpolitischen Gesinnung und damit dem "geistigen Einsatz des Volkstums" zu. Die innere Festigkeit und Frische deutschen Lebens komme nicht von der Wirtschaft, sondern von der eigenständigen Entfaltung einer deutschen Kultur: Nur durch kulturelle Volkstumsarbeit können die Siedler letztlich jenes Gefühl heimatlicher Verbundenheit und völkischer Gemeinschaft entwickeln, das sie dauerhaft im neuen Boden verwurzelt. Hier sahen die Autoren, ähnlich wie zuvor schon Herman Nohl, die eigentliche Aufgabe der Schule und der Lehrerschaft, denen somit Schlüsselfunktionen bei der gesicherten "Einwurzelung" der Deutschen im Osten zukamen. Deshalb: "Die besten, lebendigsten Kräfte sollten dort eingesetzt werden, von ihnen soll Anregung und Ausstrahlung geistigen Lebens ausgehen." Zentrum dieser kulturpolitischen Arbeit müsse die neue deutsche Universität in Posen werden.

3. 3. Institutionen der Ostforschung im besetzten Polen

Lange vor 1939 hatte sich in Deutschland ein rege Ostforschung etabliert, die zum Teil wichtige Vorarbeiten für die spätere Ostpolitik lieferte. Nach dem Sieg über Polen begann der Ausbau und eine Verlagerung der Ostforschung in die besetzten Gebiete. Im Verlauf des Krieges entstanden dann weitere Einrichtungen wie die Reinhard-Heydrich-Stiftung in Prag (1942) und die Reichszentrale für Ostforschung in Rosenbergs Ministerium für die besetzten Gebiete östlich des Generalgouvernements (1943).[75] Schon vorher, 1938 war in Graz ein Südostdeutsches Institut gebildet worden; es beteiligte sich an der Siedlungs- und Germanisierungspolitik in Jugoslawien (Untersteiermark und Oberkrain), die nach ähnlichem Muster ablief wie in Polen.[76] Die wichtigsten Einrichtungen der deutschen Ostforschung waren bis zum Krieg das Osteuropa-Institut in Breslau, das Institut für Mittel- und südosteuropäische Wirtschaftsforschung in Leipzig, die Auslandswissenschaftliche Fakultät der Universität Berlin und das Deutsche Auslandsinstitut in Stuttgart, das sich vor

75 Leiter wurde Karl-Albert Coulon, zuvor Leiter des Gauvolkstumsamtes im Warthegau.
76 Seidler/ Rett 1988 S. 201ff.

allem der Südostforschung widmete.[77] All diese Einrichtungen waren in die nationalsozialistische Ostpolitik involviert. Das Breslauer Institut führte z.B im Auftrag der Wehrmacht Schulungskurse für Landwirtschaftsführer für die besetzten Ostgebiete und Sprachkurse "zur Unterstützung unserer Soldaten an der Ostfront" durch. Die Rechtsabteilung des Instituts erstellte Übersetzungen des polnischen Rechts für die praktischen Bedürfnisse der Verwaltung des Generalgouvernements und der eingegliederten Gebiete u.ä.[78]

Die wichtigste Einrichtung im deutschen Osten war bis zu Kriegsbeginn neben dem Breslauer Institut das *Institut für Osteuropäische Wirtschaft*, später *Institut für Ostforschung*, in Königsberg. Das Institut brachte regelmäßig wirtschafts- und kulturpolitische Berichte über die Entwicklung in Polen heraus. Es erstellte unter anderem auch Schulungsbriefe, geographische Karten und Schriften für den "Bund Deutscher Osten", die als Unterrichtsmaterial für die "deutsche Ostarbeit" in Schulen gedacht waren.[79] Direktor des Königsberger Instituts war *Theodor Oberländer*, der später Vertriebenenminister unter Adenauer wurde.[80] Oberländer war 1940 der Verfechter einer harten rassenpolitischen Linie gegenüber den Polen: Die gesamte Polen-Politik müsse unter den Zielen der Wiedereindeutschung, Wiederbesiedlung und "biologischen Erneuerung" stehen. Dies beinhaltete für Oberländer die restlose Germanisierung und das hieß Vertreibung der polnischen Bevölkerung in den eingegliederten Gebieten: "Reinerhaltung der Rasse und eine eigenvölkische echte agrarische Unterschicht sind aber nur möglich, wenn das fremde Volkstum voll und ganz das Land verläßt ... Jede Halbheit ist gefährlich ... Die Eindeutschung der Ostgebiete muß in jedem

---

77 Es unterhielt eine Dienststelle in Prag und besetzte dort die Lehrstühle für Soziologie, Völkerpsychologie und Soziale Anthropologie mit *Hans-Joachim Beyer* (SS-Hauptsturmführer, Institutsleiter und Beauftragter für den Aufbau der Stiftung), *Karl Valentin Müller* und *Rudolf Hippius*: Schuster 1987 S. 333. Das Stuttgarter Institut war auch im besetzten Polen engagiert, nachdem Greifelt es mit der Dokumention der Umsiedlungsvorgänge beauftragt hatte, es verfaßte Vorgutachten für den "Generalplan Ost" und koordinierte den Osteinsatz der Reichsstudentenführung: Ritter 1976 S. 139f.; Roth 1993 S. 55. Zur Dokumentation der Umsiedlungsvorgänge durch das DAI siehe auch die Beispiele bei Aly/ Heim 1991, S. 148ff.

78 Volkmer 1989, S. 174f. Zu den Sprachkursen siehe den Beitrag von Maria Roemmich im Jahrbuch 1942 des Osteuropa-Instituts.

79 Der Bund Deutscher Osten hatte ein Schulungsamt in Königsberg und gab die Zeitschrift "Deutsche Ostarbeit" mit einer Ausgabe für den Schulunterricht heraus. Gründer des Bundes war Alfred Rosenberg, sein letzter Vorsitzender war Theodor Oberländer. Der BDO erstellte antipolnisches Propagandamaterial.

80 Oberländer kam später, wie Beyer, Müller und Hippius, an die Deutsche Universität in Prag und übernahm dort die Leitung des Instituts für Wirtschaftswissenschaften.

Falle eine restlose sein." Oberländer lehnte daher nicht nur jedes Arrangement mit den Polen, sondern auch jede Assimilationspolitik und selbst die Beschäftigung polnischer Landarbeiter ab; in dieser Hinsicht dachte er radikal: "Jede Möglichkeit fremder Unterwanderung muß ausgeschaltet werden ... Deutsch sind die neuen Ostgebiete, völkisch erst dann, wenn der letzte Quadratmeter von deutschen Menschen, die in diesem Gebiete bodenständig sind, bebaut wird. Denn vom Volkstumskampfe her gesehen ist die Grundlage einer bodenständigen Herrenschicht die, daß sie den Boden selbst bebaut und darin ihre Pflicht und ihre Ehre sieht, die sie mit niemandem, am wenigsten mit Menschen fremden Blutes und fremden Volkstums, teilt." Vorerst sei man zwar noch auf polnische Bauern und Arbeiter angewiesen, langfristig müssen sie jedoch durch Deutsche ersetzt werden. Die deutschen Landarbeiter, Bauern und kleinen Gutsbesitzer, die man hier ansiedeln würde, müßten fest im Boden verwurzelt werden, um ihn dauerhaft dem Deutschtum zurückzugewinnen. Deshalb müsse man bei den künftigen Siedlern eine "Auslese der Tüchtigen" vornehmen, materielle Siedlungsmotive etwa dürften keine Berücksichtigung finden. Für die deutsche Volkstums- und Rassenpolitik in den eingegliederten Gebieten formulierte Oberländer zwei zentrale Aufgaben: Die erste Aufgabe müsse die Eindeutschung der deutschstämmigen Polen sein, die zweite die "Vermehrung einer qualitativ hochstehenden bodenverbundenen Schicht", die Schaffung eines neuen "Bodenadels".[81]

Oberländers Stellvertreter war Professor *Peter-Heinz Seraphim*, Leiter der polnischen Abteilung und seit 1930 Mitarbeiter des Instituts. Seraphim war einer der führenden Theoretiker des Antisemitismus in Deutschland. Als Verfasser eines 700-Seiten-Werks über "Das Judentum im osteuropäischen Raum" (1938) wurde er gleichzeitig Mitarbeiter des "Instituts zur Erforschung der Judenfrage" in Frankfurt und Hauptschriftleiter der von Rosenberg herausgegebenen Zeitschrift "Weltkampf".[82] Seraphim arbeitete später in der BRD als Studienleiter und geschäftsführender Direktor der Verwaltungsakademie Industriebezirk Bochum in der Fortbildung von Führungskräften des öffentlichen Dienstes und der Wirtschaft des Ruhrgebietes.[83] Zu Beginn der 40er Jahre war er einer jener Wissenschaftler, die an einer

[81] Oberländer 1940.

[82] Kleßmann 1985, S. 366; zu Seraphim siehe auch Volkmer 1989. Seraphim trat die Nachfolge von Oberländer an, als dieser nach Prag ging; 1944 wurde er Direktor des "Wirtschaftswissenschaftlichen Oder-Donau-Instituts" in Stettin. Seine wissenschaftliche Karriere hatte er in den zwanziger Jahren am Osteuropa-Institut Breslau begonnen; sein Bruder, Hans-Jürgen Seraphim übernahm 1941 die Leitung des Breslauer Instituts.

[83] Aly/ Heim 1991, S. 101.

"ökonomischen und bevölkerungspolitischen Gesamtlösung der Judenfrage" arbeiteten.[84] Seraphim analysierte das Problem der ländlichen Überbevölkerung in Polen und stieß dabei "wie von selbst" auf die "Judenfrage". Die Juden seien vor allem in Osteuropa und insbesondere in Polen ein Problem. Nach Seraphims Berechnungen herrschte 1940 im Generalgouvernement mit einem Anteil von 12% die höchste jüdische Bevölkerungskonzentration: das Generalgouvernement sei daher "das Mittelstück des jüdischen Engzuchtgebietes Osteuropas, des osteuropäischen Judenghettos".[85] Die jüdische Bevölkerung müsse schrittweise durch qualifizierte Nichtjuden, d.h. Polen ersetzt werden. Seraphim gab zu diesem Zeitpunkt entsprechende Empfehlungen für eine Berufsbildungspolitik im Generalgouvernement aus, die auch in die praktische Politik eingehen sollten: "Das heißt praktisch: Handwerkerschulung und Erziehung kaufmännischer Lehrlinge aus der Mehrheitsnation, die als Ersatz der Juden dienen können! Oberster Leitsatz bleibt: Der Jude muß weichen, wenn ein gleichqualifizierter Nichtjude zur Verfügung steht! Berufsschulwesen, Genossenschaftswesen, Lehrlingsausbildung sind die Voraussetzung ..."[86] Seraphims Ausführungen verdeutlichen den engen Zusammenhang zwischen Judenpolitik und Bildungspolitik im Generalgouvernement: "Der Ersatz der Juden ist abhängig von Schulung, Bildung und Organisation der nachrückenden bodenständigen Völker." Seraphim war auch auf diesem Gebiet ein Experte; in Oberländers Institut war er mit der regelmäßigen Berichterstattung über die Entwicklung des polnischen und des jüdisch-polnischen Schulwesens befaßt. Schon 1935 hatte er auf die bedrohliche Entwicklung einer "jüdischen Überfremdung" im polnischen Kulturleben hingewiesen, das er auf den überproportionalen Anteil jüdischer Schüler an den höheren Schulen und jüdischer Studenten an den Universitäten Polens zurückführte.[87]

Zur Frage, was mit den polnischen Juden geschehen solle, machte Seraphim 1941 nur vielsagende Andeutungen: Man könne sie "dissimilieren oder ghettoisieren" – beide Lösungen hätten zuviele Nachteile, so bleibe nur ihre "Auswanderung aus Europa". Es dürfe aber in ihrem künftigen Wohnbereich keine für die Weltwirtschaft entscheidend wichtigen Rohstoffvorkommen geben. "Damit mündet aber das europäische Judenproblem in die große Frage einer kolonialen Neugestaltung und Neugliederung der Welt ein."[88] In einem

84 siehe Seraphim 1941.
85 Seraphim 1940 S. 61f.
86 Ebd., S. 45.
87 Osteuropäische Lageberichte Nr. 8, 26. 4. 1935, Nr. 11, 22. 8. 1935, Nr. 20, April 1936.
88 Seraphim 1941

Beitrag für die wissenschaftliche Zeitschrift des Instituts für deutsche Ostarbeit in Krakau kritisierte er die zunehmenden Deportationen von Juden ins Generalgouvernement, über die sich zur gleichen Zeit auch Frank beim "Führer" beklagte: sie gingen zu Lasten der ökonomischen Entwicklungsmöglichkeiten des Generalgouvernements. Die Judenfrage werde in diesem Raum ohnehin zu einem "bevölkerungspolitischen Massenproblem erster Ordnung ... Daraus ergibt sich ein Fernziel der bevölkerungsmässigen Bereinigung dieses Raumes, das hier nur angedeutet zu werden braucht. Bis es in Angriff genommen werden kann, ist aber jede weitere Verschärfung der strukturellen bevölkerungsmässigen und wirtschaftlichen Spannungen des Generalgouvernements zu vermeiden und eine Unterbindung weiterer Zuströme jüdischen Bevölkerungselements in den Raum des Generalgouvernements notwendig."[89]

Die zentrale wissenschaftliche Einrichtung des Generalgouvernements war das *Institut für deutsche Ostarbeit* in Krakau (IDO), das 1940 gegründet wurde. Direktor war der Jurist Wilhelm Coblitz, zugleich Mitglied des Sachverständigenrates des Frankfurter Instituts zur Erforschung der Judenfrage.[90] Das IDO unterhielt eine Zweigstelle in Warschau, deren Leiter der SS-Sturmbannführer H. Wolfrum war, zuvor als Professor für politische Geschichte an der Hochschule für Lehrerbildung in Elbing tätig.[91] Nach der Angliederung Ostgaliziens ans Generalgouvernement wurde eine weitere Zweigstelle in Lemberg eröffnet. Die mit 32 Mitarbeitern größte Abteilung des IDO war die Sektion "Rasse- und Volkstumsforschung", geleitet von Dr. habil. *Erhard Riemann*, zugleich Mitarbeiter der Volksdeutschen Mittelstelle in Krakau und ebenfalls aus Elbing berufen. Riemann war nach dem Krieg zunächst als Studienrat und Dozent, dann als Professor in Kiel tätig.[92] Auch andere Wissenschaftler wurden von Hochschulen für Lehrerbildung im Altreich rekrutiert, so kam etwa der stellvertretende Leiter der Sektion Landeskunde, der Geograph Ernst R. Fugmann, von der Würzburger Hochschule, der akademische Leiter des IDO, Professor Werner Radig, kam wie Riemann von der Elbinger Hochschule.[93] An der Sektion "Rasse- und Volkstumsforschung" arbeiteten neben den schon erwähnten Plügel und Gottong auch ei-

89 Seraphim 1940, S. 63.
90 Aly/Heim 1986, S. 23.
91 Kleßmann 1985, S. 381; Deutsche Forschung im Osten 2 (4) 1942.
92 Deutsche Forschung im Osten 2 (7) 1942; Kleßmann 1985, S. 381.
93 Burleigh 1988, S. 259. Radig war zugleich Beauftragter für Vor- und Frühgeschichte des Generalgouvernements im Amt Rosenberg. Er wurde später Mitglied der Akademie der Wissenschaften der DDR: ebd., S. 274.

nige Wissenschaftlerinnen, darunter Dr. Ingeborg Sydow und Dr. Elfriede Fliethmann, die zusammen mit Gottong rassenanthropologische Vermessungen von Goralen im Tatra-Gebirge durchführte – eine Arbeit, die im Zusammenhang mit der "Suche nach deutschem Blut" stand. Elfriede Fliethmann nahm an rassenanthropologischen Untersuchungen von Kriegsgefangenen, Volksdeutschen und Juden teil und führte in Zusammenarbeit mit Dr. Dora Maria Kahlich aus Wien "rassen- und volkstumskundliche Untersuchungen" über jüdische Familien einer Dorfgemeinde im Generalgouvernement durch. Sie werteten ihre Karteikarten noch aus, als ihr "Material" bereits zu existieren aufgehört hatte. An diesen Untersuchungen waren SD- und SS-Mitglieder beteiligt; da die Bevölkerung sich den Vermessungen widersetzte, konnte nur mit polizeilicher Hilfe gearbeitet werden. Angehörige der SS führten die photographischen Auufnahmen durch.[94]

Am IDO wurden insgesamt 12 Sektionen eingerichtet: Sektionen für Vorgeschichte, Geschichte, Kunstgeschichte, Volkstums- und Rassenforschung, Landeskunde, Recht, Wirtschaft, Sprachwissenschaft (slawische Philologie), Landwirtschaft, Gartenbau, Forst- und Holzwirtschaft. Im Verlauf des Krieges mit der Sowjetunion kamen die Sektionen Chemie und "Wehrwissenschaften" hinzu.[95] Sie sollten anwendungsbezogenes Wissen für die Politik im Generalgouvernement produzieren. Den historisch orientierten Sektionen kam die Funktion zu, den Herrschaftsanspruch der Deutschen im Osten ideologisch zu untermauern und durch Publikationen und Ausstellungen zu demonstrieren. Sie sollten vor allem den Nachweis erbringen, daß alle kulturellen Hervorbringungen in diesem Raum auf deutsche Leistungen zurückgingen. Zu den Aufgaben des Instituts gehörte auch die Mitwirkung an der Eindeutschung polnischer Orts- und Straßennamen. Die Sektion Rassen- und Volkstumsforschung sollte "praktische Unterlagen für Staatsführung und Verwaltung" erbringen und "aus dem Gemisch von Rassen und Völkern" die "entwicklungsschaffenden und -tragenden Gruppen" – d.h. die deutschstämmigen Bevölkerungsteile – herausfinden.[96] Das IDO brachte zwei wissenschaftliche Zeitschriften heraus: "Die Burg" und "Deutsche Forschung im Osten". Es gab außerdem die populärwissenschaftliche Glanzbildzeitschrift "Das Generalgouvernement" und die Wochenendbeilage der Krakauer Zeitung "Aus Zeit und Geschichte" heraus. Weitere Aufgaben des IDO lagen in der Schulung des deutschen Verwaltungspersonals für das Generalgouver-

---

94 Ebd., S. 267ff.; Aly/ Heim 1991 S. 198ff.; dies. 1986 S. 23f.

95 Kleßmann 1971 S. 63ff.

96 Ebd., S. 67; Volkmer 1989, S. 180; zu den Arbeiten, die die Eindeutschung polnischer Orts- und Straßennamen betrafen, siehe auch Burleigh 1988, S. 195.

nement (s. u.). Nach den Vorstellungen des Generalgouverneurs Hans Frank sollte im IDO "eine Ostkunde als Elementarlehre des imperialen Nationalismus" aufgebaut werden,[97] langfristig wollte Frank das IDO zu einer eigenen Universität ausbauen. Frank selbst war, nach der Gründungsverordnung vom 19. 4. 1940, die am folgenden Tag als "Geschenk an den Führer" in Kraft trat, Präsident des Instituts. Ihm stand ein Kuratorium zur Seite, aber Frank war der unumschränkte Monarch des Instituts, denn er ernannte die Mitglieder des Kuratoriums, den geschäftsführenden Direktor, den Wissenschaftlichen Leiter und die wissenschaftlichen Mitarbeiter.

Auch am IDO beschäftigten sich Wissenschaftler mit Plänen für eine Agrarreform, die letztlich die Liquidierung der jüdischen Bevölkerung beinhalteten. Der Ökonom *Helmut Meinhold*, der die wissenschaftlichen Arbeiten der Sektion Wirtschaft leitete, errechnete für das Generalgouvernement eine "überschüssige Bevölkerung" von 4,5-5,8 Millionen – in der polnischen Landwirtschaft sei jeder zweite Mensch nichts als "toter Ballast".[98] Der gesamte deutsch beherrschte Großraum Europas müsse von Überbevölkerung bereinigt werden, denn die vor allem in Ost- und Südosteuopa ausgeprägte Arbeitslosigkeit und Unterbeschäftigung stellten eine konsumtive Belastung dar, die die Kapitalbildung und damit eine Rationalisierung und Mechanisierung der Landwirtschaft verhindere. Meinhold vertrat, wie andere Wirtschaftsexperten und nicht zuletzt auch Frank selbst, für das Generalgouvernement ein Konzept der wirtschaftlichen Entwicklung. Dies bedeutete zuallererst eine Rationalisierung der rückständigen Landwirtschaft. Das würde allerdings zu umfangreichen Freisetzungen ländlicher Arbeitskräfte führen. Um diese Freisetzungen aufzufangen, boten sich mehrere Wege an: Deportationen zur Zwangsarbeit ins Reich, Abschiebungen weiter nach Osten und die Ausschaltung der Juden in den Städten, um Raum für die freizusetzende Landbevölkerung zu schaffen.[99] – Wissenschaftler wie Meinhold oder Seraphim lieferten die wirtschaftstheoretischen Grundlagen für eine Bevölkerungspolitik, die sich mit rassistischen Ideen verband und schließlich in den Holocaust führte.[100] Die Pläne für den Wirtschaftsaufbau im Generalgouvernement, wie sie im IDO entwickelt wurden, kollidierten mit seiner gleichzeitig avisierten Funktion als Abschiebeterritorium für die europäischen Juden – dieser Zirkel wurde durch die Judenvernichtung aufgelöst, nachdem der Madagaskarplan aufgegeben worden war.[101] Meinhold, der als Mitarbeiter

97 Kleßmann 1985, S. 365.
98 Aly/ Heim 1991, S. 109.
99 Ebd., S. 111ff.
100 Ebd., S. 124.
101 Ebd., S. 276ff.; zu Meinhold siehe auch Aly/ Heim 1986.

des IDO quasi den Massenmord als Faktor wirtschaftlicher Entwicklung einplante, brachte es später, wie Oberländer, in der Bundesrepublik noch zu hohem Ansehen: 1952 wurde er Professor für Wirtschafts- und Sozialpolitik in Heidelberg, er wurde in die Leitung des Sozialbeirats der Bundesregierung berufen und erhielt 1988 das Bundesverdienstkreuz.

An ähnlichen Plänen arbeitete SS-Obersturmbannführer *Fritz Arlt*, 1940 Leiter der Abteilung Bevölkerungswesen und Fürsorge in der Regierung des Generalgouvernements, Schulungsleiter der NSDAP im Generalgouvernement, dann Beauftragter Himmlers für die Festigung des deutschen Volkstums in Oberschlesien, mitbeteiligt an der Auschwitz-Planung – Arlt war ein gefragter Mann.[102] Nach dem Krieg wurde er Abteilungsleiter am Institut der Deutschen Wirtschaft, seine Stellvertreterin war die spätere Bundesministerin Dorothea Wilms. Arlt war maßgeblich für den Aufbau der Sektion Rasse- und Volkstumsforschung des IDO zuständig; er sorgte auch dafür, daß Heinrich Gottong, der damals als "Judenreferent" in Arlts Behörde für Bevölkerungswesen und Fürsorge arbeitete, als Rassenwissenschaftler ans IDO kam.[103] Arlt hatte sich lange vorher schon mit der Arbeit an einer karteimäßigen Erfassung aller Juden in Leipzig einen Namen gemacht, die für die spätere Erfassungstätigkeit des Sicherheitsdienstes Modellcharakter bekommen sollte, .[104] In Rosenbergs "Weltkampf" veröffentlichte er 1938 einen Beitrag mit dem Titel "Der Endkampf gegen das Judentum". Zwei Jahre zuvor hatte Arlt mit einer "rassenpsychologischen" Untersuchung bei Arnold Gehlen promoviert, in der er die "Frauen der altisländischen Bauernsagen und die Frauen der vorexilischen Bücher des Alten Testamentes" miteinander verglich und dabei zu dem Schluß kam, daß "Falschheit eine typische Eigenart altisraelischen Frauenseelenlebens zu sein scheint."[105] In einer Studie über die "Bevölkerungsverhältnisse im Generalgouvernement" kam er 1940 wie Meinhold zu dem Ergebnis, daß das Generalgouvernement ein überbevölkertes Gebiet sei. Die wirtschaftliche Entwicklung hinge deshalb von bevölkerungspolitischen Maßnahmen ab: Ab- und Auswanderung, eine "zusätzliche Erhöhung der Sterblichkeit" (bei Säuglingen, Alten, "Lebensschwachen", Kranken und Gebrechlichen), vor allem aber die Ausschaltung der Juden. "Sollte der große Plan, den Juden nach einer Neuordnung Europas einen einmal außerhalb Europas liegenden Teilraum anzuwei-

---

102 Arlt war schon 1938 Gauamtsleiter des Rassenpolitischen Amtes für Schlesien. Zu Arlt siehe auch Burleigh 1988, S. 214ff.

103 Aly/ Heim 1991, S. 218.

104 Arlt war zunächst Leiter der Sektion für Rassen- und Volkstumsforschung des IDO: Burleigh 1988, S. 266f.

105 Aly/ Roth 1984 S. 73.

sen, Wirklichkeit werden, so würde der Lebensraum des Generalgouvernements um rund 1 500 000 Juden entlastet werden." Die Bevölkerungsdichte würde dann auf ein Maß sinken, das eine "erfolgreiche, konstruktive Lösung" erwarten lasse. Die nicht- oder unterbeschäftigte polnische Bevölkerung könne dann die Stellen der Juden einnehmen: "Das würde ein wesentlicher Beitrag zur Gesundung des polnischen Landproletariats sein."[106]

Die andere große Institution der Ostforschung im besetzten Polen war die *"Reichsuniversität Posen"*, das Gegenstück zum IDO in den eingegliederten Gebieten, aber bereits 1941 mit dem Privileg einer Universität ausgestattet. Der feierliche Gründungsakt, von allen deutschen Sendern übertragen, war auch hier am "Geburtstag des Führers", dem 20. 4. 41, die Eröffnung erfolgte eine Woche später. Das Hauptgebäude der Universität war ein neuromanischer Bau aus der wilhelminischen Zeit, in der der preußische Staat die Deutsche Akademie untergebracht hatte. Für die Zukunft war ein erheblicher Ausbau der Universität geplant, damit sie ihre Funktion eines Zentrums und eines Vorpostens deutscher Wissenschaft im Osten voll erfüllen könne. Außerhalb des Stadtzentrums sollte eine Universitätsstadt entstehen mit Instituten, Kliniken, Sportanlagen, Kameradschaftshäusern und Wohnheimen – die Universität war also zunächst nur als ein Provisorium gedacht.[107] Die Aufgaben der Universität lagen unter anderem darin, Forschungsarbeiten für die Volkstums- und Umsiedlungspolitik in den eingegliederten Gebieten durchzuführen und die wirtschaftlichen Entwicklungsmöglichkeiten des Landes zu erkunden. Dazu gehörte auch die Polen-Forschung: "Man muß sich schon zutiefst wissenschaftlich mit der Geschichte des Polentums, mit dem polnischen Volkstum, mit der Rassenkunde und den bevölkerungspolitischen Auswirkungen des Polentums befassen, um zu wirklich klaren Ergebnissen und eindeutigen Schlußfolgerungen in dieser für den Ostraum so entscheidenden Frage zu gelangen. Diese Forschungsergebnisse geben dann aber auch gleichzeitig die Grundlage ab für die volkspolitische Arbeit innerhalb dieses Raums", so der Rektor der Universität, Peter Johannes Carstens.[108] Darüberhinaus war der Universität die Funktion einer "Führerschule des deutschen Ostens" und einer nationalsozialistischen Musteruniversität – mit den neuen, vom Nationalsozialismus favorisierten Disziplinen und ohne theologische Fakultät – zugedacht.[109] Vor allem in der Philosophischen Fa-

106 Zit. n. ebd., S. 84f.
107 Reichsuniversität Posen 1941, S. 10.
108 Ebd., S. 34.
109 Kleßmann 1985, S. 367.

kultät trat der neue, nationalsozialistische Charakter hervor: "Wenn von dieser Neuausrichtung der wissenschaftlichen Arbeit insbesondere die Philosophische Fakultät betroffen wird durch die starke Betonung volkswissenschaftlicher Fächer, wie Volkskunde, Volkslehre, einschließlich Grenz- und Volksdeutschtum, ferner Rassenpolitik, Agrar- und Siedlungsgeschichte, so soll damit zum Ausdruck gebracht werden, welche besonderen Aufgaben gerade diese im letzten Jahrzehnt etwas umstrittene Wissenschaftsdisziplin in neuer Form- und Inhaltsgebung hier in diesem neuen und doch so alten deutschen Lebensraum zu erfüllen hat."[110] Im weiteren Verlauf des Krieges traten zunehmend wehrwissenschaftliche Aufgaben in den Vordergrund – in der Medizinischen Fakultät wurden 1944 z. B. Veranstaltungen über "Wehrpathologie" und "Wehrphysiologie" durchgeführt. Die Forschungsarbeit sollte sich auf das ehemalige Westpolen konzentrieren, aber nicht darauf beschränkt bleiben, sondern sich weit nach Osten erstrecken: "Wir werden also das gesamte eurasische Gebiet mit in unsere Betrachtung und Behandlung einbeziehen mit all seiner Mannigfaltigkeit, seinen Rätseln und Problemen auf der wirtschaftlichen, der politischen, der soziologischen und der kulturellen Ebene." Deshalb wurde u.a. ein Lehrstuhl für "Volks- und Landeskunde der Sowjetunion" eingerichtet.[111] Als das "erste nationalsozialistische Universitätswerk" deklariert, nämlich die erste rein nationalsozialistische Universitätsgründung, sollte sie "ein Musterbeispiel der nationalsozialistischen Kulturpolitik" sein. *Lutz Mackensen*, Volkstumsforscher und Professor für deutsche Philologie, erklärte 1942: "Studium und Unterweisung in Posen" würden einen "Auslesevorgang einleiten ..., der unter Studenten und Professoren einen neuen Typ des Wissenschaftlers heranbildet; denn in den Instituten und Hörsälen werden in Forschung und Lehre die Menschen gebildet, die ... des gesamten Ostens Bedeutsamkeit für Deutschland und Europa erweisen und nutzbar machen werden."[112] Mackensen war zugleich Leiter des Landesamtes für wartheländische Sprachpflege ("Der Wartegau als Sammelbecken verschiedener deutscher Stammeskräfte bedarf dringend einer sorgsamen sprachpflegerischen Führung"), er wurde mit der Stelle für "Spracherziehung" im wartheländischen Gauamt für Volkstumsfragen betraut, war Schulungsbeauftragter und Leiter des Auslandsamtes des NS-Dozentenbundes, Beauftragter der Reichsuniversität für das Vortragswesen u.a.[113] Das Philologische Seminar führte auch spezielle Spracherziehungskur-

---

110 Reichsuniversität Posen 1941, S. 30.

111 Ebd., S. 35.

112 Zit. n. Kalisch/Voigt 1961, S. 189.

113 Goguel 1964, S. 84; I. Z. Dok. I-281. Mackensen lehrte nach dem Krieg an der Universität Göttingen.

se für künftige Lehrer durch, die die Aufgaben des deutschen Sprachunterrichts in den eingegliederten Gebieten vor besondere Herausforderungen stellten. Ähnliche Fortbildungsaufgaben für Lehrer des Warthegaus übernahmen auch andere Einrichtungen der Posener Universität. So führte beispielsweise das Hochschulinstitut für Leibesübungen Fortbildungslehrgänge für Leibeserzieher an Posener Schulen durch.[114] Zum Lehrbetrieb gehörten natürlich auch "Fach-, Wissenschafts- und Landeinsätze", die die Studenten in die Praxis der nationalsozialistischen Besatzungspolitik einführten.[115]

Kurator der Universität war Hanns Streit, Ostbeauftragter des Reichsstudenten- und -dozentenführers. Rektor war Peter Johannes Carstens, ein Spezialist für Tierzucht und Genetik der Haustiere, SS-Standartenführer, Stabsführer im Rasse- und Siedlungshauptamt der SS. Carstens leitete in Posen den Ansiedlungsstab beim Höheren SS- und Polizeiführer Warthe.[116] Die Universität hatte im Sommersemester 1941 49 Lehrkräfte, Ende 1943 waren es bereits 78 Professoren und 74 wissenschaftliche Mitarbeiter, von denen ein großer Teil, etwa ein Drittel, aus dem Baltikum kam. Zwei Drittel der Professoren kamen aus dem Altreich. Volksdeutsche aus den ehemals polnischen Gebieten waren mit lediglich vier wissenschaftlichen Hilfskräften so gut wie gar nicht vertreten.[117] Führende Vertreter der späteren westdeutschen Ostwissenschaft wie Reinhard Wittram oder Boris Meißner kamen von der Reichsuniversität Posen. Zu den auch später in der Bundesrepublik bekannten und renommierten Historikern, die aus der Reichsuniversität Posen hervorgingen, gehörte Werner Conze, der hier 1943 zum Dozenten, 1944 zum Professor für Agrar- und Siedlungsgeschichte ernannt wurde.[118]

Die Studentenzahl stieg rasch an. He die Universität zu Beginn des Vorlesungsbetriebes in Sommersemester 1941 erst 191 Studenten, so waren es im Sommersemester 1944 bereits 1228. Zu diesem Zeitpunkt waren bereits fast die Hälfte aller Studenten invalide Angehörige der Wehrmacht.[119] Zur Immatrikulation mußte man nicht nur das Reifezeugnis beibringen, sondern auch Ahnenpaß, Wehrpaß, ein Führungszeugnis vom Arbeits- oder Aus-

---

114 Zu den Lehrgangsinhalten zählten unter anderem Boxen und Kampfspiele: Amtliches Mitteilungsblatt des Reichsstatthalters (Abt. III) im Reichsgau Wartheland für Erziehung, Unterricht, Kultur- und Gemeinschaftspflege 1/1940, S. 152.

115 Volkmer 1989, S. 177.

116 Kalisch/Voigt 1961, S. 190.

117 Mitteilungen der Reichsuniversität Posen 1/ 1943.

118 Mitteilungen der Reichsuniversität Posen 1/ 1943; 3/ 1944; Kalisch/ Voigt 1961 S. 205.

119 Mitteilungen der Reichsuniversität Posen 2/ 1944; Kalisch/Voigt S. 195; Goguel 1964, S. 113.

gleichsdienst, und vom vierten Semester an mußte jeder Student eine Grundkarte über die Teilnahme an Leibesübungen vorlegen. Aufgenommen wurde nur, wer vor 1939 einer nationalsozialistischen Jugendorganisation angehört hatte und keine polnischen Verwandten besaß.[120] Volksdeutschen, die lediglich in die "Abt. 4" der Deutschen Volksliste aufgenommen worden waren, war der Hochschulbesuch verwehrt, Angehörige der "Abt. 3" bedurften einer besonderen Genehmigung durch die SS. "Polonisierte Volksdeutsche" waren vom Besuch der Universität auch dadurch faktisch ausgeschlossen, daß in der Universität ein striktes Verbot der polnischen Sprache bestand. Dieses Verbot erstreckte sich nicht nur auf den Lehrbetrieb: "Selbstverständlich hat die Auskunftserteilung der Pförtner – auch Polen gegenüber – ausschließlich in deutscher Sprache zu erfolgen." Auch hier wurde das Apartheidsprinzip durchgesetzt: "Nur wenn Polen in größerer Zahl bei der gleichen Dienststelle beschäftigt sind, wie z.B. in den Außenbetrieben der Landwirtschaftlichen Institute, können die Polen untereinander auch während des Dienstes polnisch sprechen. Die in den Universitätsanstalten beschäftigten Deutschen haben sich dienstlich und außerdienstlich im Verkehr mit Polen stets der deutschen Sprache zu bedienen."[121]

Einige Notizen zu einigen Hochschullehrern: Dekan der Philosophischen Fakultät war der aus Riga stammende Prof. *Wittram*, Direktor des Seminars für Psychologie und Pädagogik war seit 1943 Professor *Eckle*, zuvor als Direktor der Psychologisch-pädagogischen Abteilung an der Universität Breslau tätig. Eckle hatte 1935 in Tübungen mit einer Arbeit über den "platonischen Bildungsgedanken im 19. Jahrhundert" promoviert und sich 1939 in Gießen mit Untersuchungen zur "erbcharakterologischen Zwillingsforschung" habilitiert.[122] Neben Eckle war gegen Kriegsende noch, wie schon erwähnt, Professor *Rudolf Lochner* als Lehrbeauftragter am Seminar tätig.[123] Vor Eckle betreute der aus Estland stammende Dozent *Rudolf Hippius* das Seminar für Psychologie und Pädagogik. Direktor des Musikwissenschaftlichen Instituts war *Walther Vetter*. Vetter hatte sich schon 1933 den neuen Herren empfohlen: "Eine lebenskräftige neue Musik wird zugleich eine politische Kunst sein, im Sinne des schöpferischen Gedankens des National-

---

120 Burleigh 1988, S. 292.

121 Der Kurator der Reichsuniversität Posen am 20. 3. 1943: I. Z. Dok. I-753.

122 Christian Eckle 1939. Eckles Arbeit war dem rassen- und erbcharakterologischen Ansatz Gerhard Pfahlers verpflichtet.

123 Lochner, der zu diesem Zeitpunkt offenbar als Hauptmann im Warthegau stationiert war, hielt im Wintersemester 1944/45 eine Vorlesung zum Thema "Ansätze einer völkischen Erziehungslehre im Zeitalter der Befreiungskriege".

sozialismus."[124] Er war zuvor ebenfalls als Professor in Breslau tätig gewesen und hatte 1936 die Leitung des Seminars für Musikwissenschaft an der Universität Greifswald übernommen.

Die Mitarbeiter des Seminars für Psychologie und Pädagogik waren sowohl an der politisch verwertbaren Ostforschung beteiligt als auch mit wichtigen Beratungs- und Ausbildungsaufgaben befaßt. So führte Hippius zusammen mit seinem Mittarbeiter Feldmann eine umfangreiche Untersuchung über die Siedlungsbereitschaft deutscher Soldaten im Osten durch, 1942 leitete er ein Forschungsprojekt, in dem es um "eignungspsychologische und charakterologische Wertigkeitsuntersuchungen" an Polen und deutsch-polnischen Mischlingen in Posen ging (s.u.). Über die praktischen Aufgaben des Seminars schrieb Christian Eckle im Juli 1944: "Die Entwicklung des Faches Psychologie im letzten Jahrzehnt und verstärkt durch den Krieg geht dahin, die forschungs- und lehrmäßigen Leistungskräfte des Faches zunehmend in den Dienst der politisch-praktischen Aufgaben der Nation zu stellen ... Es handelt sich dabei namentlich um die Bewältigung der heute z.T. unmittelbar kriegswichtigen Probleme des Arbeits- und Wirtschaftslebens, der Berufs- und Nachwuchslenkung, des Arbeitseinsatzes und der Arbeitslenkung, der Erziehung und Jugendpflege durch praktisch-diagnostische und gutachtliche Arbeit. Hinzu kommen die psychologischen Forschungsprobleme hinsichtlich der Völker und Menschen besonders des Ostraums, der sozialpolitischen, sozialpädagogischen und volkstumspädagogischen Aufgaben der Psychologie im Kriege, der Erhaltung und Wiederherstellung der menschlichen Leistungsfähigkeit, des Einsatzes der Tierpsychologie im Kriege u.ä.."[125]

An wissenschaftlichen Einrichtungen gab es unter anderem Institute, die den neuen, vom Nationalsozialismus geförderten Wissenschaften gewidmet waren, für die es aber nach zahlreichen ähnlichen Gründungen und Berufungen an anderen Hochschulen offensichtlich schwer war, qualifizierte Wissenschaftler zu finden. So blieb die Leitung der Institute für politische Auslandskunde, für Rassenkunde und Rassenpolitik sowie für die Erforschung der Geschichte und Sprache des Judentums unbesetzt. Gleichwohl waren volks- und rassenkundliche Themen reichlich im Lehrprogramm abgedeckt. Es finden sich noch im Vorlesungsverzeichnis des Wintersemesters 1944/45 Veranstaltungen zu Themen wie Vererbungs- und Rassenlehre, "Volk und Rasse", Volkskunde, "Volksgenosse und Familie" etc. 1944 wurde allen Studenten die Teilnahme an einer mindestens einsemestrigen volkstumspolitischen Vorlesung zur Pflicht gemacht. Unter Leitung von Hanns Streit begann

124 Prieberg 1982, S. 364.
125 Zit. n. Geuter 1984, S. 425f.

im Wintersemester 1944/45 eine Gemeinschaftsvorlesung mit anschließendem Seminar über "Volkstumsfragen des Ostens, unter besonderer Berücksichtigung des Warthegaus".[126] Auf den Direktorenposten des Volkspolitischen Instituts wurde Professor Schwalm als Experte für "Grenzland- und Volkskunde" berufen, der die Stelle jedoch wegen zahlreicher anderer Verpflichtungen nicht antrat. Kommissarisch wurde das Institut von Dr. Mudrak geleitet. Weiterhin gab es ein Seminar für Sprachen und Völkerkunde Osteuropas, ein Institut für Vererbungswissenschaften, für Geochemie sowie für Agrarpolitik und Siedlungswesen; letzterem gehörte auch SS-Obergruppenführer Konrad Meyer als Honorarprofessor an. Direktor des Anatomieinstituts war Professor *Herman Voss*. Von ihm sind Tagebuchnotizen erhalten. Am 24. 5. 41 notierte er: "Das ganze polnische Volk muß ausgerottet werden, sonst gibt es hier im Osten keine Ruhe." – "Hier im Institutsgebäude ist auch im Kellergeschoß eine Verbrennungseinrichtung für Leichen. Sie steht jetzt ausschließlich im Dienst der Geheimen Staatspolizei. Die von ihr erschossenen Polen werden hier nachts eingeliefert und verbrannt. Wenn man doch die ganze polnische Gesellschaft so veraschen könnte!" – Am 15. 6. 41: "Die Polen sind augenblicklich wieder sehr frech und infolgedessen hat unser Ofen viel zu tun. Wie schön wäre es, wenn man die ganze Gesellschaft durch solche Öfen jagen könnte! Dann gäbe es endlich einmal Ruhe im Osten für das deutsche Volk." – Am 30. 11.: "Morgen bekommt das Anatomische Institut die ersten Leichen. Es werden 11 Polen hingerichtet. 5 davon übernehme ich, die anderen werden verbrannt ..." Insgesamt wurden hier 8000 Leichen erschossener oder hingerichteter Polen verbrannt.[127]

Mit der Reichsuniversität Posen waren weitere Einrichtungen verbunden; so vor allem die "Reichsstiftung für deutsche Ostforschung", im Frühjahr 1941 unter der Schirmherrschaft Görings entstanden, und eine Universitätsstiftung, die (insgesamt viermal) einen mit 10 000 RM dotierten Preis für Wissenschaftler verlieh, "die durch kämpferischen Einsatz oder durch ihr beispielhaftes Wirken entscheidend zur Wiedergewinnung des deutschen Ostens beigetragen haben."[128] 1944 kam ein "Walter-Flex-Gedächtnispreis für junge Dichter" hinzu. Weitere Einrichtungen waren die "Arbeitsgemeinschaft Posen-Litzmannstadt"[129] und die Landeskundliche Forschungsstelle für das Wartheland.

126 I. Z. Dok. I-246.

127 Wroblewska 1978, S. 181.

128 Kleßmann 1985, S. 368.

129 In ihr wurde u. a. der im Mai 1942 von Greiser Himmler vorgeschlagene Plan diskutiert, die an offener Tbc leidenden Polen zu töten: Kalisch/ Voigt 1961, S. 198.

Die wichtigste Forschungseinrichtung war die *"Reichsstiftung für deutsche Ostforschung"*, in der sich die Forschungstätigkeiten der Universität in Zusammenarbeit mit Wissenschaftlern anderer Hochschulen und Institute konzentrierten. Präsident der Stiftung war der Reichsstatthalter Greiser. Die Stiftung betrieb einige Versuchsgüter in der Umgebung von Posen, auf denen sie land- und gartenbauwirtschaftliche Experimente durchführte. Sie gliederte sich in eine AG für Ostsiedlung, eine AG für Ostwirtschaft, eine AG für die Wiederbewaldung des Ostens, ein Institut für Ostrechtsforschung und eine Abteilung für ostdeutschen Gartenbau in Burgstadt bei Posen. Besondere Bedeutung kam der Arbeitsgemeinschaft für Ostsiedlung zu, die Wissenschaftler aus Posen und anderen ostdeutschen Universitäten zu gemeinsamen Planungs- und Forschungsarbeiten zusammenführte. Hier wurden Pläne für die Neuordnung des Warthelands erarbeitet, hier beschäftigte man sich mit Fragen der "Umvolkung", der Selektion und der Germanisierung. 1941 wurden Arbeitsergebnisse in einer Ausstellung "Planung und Aufbau im Osten" in einer Posener Kirche präsentiert. Zu den Mitarbeitern der Arbeitsgemeinschaft gehörte übrigens *Konrad Lorenz*, der bekannte Verhaltensforscher: er war an "Wertigkeitsuntersuchungen" beteiligt, die im Auftrag des RuSHA an deutsch-polnischen Mischlingen für die "Deutsche Volksliste Posen" durchgeführt wurden.[130]

Geschäftsführer der Arbeitsstelle war *Wilhelm Zoch*, gleichzeitig Hauptabteilungsleiter beim Beauftragten des RKFDV Abt. Planung in Posen. Zoch hatte 1939 ein Werk mit dem Titel "Neuordnung im Osten" veröffentlicht, in dem er bereits die zentralen Planungsvorstellungen des RuSHA skizzierte: Aufnordung in den Grenzlanden, Führung eines Volkstumskampfs durch Schaffung eines "tiefgestaffelten Gürtels von germanischen Bauernhöfen", Errichtung größerer Höfe für Zwecke der Siedlerausbildung: "Als Lehr- und Mustergut, als Versuchsstätte und Zuchtstelle für Saaten und Edelvieh wird der größere Erbhof durchaus Beispiel, Lehrer und Vorbild seiner 'kleineren Brüder' sein können."[131] Die Idee der "Lehrgüter" spielte eine wichtige Rolle

---

130 Schuster 1987, S. 332. Konrad Lorenz war damals bekanntlich ein Anhänger der nationalsozialistischen Rassentheorie: 1940 sprach er von der notwendigen "Selektion auf Härte, Heldenhaftigkeit, soziale Einsatzbereitschaft usw."; diese Rolle müsse "von irgendeiner menschlichen Körperschaft übernommen werden, wenn die Menschheit nicht mangels auslesender Faktoren an ihren domestikationsbedingten Verfallserscheinungen zugrunde gehen soll. Der rassische Gedanke als Grundlage unserer Staatsform hat schon unendlich viel in dieser Richtung geleistet. Die nordische Bewegung ist seit jeher gefühlsmäßig gegen die 'Verhaustierung' des Menschen gerichtet gewesen ...": Lorenz 1940, S. 71f. Lorenz lehrte 1940 an der Universität Königsberg. Siehe auch Müller-Hill 1981, S. 200ff.

131 Zoch 1939, S. 142.

in den Siedlungsplänen, die Darrés Nachfolger im RuSHA, Günther Pancke zu dieser Zeit Himmler unterbreitete; ihre Umsetzung wurde aber auf die Zeit nach dem Krieg verschoben.[132] Auch Zoch hing der Idee an, im Osten einen neuen germanischen Bauernadel zu schaffen: "Der Osten schreit nicht so sehr nach Menschen, sondern erfordert vor allem den Deutschen germanischen Blutes." Man müsse deshalb Bauerndörfer aus kleinen germanischen Landbesitzern errichten, aus denen die "Führerschaft des ostdeutschen Bauerntums heranwächst, die durch Beispiel und Leistung den ganzen Osten mitreißt." Das "nordische Zuchtziel" sei ein "Blutsadel", der aber nicht auf großen Rittergütern, sondern auf Tausenden von Bauernhöfen heranwachsen würde.[133]

1940 schrieb Zoch über Fragen der Siedlerauswahl: Sie müsse durch die Verhältnisse im Herkunftsgebiet bestimmt sein, um seelische Spannungen zwischen Mensch und Raum zu vermeiden. Der Siedler im Osten soll sich im neuen Dorf mit seit Kindheit vertrauten Gesichtern umgeben sehen – dies werde seine Erdverbundenheit fördern. "Deshalb vor allem sollten nach Möglichkeit die Zusammenhänge und bindenden Werte von Sippe, Dorf und Heimatbereich durch gruppenmäßigen Einsatz mit in die neue Heimat übertragen werden." "Feste Fugung statt Schüttung", wie Hippius sich ausdrückte, wollte Zoch erreichen: "... nicht zufällig zusammengeführte, zusammengewürfelte Masse wesensverschiedener Zellen, sondern wohlgefügtes und harmonisch in sich ruhendes neues Stammestum aus wesensgleichem Menschentum" gelte es zu formen. Gleichwohl sprach sich Zoch dagegen aus, "etwa den einzelnen Stämmen des Altreiches (beispielsweise den Mecklenburgern, Friesen oder Thüringern) geschlossene Siedlungsgebiete zuzuweisen." Denn dies würde den Partikularismus, Tendenzen der Absonderung fördern und die deutschen Kräfte schwächen. Die Siedler des Ostens müßten vielmehr zu Neustämmen zusammenwachsen, die fest untereinander verbunden seien. Deshalb empfahl Zoch die "großstämmige Alternative": "Bei der Wahl der ... Siedlungseinheit wird man davon ausgehen müssen, diese so zu bestimmen, daß sie groß genug sein soll, um das Gefühl landsmannschaftlich-heimatlicher Verbundenheit zu geben, trotzdem aber zu klein ist, um stammespartikularistische Bestrebungen überhaupt auch nur zu ermöglichen." Man dürfe nicht die Verhältnisse des Altreichs einfach auf die eingegliederten Gebiete übertragen. Die Aufgaben, die sich hier stellten, erforderten etwas "grundsätzlich Neues", "neu werdendes", nämlich die Zusammenschmelzung von partikularistischen Stämmen zu Großstämmen, die fähig sind, sich im

132 Bramwell 1985, S. 16.
133 Zoch 1939, S. 155.

Osten wehrhaft einzuverwurzeln: "... daß hier nicht von der zurückgelassenen Ordnung in der alten Heimat, sondern von den Notwendigkeiten neuer völkischer Wachstumseinheiten im neuen Siedlungsbezirk ausgegangen werden muß ..., daß diese neuen völkischen Lebensorganismen nicht eine Fortführung alten Stammeslebens darstellen können, sondern im Laufe der Zeit zu eigenständigem Leben zusammenwachsen müssen." Zoch postulierte eine Art völkischer Modernisierungspolitik. Beispielsweise machten die wirtschaftlichen Aufgaben in den neuen Ostgebieten auch neue Hof- und Dorftypen erforderlich, "die wohl dem eingesetzten [z. B.] niederdeutschen Menschentum gerecht werden, aber in einer Art, wie sie der neugewonnene niederdeutsche Siedlungsraum einerseits, die technisierte Gegenwart und die Forderung, daß der deutsche Bauer Anschluß gewinnt an den Fortschritt der Zeit andererseits und zum dritten der Blick in die Zukunft eines neu werdenden Stammesgebildes erfordern." Zochs "großstämmige Alternative" sah so aus, daß er das potentielle "Siedlermaterial" in "nieder-, mittel- und oberdeutsche Stammgruppen" und die eingegliederten Gebiete entsprechend in drei Siedlungszonen teilte: eine nördliche für die niederdeutschen, eine südliche für die mitteldeutschen Siedler sowie einen östlichen Grenzwall, der durch "oberdeutsches Stammestum" gebildet werden sollte. Freilich waren dies nicht mehr als vage Vorüberlegungen darüber, wie man die rechte Mitte zwischen traditionaler Bindung und Fähigkeit zur Neugestaltung finden könne. Dies würde sicher von spezifischen Stammesmerkmalen abhängen, aber das herauszufinden war noch eine Aufgabe künftiger Forschung: "Es ist noch nicht möglich, zu übersehen, ob alle oder welche der deutschen Stämme zum Osteinsatz bestimmt sein werden ..."[134]

Zu den Mitarbeitern der Reichsuniversität und der Reichsstiftung für deutsche Ostforschung (Arbeitskreis "Eignungsforschung") gehörte *Rudolf Hippius*, der Dozent für Psychologie und Pädagogik an der Reichsuniversität Posen. 1942 war er Mitarbeiter in Rosenbergs Reichsministerium für die besetzten Ostgebiete, im Dezember 1942 wurde er auf einen Lehrstuhl für Sozial- und Völkerpsychologie an die Deutsche Universität in Prag berufen.[135] Hippius hatte schon im Dezember 1939 eine Denkschrift zur Bevölkerungs-

[134] Zoch 1940.

[135] Vgl. Geuter 1984, S. 421. Hippius wurde Direktor des Instituts für Sozial- und Völkerpsychologie an der Deutschen Universität Prag und übernahm zusammen mit Hans Joachim Beyer die Leitung des Instituts für europäische Völkerkunde und Völkerpsychologie der Reinhard-Heydrich-Stifung. Er hielt dort noch im Wintersemester 1944/45 Vorlesungen zu Themen wie "Völkische Wesensart im Spiegel von Ausdruck und Gestaltung" oder "Die völkischen Kraftfelder Europas und ihre seelische Dynamik": Deutsche Karls-Universität Prag 1944.

planung im Warthegau vorgelegt. Darin hatte er folgendes Vorgehen bei der Auswahl und "Bearbeitung des Siedlermaterials" vorgeschlagen:
1. Sichtung und Analyse des "personellen Baustoffs" nach Lebenstüchtigkeit, Arbeitsfähigkeit, sozialer Haltung, Charakterstruktur und besonderer Eignung, die anhand von "Gruppenanalysen" festgestellt werden sollte; "gruppenbildende Prinzipien" sollten Abstammung, Rasse und Lebenskreis sein.
2. Die Ergebnisse dieser Untersuchungen würden das "Rohmaterial" der Bevölkerungsplanung bilden. Ihre Aufgabe bestünde darin, "eine maximale Nutzung des personalen Baustoffes durch strukturgerechte Verwendung zu ermöglichen" im Hinblick auf Siedlung, Berufsplanung, Wirtschaftsplanung und "Durchgestaltung des Gemeinschaftslebens". Eine besondere Problematik lag darin, daß die "Beheimatung" und das "Zusammenwachsen" unterschiedlich zusammengesetzter Gruppen in einem für die meisten fremden Lebensraum "unter dem Druck einer fremdvölkischen Bevölkerungsunterlage" erfolgen müsse: "Die polnische Bevölkerungsunterlage kann wohl nur stellenweise vollständig ausgeschaltet werden." Dies werde eine "zeitweilige innere Labilität des gesamten Baustoffes" zur Folge haben. Der Wirtschaftsprozeß und das Gemeinschaftsleben könnten daher nur dann Festigkeit gewinnen, wenn "Verfugung" und nicht nur "Schüttung" der Bauelemente stattfinde. Daraus resultierte für Hippius die unabweisbare Notwendigkeit, "als Grenzwall taugliche, d.h. in sich verfugte und daher wandfeste Gemeinschaften zu schaffen."[136]

Einige Jahre später führte Hippius im Auftrag des Arbeitskreises "Eignungsforschung" der AG für Ostsiedlung zusammen mit J. G. Feldmann eine umfangreiche Untersuchung zur "Siedlungsbereitschaft für den Osten" durch.[137] 4500 deutsche Soldaten, die im Raum Posen stationiert waren, wurden befragt: Von ihnen gaben 18,9% eine gewisse Siedlungsbereitschaft an. Unter den Siedlungsmotiven dominierten materielle Gründe, berufliche Aufstiegswünsche und der Wunsch, sich selbständig zu machen; das Motiv "Grenzeinsatz/ politischer Einsatz" spielte nur eine geringe Rolle und fiel nur bei Befragten mit Abitur ins Gewicht – aus dieser Gruppe nannten 20,6% nationalpolitische Motive, unter den Befragten mit Volksschulabschluß nur 6,1%. Bei Befragten mit mittlerer Reife waren materielle Gründe am stärksten ausgeprägt, bei Befragten mit Volksschulabschluß stand das Motiv "Selbständigkeit" im Vordergrund. Ein Teil der Untersuchung galt der Einstellung zur Polenfrage – soll man die Polen aussiedeln oder dabehalten? Hier

136 In: Goguel 1964, Dok. Anhang S. 46ff.
137 Hippius/ Feldmann 1942.

ergab die Befragung eine Polarisierung zwischen zwei annähernd gleichen Gruppen, die sich jeweils für "Aussiedeln" oder "Dabehalten" aussprachen:

	Befragte insges.	Siedlungsbereite	Unschlüssige
Aussiedeln	23,2%	36,3%	48,5%
eingeschränktes Aussiedeln	0,9%	2,9%	1,9%
eingeschränktes Dabehalten	1,5%	4,7%	0,8%
dabehalten	21,5%	46,9%	38,2%
unbeantwortet	52,4%	7,8%	9,8%

Die unterschiedlichen Einstellungen zur Polenfrage wurden mit den unterschiedlichen Siedlungsmotiven in Verbindung gebracht. So war etwa bei Abiturienten vor allem das Motiv "beruflicher Ausgriff" mit dem Wunsch nach Ausweisung der Polen gekoppelt. Dies galt natürlich erst recht für das nationalpolitische Motiv: Bei einer kleinen Gruppe politisch im nationalsozialistischen Sinn motivierter Soldaten fanden die Autoren jene "Zielvorstellung des Neubaus eines geschlossenen deutschen Gaues" wieder, wie sie den rassenpolitischen Plänen zugrunde lag. Die Größenordnung dieser Gruppe blieb aber hinter den Erwartungen zurück. Insgesamt machten Hippius und Feldmann eine kleine Gruppe von 5% "Führungsbereiten" unter den Befragten aus. Bei Volks- und Mittelschülern war vor allem das Motiv "berufliche Selbständigkeit" mit dem Wunsch "Dabehalten" gekoppelt ("in den beruflichen Plänen wird der Pole als helfender Faktor eingeschaltet"). Volksschüler zeigten eher ein Eingehen auf Heimatgefühle der Polen, Berufssoldaten drangen eher auf "Aussiedlung" ("Wehrbauerngedanke"). Volks- und Mittelschüler, die im Warthegau eine neue Heimat suchten, waren eher für "Dabehalten", Abiturienten eher für "Aussiedeln". Der "bäuerliche Mensch, der selbst den Pflug zur Hand nehmen will", halte eher "die Aussiedlung für notwendig", während "die Träger anderer Berufe die Arbeitskraft des Polens nicht missen" wollten. Rund ein Drittel der Siedlungsbereiten, resümierten Hippius und Feldmann, gehörten zum besten Menschenmaterial und sollten, so ihre Empfehlung, "in Einzelpositionen zum weiteren Vorgriff in die Osträume verwandt werden", "während die übrigen zwei Drittel überwiegend für geschlossene Siedlung in Frage" kämen.

Ebenfalls im Auftrag des Arbeitskreises "Eignungsforschung" führte Hippius mit einem Mitarbeiterstab 1942 im Seminar für Psychologie und Pädagogik der Reichsuniversität Posen eine vergleichende "eignungspsychologische und charakterologische Wertigkeitsuntersuchung" an deutsch-polnischen Mischlingen und Polen durch. Insgesamt wurden 877 Personen aus Posen erfaßt. An der Untersuchung arbeiteten neben Hippius'

Assistent Feldmann unter anderem auch Kurt Stavenhagen, Professor für Philosophie an der Posener Universität (nach dem Krieg in Göttingen), Konrad Lorenz, damals Professor in Königsberg, und SS-Sturmbannführer Strickner vom Büro der "Deutschen Volksliste Posen" mit. Hippius veröffentlichte die Ergebnisse in einem voluminösen Werk mit dem Titel "Volkstum, Gesinnung und Charakter". Die Untersuchung bestätigte – wie nicht anders zu erwarten – in wissenschaftlich verkleideter Sprache die bekannten Stereotypen über unterschiedliche Persönlichkeitsmerkmale von Polen und Deutschen, so insbesondere das Bild von der "elementaren Triebhaftigkeit" der Polen, dem auf seiten der deutschen Persönlichkeitsstruktur das Streben nach Aufgabenbewältigung und "Selbstmacht" gegenüberstand. Der Pole sei zwar von "massiven Vitalkräften" geleitet, es fehle ihm aber an "selbständiger, positiver Einsatzbereitschaft", und die Mehrzahl der Polen finde sich nur "unter größerem oder geringerem Zwang" zu "einem regelmäßigen und geordneten Kräfteeinsatz" bereit – darin lag Hippius zufolge die "zentrale Ursache für das staatliche Versagen der Polen",[138] auf das sich der deutsche Herrschaftsanspruch in Polen gründete. Hippius formulierte zwei idealtypische völkische Grundstrukturen der (deutschen und polnischen) Persönlichkeit, die "sich weitgehend ausschließen". Bemerkenswerter waren die Ergebnisse der Mischlingsuntersuchungen, die die Angehörigen der "Abt. 3 und 4" der DVL betrafen und die weitgehend negativ ausfielen. Der Bericht gelangte hier zu einer ähnlich skeptischen Beurteilung ihrer "Rückdeutschungsfähigkeit" wie die weiter oben schon erwähnten Untersuchungen des RuSHA. Ausgangspunkt der Studie war die Annahme, "daß es nach Völkern festgelegte Erbwerte gibt, die sich bei Völkermischung spezifisch und gesetzlich wandeln." Wo es zu Mischungen zwischen einander fremden Rassen komme, trete ein Prozeß der "Entharmonisierung" ein, der im Kern auf eine wechselseitige Abstoßung der polnischen und deutschen "zentralen Charakterwerte" gleichermaßen zurückginge. Dieser Prozeß durchlaufe Stadien der "Wertunsicherheit" und "Wertverarmung", eine "Labilisierung der vitalen Basis" und der Verlust völkischer Bindungen seien die Folge. Dies schlage sich nieder in einer "Häufigkeit schwankender, unruhiger und spannungsreicher Grundzüge der Charakteranlage", die ihren Ausdruck entweder in Umweltabhängigkeit und depressiver Hilflosigkeit oder aber in "nacktem Geltungsstreben und Akteurtum" fänden. Eine besonders bedenkliche Folge sei ein Mangel an völkisch-sozialer Einordnungsbereitschaft: "Das Gros der Mischlinge ist wertmäßig eingeengt auf den engsten Umkreis rein individueller und familiärer Lebenswerte" – kurz: es mangele an völkischer Moral und

138 Hippius u.a. 1943, S. 22.

Gemeinschaftsfähigkeit. "Die Voraussetzungen für eine Verwendung der vorhandenen seelischen Kräfte" seien daher "wenig günstig", denn "die Triebhaftigkeit polnischer Prägung" schwinde erst "bei wiederholter deutscher Aufkreuzung", nämlich bei den "Drei-Viertel-Deutschen". "Gleichzeitig steigt die allgemeine Anpassungsbereitschaft zwar deutlich an, bleibt jedoch verbunden mit recht großer Unselbständigkeit (dranghafte Formen). Selbständige Einsatzbereitschaft erreicht kaum die Größenordnung von 15%, während eine dauernde Kontrolle der leistungsmäßigen Aktivität bei über 40% erforderlich sein wird." Hinzu kam, daß auch "die begabungsmäßigen Möglichkeiten der Gruppe eng gezogen" seien: "Bei nur 58% liegen die Voraussetzungen zu einer vollwertigen Berufsleistung vor". Selbst dort, wo ausreichende Begabungen vorhanden seien, fehlten oft die charakterlichen Voraussetzungen, um diese Begabungen auszunutzen.[139] Eine zentrale Rolle spielte bei diesen Vorgängen natürlich die Frage, wieweit eine Struktur das Übergewicht über die andere erlangen und sich schließlich durchsetzen könne; dies hänge letztlich vom Blutsanteil ab – der Grad der Rassenmischung und die psychologische Struktur werden in der Studie präzise in ihrem Verhältnis zueinander untersucht. Hippius gelangte zu dem politisch folgenreichen Schluß: "Es erscheint demnach im Allgemeinen berechtigt, in Volkstumsfragen (ebenso wie in Rassenfragen) Gruppenbildungen und Grenzziehungen nach der absoluten Größe des völkischen Blutsanteils vorzunehmen."[140]

139 Ebd., S. 20f. Höppner, der Leiter des Gauamtes für Volkstumsfragen, faßte die Ergebnisse so zusammen: Die Untersuchungen hätten gezeigt, "daß bei deutsch-polnischen Mischlingen die seelisch tragfähige Substanz von etwa 90% im vollkräftigen Volkskörper auf etwa 60% bei Mischlingen absinkt. Die sozialschwierigen Personen wachsen infolge zunehmenden Egoismus und Haltlosigkeit sowie wissentlicher Herabsetzung der Einordnungsbereitschaft von 20 auf 40% an. Zwiespältige unprägnante Charaktere, die Charakterzüge aufweisen wie Hinterhältigkeit, Oberflächlichkeit, Angebertum, gespannte Erregbarkeit, steigen an. Die dem Deutschen eigentümliche wertvolle Gestaltungskraft fehlt fast völlig." Höppner 1943, S. 265.

140 Ebd., S. 18.

4. Kulturpolitik im besetzten Polen

Die deutsche Politik in Polen zielte auf eine weitgehende De-Kulturalisierung ab: Die Polen sollten aller höheren Kultur beraubt werden, und die verbleibende, den Polen noch zugestandene Kultur sollte "entnationalisiert" werden. Gleichzeitig wollte man die Polen von jeder Partizipation an gehobener deutscher Kultur ausschließen: Sie sollten ein kulturloses Volk ohne Führungsschichten, ohne Erinnerung an eine eigene Geschichte, ohne eigene Identität werden, damit nur noch eine für deutsche Zwecke verfügbare und nach Belieben einsetzbare Arbeitermasse zurückblieb. Am konsequentesten wurde diese Politik in den eingegliederten Gebieten, vor allem im Warthegau, betrieben. Die Politik im Generalgouvernement fiel ähnlich aus, doch zwangen die Umstände hier zu größeren Kompromissen und Zugeständnissen.

Ein Element dieser Politik war, die polnische Bevölkerung von allen Kommunikationsmitteln abzuschneiden. So wurden Rundfunkgeräte in "fremdvölkischem Besitz" anmelde- und, soweit sie Polen gehörten, in der Regel auch ablieferungspflichtig. Eine generelle Ablieferungspflicht bestand für polnischen Juden.[1] Dahinter standen nicht nur kulturpolitische, sondern auch militärische Erwägungen, weil man das Abhören von Feindsendern unterbinden wollte. Die beschlagnahmten Geräte wurden von den zuständigen Stellen zur Verteilung an deutsche Volksgenossen freigegeben.[2] Ebenso wurde der Postverkehr eingeschränkt. Polnisch geschriebene Sendungen wurden nicht mehr befördert. 1942 wurde der Telegrammverkehr für Polen aufgehoben, nur in dringenden Fällen konnten mit polizeilicher Sondergenehmigung Telegramme aufgegeben werden; im April 1943 wurde der Telegrammverkehr gänzlich unterbunden. "Ausnahmen galten nur für polnische Ärzte im Interesse der Versorgung der deutschen Bevölkerung. Kurz zuvor war den Polen im Warthegau auch die Benutzung öffentlicher Fernsprechzellen grundsätzlich untersagt und, wenn sie mit 'Sondergenehmigung' in Aus-

[1] Jüdische Besitzer von Rundfunkgeräten wurden verhaftet und hingerichtet: Loewy/Schoenberner 1990, S. 47f.

[2] Majer 1981 S. 449f.

nahmefällen telefonieren durften, die Benutzung der deutschen Sprache vorgeschrieben worden." Sämtliche Postsendungen von und an Polen unterlagen der Zensur bzw. Beschlagnahme durch die Gestapo. Seit 1941 war in Posen (und wohl auch den anderen Distrikten des Warthelandes) der Erwerb von Schallplattengeräten und -zubehör sowie generell der Besitz von Grammophonen und polnischen Schallplatten verboten. "Verboten war ferner allen 'Polen, feindlichen Ausländern und Staatenlosen' (d.h. auch Juden) der Besitz von Fotoapparaten und Ferngläsern, die ebenfalls abzuliefern waren."[3]

Polen durften im Warthegau grundsätzlich keine kulturellen Einrichtungen, schon gar nicht solche, die für Deutsche bestimmt waren, benutzen. So wurden zum Beispiel zwei Polinnen, die man 1942 im Reichsgautheater Posen während einer Aufführung der "Iphigenie auf Tauris" von Goethe aufgriff, für 4 Monate ins Arbeitslager geschickt.[4] Der kulturpolitische Apartheidswahn ging so weit, daß man polnischen Kindern den Besuch von Vorführungen deutscher Märchenfilme untersagte. In einem Schreiben des Reichsstatthalters im Wartheland vom 18. 1. 1944 an den Gauleiter der NSDAP heißt es:

> "Betrifft: Märchenfilme für polnische Kinder.
> Im Ostdeutschen Beobachter vom 18. 12. 43 wird in der Rubrik Lichtspieltheater im Anzeigenteil angekündigt, daß in Pabianitz um 14.30 Uhr eine Jugendvorstellung für Polen: 'Fuchs du hast die Gans gestohlen' stattfindet. Ebenso wird in der Nr. 356 vom 25. 12. 43 mitgeteilt, daß am 25. 12. und 26. 12. 43 in Pabianitz für Polen der Märchenfilm 'Hänsel und Gretel' aufgeführt wird.
> Da eine Vermittlung deutscher Gemütswerte durch Märchenfilme an polnische Kinder aus grundsätzlichen Erwägungen bedenklich erscheint und hier eine Assimilierung der Polen gefördert wird, die dem Grundsatz der Volkstumspolitik in unserem Gau widerspricht, wären wir dankbar, wenn eine Anordnung an die Lichtspieltheater herausgegeben werden könnte, daß Märchenfilme für Polen nicht mehr zugelassen sind."[5]

Während die polnische Kultur vernichtet wurde, ging man zielstrebig daran, ein deutsches Kulturleben aufzubauen. In Litzmannstadt nahm im Januar 1940 ein deutsches Theater seine Arbeit auf, in Posen wurde am 18. 3. 1941 das "Reichsgautheater" eröffnet. Während etwa polnischen Künstlern und

---

[3] Majer 1981, S. 451f.; Verordnung des Regierungspräsidenten Litzmannstadt 30. 6. 1941: Polen ist der Besitz von Fotoapparaten verboten. Doc. occ. Bd. XIII, S. 284.

[4] Doc. occ. V, S. 357; vgl. Zimniak 1983.

[5] *Verbrechen* S. 185; Doc. occ. Bd. XIII, S. 336.

Musikern, selbst Musiklehrern[6] jede Betätigung untersagt wurde, entfaltete sich ein vielfältiges und vom Staat großzügig gefördertes deutsches Kulturleben. Die "Ostdeutschen Kulturtage" und die "Posener Musikwochen" sorgten für Höhepunkte in der Gauhauptstadt des Warthelandes. An den Posener Musikwochen nahmen u.a. der Komponist Hans Pfitzner und bekannte Interpreten wie Walter Gieseking oder Elisabeth Schwarzkopf teil. Arthur Greiser, der Reichsstatthalter, schuf eigens Musikpreise, mit denen besondere Beiträge für die kulturelle Entwicklung des Warthelandes gewürdigt werden sollten. Greiser war vor allem Pfitzner verbunden. Er verlieh ihm den Wartheländischen Kulturpreis in Höhe von 20 000 RM und pries ihn als den "Künder der deutschen Seele, den Kämpfer für deutsche Art und Gesinnung und den Schöpfer deutscher Meisterwerke". 1942 stiftete Greiser für Musikstudenten ein Pfitzner-Stipendium und kündigte an, er werde einer Straße Pfitzners Namen geben.[7] – Was die "Musikwochen" für Posen, waren die "Fanfaren – Festliche Tage in Litzmannstadt" für Lodz. Das NSV-Winterhilfswerk veranstaltete Konzerte im Warthegau. Bei einem dieser Konzerte trat die Frau des Gauleiters, die Pianistin Maria Greiser-Koerfer auf.[8] Während die polnischen Orchester aufgelöst waren, existierten in den eingegliederten Gebieten mehrere deutsche Orchester: das "Orchester der Gauhauptstadt Posen", das "Philharmonische Orchester der Stadt Kattowitz", weitere Orchester in Litzmannstadt und Thorn. Besonderen Wert legte Greiser im Wartheland auf die Entwicklung des Musikschulwesen: In den Kreishauptstädten ließ er Städtische Musikschulen einrichten, bis 1944 waren über 20 Musikschulen für ca. 3000 Kinder und Jugendliche eröffnet worden. Auch eine Musikhochschule war geplant, konnte aber nicht mehr realisiert werden.[9] Der musikpädagogischen Arbeit kam deswegen besondere Bedeutung zu, weil man sich vor allem von der Musik eine Förderung des Gemeinschaftsgefühls und eine Integration der deutschen Volksgruppen durch gemeinsames Singen und Musizieren im Kleinstadt- und Dorfmilieu erhoffte – Aufgaben, die vor allem durch die HJ wahrgenommen wurden. Erklärtes Ziel war, bei jedem HJ-Banner ein volles Orchester (HJ-Bannorchester) oder einen kleineren Spielchor bzw. einen Fanfarenzug zu organisieren. "Als stimulierender Ansporn sollte der im Jahre 1943 von dem HJ-Obergebietsführer W. Kuhnt gestiftete spezielle 'Wartheländische Spielschar Preis' in der Höhe von 1000 RM gelten, der Preis für das aktivste Ensemble der HJ."[10] Die HJ-

---

6 Doc. occ. Bd. XIII, S. 328.
7 Prieberg 1982, S. 224.
8 Zimniak 1983, S. 244.
9 Ebd., S. 251ff.
10 Ebd., S. 257.

Ensembles wurden vor allem in den Übergangslagern für Kinder und Jugendliche von Umsiedlern und Volksdeutschen tätig. In einigen Musterlagern fanden musikalische Ausbildungen statt, die mit Prüfungen abschlossen, in denen Kenntnisse von Kampf- und Soldatenliedern nachgewiesen werden mußten. Die Leiter für solche Aktivitäten suchte man zunächst von den Lehrerbildungsanstalten zu rekrutieren, später, mit Gründung der Jugendmusikschulen, "versuchte man, die Schuljugend in den organisierten Spielgruppen-HJ und den Repräsentations-HJ-Bannorchester zu versammeln."[11] Die Spielscharen und Bannorchester der HJ liefern Beispiele für die nationalsozialistische Version eines musikalischen Laienschaffens und einer politischen Musikerziehung, die in den eingegliederten Gebieten wichtige volkstumspolitische Funktionen erfüllten.

Der Musik kam im "neuen Osten" auch deswegen besondere Bedeutung zu, weil sie einen Ersatz für religiöse Bedürfnisse schaffen mußte, die die Nationalsozialisten hier nicht mehr befriedigen konnten. Da der Warthegau ein Mustergau der künftigen Ordnung werden sollte, ging man hier gleich daran, die Kirchen systematisch aus dem öffentlichen Leben zu verdrängen. Hier wurde in einem antizipatorischen Akt wahrgemacht, was man im Altreich noch nicht wagte, nämlich die vollständige Trennung von Kirche und Staat und die Umwandlung der Kirchen in private Vereine.[12] Mit einer Verfügung Greisers vom 24. 9. 1940 wurden alle kirchlichen Stiftungen und karitativen Anstalten, alle konfessionellen Nebengruppen und Unterorganisationen (wie etwa die Jugendgruppen) aufgelöst; am 6. 2. 1941 folgte ein Verbot aller Kollekten und Sammlungen. Sämtliches kirchliches Eigentum mit Ausnahme der Kulträume wurde aufgehoben, einschließlich der Klöster und Stifte, "da diese der deutschen Sittlichkeits- und Bevölkerungspolitik nicht entsprechen". Der Konfirmationsunterricht in den Schulen wurde abgeschafft, der Religionsunterricht an den Schulen zunächst eingeschränkt, dann gleichfalls abgeschafft. Entsprechend wurde an der neuen Reichsuniveristät Posen erstmals keine theologische Fakultät mehr eingerichtet – ein fast revolutionärer Vorgang; stattdessen schuf man eine Professur für Geistes- und Glaubensgeschichte.[13] Konfessioneller Unterricht durfte nur noch in den Kirchen abgehalten werden, war dort auf eine Stunde in der Woche, die zwischen 15 und 17 Uhr liegen mußte, zu beschränken und durfte nicht an Tagen stattfinden,

---

[11] Ebd., S. 275.
[12] Stasiewski 1959.
[13] Gürtler 1958, S. 130.

die für die HJ bestimmt waren.[14] Alle kirchlichen Zeitschriften und Gemeindeblätter mußten eingestellt werden, stattdessen erschien ein vom Gaupropagandaamt herausgegebenes "Sonntagsblatt". Staatsangestellte und -beamte wurden unter Druck gesetzt, aus der Kirche auszutreten. 1942 mußten zum Beispiel die Angestellten der DAF eine eidesstattliche Erklärung des Kirchenaustritts oder der Nicht-Zugehörigkeit zur Kirche abgeben, ähnlich verfuhr man bei Lehrern: Die Kreisverwaltung Kutno etwa teilte allen Lehrern im Januar 1942 mit, sie seien durch Verordnung vom 13. 9. 1941 automatisch aus der Kirche ausgetreten.[15]

Immerhin blieb die Möglichkeit des Kirchenbesuchs unangetastet und die Kirche blieb als private Einrichtung erhalten. Sie wurde aber der staatlichen Politik der Rassentrennung unterworfen. So durften Deutsche und Polen sich nicht mehr zusammen in einer Kirche aufhalten. Eine Verfügung des Reichsstatthalters im Wartheland vom 26. 5. 41 verbot jeden Verkehr und jede kirchliche Gemeinschaft zwischen Deutschen und Polen:

"Ich habe angeordnet, daß polnische Geistliche deutsche Staatsangehörige und Angehörige der deutschen Volksliste konfessionell nicht betreuen dürfen. Ebenso dürfen umgekehrt deutsche Geistliche Polen konfessionell nicht betreuen.

Alle Kirchengebäude, die am 1. 9. 1939 polnisch waren oder in denen gegenwärtig polnisch-katholischer oder polnisch-evangelischer Kirchendienst stattfindet, sind als polnische Kirchen zu kennzeichnen ...

Die Kennzeichnung der polnischen Kirche hat in der Weise zu erfolgen, daß an allen offenen Eingängen die Bezeichnung 'Polnische Kirche' in deutscher Sprache angebracht wird. Diese Kennzeichnung ist mit dem Kirchengebäude fest zu verbinden. Sie darf niemals entfernt werden.

An jeder Kirche, die mit einem deutschen Geistlichen besetzt ist, der im Kirchenort wohnt, ist ein Schild mit der Aufschrift anzubringen: 'Für Polen verboten'.

Deutsche Geistliche dürfen in polnischen Kirchen nur mit Genehmigung der zuständigen Staatspolizeistelle Kirchendienst abhalten. Während des deutschen Kirchendienstes in einer polnischen Kirche sind unter allen Bezeichnungen 'Polnische Kirche' Tafeln mit der Aufschrift anzubringen: 'Von ... Uhr bis ... Uhr nur für Deutsche zugelassen.'"[16]

In einem Rundschreiben an alle Dienststellen der Partei und des Staates ließ Greiser wissen:

---

[14] Ebd., S. 254f.

[15] Stasiewski S. 59.

[16] Ebd., S. 140f.

“Ein Deutscher, welcher einen polnisch-katholischen Gottesdienst besucht, verstößt gegen die arteigenen Gesetze des deutschen Volkes und schließt sich im Wiederholungsfalle von selbst aus der deutschen Volksgemeinschaft aus. Beim ersten Verstoß wird er zur Sicherung seiner Erziehung einem Konzentrationslager im Warthegau für die Dauer von einem Monat übergeben. Beim zweiten Verstoß wird er einem Konzentrationslager im Altreich auf unbestimmte Zeit überwiesen.”[17]

Noch an den Toten wurde die Rassentrennung vollzogen. In der Verordnung über Friedhöfe im Reichsgau Wartheland vom 3. 10. 1941 hieß es:

“§1. (2) Bestattungen von Deutschen und Polen haben auf verschiedenen Friedhöfen stattzufinden. – (3) Ist im Gebiet der Gemeinde oder des Landkreises, dem die Gemeinde angehört, ein besonderer Friedhof für Polen nicht vorhanden, so ist bis zur Errichtung eines besonderen Friedhofes für Polen auf dem deutschen Friedhof eine besondere, umzäunte Abteilung für Polen einzurichten, die einen besonderen Eingang haben muß.”[18]

Die Religionspolitik gegenüber der polnischen Bevölkerung blieb aber nicht bei der Rassentrennung stehen. Sie zielte vielmehr auf die vollständige Vernichtung der polnischen Kirche und des religiösen Lebens. So wurde die Verwendung der polnischen Sprache beim Gottesdienst und selbst beim Sakrament der Beichte verboten.[19] Der Administrator Hohenstein notierte am 16. 4. 1941 in seinem Tagebuch: “Eine häßliche, geradezu empörende Verfügung des Gauleiters ist heute eingegangen: Alle Bildstöcke müssen sofort entfernt und vernichtet werden! Es handelt sich um jene netten Kreuze an den Wegen, um die Marienstöcke und Marterln in den Dörfern, Fluren und Wäldern, über die ich mich erst Ostern so gefreut habe ...”[20] Greiser begründete diesen Vandalismus damit, daß die Priester Waffen in den Fundamenten der Kruzifixe und Heiligenbilder verbargen.[21] Am 1. 9. 1941 wird die Schließung der polnischen Kirchen im Warthegau verfügt. In den folgenden Monaten kam es zur Schließung fast sämtlicher polnisch-katholischen Kirchen und zur Verhaftung nahezu aller polnischen Geistlichen.[22] Greiser konstatierte wenig später: “Es gibt ... im Reichsgau Wartheland keine Klöster und keinen Kirchenbesitz mehr; er ist konfisziert worden, und meine Gauselbstverwaltung ist dadurch zum größten Grundbesitzer im Gau geworden.”[23] Ein kirch-

[17] Hansen 1994, S. 40.
[18] In: Gürtler 1958, S. 270.
[19] Stasiewski 1959, S. 74.
[20] Hohenstein 1961, S. 115.
[21] Vgl. Gürtler 1958, S. 143 f.
[22] Ebd., Anm. S. 186.
[23] Zit. n. Umbreit 1977, Anm. S. 193.

licher Bericht der Erzdiözese Posen hielt bereits am 1. 10. 1941 fest: Von 828 Geistlichen waren 451 in Gefängnissen oder Konzentrationslagern, 120 waren ins Generalgouvernement evakuiert, 74 erschossen oder im KZ gestorben. Von 441 Kirchen waren 396 versiegelt oder für andere Zwecke genutzt. "In Posen waren z.B. von 30 Kirchen nur zwei für polnische und nur eine für deutsche Katholiken geöffnet, während 13 Kirchen versiegelt waren, sechs als Lagerräume dienten, vier – darunter der Dom – als Möbellager und von den anderen je eine als Musikschule, Reitschule, Buchsammelstelle und Werkstatt für Kulissenmalerei gebraucht wurden."[24]

Ähnlich, aber weniger rigoros war die Politik im Generalgouvernement. Vor allem ließ man hier die katholische Kirche in Funktion, weil man hoffte, sich die Macht der Geistlichen über das Volk zunutze machen und die Kirche als "Beruhigungs- und Disziplinierungsfaktor" einsetzen zu können. Die polnischen Priesterseminare konnten nach anfänglicher Schließung weitergeführt werden, der Religionsunterricht wurde zwar reduziert, aber beibehalten.[25] Trotzdem gab es Schikanen gegen die Kirche, die vor allem durch die Angst vor patriotischen Manifestationen bei größeren Menschenansammlungen motiviert waren. So wurden in Warschau zu Ostern 1940 die Prozessionen in der Stadt verboten. Die kirchlichen Feiertage wurden durch ihre Verlegung auf den jeweils folgenden Sonntag faktisch abgeschafft.[26] In Warschau durften 1940 Leichentransporte nur noch in geschlossenen Leichenwagen, Trauerzüge nur innerhalb der Friedhöfe stattfinden.[27] Gleichwohl unterschied sich diese Politik deutlich von der des Warthegaus. Hier ging es ja nicht darum (jedenfalls nicht in nächster Zeit), die polnische Bevölkerung überhaupt zu verdrängen, daher mußte man auch ein gewisses Maß an kulturellem Leben zulassen. Aber auch hier wurde so verfahren, als ob eine eigenständige polnische Kultur nie existiert hätte.[28] De-Kulturalisierung und Entnationalisierung also, aber keine vollständige Vernichtung der Kultur, sondern nur eine Reduktion ihres Niveaus. Die Kulturpolitischen Richtlinien für das Generalgouvernement von 1940 legten als Grundsatz fest: Kulturelle Betätigung ist Polen nur "soweit zu gestatten, als sie einem primitiven Unterhaltungs- und Zerstreuungsbedürfnis dient." Die künftigen Arbeitssklaven müßten "bei Laune gehalten" werden. Ansonsten auch hier das Prinzip der Apartheid:

---

24 Stasiewski 1959 S. 65.

25 Majer 1981, S. 528; Watzke 1942. Der Konfessionsunterricht wurde aber auch hier an *deutschen* Schulen im September 1943 eingestellt: Hansen 1994, S. 261.

26 Szarota 1989, S. 29.

27 Ebd., S. 30; Mitteilungsblatt der Stadt Warschau Nr. 45, 5. 12. 1940.

28 Majer 1981, S. 526.

Deutsche Künstler durften nicht vor Polen spielen; polnische allerdings vor Deutschen, ein gemeinsames Auftreten polnischer und deutscher Künstler war jedoch ausgeschlossen. Dies war ein pragmatisches Zugeständnis, weil es im Generalgouvernement an deutschen Künstlern mangelte, die den Bedarf der Herrenschicht hätten abdecken können, und dieser Bedarf war nicht gering, allein die Truppen der Wehrmacht mußten unterhalten werden. Freilich sei es, so die "Richtlinien", "mit deutscher Würde unvereinbar, daß polnische Künstler nach ihrem Auftreten in deutscher Gemeinschaft verbleiben."[29] Bei Benutzung gleicher Räume für deutsche und polnische Veranstaltungen war auf strikte zeitliche Trennung zu achten: Nachmittags sollten Veranstaltungen für Polen, abends nur für Deutsche stattfinden. Gehobene Darbietungen wie das ernste Schauspiel oder die Oper waren für Polen jedoch grundsätzlich verboten. "Untersagt waren auch Konzerte, die den Zuhörern ein künstlerisches Erlebnis hätten bieten können; darüberhinaus war es verboten, polnische Volks- und Nationallieder zu singen, Werke der Klassik, Opern oder ernste Schauspiele aufzuführen. Generell dem Verbot anheimgefallen waren alle Veranstaltungen, die dem Geist des Polentums huldigten. Zugelassen dagegen blieben Operetten, Revuen, leichte Komödien und Vorstellungen religiösen Inhalts für Kinder anläßlich kirchlicher Feiertage. Es galt die Empfehlung, nicht gegen niedriges Niveau der Programme sowie gegen deren Erotisierung einzuschreiten. Die Schriftsteller durften lediglich Unterhaltungsromane und kurze Erzählungen in den Spalten der Reptilienpresse publizieren – nachdem die Kreishauptleute deren Veröffentlichung zugelassen hatten. Polen durften nur Filmvorstellungen besuchen, die von der Abteilung Propaganda genehmigt waren; die Wochenschau wurde ihnen nicht gezeigt."[30] Nicht nur deutsche Wochenschauen, auch Kulturfilme sollten Polen vorenthalten werden. Sämtliche Landkarten und Atlanten, die das ehemalige Polen darstellten, sämtliche englisch- und französischsprachige Literatur einschließlich Wörterbücher wurden verboten und beschlagnahmt. Und selbstverständlich galt: "Der Pole ist von deutschen Büchern, vor allem von weltanschaulichen Werken, fernzuhalten."[31]

Unmittelbar nach Beendigung des Polen-Feldzugs, am 31. Oktober 1939 hatte Goebbels in einem Gespräch mit Frank die Grundzüge der Kulturpolitik fürs Generalgouvernement entworfen: "Den Polen dürften nur solche Bildungsmöglichkeiten zur Verfügung gestellt werden, die ihnen die Aussichtslosigkeit ihres völkischen Schicksals zeigten. Es könnten daher höchstens

---

29 Doc. occ. Bd. VI, S. 408f.
30 Madajczyk 1988, S. 340.
31 Doc. occ. Bd. VI, S. 409f.

schlechte Filme oder solche, die die Größe und Stärke des Deutschen Reiches vor Augen führen, in Frage kommen ..." Goebbels führte weiter aus, "daß das gesamte Nachrichtenwesen der Polen zerschlagen werden müsse. Die Polen dürften keine Rundfunkapparate und nur reine Nachrichtenzeitungen, keinesfalls eine Meinungspresse behalten. Grundsätzlich dürften sie auch keine Theater, Kinos und Kabaretts bekommen, damit ihnen nicht immer wieder vor Augen geführt werde, was ihnen verloren gegangen sei. Wenn sich für große Städte, wie z.B. Warschau, die Notwendigkeit ergebe, durch Kinovorstellungen die Polen von der Straße wegzubekommen, dann müsse das von Fall zu Fall entschieden werden. Der Führer hat gestern erst erklärt, man dürfe den Polen nicht mit dem Aufbaufimmel kommen ...." – "Hinsichtlich des Filmwesens nahm Reichsminister Dr. Goebbels mit besonderer Freude davon Kenntnis, daß die polnischen Filmtheater bereits beschlagnahmt seien ..." Die Polen, so Goebbels, seien vom Rundfunk ganz auszuschließen; eine "Übernahme der Mitglieder des Warschauer Orchesters sei völlig ausgeschlossen."[32]

Vieles davon, wenn auch nicht alles, wurde umgesetzt. Mehr als die Hälfte der rund 300 Filmtheater im Generalgouvernement wurden geschlossen, die restlichen Filmtheater zeigten deutsche Filme und polnische Vorkriegsfilme; für die Errichtung von Kinos im jüdischen Viertel von Warschau wurde hingegen keine Genehmigung erteilt.[33] Einige Kinos waren ausschließlich Deutschen vorbehalten, und "wo sich die Möglichkeit bot, ist für die Polizei ein eigenes Lichtspiel-Theater ausgebaut worden."[34] Die Zahl polnischer Filme sank drastisch. So gelangten im Oktober 1941 insgesamt 147 deutsche Filme, 109 deutsche Filme mit polnischen Untertiteln und lediglich 33 rein polnische Filme zur Aufführung. Das kulturelle Anspruchsniveau wurde drastisch gesenkt. In den für die polnische Bevölkerung zugelassenen Filmen und Theaterstücken dominierten Themen, die sich um Sex und Alkohol drehten.[35] Bereits im Frühjahr 1940 begann man auch mit der Produktion von polnischen Wochenschauen und Propagandafilmen.[36] Der Besitz von Rundfunkgeräten wurde für Reichs- und Volksdeutsche genehmigungspflichtig, die Polen mußten ihre Geräte abliefern.[37] Im "Gegenzug" baute man zahlreiche öffentliche Lautsprecheranlagen zur "Versorgung der polnischen Bevölkerung mit

---

32 Doc. occ. Bd. VI, S. 406f.
33 Szarota 1989, S. 181.
34 Eckhardt 1941, S. 15.
35 Gross 1979, S. 77.
36 Jaenicke 1941, S. 8.
37 Für Ukrainer und Goralen konnten nach einer Verordnung vom 15.12.39 auf Antrag Ausnahmen gemacht werden, in: Weh S. 472.

Rundfunknachrichten" auf.[38] Jede kulturelle Betätigung war unter Aufsicht gestellt bzw. genehmigungspflichtig. Öffentliche Schaustellungen und Darbietungen aller Art, selbst Tanzveranstaltungen wurden teils verboten, teils genehmigungspflichtig. Am 31. 3. 1941 erging zum Beispiel eine "Verordnung über öffentliche Darbietungen und Schaustellungen im Umherziehen": "§ 1. Musik- und Gesangsdarbietungen, deklamatorische Vorträge, Schaustellungen und theatralische Vorstellungen jeder Art im Umherziehen in öffentlichen Lokalen, von Haus zu Haus, auf Straßen, Plätzen und Höfen sowie in öffentlichen Verkehrsmitteln sind verboten. – § 2. Ausnahmen von dem Verbot des § 1 kann der Kreishauptmann (Stadthauptmann) widerruflich zulassen ..."[39] In Warschau erging am 8. 12. 1939 eine Verordnung, die Tanzveranstaltungen untersagte. Sie wurde im Frühjahr 1940 auf das ganze Generalgouvernement ausgedehnt: "Es wird mit sofortiger Wirkung verboten, Tanzveranstaltungen jedweder Art, sowohl öffentliche als auch private auf dem gesamten Gebiet des Generalgouvernements zu organisieren. In Lokalen ist Tanzmusik verboten." Im Februar 1941 wurden in Warschau auch Karnevalsveranstaltungen und Umzüge verboten. Der Kauf und Verkauf von Faschingskleidung, Masken, Feuerwerkskörpern und "sonstigen Scherzartikeln" wurde untersagt.[40]

Verboten war der Vertrieb weltanschaulichen oder politischen Schrifttums, nicht aber solchen unterhaltenden oder fachlichen Charakters. Polnisches Schrifttum in öffentlichen Bibliotheken wurde beschlagnahmt, die Bestände der wissenschaftlichen Bibliotheken wurden teils in Krakau als Grundstock für die Bibliothek der dort geplanten Universität zusammengezogen, teils ins Reich deportiert, teils zerstört (vor allem während des Warschauer Aufstandes und vor dem Abzug der deutschen Truppen). Die wissenschaftlichen Bibliotheken wurden offiziell unzugänglich. Nichtwissenschaftliche Büchereien dagegen blieben zunächst größtenteils geöffnet, wurden allerdings gründlich "gereinigt". "Karl Grundmann, der Leiter des Warschauer Propagandaamtes, verfaßte dazu 1940 im Auftrag der Krakauer Propagandaabteilung eine streng vertrauliche 'Liste des deutschfeindlichen, schädlichen und unerwünschten polnischen Schrifttums', die jährlich ergänzt wurde. Sie wies etwa 3000 Titel auf und umfaßte jede Art historischen und politischen Schrifttums und auch alle polnischen Klassiker."[41] Ein großer Teil der Buchhandlungen wurde geschlossen, polnische Literatur, die auf dem In-

---

38 Jaenicke 1941, S. 8.

39 Doc. occ. Bd. VI, S. 425.

40 Mitteilungsblatt für die Stadt Warschau Nr. 8, 25. 2. 1941; vgl. Szarota 1989, S. 29.

41 Kleßmann 1971, S. 74.

dex stand, wurde eliminiert, ebenso alle englische, französische, später auch russische Literatur. Gleichzeitig errichtete man ein umfangreiches Netz von größeren und kleineren, festen und wandernden Bibliotheken für Deutsche: "Im Januar 1943 bestanden insgesamt 700, davon 17 große (mit über 1000 Bänden), 44 mittlere (mit 500 bis 1000 Bänden) und 640 Wanderbibliotheken."[42] In diesen Bibliotheken stand nicht die Unterhaltung, sondern die weltanschaulich-politische Bildung im Vordergrund.

Den polnischen "Schutzangehörigen" wollte man hingegen nur eine anspruchslose Unterhaltungskultur zubilligen, und auch dies nur, sofern sie von allem Nationalen gereinigt war. So wurden neben klassischen Werken z.B. auch Märsche, Volks- und Nationallieder verboten.[43] Der polnischen Mittelschicht wurden in Warschau gut 10 Revuetheater zugestanden, für die Arbeiter und das einfache Volk erlaubten die Deutschen Vergnügungsplätze, Volksfeste, Zirkusveranstaltungen, Glücksspiele etc.[44] Konzerte waren nur noch in Kaffeehäusern zugelassen, bedurften aber auch hier der Genehmigung. Die Aufführung von Werken Chopins und anderer polnischer Komponisten wurde zunächst verboten, das Verbot wurde aber 1942 teilweise wieder aufgehoben, seitdem durften bestimmte Werke polnischer Komponisten ins Kaffeehausrepertoire aufgenommen werden.[45] Daß die Polen einen Komponisten wie Chopin hervorgebracht hatten, machte den Deutschen viel zu schaffen, bis Ahnenforscher schließlich den Nachweis brachten, daß Chopin väterlicherseits wahrscheinlich von einer deutsch-elsässischen Familie abstammte, und so nahm man ihn 1943 für die deutsche Musik in Anspruch.[46] Dieser Anspruch wurde in einer im Oktober 1943 eröffneten Chopinausstellung dokumentiert, für die die Sammlung des französischen Chopin-Biographen Edouard Gauche von Paris nach Krakau transferiert worden war.[47] Frank, selbst Musikliebhaber, war in diesen Dingen konziliant und befürwortete schon im Februar 1941 die Tolerierung künstlerisch anspruchsvoller Konzerte von Musikern der ehemaligen Warschauer Philharmonie im Café Lardelli, wo bereits im Herbst 1941 mit deutscher Billigung ein Chopin-Konzert stattfand.[48]

---

42 Ebd., S. 75.
43 Majer 1981, S. 521.
44 Szarota 1989, S. 223ff.
45 Ebd., S. 179.
46 Prieberg 1982, S. 408.
47 Kleßmann 1971, S. 107.
48 Ebd., S. 105f.

Polnische Sport- und Tennisplätze, Wassersporteinrichtungen, Schwimmbäder und Stadien wurden beschlagnahmt und kamen ebenso wie andere Kulturstätten ausschließlich Deutschen zugute. In den beschlagnahmten Stadien veranstaltete man deutsche Sportwettkämpfe. In Warschau fanden Meisterschaftsspiele im Fußball, Tennismeisterschaften und "Vier-Distrikte-Kämpfe" der deutschen Jugend in Leichtathletik, im Schwimm- und im Rudersport statt.[49] Für die kleine deutsche Minderheit wurden deutsche Buchhandlungen, Gaststätten und Volksbildungsstätten der NSDAP eingerichtet, in jeder Stadt entstand ein Deutsches Haus für das gesellschaftliche Leben der Deutschen. In Warschau wurde das "Deutsche Haus" im Palais Radziwil untergebracht; Grundmann beschrieb seine Aufgaben so: "es sollte 1.) ein Gefolgschaftsheim für die Distriktangestellten, 2.) Wohnräume für die Beamten enthalten und 3.) repräsentatives Haus für festliche Empfänge sein." Es enthielt außerdem Wein- und Bierstuben und ein Kaffeehaus.[50] Daneben gab es in Warschau ein "Haus der Volksdeutschen Gemeinschaft" mit Vortragsräumen, Bibliothek, Gaststätte, Lese- und "Damenzimmer"; eine Volksbildungsstätte der NSDAP und zwei SS-Führerheime, großzügig ausgestattet mit Aufenthalts- und Gesellschaftsräumen, "u.a. Kaminhalle, Teezimmer, Bierschwemme, Lese-, Spiel- und Billardzimmer"; sowie die "Deutschen Gaststätten", eingerichtet in einem ehemaligen polnischen Gymnasium, dessen Räumen man ein deutsches Antlitz gab: "Die schöne Schwarzwaldstube im Erdgeschoß mit der Holztäfelung, den Fenstermalereien und den 4 Wappen von Warschau, Krakau, Radom und Lublin, bildet ebenso wie das Kaffee im 2. Stockwerk, das Wandmalereien mit Motiven der 5 zum Reich zurückgekehrten Ostdeutschen Städte Danzig, Thorn, Bromberg, Posen und Kattowitz zeigt, einen beliebten Treffpunkt des Warschauer Deutschtums." Eine wohl idealtypische "deutsche" Innengestaltung erhielt das "Kameradschaftsheim" in Lowicz, Distrikt Warschau: "Bäuerliches Geschirr auf dem Bord des stilechten Schränkchens, bunte Teller und passende Bilder an den Wänden, die Kuckucksuhr, helle geblümte Fenstervorhänge und bunte Tischdekken machen die Räume heimatlich und lassen die Trennung von der Heimat weniger stark empfinden."[51]

Die Polen wurden dagegen ihrer Kunstschätze beraubt. Zahlreiche Werke wurden beschlagnahmt und ins Altreich abtransportiert, darunter z.B. Teile des Krakauer Marienaltars von Veit Stoß, die nach Berlin geschafft wurden und später im Germanischen Museum in Nürnberg aufbewahrt werden soll-

---

49 Grundmann 1941, S. 9.

50 Ebd., S. 8.

51 Ebd., S. 7.

ten.[52] Vor allem Göring, als Kunstliebhaber und -sammler bekannt, bemühte sich um solche Transporte. Frank suchte dem in seinem Streben nach imperialer Größe entgegenzuwirken und erließ schon im November 1939 ein Verbot, irgendwelche polnischen Wertgegenstände ohne vorherige Genehmigung des Generalgouverneurs nach Deutschland zu schaffen.[53] Nach den Richtlinien vom 9. 8. 1941 sollte ein Netz von Museen und Sammlungen geschaffen werden: "Die öffentlichen und privaten Sammlungen im Generalgouvernement sind ausschließlich nach ihrer volks- und staatspolitischen Bedeutung zu behandeln. Sie haben der deutschen Sache und der inneren Ordnung im Lande zu dienen, sowohl in ihren wissenschaftlichen als auch in ihren unmittelbar volksbildenden Aufgaben."[54] Für die Neuordnung waren Referenten für Musealangelegenheiten in den Distriktsabteilungen "Wissenschaft und Unterricht" zuständig. Fünf Typen von Sammlungen waren geplant:

"1. Eine 'Sammlung der deutschen Leistung im Weichselland', mit einer wissenschaftlich-archivalischen Abteilung und einer 'volkstümlichen Schaustätte', deren Aufgabe darin bestehen sollte, 'den ansässigen und durchreisenden Deutschen oder auch ausländischen Besuchern ein Bild von der Pionierarbeit des Deutschtums in diesem Lande zu vergegenwärtigen'. Ein 'Haus der deutschen Leistung im Weichselland' sollte dazu in Krakau entstehen mit entsprechenden Tochterhäusern in den Distriktstädten.

2. Das 'Deutschland-Haus', das 'durch anschauliche Darstellung der landschaftlichen und geistigen Heimat den inneren Halt der im Osteinsatz, d.h. in fremder Umwelt tätigen Volksgenossen zu stärken' hätte.

3. Die landeskundliche Sammlung, organisiert nach dem gleichen zweiteiligen Schema wie der erste Typ und ebenso mit einem zentralen und den regionalen 'Häusern für Landeskunde'.

4. Kulturkundliche Sammlungen, die zunächst nur in Krakau und Warschau vorgesehen waren und 'zur allgemeinen Bildung' alles, was nicht deutsche Leistung betraf, zu sammeln hatten, und schließlich

5. sorgfältig auszuwählende Spezialsammlungen, die bestimmte Lebensbereiche, Regionen oder Personen betrafen."[55]

In Radom und Lublin wurden prähistorische Sammlungen eröffnet, in Zakopane das "Tatra-Museum" (es sollte die "rassische Eigenart der Goralen" belegen, die als "dinarisch-ostbaltischer Rassetyp" galten), aber sonst blieben

---

[52] Majer 1981, S. 519ff.; Kleßmann 1971, S. 97ff.; Kater 1974, S. 148.
[53] Kater 1974, S. 148.
[54] Zit. n. Kleßmann 1971, S. 101.
[55] Ebd., S. 102.

alle Museen geschlossen: der Krieg vereitelte die Realisierung dieser hochfliegenden Pläne.[56]

Gleichwohl entfaltete die Regierung des Generalgouvernements eine rege Ausstellungstätigkeit: So fand in Warschau vom 25. 10. bis zum 3. 11. 40 die Ausstellung "Deutsche Leistung im Weichselraum" statt, verbunden mit einer Sonderausstellung "Frontsoldaten als Maler" (im Rahmen der "Deutschen Kulturtage in Warschau").[57] Während der Warschauer Kulturtage 1941 gab es eine Ausstellung "Buch und Schwert", 1942 holte man die rassenhygienische Ausstellung "Wunder des Lebens" nach Warschau.[58] Die Wehrmacht veranstaltete 1942 in Warschau eine Ausstellung "Der Weltkampf gegen Bolschewismus und Plutokratie".[59] Noch umfangreicher waren die Ausstellungsaktivitäten in der Hauptstadt des Generalgouvernements, in Krakau. Hier organisierte das Institut für Deutsche Ostarbeit z.B. folgende Ausstellungen:[60] "Veit Stooß" (Mai 1941), "Germanenerbe im Weichselraum" (September/ Oktober 1941); "Deutsche Künstler sehen das Generalgouvernement" (Oktober 1942);[61] "Altdeutsche Kunst in Krakau und im Karpatenland".[62] 1942 war in den Tuchhallen von Krakau die Ausstellung "Der Weltkampf" zu besichtigen.[63] Im Januar 1942 eröffnete Frank im Institut für Deutsche Ostarbeit die Ausstellung "Hilfswerk für bildende Kunst"; zuvor hatte es vom 25. 10. bis zum 12. 11. 1941 eine "Schrifttums- und Dokumentenschau" zum Thema "Deutscher Kampf im Osten" gegeben. Im August 1943 folgte eine Ausstellung "Westmärkische Künstler im Generalgouvernement", bei der unter anderem der "Kulturpreis der NSDAP des Generalgouvernements" verteilt wurde.[64]

Für die Deutschen, vor allem für die deutsche Führungsschicht in Krakau, wurde ein anspruchsvolles Kulturleben aufgebaut. Bis 1941 waren im Generalgouvernement fast ein Dutzend deutsche Bühnen entstanden.[65] 1940 ordnete Frank die Errichtung eines "Staatstheaters des Generalgouvernements"

---

56 Ebd., Die "Sammlung der deutschen Leistung im Weichselland" war bereits im Dezember 1939 von der Abteilung für Volksaufklärung und Propaganda des Generalgouvernements als "Deutsches Museum in Krakau" geplant worden: Hansen 1994, S. 14f.

57 Warschauer Kulturblätter 2, 1940.

58 Die Deutsche Volksschule im GG 1/ 1942, S. 271.

59 Kleßmann 1971, S. 52.

60 Goguel 1964, S. 145f.

61 Diese Ausstellung, die durch die Propagandaabteilung der Regierung des Generalgouvernements organisiert wurde, fand seit 1941 jährlich statt: Kleßmann 1971, S. 52.

62 Deutsche Forschung im Osten 2 (4) 1942.

63 Die Deutsche Volksschule im GG 1/1942, S. 239.

64 Kleßmann 1971, S. 52.

65 Grundmann 1941, S. 10.

in Krakau an, am 1. 9. 1940 begann die Saison mit Schauspielen, Operetten, Konzerten, Opern (Freischütz, Iphigenie, Tosca, Waffenschmied u.a.). Die Besucherzahlen stiegen von 62 000 in der Spielzeit 1940/41 auf 192 000 im Jahr 1943 an, davon waren etwa 60% Wehrmachtsangehörige. Erst am 1. 9. 1944 wurde das "Staatstheater" geschlossen.[66] Neben dem "Staatstheater" existierte in Krakau noch ein "Theater der SS und Polizei". In Warschau gab es ein Stadt- und ein Wehrmachtstheater, in Lemberg ein "Deutsches Schauspielhaus", ein "Soldaten-, SS- und Polizeitheater" (gelegen in der "Straße der Polizei") sowie ein "Deutsches Konzert- und Lichtspielhaus" etc.[67] Ebenfalls 1940 gründete Frank eine "Philharmonie des Generalgouvernements" in Krakau unter Leitung des Münchner Dirigenten Hanns Rohr. Aus Mangel an deutschen Kräften bestand dieses Orchester fast ganz aus polnischen Musikern – Frank setzte sich hier über Goebbels Verdikt hinweg. Rohr pries dieses Werk als Ausdruck eines überlegenen deutschen Kulturwillens: "Da, wo im eroberten Lande angelsächsischer Geschäftsgeist Banken und Börsen errichtet hätte, erwuchsen unter deutschem Kulturbewußtsein im ehemaligen Polen Räume, in denen die Kantate der deutschen Seele als höchster geistiger Ausdruck der gesamten Menschheit, in denen deutsche Musik erklingt."[68] Rohr hatte die Vision einer neuen, von deutsch-religiösem Geist erfüllten Musik, die im Volkstumskampf des Ostens entstehen würde: "Und Pflicht des letzten deutschen Ortes an den brennenden Grenzen müßte es werden, Feierstunden des heiligen Geistes der Musik so regelmäßig und feierlich einzuhalten, wie Feiertage kirchlicher Form ... 'Feierstunde des deutschen Volkes' müssen diese Konzerte heißen, parteipolitisch tendenzlos, der deutschen Seele geweiht."[69] – Weitere Orchester bildeten sich in Warschau und Lemberg. In Warschau fanden die "mehr intimen Konzerte" im Palais Brühl, dem Sitz des Distriktgouverneurs statt; hier gab unter anderem Wilhelm Kempff ein Konzert für die deutsche Führungselite.[70] 1943 nahmen Musikschulen in Lemberg und Krakau den Betrieb auf (nur für "reichs- und volksdeutsche Jugend"). "Die Leitung in der Residenz erhielt der Berliner Max Sternitzki, der ohnehin schon der hiesigen Gebietsmusikschule der HJ vorstand und sich durch eine Musik zur Fahnenweihe der Hitlerjugend auf der Krakauer Burg einen Namen gemacht hatte. Überall ging es darum, Besatzungsdeutschen und Neusiedlern durch die Tonkunst ideologische Unter-

66 Kleßmann 1971, S. 105.
67 Alle Angaben aus dem Baedeker-Führer für das Generalgouvernement von 1943.
68 Zit. n. Kleßmann 1971, S. 106.
69 Zit. n. Prieberg 1982, S. 405.
70 Grundmann 1941, S. 6.

stützung zukommen zu lassen – gerade so fern der Heimat."[71] Wie im Warthegau suchte man auch im Generalgouvernement eine völkische Musikkultur als Mittel der Integration der volksdeutschen Gemeinde zu fördern. So wurden beispielsweise auf der Krakauer Schulungsburg Kurse für volksdeutsche "Singeleiter" organisiert, die anschließend in ihren Heimatorten eigene "Singgemeinschaften" gründen sollten.[72]

Den Höhepunkt an repräsentativen kulturellen Veranstaltungen und Selbstdarstellungen bildeten die "Deutschen Kulturtage in Warschau" (25. 10.-3. 11. 1940) mit Kundgebungen, Feierstunden, Theater- und Konzertaufführungen, Ausstellungen etc., während zur gleichen Zeit für die Polen Zirkus Busch eine Tournee ins Generalgouvernement unternahm.[73] Wir treffen auch hier übrigens Hans Pfitzner wieder. Auf Einladung Franks hielt sich Pfitzner für einige Zeit im Generalgouvernement auf und leitete 1942 und 1943 Sonderkonzerte in Krakau. "Seinen Dank stattete er dem Gastgeber mit einem neuen Werk ab, mit der für feierliche Veranstaltungen gedachten 'Krakauer Begrüßung', einem sechs Minuten langen Stück Repräsentationsmusik mit Widmung an den Generalgouverneur."[74] Frank stiftete 1943 einen Kulturpreis der NSDAP für das Generalgouvernement und einen "Ostpreis deutscher Kultur des Generalgouvernements", von dem jeweils ein Drittel auf Werke der Musik, der Bildenden Kunst und der Dichtung entfiel.[75]

Die Goebbelsschen Richtlinien wurden im Laufe der Zeit immer wieder unterlaufen, wie das Beispiel der Krakauer Philharmonie zeigt. Zu den Philharmonischen Konzerten in Krakau hatten auch Polen Zutritt, und Konzerte wurden für Polen wiederholt ("Volkssymphoniekonzerte" für Polen).[76] Frank hoffte in der Endphase noch, die Polen für den gemeinsamen Kampf gegen die Rote Armee mobilisieren zu können, und zeigte sich deshalb zunehmend großzügig. Im März 1944 ließ er noch ein "Volkstheater Krakau" für die polnische Bevölkerung gründen – als "Gnadenakt": "Mit dem Begriff des Volkstheaters solle zum Ausdruck gebracht werden, daß es sich um eine Angelegenheit der Masse, aber nicht der sogenannten polnischen Intelligenz handle."[77] Anläßlich einer Aufführung der 9. Sinfonie von Beethoven ordnete Frank an, "daß dieses Werk, von dem die Rede ging, es sei im Reich wegen

[71] Prieberg S. 406.

[72] Pressedienst des Generalgouvernements Folge 324, Krakau 1943, S. 8.

[73] Kleßmann 1971, S. 103. Zum Warschauer Kulturleben während der deutschen Besatzung siehe auch Grundmann 1941.

[74] Prieberg 1982, S. 224f.

[75] Kleßmann 1971, S. 52.

[76] Prieberg 1982, S. 407; Kleßmann 1971, S. 106.

[77] Frank, in: Doc. occ. Bd. VI, S. 427.

seiner Tendenz – 'Alle Menschen werden Brüder' – nicht mehr genehm, in Krakau aufgeführt werde, getrennt für Deutsche und Polen. Vor der Wiedergabe für Polen hatte im gleichen Saal eine Wehrmachtsveranstaltung stattgefunden – unter reichem Schmuck von Hakenkreuzfahnen. Die mochte man den Polen nicht zumuten, und so mußte Beethoven warten, bis die Fahnen weggeräumt waren. Solche und andere Extravaganzen machten in Berlin böses Blut."[78] Man war schon vorher einige Kompromisse eingegangen: Das deutsche Theater mußte Konzessionen an den volkstümlichen Geschmack machen, um seinen Aufgaben der Truppenbetreuung gerecht zu werden, während gleichzeitig die polnischen Theater das Niveau etwas anheben durften. "Im Oktober 1940 wurde mit der Eröffnung des wiederaufgebauten Stadttheaters [Warschau] auch einer polnischen Abteilung zu spielen erlaubt, viermal pro Woche war es Deutschen, dreimal Polen vorbehalten."[79] Die polnische Abteilung leitete Igo Sym, den die Widerstandsbewegung dafür als einen Agenten ansah. Er wurde im März 1941 Opfer eines Attentats. "Syms Ermordung löste ein lebhaftes Echo aus. Goebbels forderte 'scharfe Sühnemaßnahmen'. Gouverneur Fischer in Warschau kündigte die Erschießung von mehreren hundert Geiseln an, falls der Mord nicht aufgeklärt werde, ließ die Polizeistunde auf 20.00 Uhr verlegen und vorerst alle Theater- und Varietéveranstaltungen verbieten."[80]

In einem Bericht des Sicherheitsdienstes wurde bereits 1942 kritisiert, daß den Polen zu weitgehende Zugeständnisse gemacht und die Kulturpolitischen Richtlinien nicht konsequent eingehalten würden. Den Anfang hätte die Zulassung der Kaffeehaus-Veranstaltungen in Warschau und insbesondere die Erlaubnis, Chopin zu spielen gemacht: "Hierzu sei zu bemerken, daß Chopin bei den Polen als Patriot verehrt werde, als der größte polnische Musiker gelte und dementsprechend gefeiert werde." Der Bericht kritisierte die Beschäftigung von polnischen Musikern in der Krakauer Philharmonie: "Die seit Beginn des Krieges von deutscher Seite immer wieder vertretene Behauptung, daß die Polen eine eigenwüchsige hochwertige Kultur nie besessen hätten, würde durch das philharmonische Orchester und dessen Leistungen ad absurdum geführt."[81] Vor der Warschauer polnischen Jugend würde die deutsche Märchenoper 'Hänsel und Gretel' aufgeführt: "Die Tatsache der vorübergehenden Einstellung dieser Aufführungen werfe ein bezeichnendes Schlaglicht auf die völlig unklare Haltung der zuständigen deutschen Füh-

---

78 Prieberg 1982, S. 408.
79 Kleßmann 1971, S. 103.
80 Ebd., S. 103f.
81 Boberach 1984, Bd. 7, S. 3269f.; vgl. Kleßmann 1971 S. 244.

rungsstellen in all diesen Fragen."[82] In dieser "unklaren Haltung" manifestierte sich der nie ganz gelöste Widerspruch in den politischen Zielvorstellungen hinsichtlich des Generalgouvernements, der sich teils in den Gestalten Himmler und Frank personalisierte, teils auch in der Person Franks selbst seinen Ausdruck fand: Der Widerspruch zwischen wirtschaftspolisch motivierter Kolonisierung und rassenpolitisch motivierter "Germanisierung". Frank verwahrte sich 1944 bei Hitler gegen die Kritik wegen "zu großer Polenfreundlichkeit": "Ich bemerkte, daß ich mir selbstverständlich über die Gefahren einer derartigen Schonung, insbesondere der Kirche und der nationalistischen Lehrerschaft der Polen völlig im klaren sei, daß es aber jetzt nicht darauf ankommen könne, im Raum des Generalgouvernements große nationale Auseinandersetzungen durchzuführen, sondern daß es nur ein Ziel geben könne: die Millionenmasse der Polen möglichst ungehemmt in Landwirtschaft, Industrie, Verkehr und sonstiger Arbeit für das Großdeutsche Reich einzusetzen ... Ich verwies auf die Hunderttausende ... im deutschen Interesse arbeitenden Polen aller Schichten, denen natürlich ein Minimum an Lebensfreude und nationaler Lebenszukunft sichergestellt werden müsse, damit sie überhaupt bei ihrer Arbeitskraft erhalten bleiben könnten."[83]

---

[82] Boberach S. 3271; Kleßmann S. 245.
[83] *Tagebuch Frank* S. 785f.

5. Bildungs- und Schulpolitik

Die Politik der De-Kulturation fand ihre eindrucksvollste Umsetzung auf dem Gebiet der Schul- und Bildungspolitik. Gemäß der Zielsetzung, jede Eigenstaatlichkeit und jedes nationale Bewußtsein auszuschalten und die Polen auf ein führungsloses Arbeitsvolk herabzudrücken, wurde die polnische Intelligenz beseitigt. Zu diesem Zweck wurde das gesamte höhere Bildungswesen aufgelöst – in den eingegliederten Gebieten vollständig, im Generalgouvernement ließ man Einrichtungen der beruflichen und technischen Bildung bestehen. In der Zwischenkriegszeit war in Polen ein Prozeß der Reorganisation des Bildungswesens eingeleitet worden, der durch die nationalsozialistische Okkupation abrupt abgebrochen wurde. Das Schulwesen gliederte sich bis 1939 in Volksschulen, Gymnasien und Lyzeen, die aber untereinander nicht verbunden waren. Die siebenklassigen Volksschulen waren in drei Typen gegliedert, von denen nur einer den Übergang auf das allgemeinbildende Gymnasium ermöglichte; die anderen beiden Typen bereiteten auf das Berufsgymnasium oder auf die niederen Berufsschulen vor. Auf das vierklassige Gymnasium, das in einen beruflichen und einen allgemeinbildenden Zweig gegeliedert war, folgte das zweijährige Lyzeum, das wiederum in Berufslyzeum, pädagogisches und allgemeinbildendes Lyzeum differenziert war. Das allgemeinbildende Lyzeum bereitete auf den Hochschulbesuch und das Pädagogium vor. Das Schulgesetz von 1932 hatte für die Volksschullehrerausbildung den Besuch des Pädagogischen Lyzeums und des Pädagogiums vorgeschrieben, während die Lehrer der Gymnasien und Lyzeen ein Universitätsstudium zu absolvieren hatten. Bis 1939 bestanden sechs Universitäten (in Krakau, Lemberg, Wilna, Warschau und Posen sowie die Katholische Universität in Lublin) und 22 Hochschulen, von denen die Hälfte private Hochschulen waren. Während der dreißiger Jahre besuchten im Durchschnitt etwa 50 000 Studenten im Jahr eine dieser Einrichtungen. Dieses Bildungssystem wurde von den Deutschen praktisch vollständig beseitigt. Damit ging auch ein erneutes Anwachsen der Zahl der Kinder und Jugendlichen einher, die keine Schule besuchten. Nach dem 1. Weltkrieg war eine siebenjährige Schulpflicht eingeführt worden, ihre Verwirklichung wurde aber trotz einer starken Bildungsexpansion bis 1939 nicht vollständig erreicht. Zu diesem Zeitpunkt dürften etwa 85% aller schulpflichtigen Kinder die Schule besucht haben. Die Schulbesuchsraten waren in den östlichen Landesteilen, die 1939 an die Sowjetunion fielen, am geringsten, in den westlichen Landesteilen am höchsten, so daß man für Posen und Ostoberschlesien etwa von einer annähernd realisierten Schulpflicht ausgehen kann.[1] Während der Besatzungszeit kam der Schulbetrieb in weiten Teilen Polens, selbst des Warthegaus – so etwa im Bezirk Litzmannstadt – weitgehend zum Erliegen. Die Deutschen beseitigten nicht nur das höhere und – in den eingegliederten Gebieten – das berufliche Bildungswesen, sie führten auch die Volksschulen auf ein Niveau zurück, das vorbürgerlichen Verhältnissen entsprach. Dies gilt insbesondere für die eingegliederten Gebiete, in denen die polnische Bevölkerung nur als vorübergehend geduldet angesehen wurde. Hier hatte die Beschulung vor allem den Zweck, eine Verwahrlosung der Jugend zu verhindern und sie unter anderem auch dem Einfluß der Untergrundschulen und der Partisanen zu entziehen – eine Zielsetzung, die auch die Schulpolitik im Generalgouvernement mitbestimmte. Im Generalgouvernement wurde aber etwas mehr an Bildung zugestanden, weil hier das Ziel zunächst die ökonomische Ausbeutung war, die nur mit Hilfe einer entsprechend beruflich und technisch qualifizierten "Zwischenschicht" realisiert werden konnte. Übergreifend war jedoch die Politik der Entnationalisierung – der Ausschluß polnischer Kultur und Geschichte aus dem Unterricht – und der Apartheid – der rassisch-ethnischen Trennung von polnischen und deutschen Kindern.

5. 1. Warthegau

Die ersten bildungspolitischen Maßnahmen wurden noch von der Militärverwaltung getroffen. Die Militärverwaltung hielt die polnische Lehrerschaft für besonders gefährlich; nach Ansicht der Sicherheitspolizei war sie "in der Hauptsache an der deutschfeindlichen Propaganda und Verhetzung des polnischen Volkes" beteiligt gewesen.[2] Die polnischen Schulen wurden deshalb zunächst vom Militärbefehlshaber in Posen "aus politischen Gründen" ge-

[1] Baske 1987, S. 24ff. Zu den Schulreformen der Zwischenkriegszeit siehe auch Seweryn 1933/34; Kielski 1933/34.

[2] Zit. n. Umbreit 1977 S. 191.

schlossen; sie könnten erst dann wieder eröffnet werden, wenn eine ausreichende Kontrolle des Landes erreicht sei: “Während der Schulbetrieb für Volksdeutsche bereits Anfang Oktober anlief, sollten polnische Schulen erst dann wieder eröffnet werden, wenn eine deutsche Aufsicht, und zwar je ein volksdeutscher Kommissar, zur Verfügung stand. Große Eile hatte die Posener Verwaltung damit nicht.”[3] Es waren dann vor allem drei Überlegungen, die zur Wiedereröffnung der “Polenschulen” und ihrer Aufrechterhaltung während der Kriegsjahre führten: Zum einen setzte das Ziel der Ausbeutung der polnischen Arbeitskraft ein Minimum an Bildung und Erziehung voraus, das sich am besten in den Schulen vermitteln ließ, zum anderen fürchtete man die sozialen und politischen Folgen einer weitgehenden Verwahrlosung der polnischen Jugend – Kriminalität, Bandenwesen, Anschluß an den Widerstand etc. –, wenn man sie sich selbst überließe; und schließlich meinte man, die deutsche Herrschaft in Polen über die Schule befestigen zu können, indem man die Schule so organisierte, daß sie den Kindern frühzeitig den minderwertigen Status des Polen klar machte oder, wie Goebbels es formulierte, ihnen die Aussichtslosigkeit ihres völkischen Schicksals vor Augen führte: “Über die Schule sollte letztlich abgesichert werden, daß das Bild von den Polen als Bild von minderwertigen Menschen, von Untermenschen, zur Realität gebracht würde.”[4] Die mehr pragmatischen Überlegungen sind noch einmal sehr klar in einem Rundschreiben des Regierungspräsidenten von Hohensalza an die Schulräte vom 2. 1. 1944 dargelegt. Zu diesem Zeitpunkt war wegen wachsender finanzieller Probleme infolge der sich verschlechternden Kriegssituation offenbar schon erwogen worden, den Betrieb der Schulen für polnische Kinder einzustellen. Der Wortlaut des Rundschreibens bedarf keines weiteren Kommentars: “Die durch die Kriegslage bedingte Stillegung einer Reihe von Verwaltungseinrichtungen dürfte für die Polenschulen nicht in Betracht kommen. Diese Anstalten sind s. Zt. mit auf Grund von Vorstellungen schulfremder Dienststellen eröffnet worden, die in Berichten immer wieder darauf hinwiesen, daß die fehlende Beschulung es mit sich brachte, daß die Kriminalität unter den älteren Jahrgängen der schulpflichtigen Kinder sehr stark anwuchs. Ebenso waren jugendliche Polen und besonders Polinnen die Verbreiter aller möglichen Parasiten und Krankheitsträger (Geschlechtskrankheiten). Diese Gründe waren unter anderem auch für die Errichtung der Polenschulen im Kreise .... mit maßgebend; stellte doch am 20. Januar 1942 der Landrat des Kreises .... einen Antrag auf Einrichtung von Polenschulen mit der Begründung: ‘Die fortschreitende Verwahrlosung

---

[3] Ebd., S. 191f.

[4] Klattenhoff 1992, S. 41.

der polnischen Schuljugend macht die Errichtung von Polenschulen durchaus dringend notwendig". Die allgemeine Schließung der Polenschulen würde heute die gleichen Folgen haben. Sie würden sich vielleicht noch stärker auswirken, weil die verfügbaren Kräfte im Polizei- und Sanitätswesen inzwischen wesentlich verringert worden sind. – Auch die Rüstungsindustrie fordert immer wieder polnische jugendliche Arbeiter für ihre Zwecke an, und gerade diese Arbeiter müssen eine gewisse Schulbildung mitbringen, damit sie voll ausgenutzt werden können. Fehlende Schulbildung zwingt zu Schulungskursen während der Einsatzjahre, wirkt sich also unmittelbar zum Schaden unserer Rüstung aus."[5] Trotzdem blieb ein großer Teil der polnischen Kinder ohne Unterricht, zumal dort, wo die Behörden von einer baldigen "Umsiedlung" ausgingen.[6]

Die Schulpolitik stand im Dienste der übergeordneten wirtschafts-, rassen- und siedlungspolitischen Ziele. Dies beinhaltete die Durchführung einer strikten Rassentrennung, die Zerstörung der polnischen Kultur und einer eigenen polnischen Bildung auf der einen, den energisch vorangetriebenen Aufbau eines mehrstufigen Schulsystems für die Reichs- und Volksdeutschen und die deutschen Siedler auf der anderen Seite. Polnische und deutsche Kinder wurden rigoros getrennt, es gab nur noch deutsche und polnische Schulen. Die Besonderheit der Politik in den eingegliederten Gebieten und vor allem im Warthegau war nun aber, daß aus den polnischen Schulen alle polnische Kultur – einschließlich der polnischen *Sprache* – und alle polnischen Unterrichtsinhalte verbannt werden sollten. Insofern handelte es sich nicht mehr um polnische Schulen, sondern um deutsche Schulen für polnische Kinder, in der Schulverwaltung als "Polenschulen" bezeichnet. In diesen Schulen sollte deutsch gesprochen und ein rudimentärer Deutsch-Unterricht erteilt werden. Zunächst schien es so, als würde sich die Schulpolitik für die polnischen Kinder in die Richtung einer kolonialen Assimilationspolitik be-

---

[5] I. Z. Dok. I-12. Zum Problem der Jugendverwahrlosung s. a. Hansen 1994 S. 44 und 54.

[6] Dies muß auch vor dem Hintergrund der Bemühungen des polnischen Staates in der Zeit zwischen den Kriegen gesehen werden, die Zahl der Kinder, die keinen Unterricht erhielten, zu minimieren. Noch 1938 wurden trotz Finanzkrise des polnischen Staates über 2000 zusätzliche Lehrerstellen geschaffen. Nach Angaben von Seraphim besuchten 1935 85% der schulpflichtigen polnischen Kinder die Schule. Seraphim schreibt, daß die Schülerzahlen in den dreißiger Jahren stark expandierten, während die Lehrerzahlen mit dieser Expansion nicht schritthalten konnten. Die Beschulungsraten waren am höchsten in den westlichen, am niedrigsten in den östlichen Landesteilen. Dem entsprechen die Analphabetenzahlen, die 1931 in Posen bei 2,8%, in der Lubliner Region bei 24,2% lagen: Osteuropäische Lageberichte Nr.8, 26. 4. 1935; AWI 1939b, S. 6; Internationale Zeitschrift für Erziehung 8, 1939, S. 75.

wegen; in der "Verordnung über die Einführung der deutschen Sprache in allen Schulen" vom 20. 9. 1939 hieß es noch:

"§ 1. An sämtlichen öffentlichen und privaten Schulen ist mit sofortiger Wirkung Deutsch als Hauptlehrfach einzuführen. – § 2. Der Unterricht ist so zu fördern, dass bis zum 1. April 1940 in allen Unterrichtsfächern in deutscher Sprache unterrichtet werden kann. – § 3. In allen Kindergärten und Kinderhorten ist die deutsche Sprache zu fördern, dass vom 1. April 1940 nur deutsch gesprochen werden kann."[7]

Diese Verordnung beinhaltete noch nicht die völlige Abschaffung der polnischen Sprache und eines polnischen Unterrichts. Auch die Pläne des Reichserziehungsministeriums zielten darauf ab, den polnischen Kinden einen polnischen Unterricht zu erhalten. Aber mit der Auflösung der Militärverwaltung kamen die Rasse- und Volkstumsexperten von Partei und SS zum Zuge, und mit ihnen kam auch sehr schnell die Umsetzung der etwa von Wetzel und Hecht vorgezeichneten politischen Linie. Eine Verordnung des Regierungspräsidenten von Posen, Victor Böttcher, stellte im März 1940 klar, was deutscher Unterricht in Polenschulen bedeutete: "Unterrichtlich sind die einfachsten grundlegenden Kenntnisse und Fertigkeiten im Sprechen, Lesen, Schreiben, Rechnen zu vermitteln, nur um die Kinder zu befähigen, im deutschen Arbeitsleben verwandt zu werden, und damit der Arbeitgeber nicht genötigt ist, sich des Polnischen zu bedienen. – Gesinnungsunterricht (Deutschunterricht im tieferen Sinne, Geschichtsunterricht usw.) unterbleibt. – Es muß unter allen Umständen vermieden werden, die Polen soweit zu bilden, daß es ihnen gelingen könnte, sich als Deutsche auszugeben. – Auf Erziehung zu Ordnung, Sauberkeit, Disziplin und Anstand ist der Hauptwert zu legen. – Die Beschulung der polnischen Kinder beginnt ein Jahr später und endet ein Jahr früher als die Beschulung der deutschen Kinder ... – Am Vormittag werden die Schulräume nacheinander zweimal, am Nachmittag (außer Mittwoch und Sonnabend) einmal belegt, so daß jedes Schulkind am Tage etwa 2 1/2 Stunden schulische Betreuung erfährt. – Im Interesse der allgemeinen Beschulung der polnischen Kinder kann an einzelnen Orten, wo es an Räumen und Lehrkräften mangelt, dazu übergegangen werden, die Unterrichtszeit noch weiter zu kürzen, u.U. bis auf eine Stunde am Tage. – Die Klassenfrequenzen sind im allgemeinen hoch zu bemessen."[8]

In dieser Verordnung sind bereits die wesentlichen Grundzüge der Schulpolitik gegenüber den polnischen Kindern im Warthegau während der gesamten Besatzungszeit vorgezeichnet: Deutsch-Unterricht, aber keine Assimila-

---

[7] Doc. occ. Bd. V, S. 62f.

[8] Verordnung des Regierungspräsidenten Böttcher vom 26. 3. 40, in: *Verbrechen* S. 177ff.

tion. Das zweite Element dieser Politik war die Entlassung, teils Liquidierung sämtlicher polnischer Lehrer, ihre Ersetzung durch deutsche Hilfskräfte und damit verbunden die Beseitigung der polnischen Sprache aus dem Unterricht. Dies mündete schließlich in das ausdrückliche Verbot, sich während des Unterrichts der polnischen Sprache zu bedienen. Damit schuf die deutsche Schulverwaltung im besetzten Polen ein Schulmodell, das auch in der Geschichte der Kolonialpädagogik einzigartig war: Die Kinder wurden der eigenen Kultur entrissen und entfremdet, ohne die Kultur der neuen Herren erwerben zu können. Der Zweck dieser Politik lag darin, 1. eine neuartige Schicht von Arbeitssklaven heranzuziehen, 2. den Polen jedes Selbstbewußtsein und jede Identität zu rauben, 3. die Möglichkeiten der Entstehung einer polnischen Führungsschicht schon im Keim zu ersticken.

Betrachten wir die Stationen der Entwicklung dieser Politik. In einem weiteren Rundschreiben vom 27. 6. 1940 präzisierte Böttcher seine Vorstellungen von deutschem Unterricht in Polenschulen: Es gehe nur darum, die Kinder dazu zu befähigen, "im deutschen Wirtschaftsleben mit Erfolg verwandt zu werden", so daß sich ein Betriebsführer nicht der polnischen Sprache bedienen muß. "Das Unterrichtsziel sei erreicht, wenn die Kinder einfache Sätze, die an sie gerichtet sind, verstünden und diese in einfachen zusammenhängenden Sätzen beantworten können, wenn sie Anschriften, Bestellzettel und dgl. lesen und schreiben können und (wenn sie) im Stande sind, im Zahlenraum von 1 bis 100 in deutscher Sprache zu rechnen."[9] Nach einem Rundschreiben Böttchers schon vom 28.2.1940 wurden alle polnischen Lehrer mit sofortiger Wirkung entlassen, "auch diejenigen, die eine Unbedenklichkeitsbescheinigung besitzen ... Eine Beschulung der polnischen Kinder findet also bis auf weiteres nirgends mehr statt",[10] nämlich bis deutsche Ersatzlehrer gefunden wären. Ein großer Teil der polnischen Lehrer wurde sofort hingerichtet, ein anderer Teil ins Generalgouvernement deportiert – nach einer Statistik des polnischen Widerstandes kamen rund 15 000 Lehrer aus den eingegliederten Gebieten ins Generalgouvernement.[11] Mit den Lehrern wurden auch zahlreiche andere Angehörige der Intelligenz zu Beginn der Okkupation exekutiert. Damit machten die Deutschen wahr, was sie vorher angekündigt hatten, nämlich zuallererst die polnische Elite zu beseitigen.[12]

---

9 Klattenhoff 1992, S. 36.
10 *Verbrechen* S. 176.
11 Kleßmann 1971, S. 44.
12 Ebd., S. 44ff.

Am 17. 9. 1940 ordnete Böttcher an: “Die polnischen Kinder werden in besonderen Schulen durch deutsche Hilfskräfte lediglich in den elementarsten Kenntnissen (Deutsch-Lesen, Schreiben, Rechnen, deutsche Disziplin) unterrichtet. Zu höheren Schulen hat die polnische Jugend überhaupt keinen Zutritt.”[13] Böttchers Verordnungen wurden sogleich im Bezirk Posen umgesetzt: Hier entstanden polnische Schulen mit rudimentärem deutschem Sprachunterricht. Die Schulzeit war zwei Jahre kürzer als für deutsche Kinder, die Unterrichtszeit beschränkte sich auf eine bis zweieinhalb Stunden täglich. Der Unterricht konnte nur durch deutsche Lehrer erteilt werden – aber es durften keine ausgebildeten Lehrer sein, sondern nur Hilfskräfte: Qualifizierte Lehrkräfte waren den Schulen für deutsche Kinder vorbehalten. Der Lehrerbedarf wurde daher kurzfristig vorwiegend durch Laienkräfte wie die Töchter ansässiger Bauern oder Frauen niederer Wehrmachtsoffiziere gedeckt.[14]

Mit den Richtlinien für den Schulbesuch polnischer Kinder vom 5. 2. 1942 kam es schließlich zu einer einheitlichen Regelung für den gesamten Warthegau.[15] Die Richtlinien, die im wesentlichen nur zusammenfaßten und vereinheitlichten, was in den meisten Bezirken längst praktiziert wurde, sind das Dokument einer Rückkehr zu vorbürgerlichen Bildungsverhältnissen. Sie legten die Einrichtung besonderer Schulen für polnische Kinder vom vollendetem 9. bis 14. Lebensjahr fest und schrieben eine fünfjährige Schulzeit vor, die jedoch um zwei Jahre unterschritten werden konnte, “wenn der arbeits- und berufsmäßige Einsatz der Jugendlichen erforderlich und möglich ist.” Die Unterrichtszeit sollte lediglich 2 Stunden täglich betragen. Diese Absicht einer Reduktion der Unterrichtszeit auf ein unverzichtbares Minimum wurde im “Lehrplan zur Beschulung der polnischen Kinder” vom 16. 12. 1943 noch einmal bekräftigt. Danach sah der Stundenplan eine Gliederung der Schulen in drei Klassen vor: die 1. Klasse sollte das 1. Schuljahr, die 2. Klasse das 2. und 3. Schuljahr, die 3. Klasse das 4. und 5. Schuljahr umfassen. Jede Klasse sollte jeweils zwei Stunden Unterricht am Tag erhalten, so daß alle drei Klassen, und das heißt alle fünf Schuljahrgänge gleichzeitig nacheinander an einem Tag unterrichtet werden können – hier wird die Absicht einer Ökonomisierung deutlich.[16]

Als Erziehungsziel wurde in den “Richtlinien” formuliert: “Erziehung zur Sauberkeit und Ordnung, zum anständigen Benehmen und zum Gehorsam

---

13 Zit. n. Klattenhoff 1992, S. 36.
14 Majer 1981, S. 393; Madajczyk 1988, S. 344; Hellwig 1990, S. 182.
15 In: Doc. occ. Bd. V, S. 312 ff.; s.a. I. Z. Dok. I-12.
16 I. Z. Dok. I-12.

gegenüber den Deutschen." Die Unterrichtssprache hatte Deutsch zu sein, nur deutsche Laienlehrkräfte durften den Unterricht erteilen, auf keinen Fall fachlich vorgebildete Lehrer. Unter den Unterrichtsinhalten stand die deutsche Sprache an erster Stelle; aber ein *Deutsch für Untermenschen*: "Erlernen der deutschen Sprache nur soweit, daß mündliche Arbeitsanweisungen in der Arbeitsstelle ohne besondere Schwierigkeiten verstanden werden und kurze Anweisungen über Arbeitsvorgänge, Maschinenbedienung usw. in Druck und Schrift gelesen werden können. – Der Unterricht im Deutschen muß sich auf ein bloßes Verständlichmachen beschränken. Es darf keine Mühe darauf verwandt werden, durch systematische Rechtschreibe- und Leseübungen ein fehlerfreies Deutsch zu vermitteln. Ebenso fallen sämtliche planmäßigen Grammatikübungen weg." Man würde also den Polen in Zukunft an seinem schlechten Deutsch erkennen.[17]

Weiter umfaßte der Lehrplan: die vier Grundrechenarten, Kenntnisse von Münzen, Maßen und Gewichten und "in den letzten beiden Klassen einen Überblick über Europa. Deutschland als das Herz Europas. Die deutschen Ostgaue, Gau Wartheland." Dazu einige elementare Kenntnisse über Nutztiere, Nutzpflanzen und den menschlichen Körper – Erziehung zu Sauberkeit und Gesunderhaltung, etwas Zeichunterricht – soweit, "daß die Schüler einfache Gegenstände bildlich darstellen können." Ausgeschlossen waren dagegen "gemüts- und gesinnungsbildende Fächer" (Musik, Geschichte etc.) sowie Leibeserziehung: Die Kinder sollten zwar gesund, aber nicht kräftig sein.

Während Hitler davor warnte, den Polen deutsche Sauberkeit und Ordnung beizubringen, nahmen Disziplin und Ordnungsübungen einen breiten Raum im Lehrplan für die Polenschulen des Warthegaus ein – die Kinder einfach der "natürlichen Schlamperei" zu überlassen, eine solche Zumutung hätte wohl die Vorstellungskraft jedes deutschen Pädagogen überstiegen; es wäre auch dysfunktional im Hinblick auf die spätere Verwendung im Arbeitsprozeß gewesen:

---

[17] In einem SD-Bericht von 1943 wird vorgeschlagen: "Soweit ein Erziehungs- und fachlicher Ausbildungsunterricht für polnische Kinder erfolgt, wird die deutsche Sprache lediglich im mündlichen Unterricht angewandt, während ein Schreib-, Lese- oder Grammatikunterricht in deutscher Sprache nicht zu erteilen ist. Auch der deutschsprechende Pole muß in der Zukunft stets an seiner fehlerhaften Ausdrucksweise und Aussprache kenntlich bleiben." Boberach 1984, Bd. 14, S. 5470f. Die Paradoxie war, daß man auch die meisten Volksdeutschen noch lange an ihrer "fehlerhaften" Sprache erkennen würde. Lehrern, die mit den praktischen Problemen des deutschsprachlichen Unterrichts für volksdeutsche Kinder vertraut waren, war klar, daß man vorläufig, wollte man überhaupt Erfolge haben, den Unterricht in Orthographie und Grammatik gegenüber der Sprecherziehung vernachlässigen mußte. Siehe z.B. Reinhardt 1941, S. 77ff.

"Übungen, um die Kinder zur Ordnung und Sauberkeit, zu Gehorsam und diszipliniertem Verhalten zu erziehen, sind vom ersten bis zum letzten Tage der Schulzeit stetig und in straffer Form durchzuführen.
Sie umfassen im einzelnen:

Grüßen, geraden und ausgerichteten Sitz während des Unterrichts, schnelles und straffes Aufstehen bei Anruf, ordentliches Stehen, lautes Sprechen, Antreten in der Klasse und auf dem Hof, Ordnung und Schweigen während des Hinausgehens und Hereinkommens. Aufmachen der Tür und Zur-Seite-treten für den Durchgang des Lehrers oder eines anderen Erwachsenen, Ordnungsdienst in der Klasse ..., Ordnungsdienst im Hof ..., Kontrolle der Lehrmittel ..., Kontrolle der Ordnung. Sauberkeit an der Kleidung, an Händen, Hals und Ohren, der Frisur, Wiederholen eines mündlichen Auftrages, Zurückmelden, Entschuldigen bei Versäumnis, Mitbringen eines Entschuldigungsschreibens der Eltern oder des Betriebsführers, korrektes und höfliches Verhalten gegenüber Erwachsenen, Disziplin auf der Straße und im Straßenverkehr."

Der "deutsche Gruß" gehörte aber nicht dazu, seiner waren Polenkinder nicht würdig. In einem Schreiben an den Regierungspräsidenten von Hohensalza hatte der Reichsstatthalter schon am 27. 4. 1940 klargestellt, der deutsche Gruß sei von polnischen Schülern nicht anzuwenden und nicht zu fordern. Sie müssen aber ihr Haupt entblößen, wenn in ihrer Gegenwart die deutsche Hymne gesungen wird.[18]

Daneben lag der Schwerpunkt des Lehrplans auf praktischen Arbeitsübungen, um die Kinder auf ihre künftige Bestimmung vorzubereiten, aber auch, um schon die kindliche Arbeitskraft für deutsche Zwecke auszunutzen:

"Bastel-, Klebe-, Papp-, Schnitz-, Strick-, Stick-, Flick- und Näharbeiten. Hierbei sind v.a. Arbeiten zu wählen, die gemeinnützigen deutschen Einrichtungen dienen sollen (z.B. Flickarbeiten für die NSV, Strümpfestopfen für die Wehrmacht u.ä.). – Sammeln von Pflanzen, Altmaterial; leichte Arbeiten in Feld und Wald, in Garten- und Landwirtschaft." Solche "Arbeitsübungen" wurden vor allem außerhalb der Schulzeit durchgeführt. Dies geht beispielsweise aus einem Rundschreiben des Regierungspräsidenten von Hohensalza an die Schulräte vom 20. 6. 1940 hervor: "Um einer Gefahr der Verwahrlosung der polnischen Schuljugend in den Dörfern und Landjahrlagern zu begegnen, können polnische Kinder im schulpflichtigen Alter durch die Landjahrlagerführer nach Genehmigung durch den Landrat im Benehmen mit den Bürgermeistern oder Amtskommissaren an Wochentagvormittagen zur Arbeit zusammengefaßt werden. Die Arbeiten müssen der Altersstufe der Kin-

[18] I. Z. Dok. I-12

der entsprechend leicht sein und sollen im Rahmen der Ertragssteigerung (Jät- und Hackarbeiten, Sammeln von Tee usw.) liegen oder zur Verbesserung der Sauberkeit von Dorfanlagen dienen."[19] Madajczyk beschreibt, wie diese Form der "Arbeitserziehung" für Kinder in die Wirklichkeit umgesetzt wurde: "In kleineren Städten sowie in den Landbezirken zog man die Schulkinder vom neunten Lebensjahr an zu verschiedenen Arbeiten heran, insbesondere zwischen Frühjahr und Herbst. Sie mußten bisweilen Straßen und Plätze von Unkraut säubern, in Gärten arbeiten, die verschiedensten Tätigkeiten der Landwirtschaft ausführen, Steine von den Feldern räumen und recht oft Kräuter und Waldbeeren sammeln. Die Kinder hatten die schulische Ausbildung mit dem zwölften Lebensjahr zu beenden, dann wiesen sie die Arbeitsämter zur Arbeit oder schickten sie nach Deutschland."[20]

Diese Politik, wie sie im Warthegau verfolgt wurde, blieb übrigens auch bei deutschen Stellen nicht ohne Kritik. So wandte beispielsweise das Gauarbeitsamt Oberschlesien gegen die im Warthegau betriebene Form der Arbeitserziehung ein, ein Großteil der Vierzehnjährigen sei noch nicht arbeitseinsatzfähig, und: "Der Vorschlag, schon Dreizehnjährige arbeits- und berufsmässig einzusetzen, ist daher befremdlich. Der Ausschluß von Singen und Leibeserziehung (Spielen) macht eine Bewahranstalt zu einer Strafanstalt. Die Art, wie die deutsche Sprache als Unterrichtsgegenstand behandelt werden soll, lässt jede Ehrfurcht vor unserer Muttersprache vermissen ... Die Einführung einer solchen 'Unterweisungs- und Bewahranstalt' würde binnen kurzem zur 'Verniggerung' der polnischen Jugend und damit zu einer Gefahr für die öffentliche Ruhe, Sicherheit und Ordnung führen."[21]

Die Schulpolitik des Warthegaus hatte ohnehin eher wirklichkeitsfremden Charakter. Wie hatte man sich zum Beispiel einen Unterricht deutscher Hilfskräfte, ohne jede Ausbildung, vor polnischen Kindern ohne Verwendung der polnischen Sprache vorzustellen? Inspektionen deutscher Verwaltungsbeamter ergaben denn auch immer wieder, daß in vielen "Polenschulen" polnisch gesprochen wurde. Eine Durchsetzung des Polnisch-Verbotes war kaum durchsetzbar. Das wurde auch von einigen Verwaltungen realistisch erkannt. Aber selbst die Durchsetzung einer drei- bis fünfjährigen Schulpflicht für polnische Kinder ließ sich unter den Bedingungen des Krieges und des Mangels an Lehrkräften kaum realisieren. Vielfach fehlte es bereits an Schulräumen, da die Gebäude häufig von der Wehrmacht und anderen Verwaltungsstellen in Beschlag genommen wurden und zudem die Einrichtung

---

19 I. Z. Dok. I-12.
20 Madajczyk 1988, S. 344.
21 Doc. occ. Bd. V, S. 313.

der Schulen für deutsche Kinder überall Vorrang hatte. Manchmal behalf man sich damit, deutsche und polnische Kinder im gleichen Gebäude unterzubringen; dann mußten freilich Vorkehrungen getroffen werden, um eine strikte Trennung zu gewährleisten. Der Regierungspräsident von Hohensalza ordnete zum Beispiel am 27. 6. 1942 an: "Die Beschulung der Polenkinder in einem Schulgebäude, in dem auch deutsche Kinder unterrichtet werden, ist unzulässig, es sei denn, daß sowohl die Schulräume als auch die Hoffläche und die Abortanlagen so restlos abgetrennt werden können, daß die Polenkinder mit den deutschen Kindern auf keine Weise in Berührung kommen können ..."[22]

In vielen Gegenden blieben große Teile der Kinder über Jahre hinweg ohne Unterricht, weil es an Lehrkräften und Gebäuden fehlte. Hohenstein notierte in seinem "Wartheländischen Tagebuch" nach einem Gespräch mit einem Lehrer: "In den Nachbarstädten habe man die großen Schulen für Verwaltungszwecke in Gebrauch genommen, Hotels und Krankenhäuser daraus gemacht. Die größte Schule der Kreisstadt Herrensitz werde für die Kreisverwaltung umgebaut" – offensichtlich fürs Landratsamt. Neuere polnische Schulgebäude, die "licht und großräumig gebaut und fortschrittlich eingerichtet" seien, würden zweckentfremdet oder als deutsche Schulen genutzt. Hohenstein erkannte: "Gaben vernünftige Deutsche sich bisher noch der Meinung hin, daß die Wiedereinschulung der polnischen Kinder lediglich eine Frage der Zeit sei..., dann belehrt uns die Zweckentfremdung der besten Schulgebäude leider eines anderen."[23] Berichte, nach denen polnische Kinder nicht beschult werden, lassen sich zahlreich finden.[24] In einem "volkspolitischen Lagebericht" des Regierungspräsidenten von Litzmannstadt hieß es: "Die polnischen Kinder werden nach wie vor nicht beschult, da hierfür weder Räume noch Lehrkräfte zur Verfügung stehen."[25] Der Schulrat von Gnesen meldete zum Beispiel im Januar 1940, in einigen Kreisen würden keine, in anderen alle polnischen Kinder beschult. Der Regierungspräsident teilte dem Schulrat daraufhin mit, die Polenschulen müßten zunächst noch weiter reduziert werden, da die polnischen Lehrkräfte schrittweise zu entlas-

---

22 Zit. n. Majer 1981, S. 394.

23 Hohenstein 1961, S. 59 und 173.

24 Siehe z.B. Röhr 1989, S. 221; Hansen 1994, S. 199. Nach einem Bericht vom Juni 1942 wurden im Regierungsbezirk Posen 70 000 polnische Kinder beschult, im Bezirk Hohensalza wurden nur Kinder in größeren Städten, im Bezirk Litzmannstadt wurden überhaupt keine polnischen Kinder eingeschult: Hansen 1994 S. 226f.

25 Hohenstein 1961, Anm. S. 31. Demgegenüber wurde in Litzmannstadt innerhalb kurzer Zeit ein umfangreiches Schulangebot für volksdeutsche Kinder aufgebaut: Der Osten des Warthelandes S. 268.

sen seien. Polenschulen mit geringer Kinderzahl seien zu schließen; die Kinder müßten weite Wege in Kauf nehmen, und bei schlechter Witterung müßten sie eben zu Hause bleiben. Um die Situation zu verbessern, müsse man deutsche Lehr-Hilfskräfte aus Kreisangehörigen der volksdeutschen Bevölkerung gewinnen: junge Männer und Frauen ohne besondere Vorbildung für den Lehrerberuf, die nach Persönlichkeit und Bildungsgrad für diese Aufgabe in der Lage seien; sie müßten lediglich die polnische Sprache beherrschen und in nationalpolitischer Hinsicht zuverlässig sein. Sie sollten aber nicht polnischen Lehrern unterstellt sein, sondern völlig selbständig unter Anleitung einer deutschen Lehrkraft Unterricht erteilen. Der Schulrat von Gnesen wandte sich daraufhin an das Arbeitsamt der Stadt; entsprechende Hilsfkräfte zu finden, dürfte eigentlich nicht so schwer gewesen sein, denn: "An die stofflichen Kenntnisse der Schulhelfer werden sehr geringe Anforderungen gestellt, da der Lehrplan im wesentlichen nur Fibelunterricht, im Rechnen die vier Grundrechnungsarten von 1 bis 100 und Werkunterricht vorsieht." Zur Beaufsichtigung dieser Hilfskräfte sollte, so der Regierungspräsident von Hohensalza im September 1942, in jedem Kreis jeweils ein "erfahrener volksdeutscher Lehrer" dem Schulrat beistehen – ein Amt, für das auf keinen Fall "polnisch versippte Lehrkräfte" in Frage kämen. Der Schulrat war in seinen Bemühungen inzwischen erfolgreich: 1943 teilte er mit, es gebe jetzt 26 Schulhalterinnen und einen Schulhalter mit 3588 Schülern. Aber nahezu ebenso viele, nämlich 3000 Schüler in Gnesen-Stadt waren nach wie vor unbeschult, weil das Gebäude, in dem die städtischen Schulen zuvor untergebracht waren, von der Wehrmacht beschlagnahmt worden war.[26]

Ein anderes Beispiel dafür, wie die Reorganisation der Schulen in der Realität vollzogen wurde: Der Schulkommissar Wilhelm Meßlin, am 3. 10. 1939 mit dem Aufbau des Schulwesens im Kreis Rawitsch beauftragt, hielt seine "Aufbauarbeit" in einem Tätigkeitsbericht aus dem Jahr 1940 fest. Als er nach Rawitsch kam, fand er dort 47 polnische Schulen vor, für 6000 polnische und lediglich 360 dort lebende deutsche Kinder. Er begann sofort mit der Neuordnung der polnischen Schulen: Polnisch wurde als Unterrichtssprache "ausgemerzt": "Hauptlehrfach war Deutsch. Es mußten in allen Fächern sofort gewisse Grundlagen deutsch erarbeitet werden. Die polnischen Schulen durften dagegen keine deutsche Geschichte und Erdkunde treiben. – Von den 47 polnischen Schulen ließ ich schließlich nur noch 9 bestehen, da der empfindliche Kohlenmangel ihre Weiterführung nicht gestattete. Da ich entschlossen war, die polnischen Schulen auf das richtige Maß zurückzuführen, benutzte ich diesen Kohlenmangel als Anlaß, die meisten polnischen Schulen

[26] I. Z. Dok. I-12

zu schließen. – Die polnischen Schulen wurden durch von mir eingesetzte Vertrauensleute überwacht." Nachdem dieses Werk vollbracht war, konnte Meßlin sich seiner "Hauptaufgabe" zuwenden, nämlich dem Aufbau der *deutschen* Schulen. Er behalf sich zuerst mit Hilfskräften; als dann mit einem Umsiedlertransport aus dem Baltikum aber auch volksdeutsche Lehrer nach Rawitsch kamen, konnte er auch ausgebildete Lehrer einsetzen und die Zahl der deutschen Schulen auf 15 steigern. Innerhalb eines Jahres hatte sich die Bildungslandschaft in Rawitsch also grundlegend verändert: Aus 47 polnischen Schulen waren 9 polnische und 15 deutsche geworden. Dank des Baltentransportes konnte Meßlin sogar eine deutsche Oberschule eröffnen, weil mit dem Transport auch Lehrer des Gymnasiums aus Dorpat gekommen waren. Die Gehälter für die neueingestellten Lehrer bezahlte Meßlin aus beschlagnahmten polnischen Geldern.[27]

Die deutschen Behörden waren zwar bemüht, möglichst viele polnische Kinder in Schulen zu "erfassen". In vielen Orten gelang es auch, im Laufe der Zeit die "Beschulungsrate" zu erhöhen – dies war jedoch von einer drastischen Verschlechterung der Unterrichtsbedingungen begleitet; kein Wunder, denn das Budget für das polnische Schulwesen wurde schon 1940 auf ein Drittel des vorherigen Umfangs reduziert.[28] Diese Verschlechterung fällt besonders ins Auge, wenn man sie mit der Situation der Schulen für die deutschen Kinder vergleicht. Klaus Klattenhoff, der die Schulentwicklung für Posen rekonstruiert hat, ist zu folgendem Bild gelangt :

	beschulte Kinder		Lehrerversorgung (Kinder pro Lehrer)	
	deutsche	polnische	deutsche	polnische Kinder
31. 1. 1942	5008	1655	48,2	137,9
31. 3. 1943	6111	9851	44	161
1. 3. 1944	7663	10 859	40	155

Danach waren die deutschen Schulen rein von der Zahl der Lehrkräfte her gesehen etwa drei- bis viermal so gut ausgestattet wie die polnischen Schulen, die Polenschulen hatten also in der Regel stark überfüllte Klassen, in denen kaum ein effektiver Unterricht erteilt werden konnte, ganz abgesehen von den qualitativen Unterschieden, die die Unterrichtsinhalte etc. betreffen.[29]

---

27 I. Z. Dok. I-215 Meßlin (Masslin ?) avancierte wenig später zum Kreisschulrat im Generalgouvernement: Hansen 1994, S. 485.

28 Ebd., S. 243.

29 Klattenhoff 1992, S. 37; vgl. Madajczyk S. 345.

Der Bildungsgang der polnischen Kinder war im Prinzip bereits nach dem Besuch der drei- bis fünfjährigen Volksschule beendet. Höhere Schulen gab es nicht mehr. Da die Ausübung eines selbständigen Gewerbes für Polen ausgeschlossen war und die polnische Bevölkerung nur noch als einfaches Arbeitskräftereservoir für deutsche Zwecke betrachtet wurde, erübrigte sich auch weitgehend die Einrichtung eines beruflichen Bildungswesens. Eine qualifizierte Ausbildung als Handwerker war nicht mehr möglich. Polnische Jugendliche konnten zwar als Lehrlinge in Betriebe aufgenommen werden, erhielten aber keinen Gesellenbrief, sie lernten nur das Allernotwendigste und durften keine Berufsschulen besuchen.[30] Nach einer Verfügung vom Oktober 1940 für die eingegliederten Gebiete durften polnische Jugendliche "den Betrieben nur zur Ausbildung zugewiesen werden, soweit die deutschen Jugendlichen für den Nachwuchsbedarf nicht ausreichen. Das hierbei begründete Ausbildungsverhältnis darf weder ein Lehr- noch ein Anlernverhältnis sein. Bei Beendigung dieses Ausbildungsverhältnisses dürfen die polnischen Jugendlichen keinen Gesellen- oder Facharbeiterbrief ausgehändigt erhalten. – Die Ausbildung selbst hat sich auf die allernotwendigsten für die Arbeit im Betrieb benötigten Kenntnisse zu beschränken und soll sich in der Hauptsache auf die Tätigkeit sogenannter Anlernberufe beschränken ... Der Besuch von Berufsschulen ist für polnische Jugendliche nicht zulässig. Auch eine sonstige systematische Ausbildung in den Betrieben hat zu unterbleiben."[31]

Sämtliche Einrichtungen der höheren Bildung, die polnischen Lyzeen, die Universität Posen, alle Fach- und Berufsschulen wurden mit Beginn des Krieges geschlossen und nicht wieder eröffnet. Die Universität Posen wurde, nachdem man die polnischen Professoren teils liquidiert, teils ins Generalgouvernement deportiert hatte, in eine deutsche Universität umgewandelt und als "Reichsuniversität Posen" neu eröffnet, zu der Polen keinen Zugang mehr hatten.[32] Ebenso wurden alle öffentlichen und privaten polnischen Bibliotheken aufgelöst. In der Posener Michaeliskirche wurde unter der Leitung des ehemaligen Mitarbeiters des Herder-Instituts in Riga, J. von Hehn, eine Buchsammelstelle eingerichtet. Von Hehn hatte die Aufgabe, das gesamte polnische Buch- und sonstige Schriftgut zu erfassen. "Von den zusammengestohlenen Büchern, deren Zahl 1941 etwa 1,3 Millionen betrug, wurden der Bibliothek und den Instituten der 'Reichuniversität' lediglich 400 000 zugewiesen, die in einer eigenen Verschlußbücherei aufgestellt wurden. Aus

---

30 Majer 1981, S. 394.
31 Doc. occ. Bd. V, S. 264.
32 Majer 1981, S. 392.

dem Rest sonderten Hehn und seine Mitarbeiter Zehntausende polnischer Bücher aus und sandten sie als angeblich wertlose Makulatur an Papiermühlen."[33]

Für die *deutschen* Kinder wurde dagegen ein gegliedertes Schulwesen nach dem Muster des Altreichs aufgebaut: voll ausgebaute Volksschulen, Hauptschulen, Gymnasien, Berufsschulen, Fach- und Hochschulen. Bereits im April 1940 wurde in Reisen bei Lissa auch die erste Nationalpolitische Erziehungsanstalt eröffnet,[34] eine zweite war in Planung.[35] Oft handelte es sich um Schulen mit sehr kleiner Schülerzahl, aber über ein voll ausgebautes Bildungssystem zu verfügen, war schon deswegen überaus wichtig, weil sonst viele Beamte, Verwaltungsangestellte oder auch Wirtschaftsfachleute, Kaufleute und Unternehmer nicht bereit gewesen wären, mit ihren Familien in die Ostgebiete überzusiedeln und sich dort dauerhaft niederzulassen. Vor allem in Posen und Litzmannstadt enstand ein vielfältiges deutsches Berufsschulwesen. So gab es in Posen eine Staatsbauschule (eine Fachschule für Hoch- und Tiefbau sowie Vermessungswesen), eine Ingenieurschule, eine Meisterschule des deutschen Handwerks, eine städtische Haushaltungsschule, Kinderpflegerinnenschule und Frauenfachschule; in Litzmannstadt eine Textilfachschule ("Es ist beabsichtigt, eine Meisterschule für textile Gestaltung und Modeschöpfung anzuschließen, da auf diesem Gebiete der deutschen Geschmacksbildung gegenüber den Verirrungen der slawischen Geschmacksbildung unbedingt zum Durchbruch verholfen werden muß"[36]), eine städtische Haushaltungsschule und – wie auch in Posen – städtische Handelslehranstalten. Zur Deckung des Lehrerbedarfs an diesen Berufs- und Fachschulen war die Errichtung eines Berufspädagogischen Instituts für Berufsschullehrer/innen in Posen geplant.[37]

Allerdings hatten nicht alle Volksdeutschen die gleichen Zugangsrechte zu diesen Schulen; Kinder von Volksdeutschen, die nur in die Abteilung 3 der

---

33 Kalisch/ Voigt 1961, S. 192.

34 Sprenger 1941, S. 84. Regierungsdirektor Dr. Bernhard Sprenger war Gauamtsleiter und Gauwalter des NSLB im Wartheland und Leiter der Abteilung Erziehung, Unterricht, Kultur- und Gemeinschaftspflege beim Reichsstatthalter im Warthegau.

35 Eine weitere Nationalpolitische Erziehungsanstalt entstand in Lublinetz (Oberschlesien); Heißmeyer plante außerdem eine Anstalt in Zakopane: Hansen 1994, S. 365ff.

36 Stegemann 1940, S. 190. Oberregierungs- und Schulrat Dr. Stegemann war Leiter der Abteilung Erziehung und Unterricht in der Gauverwaltung des NSLB im Wartheland; er übernahm später die Leitung der Abteilung Wissenschaft und Unterricht beim Gouverneur von Radom im Generalgouvernement.

37 Ebd.

DVL aufgenommen worden waren, durften zwar Berufs-, Fach- und höhere Schulen besuchen, für den Besuch einer Hochschule oder höheren Fachschule bedurften sie aber einer Genehmigung. Auf ihren Zeugnissen wurde "Staatsangehörigkeit auf Widerruf" vermerkt. Angehörigen der Abt. 4 der DVL dagegen war überhaupt der Besuch einer öffentlichen höheren Schule nicht gestattet. Sie konnten lediglich mit Genehmigung des zuständigen Höheren SS- und Polizeiführers in einer Heimschule des Altreichs untergebracht werden; nach drei Jahren konnten sie dann zum Besuch einer Hochschule zugelassen werden.[38] Die Kinder der Abt. 4 wurden nur zu Volks- und Fachschulen zugelassen, für die Aufnahme in eine Hauptschule war die Zustimmung des Reichsstatthalters erforderlich; das Reichserziehungsministerium ordnete jedoch 1943 an, daß auch der Hauptschulbesuch die Erziehung an einer Heimschule im Altreich voraussetzte. Kinder der Abteilungen 3 und 4 wurden zur Lehre und zur Gesellenprüfung zugelassen, zur Meisterprüfung jedoch nur "im Ausnahmefall bei besonderer Bewährung".[39]

Die Volksdeutschen Umsiedlerkinder wurden oft zunächst in Lagerschulen unterrichtet, häufig durch Lehrkräfte aus der Herkunftsregion. Daneben wurden insgesamt 142 000 Volksdeutsche aus den Um- und Ansiedlungslagern, darunter auch Polen, die als "nordrassisch" ausgelesen worden waren, oder Volksdeutsche, über deren politische Zuverlässigkeit Zweifel bestanden, speziellen "Umerziehungskursen" unterworfen, um sie auf die Ansiedlung vorzubereiten. Dazu gehörten Kurse in deutscher Sprache und politisch-weltanschauliche Schulungen.[40] Für die Kinder angesiedelter und ansässiger Volksdeutscher in den ländlichen Gebieten standen zumeist nur ungegliederte Volksschulen zur Verfügung. Für eine politisch-ideologisch und völkisch-rassisch ausgelesene Minderheit wurden jedoch Hauptschulen eingerichtet, denen oft Schülerheime angegliedert waren.[41] Die Hauptschule war nach einem Erlaß des Reichserziehungsministers vom 28. 4. 1941 als selbständiger Schultyp neben der Volksschule geschaffen worden, der auf dem 4. Volksschuljahr aufbaut: "Sie ist Vorbereitungs- und Ausleseschule für alle Arten von Berufsschulen, für die Ingenieurschulen, die Lehrerbildungsanstalten, die Bildungsanstalten der Kindergärtnerinnen und Hortnerinnen, die Lehranstalten für wirtschaftliche und pflegerische Frauenberufe, kurz für alle Schulen, die den Besuch der höheren Schule nicht voraussetzen." Die Einführung der Hauptschule ging auf einen Wunsch Hitlers zurück, nach dem Vorbild seiner

38 Drost 1944, S. 146f.

39 Hansen 1994, S. 59ff.

40 Zu den Lagerschulen für deutsche Umsiedlerkinder in Litzmannstadt s. ebd. S. 193ff.; vgl. Koehl 1957, S. 104 und 218f.

41 Hansen 1992, S. 53.

österreichischen Heimat vierklassige Hauptschulen anstelle der sechsklassigen Mittelschulen einzurichten. Die vollständige Substitution der Mittel- durch Hauptschulen war erst im Frieden vorgesehen, aber in den neuen Gebieten, in den "Mustergauen" des Ostens, wo alles neu organisiert werden konnte, ging man sofort an ihre Errichtung. Die deutsche Schulverwaltung knüpfte daher auch nicht an die bereits vor dem Krieg bestehenden Strukturen des Schulwesens der deutschen Minderheit an.[42] Die Einrichtung von Schülerheimen sollte möglichst in ländlichen Gebieten ohne polnische Bevölkerung erfolgen, um fernab aller polnischen Umwelteinflüsse eine deutsche Erziehung, die "Germanisierung" der Kinder zu gewährleisten: Hier sollten den Kindern von Volksdeutschen und Umsiedlern Deutschkenntnisse vermittelt werden, und hier, unter Heimbedingungen, ließ sich auch die erforderliche Kontrolle und Beaufsichtigung durchführen, um die Kinder am Gebrauch der polnischen Sprache zu hindern.[43] Vor dem Hintergrund der heterogenen Zusammensetzung der "neudeutschen" Bevölkerung in den eingegliederten Gebieten erfüllten diese Internatsschulen auch die Funktion einer nationalpolitischen Integration: "Im Rahmen eines solchen vorübergehenden täglichen Totallebens wird die gerade in meinem Reichsgau vielfach bunt zusammengewürfelte lose Klassengruppe aus volks-, balten- und reichsdeutschen Schulkindern am besten und schnellsten zu einer Erziehungsgemeinschaft zusammengeschlossen werden können."[44]

Eine der wichtigsten Aufgaben, die sich den Schulverwaltungsbehörden stellte, war, genügend Lehrkräfte zu finden – für die deutschen und die "Polenschulen" gleichermaßen, wobei, wie gesagt, qualifizierte Kräfte grundsätzlich den deutschen Schulen vorbehalten waren. Dennoch bestand auch für die deutschen Schulen ein chronischer Lehrermangel. Es gab zwar schon vor dem Krieg Lehrerseminare, an denen Lehrer für den Unterricht der Kinder der deutschen Minderheit ausgebildet wurden,[45] doch die Versorgung mit

---

42 Spittler 1986, S. 217; Kuhn 1959, S. 152.

43 Oenning 1992, S. 58f. 1942 existierten im Warthegau bereits 49 Hauptschulen, von denen 28 über ein Schülerheim verfügten; darüberhinaus gab es bis 1944 12 Deutsche Heimschulen: Hansen 1994, S. 187ff.

44 Amtliches Mitteilungsblatt des Reichsstatthalters (Abt. III) im Reichsgau Wartheland für Erziehung, Unterricht, Kultur- und Gemeinschaftspflege 1/1940, S. 104.

45 Ein staatliches Lehrerseminar in Lodz und ein evangelisches in Bielitz (Oberschlesien); beide wurden 1937 aufgelöst. Der polnische Staat war während der Zwischenkriegszeit bestrebt gewesen, die Kinder der deutschen Minderheit in das staatliche polnische Schulwesen zu integrieren. Diese Politik hatte dazu geführt, daß von rund 127 000 schulpflichtigen deutschen Kindern 1939 nur noch 29 000 deutsche Schulen besuchte. 31 000 besuchten polnische Schulen, in denen einige Stunden

volksdeutschen Lehrern war damals schon unzureichend, und mit der Okkupation erhöhte sich der Lehrerbedarf sehr schnell. Die Situation verschlechterte sich auch dadurch immer wieder von neuem, daß die Zahl der Zuwanderer und Umsiedler in den eingegliederten Gebieten ständig zunahm.[46] Auch deutsche Kinder blieben deshalb gelegentlich ohne regulären Unterricht. Ein Lagebericht von 1941 wies für das Wartheland eine Zahl von rund 10 000 unbeschulten deutschen Kindern und einen Mangel an 650 Lehrern aus. Am meisten Lehrer fehlten im Regierungsbezirk Litzmannstadt, weil hier die meisten Um- und Ansiedlungsaktionen stattfanden.[47] Etwa 700 Lehrer wurden 1940 aus dem Altreich abgeordnet; doch von ihnen trat nur ein Teil ihren Dienst tatsächlich an (einige wurden zur Wehrmacht einberufen, andere entzogen sich der Verpflichtung), und es scheint, daß nur wenige dieser Lehrer den für den Ost-Einsatz erforderlichen "Pioniergeist" mitbrachten. Die Schulverwaltungen im Altreich nutzten die Abordnungsverpflichtung offenbar dazu, wie die Regierungsstellen des Warthegaus klagten, ihre Lehrkörper zu "entrümpeln". So kamen besonders viele "Dauerkranke" und wenig geeignete Lehrkräfte in den Osten, viele zudem nicht aus eigenem Willen, andere waren nur von Karrierewünschen geleitet. Die meisten von ihnen waren ihren Aufgaben nicht gewachsen und strebten daher schon bald wieder ins Altreich zurück.[48] Die Einsatzbereitschaft für den Osten war im Altreich gering (wie auch die Studie von Hippius und Feldmann gezeigt hatte), und politisch engagierte Lehrer dürften eher die Ausnahme gewesen sein. Zudem waren die meisten abgeordneten Lehrkräfte Frauen, die man nur bedingt als

---

Deutsch unterrichtet wurden, die übrigen gingen auf rein polnische Schulen: Kuhn 1959, S. 148.

46 Die Zahl der schulpflichtigen deutschen Kinder stieg im Warthegau infolge von Umsiedlungen und Zuzügen binnen kurzer Zeit um das zehnfache an: Mitteilungsblatt des NSLB. Gauwaltung Wartheland 1942 Nr. 11, S. 82f.

47 Hansen 1994, S. 142. 1940 existierten im Warthegau 1100 deutsche Volksschulen mit 90 000 Schülern und 1850 Lehrern sowie 25 deutsche Oberschulen mit 5330 Schülern und 542 Lehrern und 22 Mittelschulen mit 1800 Schülern. Insgesamt stieg die Zahl der deutschen Volksschüler bis 1944 auf 144 349 an: ebd., S. 130 und 140ff.

48 Siehe hierzu das Material bei Hansen 1994, S. 431ff. Der NSLB startete im Juli 1942 eine Werbeaktion unter jungen Erziehern für den Osteinsatz, von denen man eine größere Einsatzbereitschaft erwartete, um die abgeordneten Lehrer, die ins Altreich zurückstrebten, auszutauschen: ebd. S. 416ff. Die Klage, daß die Behörden des Altreichs in hohem Maße ungeeignetes Personal in die Ostgebiete entsandten und offensichtlich die Chance nutzten, sich von "mißliebig gewordenen Elementen" zu entlasten, wurde auch von anderen Verwaltungsstellen geäußert: Majer 1981, S. 465.

geeignet ansah, "an einklassigen Schulen in einsamen Dörfern, in denen die Polen stark in der Überzahl sind", einen deutschen Unterricht aufzubauen.[49]

Auf der anderen Seite konnte man auf Lehrkräfte zurückgreifen, die mit den Umsiedlertransporten aus Galizien, Wolhynien und dem Baltikum in die eingegliederten Gebiete kamen – von rund 500 baltendeutschen Lehrern gelangten 364 im Warthegau zur Anstellung, dazu fast alle der 120 rückgesiedelten wolhyniendeutschen Lehrkräfte. Trotzdem konnte der Lehrerbedarf auf diese Weise nicht gedeckt werden. Deshalb wurden in großem Umfang auch Studenten oder Schulhelfer ohne Vorbildung aus der volksdeutschen Bevölkerung, Ehefrauen von Funktionsträgern und BDM-Mädel eingestellt. Etwa 40 bis 50% der Lehrkräfte für die Beschulung deutscher Kinder im Warthegau dürften 1940 Schulhelfer und Hilfslehrkräfte gewesen sein.

All dies führte zu einer sehr heterogenen Zusammensetzung der Lehrerschaft, in weltanschaulicher, fachlicher und sprachlicher Hinsicht.[50] Deshalb wurde die Lehrerfortbildung zu einer besonders wichtigen Aufgabe der Schulverwaltungen: "Bisher wurden in sechs Lehrgängen der Gauschulungsburgen Wiesenbach und Niedorf etwa 250 Lehrer und Lehrerinnen aller Schulgattungen weltanschaulich geschult. Besonders wertvoll war, in diesen Schulungslehrgängen zunächst das Lagererlebnis zu vermitteln und das Gefühl echter Kameradschaft lebendig zu machen."[51] Langfristig sollte der Lehrerbedarf aus eigener Kraft gedeckt werden, deshalb ging man schon bald daran, eigene Lehrerbildungsanstalten aufzubauen. Im Sommer 1942 existierten im Wartheland bereits 10 kleine Lehrerbildungsanstalten mit insgesamt 620 Studentinnen und 618 Studenten.[52] Vorläufig mußte jedoch improvisiert werden. In großen Werbekampagnen suchte man Lehrerstudenten der deutschen Hochschulen für Lehrerbildung für den Einsatz im Osten zu gewinnen.

---

49 So der "Bericht über die Schwierigkeiten beim Lehrereinsatz innerhalb des Regierungsbezirks Litzmannstadt" vom Oktober 1940, in: Hansen 1994, S. 434.

50 Ebd., S. 53. Die Zusammensetzung der Lehrerschaft war ebenso heterogen wie die der Schüler. So begann, um nur ein Beispiel zu nennen, die neu gegründete deutsche Oberschule in Leipe mit 10 reichs-, 30 balten- und 40 volksdeutschen Schülern aus dem Kreis Leipe; vom ehemaligen polnischen Gymnasium, in dem sich die Oberschule einrichtete, kamen lediglich zwei Schüler. Die Lehrerschaft setzte sich aus zwei volksdeutschen Gymnasiallehrern, einem Lehrer aus Danzig, zwei aus Sachsen, einer Baltin, einer Thüringerin und einer Danzigerin zusammen: Leucht/Jacob 1942, S. 89ff.

51 Stegemann, 1941, S. 14. Die ersten weltanschaulichen Schulungslager fanden im Sommer 1940, organisiert durch den NSLB, statt: Mitteilungsblatt des NSLB, Gauwaltung Wartheland Heft 1, Mai 1940 und 3, Juli 1940. 1941 führte man darüberhinaus Schulungskurse für volksdeutsche Erzieher aus den Ostgebieten in der Reichszentrale des NSLB in Bayreuth durch: ebd., Heft 9, September 1941.

52 Hansen 1994, S. 47 f.

Lehramtskandidaten konnten ihren Arbeitsdienst als Osthilfejahr ableisten, indem sie die Leitung einer Volksschule übernahmen.[53] Allein von der Hochschule für Lehrerbildung in Lauenburg stellten sich 100 Junglehrer für den Warthegau zur Verfügung,[54] 1940 hatte man bereits "positive Erfahrungen" mit 230 Absolventen/-innen der Hochschulen für Lehrerbildung gemacht.[55]

Der Nationalsozialistische Lehrerbund und die Nationalsozialistische Studentenschaft entfalteten breite Aktivitäten, um "Jungerzieher für den Osten" zu gewinnen. Unter Leitung Walter Thormanns organisierte die Studentenschaft einen "Facheinsatz Ost", an dem 1940 insgesamt 600 Studenten beteiligt waren. Ein Teil der Studenten wurde als "Führer und Anweiser" von Bautrupps aus polnischen Handwerkern eingesetzt, um bei der Einrichtung der neuen Bauernhöfe und Wohnungen von volksdeutschen Umsiedlern zu helfen; Medizinstudenten kamen bei der medizinischen Betreuung von Umsiedlern zum Einsatz. Etwa 180 Studentinnen wurden bei der Siedlerbetreuung, im "Gemeinschafts- und Fürsorgedienst" und beim Aufbau von Erntekindergärten eingesetzt. 100 Studenten, darunter 78 Studentinnen, wurden von den verschiedenen Hochschulen für Lehrerbildung des Altreichs in den Regierungsbezirk Litzmannstadt des Warthegaus entsandt, um dort beim Aufbau des Volksschulwesens mitzuwirken. Der Einsatz, der von einem Dozenten geleitet wurde,[56] dauerte sechs Wochen, die Studenten konnten während dieser Zeit ihr Landschulpraktikum absolvieren. Durch diese Aktion konnten im Bezirk Litzmannstadt im Sommer 1940 insgesamt 3400 volksdeutsche Kinder provisorisch "beschult" werden und erstmals einen deutschen Unterricht erhalten. Zu Beginn des Einsatzes fand für die Studenten im Umsiedlerlager Grotniki bei Litzmannstadt ein Einführungslager statt, in dem die Hauptaufgaben – die deutsche Spracherziehung und die Erziehung zum Nationalsozialismus – noch einmal hervorgehoben wurden. Die Studenten erhielten dann die Aufgabe, die Schulen für die volksdeutschen Kinder neu

53 Regierungspräsident Hohensalza 27. 6. 1942: Hohenstein 1961, S. 155.

54 Sprenger 1941.

55 Stegemann 1940 An den Hochschulen für Lehrerbildung in Hirschberg und Lauenburg wurde seit 1940 die Schulhelferausbildung für den Ost-Einsatz organisiert. Nach Zahlen von 1941 waren dort von über 7000 Bewerbern 800 für diese Ausbildung angenommen worden; die meisten Studenten waren Frauen (80%) und besaßen die mittlere Reife. Die Kurse dauerten drei Monate, anschließend sollte eine zweijährige praktische Tätigkeit unter Leitung eines Lehrers im Osten erfolgen: Mitteilungsblatt des NSLB, Gauwaltung Schlesien Jg. 1940 Nr. 12, S. 2 ff. und Jg. 1941 Nr. 2, S. 13f.

56 Der Dozent war Prof. Georg Schliebe von der Hochschule für Lehrerbildung Konstanz (vorher Professor für Psychologie in Elbing), Verfasser einer Abhandlung zur "Völkischen Jugendkunde". Schliebe hatte sich für eine Tätigkeit im Osten mit Beiträgen zur auslandsdeutschen Volksforschung empfohlen.

zu organisieren und zu eröffnen. Die Kinder wurden in diesen Schulen nicht nach dem Alter, sondern dem Stand ihrer Deutschkenntnisse eingeteilt: "Die wenigen, die nicht deutsch verstehen konnten, wurden in einer Sonderabteilung erfaßt und mit Hilfe von Mimik, Gestik, Zeichnungen und einer kleinen Dolmetscherin unterrichtet. Erschreckend war bei allen zuerst die große Scheu und Schwerfälligkeit." Weitere Aufgaben waren die sprachliche Förderung von Jugendlichen und Erwachsenen, sowie "Volkstumsarbeit" in der Dorfgemeinschaft: "Fast täglich waren sie in den Familien, und oft wurde erst durch ihre Arbeit die erste Brücke zur neuen Dorfgemeinschaft geschlagen." Dazu kamen Mitwirkung am Aufbau der lokalen HJ-Organisationen und die Durchführung von Parteiversammlungen.[57]

Der Einsatz dauerte vom 1. August bis zum 15. September, weil die meisten Studenten noch das letzte Prüfungssemester an ihrer Hochschule ablegen mußten, aber 40% verlängerten ihren Aufenthalt bis zum 15. Oktober, und ein großer Teil stellte sich nach der Prüfung für einen dauerhaften Osteinsatz zur Verfügung. Die meisten Junglehrer und Erzieher, die aus dem Altreich in die eingegliederten Gebiete des Ostens gingen, kamen von "Grenzlandhochschulen" und hatten bereits im Ost-Landdienst Erfahrungen gemacht, kannten also die Verhältnisse und die Arbeitsbedingungen: "Sie haben dort mit ihren Spielscharen Kulturarbeit geleistet und einige waren an der damaligen Grenze als Lehrer tätig."[58]

Um Jungerzieher für den Einsatz im Osten zu gewinnen, führte der Nationalsozialistische Lehrerbund Werbekampagnen an den Hochschulen für Lehrerbildung durch. Zur Betreuung der Jungerzieher wurde ein Büro der NSLB-Jungerziehergemeinschaft in Posen eingerichtet. Seine Aufgaben waren so definiert:

"1. Werbung unter den Jungerziehern im Altreich für den Einsatz in den befreiten Ostgebieten.

2. Ausarbeitung von Vorschlägen für den praktischen Einsatz in den Ostgebieten.

3. Kameradschaftliche Betreuung und fachliche Förderung der Jungerzieher in den einzelnen Schulorten.

4. Besondere kameradschaftliche Betreuung der im Felde stehenden Jungerzieher der Ostgebiete."[59]

---

[57] Schliebe, Bericht über den Lehreinsatz von Studierenden der Hochschulen für Lehrerbildung im Wartheland. Litzmannstadt 16. 8. 1940. In: Hansen 1994, S. 461ff

[58] Strickner 1941; zum "Facheinsatz Ost" siehe Hiegeman 1941; Die Bewegung 35, 1940.

[59] Strickner 1941, S. 35.

Auslesekriterien für die Aufnahme in den Osteinsatz waren freiwillige Bereitschaft, der Grad des politischen Einsatzes und der Bewährung im Volkstumskampf. “Volksdeutsche und Frontsoldaten, die durch eigenes Erleben das polnische Untermenschentum kennen gelernt haben, sind für diese Aufgaben am besten geeignet. Ihr Erlebnis ist ihnen eine bessere Vorbildung als Studium und Vorlesungen über alle Einzelheiten der deutsch-polnischen Geschichte es sein können. Sie bringen die notwendige Härte – das ist das Entscheidende – für die Arbeit mit. Für die Bewertung ihrer erzieherischen Fähigkeiten aber hat die Bewährung als Führer der nationalsozialistischen Jugendbewegung einen entscheidenden Ausschlag zu geben.”[60] Entsprechend lag die Präferenz bei Studenten und Absolventen der “Grenzlandhochschulen”. Das Gros der Jungerzieher kam von der HfL Lauenburg, von denen viele schon im Altreich als Lehrer angefangen hatten; dazu kamen ehemalige Studenten anderer Hochschulen, junge Erzieherinnen und jene Studenten, die nach dem “Facheinsatz Ost” in den Osten zurückkehrten.

Die Betreuungsarbeit der “NSLB-Jungerziehergemeinschaft in den befreiten Ostgebieten” sah einen Einsatz in geschlossenen Kameradschaften vor: fünf bis sechs Jungerzieher bildeten eine Einsatzzelle. Ihre Aufgaben umfaßten neben der Tätigkeit in den Schulen selbst Volkstumsarbeit (Aufbau- und Erzieherarbeit im Dorf) und politische Organisationsarbeit (Aufbau der HJ). Für die Arbeit einer Einsatzzelle wurden konkrete Richtlinien entwickelt: “Eine Einsatzzelle wird für ihr Kreisgebiet eine Spielschar aufstellen. Sie wird zur Pflege der dörflichen Gemeinschaft und des kulturellen Lebens eingesetzt werden. Dies ist bei der Einsatzzelle leicht zu erreichen, weil in den einzelnen Orten immer ein Kamerad der Einsatzzelle vorhanden ist, der einen solchen Dorfabend vorbereitet und ihn nachher auswerten kann ... Die NSLB-Jungerziehergemeinschaft und ihre Einsatzzellen werden ferner die Mittel, die einzelnen Kameraden in ihrer beruflichen Ausbildung mitgegebenen worden sind, zu fruchtbarer wissenschaftlicher Arbeit anzusetzen wissen. Volkskundliche, historische, geographische und biologische Untersuchungen oder die Schaffung von Dorfchroniken können besonders in den Ostgebieten Beispiele einer politisch ausgerichteten Wissenschaftsarbeit sein”.[61] Zur Vorbereitung und Anleitung der Erzieher wurden Parteiveranstaltungen, Lager, Fahrten, Lehrgänge und Kurse durchgeführt. Am Beginn des Osteinsatzes stand ein Einführungslager. Einmal im Jahr fand ein viertägiges Pfingstlager in einem Einsatzbezirk statt. Zu Beginn der Sommerferien führten die Einsatzbezirke vierzehntägige Fahrten durch: “Im ersten Jahr kommt es darauf

---

60 Schwantz 1941 S. 4.
61 Ebd., S. 5.

an, den eigenen Gau kennenzulernen, im folgenden erfolgt ein Austausch mit einem anderen Ostgau, im dritten führt die Fahrt zu besonderen Orten und Veranstaltungen im Altreich und im vierten ist es vielleicht möglich, mit kleinen Gruppen solcher Erzieher auch eine Auslandsfahrt durchzuführen."[62] Einmal im Jahr sollte im Herbst ein "großer Aufmarsch der Jungerzieher des Ostens in einer der Gauhauptstädte" stattfinden. Auf diese Weise wollte man "ein geschlossenes Korps von jungen Erziehern des Ostens" schaffen.

Darüber hinaus führte der NSLB Austauschlager für Lehrer und Erzieher aus dem Altreich an der Ostgrenze und in den "befreiten Gebieten" durch. Die stellvertretende Reichsabteilungsleiterin für weibliche Erziehung und Reichsschulungsreferentin beim NSLB, Dorothea Hentschel, schreibt in ihrem Aufsatz "Erzieherinnen im deutschen Osten" über die große Bedeutung der Arbeit auf dem Gebiet der Schule: "denn sie trägt die Verantwortung dafür, daß in dem heiß erkämpften und oft so gefährdeten Lande ein Geschlecht heranwächst, das deutsch und nichts als deutsch zu fühlen, zu denken und zu handeln weiß. Davon allein hängt es ab, ob die heimgekehrten Ostgebiete in Zukunft unumstritten unser bleiben werden."[63] Im Sommer 1940 waren solche Austauschlager erstmals jenseits der ehemaligen Ostgrenzen durchgeführt worden. Erzieherinnen der Austauschlager halfen den Frauen volksdeutscher Umsiedlerfamilien auf dem Land, die gerade erst in die zuvor von Polen bewohnten Bauernhäuser eingezogen waren. Lehrerinnen aus dem Westen erteilten Unterricht für die volksdeutschen Kinder. "Den Hebel gilt es in allererster Linie bei der kommenden Generation anzusetzen, und so heißt es, der Jugend aller Klassen und Altersstufen die fast gänzlich vergessene Muttersprache wieder nahezubringen und geläufig zu machen." Dem Pioniergeist und völkischen Enthusiasmus, der diese Lehrer und Erzieher erfaßte, gab eine Oberlehrerin aus Würzburg, die an einem Austauschlager im Warthegau teilnahm, in einem Beitrag für die "Nationalsozialistische Mädchenbildung" beredten Ausdruck: "Alles Blut, das der Boden getrunken, alle Arbeit, die Menschenhände an ihm tun, die dunklen Kräfte der mütterlichen Erde und die kosmischen Ströme seiner unersetzlichen Weite werden verwandelt in Brot für deutsche Menschen. Mit dieser Verwandlung erfüllt der

---

62 Ebd., S. 6.

63 Hentschel 1940. Dorothea Hentschel war im August 1940 bei einem Austauschlager des NSLB für Erzieherinnen auf der Gauschulungsburg Niedorf bei Gnesen zugegen, an dem 18 Frauen aus dem Wartheland und 26 aus dem Altreich teilnahmen und unter anderem Vorträgen des "Gauschulungsredners" Wroblewski über "Geschichte als Rassenschicksal" lauschten: Mitteilungsblatt des NSLB, Gauwaltung Wartheland 3, Juli 1940.

Ostraum den Auftrag, den ihm ein höherer Wille auferlegt und dessen friedvolle Verwirklichung der Führer Großdeutschlands jetzt eingeleitet hat."[64]

Ein gewisser "Pioniergeist" war sicher die wichtigste Qualifikation, die eine Lehrkraft für den "Osteinsatz" mitbringen mußte. Eine Landschullehrerin aus dem Baltikum, die im Bezirk Hohensalza zum Einsatz kam, berichtet, daß sie praktisch nichts vorfand: keine Unterrichtsmittel, keine Lesebücher, kein Programm, keinen Stundenverteilungsplan – "alles sollte die Lehrerin selbst schaffen." Bücher, Hefte, selbst das obligatorische "Führerbild" mußte sie selbst besorgen.[65] Bei ihrer Ankunft wohnte noch der ehemalige polnische Lehrer mit seiner Familie in der Lehrerwohnung – sie wird also auch die Vertreibung miterlebt haben. Auch die Schulkinder fanden sich nur langsam, nach und nach ein – man mußte wohl noch Werbungsarbeit machen und Mißtrauen beseitigen, zumal alleinstehende Lehrerinnen, wie aus Berichten der Schulverwaltungen hervorgeht, häufig auf Ablehnung in der Landbevölkerung stießen. Für die Lehrerin fiel einiges an zusätzlicher Arbeit an: So mußte sie beispielsweise die Zellenleiterin des Deutschen Frauenwerks unterstützen und Aufgaben der Erwachsenenbildung im Dorf übernehmen oder Krankenhilfe für die volksdeutsche Bevölkerung leisten, weil kein Arzt in Reichweite lebte.

Das andere große Problem, das die Bildungspolitik in den eingegliederten Gebieten zu lösen hatte, war das *Sprachenproblem*: Ein großer Teil, wenn nicht die meisten der Volksdeutschen beherrschte die deutsche Sprache nicht oder hatte nur sehr unzulängliche deutsche Sprachkenntnisse – dies galt selbst für einen Teil der volksdeutschen Lehrkräfte, auf die man wegen des chronischen Lehrermangels nicht verzichten konnte. Zum anderen mußte geklärt werden, wie man während der "Übergangszeit" mit der polnischen Sprache umgehen sollte. Den Polen gegenüber wurde eine rassistische Sprachenpolitik betrieben, indem man ihnen gleichzeitig das Recht auf Assimilation und auf die eigene Muttersprache verweigerte.[66] Von seiten der Ministerialverwaltung des Reichs war allerdings ein Verbot der polnischen Spra-

---

64 Anna Seberich 1940, S. 197.

65 Sie leistete bei der Gestaltung des Klassenzimmers schließlich Vorbildliches: "Ein großes Führerbild und der Wochenspruch der Propagandaabteilung schmücken die Wand über dem Pult, und an der gegenüberliegenden Wand hängen ein schönes Bild: der Führer mit Kindern und zwei Aussprüche des Führers, die die Kinder selbst gezeichnet und eingerahmt haben": Von den Erlebnissen einer Landschullehrerin im Wartheland. In: Mitteilungsblatt des NSLB, Gauwaltung Wartheland 1941, Nr. 5 S. 57ff.

66 vgl. Oenning 1992.

che – ähnlich wie die Durchsetzung der "Grußpflicht" gegenüber den Deutschen – als unrealistisch angesehen worden. Der Erlaß undurchführbarer Verordnungen würde das deutsche Ansehen unter den "Schutzangehörigen" schädigen und könne im übrigen auch unter den Deutschen selbst die falsche Vorstellung erwecken, daß die eingegliederten Gebiete bereits deutsch wären, während tatsächlich über 80% der Bevölkerung noch polnisch war und die eigentliche Aufbauarbeit noch bevorstand.[67] Das Reichsministerium für Wissenschaft, Erziehung und Volksbildung erließ daher im Juli 1940 eigene Richtlinien, nach denen polnische Schulen für polnische Kinder eröffnet werden sollten, in denen zwar Deutsch unterrichtet werden, Polnisch aber die Unterrichtssprache sein sollte; als Lehrkräfte sollten Schulhelfer polnischen Volkstums eingesetzt werden. Die Regierung des Warthegaus setzte sich jedoch über diese Richtlinien hinweg. Der Regierungspräsident von Posen, Böttcher, antwortete dem Ministerium in einem Schreiben vom 22. 7. 1940, da eine Umsiedlung großen Maßstabes und die Germanisierung des Gebietes geplant seien, müsse bei den verbleibenden Polen – Arbeitern und kleinen Handwerkern – der Einfluß des Polentums gebrochen werden; das bedeute aber: "Ausmerzung der polnischen Kultur und Sprache im Warthegau und Ausschaltung des Einflusses der polnischen katholischen Priester sowie alleinige Geltung der deutschen Sprache ... Ich gehe so weit, daß ich es über den Schulunterricht hinaus für erforderlich halte, daß schon jetzt im Regierungsbezirk Posen in den größeren Städten verboten wird, in den Hauptstraßen und in deren Läden polnisch zu sprechen. Das läßt sich durchführen und muß allmählich auch auf meinen ganzen Bezirk und später auf den ganzen Warthegau ausgedehnt werden."[68] Zwar mußten in der Praxis immer wieder Kompromisse gefunden werden; Hohenstein berichtet z.B. in seinem "Wartheländischen Tagebuch" von deutschen Schulen, in denen polnisch gesprochen wurde, weil die volksdeutschen Kinder kaum deutsch verstanden.[69] Doch bestimmte die von Böttcher formulierte Linie die offizielle Sprachenpolitik im Bereich des Schulwesens im Warthegau, und Schulen mit polnischen Lehrkräften wurden im Warthegau weitgehend beseitigt. Nur in Oberschlesien, wo die Mehrheit der Polen in die deutsche Volksliste eingetragen wurde, verfuhr man großzügiger. Hier unterrichteten auch polnische Lehrer in polnischer Sprache in überfüllten Klassen;[70] ähnlich in Danzig-Westpreußen, doch bestand auch hier ein offizielles Verbot, während des Unterrichts

---

67 Klattenhoff 1992, S. 32.
68 I. Z. Dok. I-2.
69 Hohenstein 1961, S. 58f.
70 Majer 1981, S. 392.

polnisch zu sprechen. Als Fälle der Verwendung der polnischen Sprache im Unterricht bekannt wurden, bekräftigte der Reichsstatthalter von Danzig-Westpreußen, Albert Forster, das Verbot und fügte ausdrücklich hinzu, dieses Verbot gelte auch außerhalb des Unterrichts, etwa in den Pausen.[71]

Als unrealistisch erkannte man aber selbst im Warthegau, wo die rassen- und volkstumspolitischen Zielsetzungen Himmlers am weitestgehenden durchgesetzt wurden, ein generelles Verbot der Verwendung der polnischen Sprache, wie es Böttcher anstrebte. Ein solches Verbot sei, so stellte Greiser im November 1940 fest, aus verschiedenen Gründen undurchführbar: Es gebe noch zu viele polnischsprachige Volksdeutsche, die die deutsche Sprache erst allmählich lernen könnten. Ein generelles Verbot könne unter den Deutschen zu der falschen Vorstellung führen, "daß hier ein Volkstumskampfgebiet nicht mehr vorhanden ist. Sie würden damit in ihrem Abwehrwillen nachlassen"; und die Polen, die man auf diese Weise möglicherweise zwingen würde, deutsch zu lernen, könnten sich dann im deutschen Lebensraum breit machen.[72]

Über diese Frage herrschte offenbar noch längere Zeit Unklarheit. 1941 verbreiteten sich Gerüchte, daß der Gebrauch der polnischen Sprache im Bezirk Posen verboten werden sollte. "Gleichzeitig wurde bekannt, daß der Kreisobmann der Deutschen Arbeitsfront im Kreise Gostingen an alle Treuhänder der Handels- und Handwerkerbetriebe des Kreises ein Rundschreiben verschickte, in dem er darauf hinwies, daß fast alle im Warthegau lebenden erwachsenen Polen deutsch sprechen können, oder es im abgelaufenen Jahr gelernt haben müßten, so daß bei einem weiteren Polnischsprechen in den Betrieben eine bewußte Sabotage der von deutscher Seite gegebenen Anordnungen vorläge ... Wenn also in Zukunft seitens der Betriebsführer oder dem von ihnen angestellten Personal mit den Polen polnisch gesprochen würde, setze sich der Betriebsführer selbst der Gefahr aus, aus der reichs- oder volksdeutschen Liste gestrichen und als Polenfreund oder Staatsfeind erklärt zu werden." Greiser traf daraufhin die Klarstellung: "daß 1. ein Verbot der polnischen Sprache nicht durchgeführt werden darf, 2. darauf hingewiesen wird, daß Deutsch die Amtssprache ist, 3. diejenigen Deutschen in den Ostgebieten, die unbedingt mit Polen verkehren müssen, die polnische Sprache zu erlernen haben. – Von dieser Seite wird auch ausdrücklich darauf hingewiesen, daß der Führer von vornherein eine Germanisierung, wenn sie auch nur rein sprachlich und äußerlich sei, abgelehnt hat, daß es in keiner Weise notwendig ist, daß der Knecht die Sprache des Herrn verstehe, wohl aber

---

71 Spittler 1986, S. 239.
72 Klattenhoff 1992, S. 34.

umgekehrt. In jeder Weise sei es unerwünscht, daß die polnische Volksgruppe Deutsch lernt, um sich besser tarnen zu können und damit der einzige derzeit vorhandene äußere Unterschied zwischen den beiden Volksgruppen verschwindet. Gleichzeitig weist man daraufhin, daß ein Verbot der polnischen Sprache nur imstande sei, die Autorität der deutschen Behörden in jeder Weise zu schädigen, da Verordnungen, die nicht durchgeführt werden können, nur als Schwäche der deutschen Verwaltung ausgelegt werden."[73]

Ein Gutachten des Oberregierungsrats Kraschinski vom Dezember 1942 kam zu dem Schluß, das Volkstum liege nicht in der Sprache, sondern im Blut. Nur vorübergehend solle der Pole deshalb Deutsch lernen, aus "sprachverkehrstechnischen" Gründen und um den Bedarf der kriegs- und lebensnotwendigen Wirtschaft an deutschsprechenden Polen sicherzustellen. Dies bedeute aber nicht, und das müsse in der Bildungspolitik entsprechend berücksichtigt werden, "daß der Knecht die Sprache seines Herren lernen soll": Das sei nur dort richtig, wo es keine volkstumspolitischen Bedenken gebe, wie z.B. im Fall der Holländer oder Norweger – die sogenannten "Artverwandten stammesgleichen Blutes".[74] Greiser faßte die Ergebnisse dieser Überlegungen im Februar 1943 zusammen: "Der polnische Mensch kann und darf nicht germanisiert werden ... Zur Sprachenfrage ist damit klar gestellt, daß es falsch wäre, dem Polen zu verbieten, polnisch zu sprechen. Der Führer stellt daher eindeutig fest: 'Ein fremdrassiges Volk, in deutscher Sprache seine fremden Gedanken ausdrückend, würde die Höhe und Würde unseres eigenen Volkstums durch seine eigene Minderwertigkeit kompromittieren' ('Mein Kampf', 31. Auflage, S. 430) ... In den polnischen Schulen wird deutsch nur so weit gelehrt, als es notwendig ist, daß der polnische Arbeiternachwuchs, den wir zur Erfüllung der Kriegs- und der Aufbauaufgabe brauchen, sich in deutscher Sprache verständlich machen kann; d.h. die deutsche Sprache wird vokabelmäßig gelernt, darf aber grammatikalisch nicht richtig gesprochen werden ... Nach dem Krieg werde ich darauf sehen, daß Beamte, die in besonderem Maße mit den Polen in Berührung kommen, wie z.B. Amtskommissare, Landräte, Gendarmeriebeamte usw. polnisch lernen, nicht, um sich mit den Polen polnisch zu unterhalten, sondern um den Polen zu verstehen und um zu gewährleisten, daß der Deutsche auch sprachenmäßig der Herr bleibt. Gleiches gilt auch für Betriebsführer, die mit Polen sehr viel zu tun haben. Ein Bauer, der nicht polnisch fluchen kann, wird nie aus seinem polnischen Knecht das Letzte herausholen."[75] In diesem Sinn hatte

---

[73] Doc. occ. Bd. XIII, S. 328f.

[74] Klattenhoff 1992, S. 35.

[75] *Verbrechen* S. 168ff.; Klattenhoff 1992, S. 36.

sich auch das Reichsverkehrsministerium schon im Mai 1940 geäußert: Die Deutschen müßten Polnisch lernen, denn "erst, wenn der Deutsche slawische Sprachen beherrscht ..., ist er von der Hilfe der Slawen unabhängig und kann seinen 'Führungsansprüchen' im Osten gerecht werden."[76]

War die Maxime der Schulpolitik, den Polen nur so viel Deutsch beizubringen, daß sie an ihrem schlechten Deutsch identifiziert werden könnten, so entstand daraus jedoch ein neues Problem. Denn viele Volksdeutsche und die meisten Umsiedler beherrschten die deutsche Sprache nur unzureichend oder gar nicht, für weite Teile der deutschen Bevölkerung, die lediglich aufgrund ihrer Abstammung in die DVL aufgenommen worden waren, war Polnisch die Umgangssprache. Um künftig Deutsche und Polen an der Sprache unterscheiden und erkennen zu können, mußte man deshalb die *Volksdeutschen* dazu bringen, auf die polnische Sprache zu verzichten und ein einwandfreies Deutsch zu lernen oder ihr Deutsch wenigstens zu verbessern. Dies setzte eine entsprechende Politik der Sprachförderung voraus. So wurden schon 1940 Sprachlehrgänge für Lehrer eingeführt,[77] an der Universität Posen begann man mit speziellen Kursen der Ausbildung von "Spracherziehern", und nach der Erfassung und Klassifizierung der Volksdeutschen in der DVL setzten umfangreiche Aktivitäten der Sprachförderung in der Jugend- und Erwachsenenarbeit ein. Im Frühjahr 1943 traf man in Posen Vorbereitungen für die Durchführung von Sprachlehrgängen für Volksdeutsche der Abt. 3 und 4 der DVL als Maßnahmen der "volkstumspolitischen Erwachsenenbildung".[78] Die Richtlinien für diese Maßnahmen wurden im Gauamt für Volkstumsfragen unter Mitwirkung Professor Mackensens von der Reichsuniversität erarbeitet. In einem Rundschreiben des Gauamts vom April 1943 heißt es: "Es liegen ... Zeugnisse dafür vor, daß die gesamte völkische Arbeit, insbesondere die Durchführung der Aufgaben der Partei, der Wehrmacht, der Wirtschaft und Industrie unter diesem Umstand [mangelnde deutsche Sprachkenntnisse von Volksdeutschen] leidet. Die starke Festigung der Volksgruppen zu einem geschlossenen und einheitlich ausgerichteten deutschen Volkstum und dessen saubere Loslösung von dem Polentum wird ohne die Lösung dieser Frage nicht möglich sein." Die Maßnahmen der Sprachförderung volksdeutscher Erwachsener sollten jetzt nach einem einheitlichen

[76] Oenning 1992, S. 60. Diese Probleme der Sprachenpolitik werden ausführlich in einem SD-Bericht von 1943 diskutiert: Boberach 1984, Bd. 14, S. 5465ff.

[77] Kulturabteilung beim Reichsstatthalter 5. 9. 1942: Oenning 1992, S. 59.

[78] Hierzu und zum folgenden: I. Z. Dok. I-281 und 362.

und systematischen Plan betrieben werden. In dem Rundschreiben werden drei Typen der Sprachförderung unterschieden:

a) "Sprachhilfe": Sie kann durch jeden erfolgen, der die deutsche Sprache beherrscht, und fällt in den Aufgabenbereich des Gauamtes für Volkstumsfragen;

b) "Spracherziehung": Sie soll in Lehrgängen und Lagern durch dafür ausgebildete Spracherzieher erfolgen, zuständig ist das Gauschulungsamt (Spracherzieher wurden, wie erwähnt, an Mackensens Germanistischem Seminar ausgebildet);

c) "Sprachpflege": Sie "umfaßt alle weiteren Maßnahmen zur ständigen Verbesserung und Weiterentwicklung der Gebrauchssprache in allen Lebensgebieten. Sie fällt dem Gauschulungsamt in Verbindung mit der Reichsuniversität und dem Deutschen Volksbildungswerk zu."

Nach einer Anordnung des Gauleiters für Volkstumsfragen, Höppner, vom 20. 5. 1943 sollte zunächst mit der genauen Erfassung der sprachlich zu fördernden Personen begonnen werden: "Die Erfassung erfolgt ortsgruppenweise. Die Kreisämter nehmen zweckmäßigerweise die Hilfe der örtlichen Hoheitsträger in Anspruch. Die Blockleiter melden die Namen über die Zellen den Ortsgruppen." Erfaßt werden sollten alle Personen mit deutscher Staatsangehörigkeit und speziell die Angehörigen der Abt. 3 und 4 der DVL vom 14. bis zum 50. Lebensjahr. Die erfaßten Personen waren in zwei Gruppen zu gliedern: "muttersprachlose" Deutsche (Personen, die sich in der deutschen Sprache überhaupt nicht verständigen können) und "sprachbedrohte" Personen (dazu zählte, wer eine Fremdsprache als "Haus- und Familiensprache" und im brieflichen Verkehr benutzte, wer sich in der Fremdsprache "müheloser, geläufiger oder lieber" verständigte etc.). Die Durchführung begann mit Kursen für "sprachgefährdete" Frauen durch die NS-Frauenschaft an zwei Abenden von jeweils eineinhalb Stunden die Woche. Die zuvor ermittelten Personen wurden durchs Kreisamt für Volkstumsfragen zur Teilnahme aufgefordert. Zum ersten Lehrgang am 10. 7. 1943 im Gauschulungshaus Posen waren von 52 Frauen nur 28 erschienen. Nicht alle Frauen waren bereit, sich der Maßnahme zu unterziehen: "Ein Teil fehlte unentschuldigt und mußte in schärferer Form nochmals aufgefordert werden, insgesamt 24. Unter diesen fanden sich 2 Frauen, die widerspenstig und aufsässig waren und eine Teilnahme absolut ablehnten. Sie wurden dem Amt für Volkstumsfragen namhaft gemacht und zur weiteren Behandlung übergeben." Am Ende nahmen 23 Teilnehmerinnen am laufenden Kurs teil, 12 wurden befreit, 12 waren für einen späteren Kusus zurückgestellt, 5 wurden als "Sonderfälle" ("schwierig") eingestuft. Ein weiterer Lehrgang, der am 17. 7. für eine andere Ortsgruppe begann, ergab ein ähnliches Bild: Von

41 ermittelten "sprachgefährdeten" Frauen nahmen 24 teil. "Zur Erfassung der Teilnehmer muß gesagt werden, daß diese recht unvollständig war. Außerordentlich Sprachgefährdete waren nicht erfaßt, gute Deutsche durch Erfassung schwer gekränkt."

Wohl um die Probleme, die bei diesen Maßnahmen auftraten, besser lösen zu können, führte Mackensen im Sommer 1943 eine zusätzliche Untersuchung durch: "Der Mitarbeiter des Gauamtes, Professor Mackensen, setzt vom etwa 6. August an in jedem Ostkreis einen Studenten ein, um Erhebungen über die Sprachlage durchzuführen. Die Studenten werden insbesondere auch aufgrund der von den Ortsgruppenleitern getroffenen Feststellungen in den Dörfern die Personen der Gruppe 3 und 4 miterfassen." Die Einsatzdauer sollte in jedem Kreis fünf bis sechs Wochen betragen. Die Kreisleitungen wurden aufgefordert, jedem Studenten ein Fahrrad zur Verfügung stellen; daran dürfte es nach der Beschlagnahme polnischer Fahrräder nicht gemangelt haben. Da sich einige Volksdeutsche der "Sprachförderung" widersetzten, begann man, über mögliche Zwangsmittel nachzudenken. Sie wurden in einem Rundschreiben Greisers vom 10. 12. 1943 näher bestimmt Bei Fällen "böswilliger Nichtbeteiligung an den Maßnahmen der Spracherlernung" waren folgende Zwangsmittel vorgesehen: "1. Bei Angehörigen der Abt. 3 der DVL wird der Widerruf der deutschen Staatsangehörigkeit ausgesprochen. – 2. Bei Angehörigen der Abt. 4 erfolgt Entzug des Volkslistenausweises. – 3. Bei Umsiedlern erfolgt Absiedlung ins Altreich." Die "Anwendung von Zwangsmitteln" sollte sich aber "aus erzieherischen Gründen" auf Ausnahmefälle beschränken: "Es ist dabei von entscheidender Bedeutung, daß diese Fälle propagandistisch entsprechend ausgewertet werden, um damit einen vollen Erfolg des mit der Anwendung von Zwangsmaßnahmen angestrebten erzieherischen Zweckes zu erreichen."

Nach einem Bericht des Gauamts vom 28. 4. 1944 waren bis dahin insgesamt etwa 15 000 Personen gefördert worden. Die Spracherziehungsarbeit war, den Vorschlägen Mackensens folgend, in drei Abteilungen gegliedert worden: Sprachhilfe, -erziehung und -pflege. Die Kurse wurden vom Volksbildungswerk durchgeführt; bei "abseits wohnenden Familien" kamen die Nachbarschaftshilfe der NS-Frauenschaft und "Mädel" des BDM zum Einsatz. Es sei aber, so der Bericht, nicht gelungen, die Sprachschwierigkeiten im Gau restlos zu beseitigen: Man verfüge über zu wenig Lehr- und Hilfskräfte, in einigen Fällen habe man es auch mit "böswilliger Nichtbeteiligung" zu tun. Zwangsmittel seien aber bisher noch nicht zur Anwendung gekommen. Für sprachgefährdete Frauen der Volkslistengruppen 3 und 4 wurden seit Anfang des Jahres durch die NS-Frauenschaft Näh-, Back- und Kochkurse usw. durchgeführt, "in denen diesen Frauen Gelegenheit geboten ist, mit deutschen Frauen die deutsche Sprache zu erlernen." Die Arbeit wurde auch unter den erschwerten Bedingungen der Kriegslage im Jahre 1944 noch fortgesetzt. Im Frühjahr 1944 ordnete das Gauamt für Volkstumsfragen die Einbeziehung umquartierter Frauen (aus "Luftnotgebieten") in die Sprachhilfemaßnahmen an. Die Frauen sollten im Einvernehmen mit der NSV "in die Nähe von Einzelhöfen gesetzt werden, auf denen sich sprachbedrohte Personen befinden." Man versuchte weiterhin möglichst ohne Zwangsmittel auszukommen: "Wenn bei Böswilligen, nach Erschöpfung aller Erziehungsmittel die Anwendung von Zwangsmaßnahmen erforderlich erschien, so war dies wirklich der letzte Ausweg, um hier überhaupt weiterzukommen." Die Anwendung von Zwangsmaßnahmen sollte auf Personen beschränkt bleiben, "die nach ihrem Gesamtverhalten für den weiteren Verbleib in den Ostgebieten nicht geeignet sind ... Sinngemäß kann auch für Umsiedler gelten, daß ihr Verbringen ins Altreich durchaus zu verantworten ist, wenn sich nach mehreren Jahren herausstellt, daß sie sich trotz aller Bemühungen der Partei nicht in die Front der Ostsiedler einreihen wollen."

Daneben betrieb man für die Volksdeutschen der Abt. 3 und 4 der DVL eine planmäßige politische "Erwachsenenbildung". Sie wird am Beispiel eines Kreises so beschrieben: "Für die Behandlung der vorgesehenen Themen stellten sich kreiseigene Redner zur Verfügung. Geschult wurde in 3 Gruppen an je 4 Sonntagen von 9 bis 12 Uhr. In jeder ersten Schulung der 3 Gruppen wurden die Gründe ausführlich dargelegt, die die Einstufung in Abteilung 3 und 4 notwendig machten und die Aufforderung an alle gerichtet, durch Haltung und Einsatz in Zukunft den Beweis zu liefern und die Voraussetzung zu schaffen für die uneingeschränkte Aufnahme in die deutsche Volksgemeinschaft."[79]

5. 2. Danzig-Westpreußen und Oberschlesien

Für den Gau Danzig-Westpreußen charakteristisch war, daß die Volkstumspolitik hier zwar insgesamt pragmatischer ausfiel als im Wartheland – so wurden erheblich mehr Polen in die Deutsche Volksliste aufgenommen –, gleichzeitig ging man aber in einigen Regionen mit besonderer Härte gegen die polnischen Lehrer vor. Sie wurden nicht nur entlassen und abgeschoben, ein großer Teil wurde vielmehr schon unmittelbar nach dem Beginn der deutschen Herrschaft umgebracht. Allein in Pommerellen etwa wurden 1019

[79] Doc. occ. Bd. IV, S. 144.

Lehrer und 476 Geistliche ermordet. Von den etwa 380 Lehrern des Bezirks Bromberg wurden in einem Racheakt wegen des "Bromberger Blutsonntags" fast alle verhaftet, nur 80 kamen mit dem Leben davon.[80] Einem Lagebericht des Einsatzkommandos der Sicherheitspolizei in Bromberg vom 24. 10. 1939 zufolge waren schon zu diesem frühen Zeitpunkt in Bromberg-Stadt allein 185 polnische Lehrer festgenommen worden. Sie wurden in vier Kategorien aufgeteilt: in a) Pommereller, b) Kongreßpolen, c) Hasser und Hetzer gegen das Deutschtum, d) Angehörige polnischer Verbände. "Es ist beabsichtigt, die Brauchbaren der zu a) Genannten mit Rücksicht auf den jetzt eingetretenen Lehrermangel wieder einzustellen, die zu b) Genannten in den Reichsghetto [gemeint ist das Generalgouvernement] abzuschieben, sofern nichts gegen sie vorliegt, und die radikalen polnischen Elemente der zu c) und d) Genannten zu liquidieren." Am 10. 11. 1939 wurde gemeldet, 73 polnische Lehrer seien liquidiert, 68 evakuiert, 66 entlassen worden; am 17. 11.: "Polnische Intelligenz, von der anzunehmen ist, daß sie sich im besonderen Maße aktiv betätigen könnte, ist in Bromberg nicht mehr vorhanden."[81]

Wie im Wartheland wurden die meisten Schulen zunächst geschlossen; dann eröffnete man zuerst die Schulen für deutsche Kinder und erst danach ging man daran, auch "Polenschulen" wieder einzurichten, mit deutschen Hilfskräften und in drastisch verringerter Zahl. In Gdingen, um ein Beispiel zu nennen, wurde der Unterricht für die deutschen Kinder zum 16. Oktober 1939 wieder eröffnet. Mit den Polenschulen hatte man hingegen keine Eile: "Eine Erfassung der rein polnisch sprechenden Kinder erfolgt aus zweckmäßigen Gründen zur Zeit noch nicht, da durch Aussiedlung des polnischen Elements und durch Zuzug deutschstämmiger Balten wesentliche Verschiebungen zu erwarten sind", so ein Bericht der Schulverwaltung vom 14. 10. 1939.[82] In kurzer Zeit verschwanden mehr als die Hälfte der polnischen Kinder im schulpflichtigen Alter aufgrund von Aussiedlungen und Deportationen. Alle Lehrer in Gdingen wurden ersetzt. Am 1. 1. 1941 gab es 175 Lehrer; davon kamen die meisten – 126 – aus dem Altreich, 15 kamen aus Danzig, 18 aus dem Baltikum, die übrigen waren Aushilfskräfte und Schulhelfer. "Die polnischen Hausmeister waren entweder geflohen, gefangen genommen oder für uns völlig unbrauchbar und mußten sofort ersetzt werden ... Mit dem vermehrten Zuzug von Lehrkräften aus dem Altreich wurden die ehemaligen polnischen Lehrkräfte entbehrlich und konnten am 28. 2. 1940

---

80 Spittler 1986, S. 193.

81 In: Röhr u.a. 1989, S. 140f.

82 Klattenhoff/ Wißmann 1989, S. 37.

restlos aus den Schulen entfernt werden."[83] Spätestens seit dem 1. 3. 1941 gab es in Gdingen keine polnische Schule, d.h. keine Schule mit polnischen Lehrern mehr. In den ländlichen Bezirken wurden polnische Schulbücher eingestampft. Für volksdeutsche Schüler wurden Sonderklassen für einen sprachlichen Förderunterricht eingerichtet, volksdeutsche Berufsschüler wurden in besonderen Lehrgängen zusammengefaßt. Die polnischen Schulen wurden geschlossen und als deutsche Schulen wiedereröffnet; wegen Mangel an Lehrkräften erhielten die polnischen Kinder vielfach nur an einigen Tagen der Woche Unterricht. Der Schulrat Uhlenburg schrieb am 10. 7. 1940: "Die Jugenderziehung im Kreise liegt ausschließlich in Händen deutscher Erzieher. Hier wäre darauf zu achten, daß nicht etwa durch ein großes Erziehungswerk am Polentum dieses überhaupt wieder fähig gemacht wird, nationale Ansprüche zu erheben. In den Mittel- und Oberschulen sind daher keine polnischen und kaschubischen Kinder aufgenommen worden. Die polnische und kaschubische Jugend wird nur in den Volksschulen unterrichtet."[84]

Der Wiederaufbau des Schulwesens litt in Danzig-Westpreußen in besonderem Maße unter kriegsbedingten Beeinträchtigungen, die nie ganz beseitigt werden konnten.[85] Häufig wurden Schulen durchs Militär beschlagnahmt und verwendet. Der schlechte bauliche Zustand, den deutsche Schulbeamte später vorfanden und der sie in ihren Vorurteilen über die "polnische Wirtschaft" bestätigte, war oft nur eine Folge solcher Fremdnutzung. Der Schulleiter einer deutschen Mittelschule schrieb am 5. 2. 1942 an den Regierungspräsidenten in Bromberg: "Die Mittelschule war bei ihrer Gründung im Mai 1940 in der Bäckergasse untergebracht, mußte dann den Handelslehranstalten weichen und bezog zusammen mit der deutschen Volksschule das ehemalige Mittelschulgebäude am Schlageterplatz (1. Umzug). Dies Gebäude wurde von der Wehrmacht beschlagnahmt, und die Hauptschule kam in die Gerbergasse (2. Umzug). Als das Gebäude am Schlageterplatz freigegeben wurde, machte die Mittelschule ihren 3. Umzug dorthin. Im Januar ds. Js. ist das Mittelschulgebäude am Schlageterplatz erneut von der Wm. beschlagnahmt worden, und die Mittelschule zieht wieder in die Gerbergasse (4. Umzug). Nach meinen bisherigen Erfahrungen wird dies nicht der letzte gewesen sein." Während dieser Umzüge kam viel Material abhanden oder wurde zerstört. "Schulmöbel, die früher vorhanden waren, sind durch das Unterstellen in Speichern verschwunden."[86]

---

83 Zit. ebd., S. 38.
84 Zit. ebd., S. 39.
85 Ebd.
86 Ebd., S. 41.

Die Kinder mußten auch hier von der Straße gebracht werden, um eine drohende Verwahrlosung zu verhindern. Aus praktischen Gründen wurden deshalb häufig Kinder ungeachtet ihrer Nationalität und Zugehörigkeit zur Deutschen Volksliste gemeinsam unterrichtet, aber den polnischen Kindern blieb wie im Warthegau der Besuch einer Oberschule verwehrt, und erst im letzten Kriegsjahr wurden besonders begabte Kinder der Abt. 3 der DVL zur deutschen Oberschule zugelassen. Der Unterricht hatte auch hier grundsätzlich in deutscher Sprache zu erfolgen – Statthalter Forster setzte sich in Danzig-Westpreußen ebenso über den Erlaß des Reichserziehungsministeriums hinweg wie Greiser im Warthegau: Polnisch Sprechen im Unterricht war – auch für polnische Kinder – unter Strafe verboten.[87] Da in Danzig-Westpreußen der größere Teil der polnischen Bevölkerung – 59% gegenüber nur 11,7% im Warthegau – in die DVL aufgenommen wurde, mußte man hier den Fragen der "Wiedereindeutschung" besondere Aufmerksamkeit widmen. Dies galt insbesondere für die Kinder der Abt. 3 der DVL. Adalbert Boeck, Regierungsdirektor und Leiter der Abteilung Erziehung und Volksbildung des Gaus, erklärte 1941: "Eine Hauptaufgabe der Schule wird es dabei sein, Kinder, die bisher infolge der Polonisierungsaktion nur zwangsweise sich der polnischen Sprache bedienten, so schnell wie möglich in den Gebrauch der deutschen Sprache einzuführen. Somit kommt der Schule bei der Wiedereindeutschung des befreiten Gebiets eine maßgebliche Bedeutung zu, besonders auch der deutschen Volksschule." Boecks Stellvertreter, Franz Schramm, schrieb zwei Jahre später: "Wenn es in gemeinsamer Arbeit von Schule und NSDAP gelingt, die Kinder, die an sich deutscher oder zumindest überwiegend deutscher Abstammung sind, mehr und mehr an das deutsche Volkstum heranzubringen und alles Polnische von ihnen fernzuhalten, so werden diese Kinder in vielen Fällen auch ihre Eltern im deutschen Sinne beeinflussen und von ihnen verlangen, daß zu Hause nur deutsch gesprochen wird. Es wird auf jeden Fall erreicht werden, daß nach Aussterben der jetzigen älteren Menschen eine Generation herangewachsen ist, die vom Polentum und von den polnischen Zielen nichts mehr weiß und sich dank ihrer blutlichen Bindungen mit Begeisterung zum angestammten Volkstum ihrer deutschen Vorfahren bekennt."[88]

Dieses Ziel war, nachdem man die polnischen Lehrkräfte beseitigt hatte, nur schwer zu realisieren; dafür wären qualifizierte, des Deutschen und Polnischen gleichermaßen mächtige Lehrer erforderlich gewesen. Wie überall im besetzten Polen fehlte es auch hier an geeigneten Lehrkräften. Im Einzelfall

---

87 Madajczyk 1988, S. 345.

88 Wißmann 1992, S. 21.

konnte man auf pensionierte deutsche Lehrer oder volksdeutsche Lehrer aus dem Baltikum zurückgreifen. 1940 waren in den "befreiten Gebieten" des Gaus etwa 600 Lehrkräfte beschäftigt, von denen die meisten zuvor als Hauslehrer, in deutschen Privatschulen oder im "staatlichen Minderheitenschuldienst" tätig gewesen waren. Etwa 50 Lehrer waren bis dahin aus dem Baltikum zugewandert. Für diese Lehrkräfte wurden besondere Schulungslager während der Sommerferien organisiert; der Schulungsplan umfaßte folgende Themen: "Die deutsche Schule, die rassische Eigenart des deutschen Volkes, deutsche Geschichte, deutsches Volkstum, deutscher Raum, deutsche Wirtschaft." In jedem der sieben Lager hielt der Gauamtsleiter Adalbert Boeck einen Vortrag über "Erziehung und Bildung auf rassischer Grundlage". Neben Vorträgen und Arbeitsgemeinschaften gehörten zum Schulungsprogramm auch praktische Unterrichtsproben und Sonderveranstaltungen wie Sonntagmorgenfeiern, "Ausmärsche in die Umgebung" und Dorfgemeinschaftsabende mit der Bevölkerung und der Ortsgruppe der NSDAP sowie eine gemeinsame Fahrt zur Marienburg.[89] Oft standen aber nur oberflächlich ausgebildete Lehramtsanwärterinnen, Schulhelferinnen oder Maiden des Arbeitsdienstes zur Verfügung. Nach Angaben von Boeck waren 1941 etwa 300 Schulhelfer in den "befreiten Gebieten" tätig, überwiegend Studentinnen, die den Schulbehörden vom Reichsarbeitsdienst zugewiesen worden waren.[90]

Am vergleichsweise "humansten" gestaltete sich die Schulpolitik wohl im Gau Oberschlesien. Hier wurde mit 60% der größte Anteil der Bevölkerung in die DVL übernommen, und hier konnten sich die Ideen der Himmlerschen Rassen- und Volkstumspolitik am wenigsten durchsetzen. Die oben erwähnte Kritik des Gauarbeitsamtes Oberschlesien an der Schulpolitik des Warthelandes ist ein Beispiel dafür, daß man sich hier den Bestrebungen des RuSHA widersetzte, die Bestimmungen des Warthelandes auf Oberschlesien zu übertragen.[91] Die Schulpolitik scheint aber keinem einheitlichen und konsistenten Plan gefolgt zu sein. Im Bezirk Kattowitz beispielsweise, wo der frühere Leiter des Deutschen Volksbunds, Ulitz, mit der Organisation des Schulwesens beauftragt wurde, ging man pragmatisch vor: In den Ostkreisen des Bezirks, in denen kaum volksdeutsche, aber rund 100 000 polnische Kinder im Volksschulalter lebten, wurden bereits Ende 1939 polnische Volks-

---

89 NS-Erzieher, Bundesblatt des Nationalsozialistischen Lehrerbundes Gau Danzig H. 8, September 1940, S. 64.

90 Wissmann 1992; Spittler 1986, S. 201, 234; Adalbert Boeck 1941.

91 Madajczyk 1988, S. 345.

schulen wiedereröffnet: “Eine so große Zahl von Kindern mußte in irgendeiner Form schon aus reinen Gründen der Sicherheit erfaßt werden.” Alle anderen Schulgattungen blieben aber geschlossen. In den “Polenschulen” wurde der Unterricht auf ein Mindestmaß begrenzt, Unterrichtssprache war ausschließlich polnisch, die Lehrkräfte waren Polen. Während man also hier ausnahmsweise polnische Schulen tolerierte, sorgte man für eine deutliche qualitative Verschlechterung der Unterrichtsbedingungen – die durchschnittliche Klassenfrequenz wurde auf 80 festgesetzt, für deutsche Schulen galt eine Frequenz von höchstens 40. Die polnischen Schulen galten als ein Provisorium, ihre Erhaltung wurde lediglich unter sicherheitspolizeilichen Gesichtspunkten der Verwahrung gesehen: “Der endgültige Ausbau des Schulwesens hängt entscheidend von der Aussonderung des Polentums ab, die erst nach der Aufstellung der Volksliste vorgenommen werden kann. Die Aufstellung der Volksliste ist vordringlich. Es wäre falsch, nationalpolnische Kinder in deutschen Schulen heranwachsen zu lassen. Solange die nationalpolnische Bevölkerung nicht aus dem Gebiet entfernt wird, werden Maßnahmen gegen die Verwahrlosung der polnischen Jugend zu treffen sein. Diese Maßnahmen werden aber nicht mehr von schulerzieherischen Gesichtspunkten bestimmt.”[92] Ähnlich wurden im Regierungsbezirk Oppeln, wo man zunächst alle polnischen Schulen schloß, die Schulen auf Intervention der Gestapo hin wiedereröffnet, die sich beunruhigt darüber zeigte, daß die Jugendlichen ohne jede Kontrolle bleiben sollten.[93]

Auch die Rassentrennung wurde im Gau nicht immer strikt durchgeführt. Visitationen durch den Oberpräsidenten der Provinz Oberschlesien ergaben 1944, daß beispielsweise in Bielitz-Biala polnische Kinder in deutschen Schulen unterrichtet wurden: neben Kindern der Abt. 3 der DVL auch nicht in die DVL aufgenommene, besonders begabte polnische Kinder. Dabei fiel dem Inspekteur auf: “daß leistungs- und haltungsmäßig die große Masse der Abt. 3 stark gegenüber den reichsdeutschen Kindern und den Kindern der Abt. 1 und 2 abfallen. Klage wurde darüber geführt, daß gerade besonders begabte und eifrige Schüler nicht in die DVL aufgenommen worden sind, während geistig zurückgebliebene und in ihrem Äußeren vernachlässigte Kinder dagegen der Abt. 3 angehören.” Dies schaffe eine “völlig verfahrene Situation”: ”Eine Generation sogenannter deutscher Kinder wächst heran, bei der im täglichen Verkehr mit polnischen Kindern, teils auf der gleichen Schule, teils im gleichen Gebäude, der Sinn für Volkstum nicht geweckt werden kann, die lediglich von ihren Mitschülern von deren Not und deren

92 Doc. occ. Bd. XI, S. 27ff. (21. 11. 1940).
93 Madajczyk 1988, S. 345.

Behandlung durch die amtliche deutsche Polenpolitik erfahren. Eine gleiche Generation polnischer Kinder wird an deutsche Zucht und Ordnung gewöhnt und mit dem geistigen Rüstzeug versehen, das sie im späteren Kampf gegen das Deutschtum benötigen."[94]

Da man in Oberschlesien besonders viele Personen in die DVL aufnahm – oft wurde die Bevölkerung ganzer Ortschaften geschlossen übernommen – kam dem deutschen Sprachunterricht hier besonders große Bedeutung zu. Kinder mit unzureichenden oder mangelhaften Deutsch-Kenntnissen wurden häufig in besonderen Klassen deutscher Schulen zusammengefaßt und nach der Ganzheitsmethode unterrichtet.[95] In die DVL aufgenommene Kinder, die bisher nur polnische Schulen besucht hatten, wurden auch in die höheren Schulen aufgenommen und hier ebenfalls in Sonderklassen zusammengefaßt, die als Aufbauzüge eingerichtet wurden. Vier der höheren Schulen des Gaus waren Schülerheime angegliedert. Ähnlich richtete man Sonderklassen für Kinder, die die deutsche Sprache nur unzulänglich beherrschten, in Berufsschulen ein. Man bemühte sich in Oberschlesien also in besonderer Weise um die Integration der "volksdeutschen" Kinder. Auch hier bestand ein Mangel an geeigneten Lehrern, da nur vereinzelt polnische Lehrer toleriert wurden, und wie überall in den eingegliederten Gebieten mußte man für den Unterricht auf Hilfskräfte ohne abgeschlossene Ausbildung zurückgreifen, war aber bemüht, Fortbildungsangebote zu schaffen. Die Lehrkräfte wurden während der Sommerferien in vierzehntägigen Schulungslagern zusammengefaßt, um sie auf ihre besonderen Aufgaben vorzubereiten. Die Hilfskräfte wurden darüberhinaus für drei Monate zu Kurzausbildungen an eine Hochschule für Lehrerbildung entsandt. Außerdem existierten zwei Lehrerseminare für die Ausbildung des Lehrernachwuchses.

Ein Erfahrungsbericht des aus dem Altreich abgeordneten Rektors Kurt Müller über den Schulaufbau in einer ostoberschlesischen Stadt veranschaulicht die konkreten Probleme und das Vorgehen der Schulpraktiker "vor Ort".[96] Müller übernahm die Leitung einer Schule, deren Kinder seit dem Herbst 1939 zunächst von den Mitarbeiterinnen der am Ort befindlichen NSV-Kinderhorte "gesammelt und betreut" worden waren. "Als wir herkamen, schallten die Räume wieder vom Gesang deutscher Lieder. Die Kinder sprachen schon leidlich deutsch, ja, sie schrieben schon und hatten angefangen zu lesen. Das ist das Verdienst dieser Mädchen, die meist ohne jede

94 Doc. occ. Bd. XI, S. 130ff.
95 Nolte 1941.
96 Müller 1941.

Vorbildung ... an die Arbeit herangegangen waren ...” Die Erfassung der Schulpflichtigen des Bezirks ergab zu den hier untergebrachten 550 Kindern noch weitere 860. “Nach gewissenhafter Sichtung wurden daraus die genommen, die uns für eine Deutsche Schule reif erschienen. Es waren etwa 230. Mit ihnen richteten wir 5 Klassen einer deutschen Schule ein. Alle anderen kamen in die Übergangsschule.” Neben den fünf “deutschen” wurden 13 Übergangsklassen eingerichtet. Nach der Entlassung der 14jährigen sollten die besten Übergangsklassen in Förderklassen zusammengefaßt und nach Plänen, die sich den Richtlinien für die deutschen Schulen näherten, unterrichtet werden. Für die Unterrichtsarbeit hatte Müller einige aus dem Altreich abgeordnete Lehrer zur Verfügung, mußte aber auch mit Schulhelfern und Aushilfslehrerinnen arbeiten. Alle polnischen Lehrer waren zuvor entlassen worden. Wegen des anfänglichen Lehrermangels wurden zuerst nur die Kinder eingeschult, “für die es am notwendigsten erschien”: diejenigen, die kurz vor der Vollendung der Schulpflicht standen, und die Erstkläßler. Man begann also mit der ersten und der letzten Klasse. “Die Zwischenjahrgänge wurden dann eingeschoben, so wie neue Lehrkräfte anrückten.” Auch die Zahl der Unterrichtsstunden mußte zunächst begrenzt bleiben: In der unteren Klasse wurden lediglich 14, in der oberen 22 Stunden erteilt. Der Unterricht beschränkte sich anfangs auf Deutsch, “in der Hauptsache natürlich Sprecherziehung”. Im Sprachunterricht praktizierte man die Ganzheitsmethode, die auch im Generalgouvernement von den Schulbehörden propagiert wurde. Schon nach wenigen Jahren sprachen, so Müller, die Schüler kein polnisch mehr. “Gewiß hat dazu auch geholfen, daß wir uns auf den ‘Tagesbedarf’ der Kinder besonders einstellten, indem wir mit ihnen Abzählverse, Kinderliedchen, Rätsel und Spiele besonders übten.” – Religionsunterricht fiel weg, ebenso Leibesübungen im Winter, weil es keine Turnhalle gab und die Schüler nur über notdürftige Fußbekleidung verfügten. An der Schule wurden zwei Schülerzeitschriften herausgegeben: “Damit kommt wertvolles nationalpolitisches Lesegut auch in das Elternhaus.”

Müllers Ausführungen legen den Schluß nahe, daß er es faktisch nur mit polnischen Kindern zu tun hatte, die durch die DVL zu deutschen deklariert worden waren. Im Verhalten der Kinder erkannte er sofort die “üblichen Mißstände”, die die Folge “polnischer Erziehung” seien: Zuspätkommen und unentschuldigtes Fernbleiben waren anfangs an der Tagesordnung; die Schule, klagt Müller, werde gegenüber der Kirche unterbewertet – die Kinder blieben z. B. “grundlos” dem Unterricht fern, wenn sie zur Beichte mußten. Viele Schüler kämen mit zerrissenen, dürftigen Kleider, unsauber und ungekämmt zur Schule. “Die Jungen, selbst die kleinsten, kamen in einer unerträglichen Haltung an: eine schmutzige Schiebermütze weit ins Genick gerückt und die Hände tief in den Hosentaschen, so standen sie vor uns! Die Haltung war unbeschreiblich schlecht, Schreien, Johlen, Pfeifen, Herumwerfen von Papier waren bei ihnen Selbstverständlichkeiten." Eine "Razzia" ergab, daß 80% Kopfläuse hatten. Manche Kinder kamen noch bis kurz vor Weihnachten barfuß. Müller führte solche Zustände darauf zurück, daß ihre Mütter nicht wirtschaften könnten und bot deswegen verstärkt auch hauswirtschaftlichen Unterricht an. Leider kämen zu diesen Mißständen auch charakterliche Schwächen hinzu: "Charakteristisch ist an den Kindern auffallend: Neigung zur Angeberei, Feigheit und leider auch in starkem Maße Verlogenheit. Sicher sind gerade diese schlechten Eigenschaften eine Folge der polnischen Erziehung." Interessant ist an diesen Beobachtungen: Was anderswo als Ausdruck einer angeborenen "Rassenseele" galt, konnte da, wo man es wollte, auch als Produkt von Erziehung gedeutet werden.

Schon die oben erwähnten Beobachtungen des Oberpräsidenten von Oberschlesien über volksdeutsche und polnische Kinder hätten deutlich machen können, daß die vermeintlich polnische Mentalität ein Produkt von Erziehungs- und Sozialisationsumständen und nicht Ausdruck einer rassischen Struktur war. Andere Lehrer konnten denn auch keine Unterschiede zwischen deutschen und polnischen Kindern ausmachen. Eine in die Bromberger Region abgeordnete Lehrerin berichte in der Zeitschrift "Scholle", sie habe dort Volksdeutsche wie Polenkinder unterrichtet: "... die polnischen Kinder stachen bis auf einige nicht besonders ab." Dies lag, wie sie meinte, daran, daß die polnischen Kinder "in einem recht deutschen Kreis, in dem schon unter der Polenherrschaft viel Deutsch gesprochen wurde" aufgewachsen waren; fast alle konnten daher deutsch sprechen. Vor ihrer Ankunft hatten die Kinder zweimal die Woche von einem Lehrer des nächsten, sechs km entfernten Ortes Unterricht erhalten. Alle 14 Tage kamen Lehrer zu einer Konferenz des Kreises zu Lehrproben und Vorträgen zusammen. Der Bericht informiert uns übrigens auch darüber, daß am "Jahrestag der Befreiung" in allen Dörfern und Städten des Kreises eine "Adolf-Hitler-Eiche" gepflanzt wurde, eine Woche darauf wurde eine große "Befreiungsfeier" in der Kreisstadt zelebriert, für die Kinder gab es eine Zirkusveranstaltung.[97]

[97] Scholle 12/1940, S. 65-70.

5. 3. Das Generalgouvernement

Die Schulpolitik im Generalgouvernement folgte anderen Zielen als in den eingegliederten Gebieten, weil es hier zunächst nicht um die langfristige Beseitigung des "Polentums" ging, sondern im Gegenteil um die Errichtung eines "Polen-Reservats", unabhängig von der Frage, was langfristig aus diesem Gebiet werden sollte. Gleichwohl fehlte eine einheitliche und in sich konsistente Politik für das Generalgouvernement. Frank erhielt zwar von Hitler relativ eindeutige Direktiven, tendierte aber immer wieder dazu, sie weniger restriktiv auszulegen und bemühte sich vor allem gegen Ende der Besatzungszeit um größere Zugeständnisse an die Polen. In Gesprächen mit Hitler und Goebbels, die im Oktober 1939 stattfanden, erhielt Frank den unmißverständlichen Auftrag, die polnische Intelligenz auszulöschen und das Entstehen einer intellektuellen Schicht für immer zu verhüten; deshalb müßten, so Hitler am 2. 10., alle Einrichtungen der höheren Bildung geschlossen werden. Der Reichspropagandaleiter Dr. Fischer teilte nach einem Gespräch mit Goebbels mit, "daß nach Auffassung des Führers die polnische Intelligenz mit allen Mitteln unterdrückt werden müsse.... Man geht sogar mit dem Gedanken um, die gesamte Intelligenz in Konzentrationslager zusammenzufassen."[98] Im Frühjahr 1940 kam Frank von einer Besprechung mit Hitler mit der mißverstandenen Vorstellung einer "völligen Umkehr der Polen-Politik" zurück; Hitler hatte jede Germanisierungspolitik im Generalgouvernement ausgeschlossen – das bedeutete auch, daß hier keine Eindeutschungsaktionen im größeren Stil wie in den eingegliederten Gebieten durchgeführt werden sollten.[99] Die Polen waren als "Schutzangehörige" einer deutschen Kolonie zu behandeln – dies hieß für Frank, daß die deutsche Kolonialverwaltung sich der Pflege des polnischen Volkstums und ihrer Kultur einschließlich der Sprache anzunehmen hatte. Frank leitete daraus ab, daß den Polen auch ein gewisses Maß an gehobener Bildung zugestanden werden müsse:

"Vom Führer ist mir aufgegeben worden, das Generalgouvernement als Heimstätte des polnischen Volkes zu betrachten. Demnach ist keine irgendwie geartete Germanisierung möglich. Ich bitte Sie, in ihrem Ämtern strengstens auf die Zweisprachigkeit achten zu wollen; ich bitte Sie auch, bei den Distrikten und Kreishauptmannschaften darauf hinzuweisen, daß dieser Sicherung des polnischen Eigenlebens nicht in gewalttätiger Weise entgegen-

---

98 Eisenblätter 1969, S. 154f.

99 Solche Aktionen wurden jedoch, wie wir sahen, für den Raum Zamosc im Distrikt Lublin eingeleitet. Umfangreiche "Eindeutschungspläne" existierten auch für die Stadt Lublin, für Warschau und andere größere Städte des Generalgouvernements.

getreten wird. Wir haben demnach vom Führer in gewissem Sinne die treuhänderische Pflege des polnischen Volkstums übernommen. Der Führer gedenkt ja einmal bei den kommenden Auseinandersetzungen mit den Westmächten, seine Polenpolitik unter diesen Stern zu stellen. Das imperiale Bewußtsein, das im dritten Reich nunmehr aufsteigt, das im Generalgouvernement seinen ersten Ausdruck gefunden hat, macht es uns zur Pflicht, nichtdeutschen Volksstämmen und Völkern, die unter die Herrschaft des Deutschen Reiches geraten sind, die Eigenart ihres Lebens, wenn es mit den Interessen des deutschen Volkes vereinbar ist, sicherzustellen. Wie sollen sonst andere Völker die Lust verspüren, unter deutschen Schutz zu kommen! Es ist klar, daß wir in diesem Sinne auch hier gewisse Verpflichtungen haben ... Demnach ist es so, daß hier ein voller Wandel stattgefunden hat. Das wird sich auf den verschiedensten Gebieten ausprägen. Wir werden in gewissem Umfange nunmehr wieder Bildungsmöglichkeiten für die Polen zulassen müssen. Auf den Gebieten des ärztlichen und technischen Fachstudiums werden wir Abschlußprüfungen an den Universitäten wieder zulassen. Wir werden das Fachschulwesen des polnischen Volkes wieder in dem Umfange in Kraft setzen, daß es etwa die tiefste Stufe der deutschen technischen Mittelschule erreicht."[100]

Hitler setzte diesen Ambitionen wenig später eine deutliche Grenze; im September 1940 notierte Frank in sein Tagebuch, der Führer habe entschieden: "Kein Pole soll über den Rang eines Werkmeisters hinauskommen, kein Pole wird die Möglichkeit erhalten können, an allgemeinen staatlichen Anstalten sich höhere Bildung anzueignen."[101] Im Frühjahr 1941 finden sich in Franks Tagebuch bereits Klagen über Belastungen des Generalgouvernements durch die Hereinnahme Hunderttausender Polen und Juden aus den eingegliederten Gebieten – Belastungen, die einer Politik der wirtschaftlichen Entwicklung und damit auch der Bildungsentwicklung enge Grenzen zogen. In der folgenden Zeit beschränkte sich die Bildungspolitik im wesentlichen darauf, oberhalb der Volksschule eine begrenzte, vor allem auf die Interessen der Rüstungsindustrie zugeschnittene berufliche Bildung zu organisieren. Erst 1944 begann man in der Regierung des Generalgouvernements Pläne für die Wiederzulassung polnischer Gymnasien zu diskutieren und entsprechende Vorbereitungen zu treffen, die aber nicht mehr zur Ausführung gelangt sind.

---

100 *Tagebuch Frank* S. 150f.
101 Ebd., S. 280f.

Die Schulverwaltung wurde im Generalgouvernement in Anlehnung an den Verwaltungsaufbau im Deutschen Reich organisiert.[102] Schulverwaltung und -aufsicht lagen in deutscher Hand, nur auf der unteren Verwaltungsebene waren polnische und ukrainische Lehrpersonen als Hilfspersonal zugelassen: Den deutschen Kreisschulräten wurden Schulinspektoren auf Distriktebene beigeordnet, die auch Polen oder Ukrainer sein konnten (natürlich nur für polnische und ukrainische Schulen).[103] Ohne eine solche Unterstützung wäre an eine auch nur halbwegs geordnete Verwaltung nicht zu denken gewesen. Noch Anfang 1941 gab es im ganzen Generalgouvernement lediglich 350 deutsche Schulverwaltungsbeamte, ein Kreisschulrat hatte jeweils etwa 1000 Lehrer zu betreuen und zu beaufsichtigen. Eine geregelte Aufsicht war auch aufgrund der schwierigen Verkehrsverhältnisse und wegen der Partisanentätigkeit nur sehr bedingt möglich.

Die Notwendigkeit, innerhalb kurzer Zeit eine Schulverwaltung aufzubauen, eröffnete übrigens rasche Aufstiegsmöglichkeiten. So waren von 39 Kreisschulräten des Generalgouvernements 24 Lehrer, 14 Rektoren und Schulleiter, nur einer war zuvor als Studienrat tätig gewesen. Etwa die Hälfte der leitenden Beamten in der Schulverwaltung waren Volksdeutsche, die Hälfte Reichsdeutsche, von denen wiederum die meisten aus den östlichen Regionen des Altreichs kamen. Die Stellen der Abteilungsleiter und Referenten der Schulverwaltung wurden überwiegend mit Reichsdeutschen besetzt, während die Schulräte mehrheitlich Volksdeutsche waren.[104]

Die Leitung des Schulwesens lag in der Hand des "Hauptamtes Wissenschaft und Unterricht der Regierung des Generalgouvernements". Ihm stand zunächst der Jurist und SS-Sturmbannführer *Kajetan Mühlmann* vor, gleichzeitig Sonderbeauftragter für die "Sicherung von Kunstschätzen". Er wurde 1940 von seinem Stellvertreter, *Adolf Watzke* abgelöst, einem ehemaligen Gymnasiallehrer und Hofrat aus Wien, zeitweise Leiter einer Nationalpolitischen Erziehungsanstalt in der "Ostmark". Dessen Nachfolge trat, als Watzke im Oktober 1942 ins Reich zurückberufen wurde, der Regierungsdirektor und ehemalige Gymnasialprofessor *Ludwig Eichholz* an. Eichholz war zuvor Leiter der Schulabteilung beim Reichsstatthalter des Sudetengaus gewesen. Die Hauptabteilung Wissenschaft und Unterricht gliederte sich in drei Abteilungen: Abteilung I: Erziehung und Unterricht, Abteilung II: Wissenschaft und Volksbildung, Abteilung III: Verwaltungsangelegenheiten, die wiederum

102 Verordnung vom 16. 3. 1940, im Verordnungsblatt für das Generalgouvernement 1940.

103 Irmler 1940; vgl. Verordnung vom 16. 3. 1940: Weh 1940, S. 76f.

104 Nach Hansen 1994, S. 485ff.

in verschiedene Referate aufgeteilt waren. Leiter der Abteilung I war Dr. Josef Irmler. Als Referent für "Pädagogische Angelegenheiten der deutschen Volks- und Hauptschulen", für Lehrerbildungsanstalten und Lehrerfortbildung in der Regierung des Generalgouvernements wirkte Schulrat *Kurt Higelke,* vorher Rektor in Berlin. Higelke, der sich durch zahlreiche Veröffentlichungen bereits einen Namen als Experte für völkische Pädagogik und rassenpolitischen Unterricht gemacht hatte, gab auch die pädagogische Zeitschrift der Hauptabteilung "Die deutsche Volksschule im Generalgouvernement" heraus.[105]

Die Hauptabteilung befand sich am Sitz der Regierung des Generalgouvernements in Krakau. Parallele Verwaltungsstrukturen und Abteilungen für Wissenschaft und Unterricht wurden in den Hauptstädten der Gouvernements – Krakau, Warschau, Lublin, Radom und Lemberg – errichtet.[106] Um die Schulpolitik in den einzelnen Distrikten zu vereinheitlichen, gab die Hauptabteilung in Krakau ein Amtsblatt ("Wissenschaft, Erziehung und Volksbildung im Generalgouvernement") heraus. Es erschien vom Februar 1941 bis zum Juni 1944.

Die erste Verordnung über das Schulwesen im Generalgouvernement wurde bereits am 31. 10. 1939 erlassen; sie sah eine strikte Trennung von deutschen und polnischen Kindern, aber, anders als in den eingegliederten Gebieten, eigene polnische Schulen sowie Berufs- und Fachschulen vor :

> "§ 1.Volksdeutsche Kinder können nur in deutschen, polnische Kinder nur in polnischen Schulen unterrichtet werden.
> § 2. An deutschen Schulen unterrichten nur deutsche Lehrer. Deutsche Schulen sind an allen Orten sofort zu errichten, in denen mehr als zehn schulpflichtige deutsche Kinder wohnen.
> § 3. Die polnischen Volksschulen sind, soweit dies noch nicht geschehen ist, wieder zu eröffnen.
> § 4. Die polnischen Fachschulen haben den Schulbetrieb wieder aufzunehmen. Die Bezeichnung 'Gymnasium' oder 'Lyzeum' für Fachschulen ist verboten."[107]

---

105 Higelkes Schriften standen auch in den Bibliotheken deutscher Schulen des Generalgouvernements: siehe Hansen 1994, S. 346ff.

106 Die Abteilung Wissenschaft und Unterricht leitete im Gouvernement Krakau der Sudetendeutsche Ernst Schubert (zuvor Chef des Hauptschulwesens in Österreich: Kleßmann S. 211), in Warschau Paul Gruschinske, in Radom Hermann Stegemann, in Lublin Heinrich Klünder und in Lemberg Dr. Matthäus.

107 Weh 1940, S. 76.

Im folgenden Monat wurden alle mittleren und höheren Schulen geschlossen, bestehen blieb nur ein Netz von Volksschulen und Berufsschulen mit gekürztem Lehrprogramm.

Für das Grundschulwesen wurden noch im Dezember 1939 erste Richtlinien erlassen. Sie sahen eine allgemeine siebenjährige Schulpflicht vor – also ein erheblich ausgedehnteres Bildungsprogramm als etwa im Warthegau: Während dort Kinder schon mit 12 Jahren zum Arbeitsdienst herangezogen werden konnten, führte man im Generalgouvernement eine Arbeitspflicht vom 16. Lebensjahr an ein. Aber auch hier wurden die Unterrichtsbedingungen gezielt verschlechtert: Um den Schuletat zu entlasten und das Unterrichtsniveau zu drücken, setzte man die Klassenfrequenzen auf 80 Schüler herauf; und während überall dort, wo mindestens 10 deutsche Kinder lebten, deutsche Schulen errichtet werden sollten, wurden polnische Schulen nur an Orten eingerichtet, in denen die Schülerzahl in mindestens fünf aufeinanderfolgenden Jahren mindestens 40 betragen hatte.[108] Alle Privatschulen und die polnischen Lehrerbildungsanstalten wurden geschlossen. "Um den polnischen Lehrern lokale Bindungen zu zerschneiden, empfahl man, sie innerhalb des Kreises möglichst zu versetzen."[109] Die Auflösung der Privatschulen wurde allerdings nicht durchgängig realisiert, und im September 1940 wurde eine Lehrerbildungsanstalt eingerichtet, jedoch nicht für den Nachwuchsbedarf an polnischen Schulen, sondern lediglich zur Fortbildung "nicht voll befähigter" polnischer Lehrer.[110] Der Religionsunterricht wurde beschränkt, alle Unterrichtsinhalte, die Kenntnisse über Polen – die polnische Nation und ihre Geschichte – vermittelten, wurden verboten. Es gab daher keinen Unterricht in Geschichte, Geographie, Literatur und Literaturgeschichte mehr: "Man wollte alle Kenntnisse über Polen tilgen und die polnische Jugend von ihrer nationalen Kultur isolieren."[111] Die Deutschen richteten also einen polnischen Unterricht ein, aber es war ein "entnationalisierter" Unterricht. Die deutsche Sprache wurde übrigens, wie aus einem Bericht des Krakauer Schulrats Irmler hervorgeht, aus dem Lehrplan herausgenommen.[112] In diesem Punkt wurde die deutsche Politik ein Opfer ihrer eigenen Widersprüche, denn Polen das Erlernen der deutschen Sprache zu verbieten, mußte Probleme in der Wirtschaft schaffen: "Die Rüstungsindustrie würde viele Arbeitsstunden ersparen, wenn die Schulkinder deutsch lernten."[113] Von Anfang an arbeitete

108 Majer 1981, S. 525.
109 Kleßmann 1971, S. 80.
110 *Tagebuch Frank* S. 271.
111 Hellwig 1990, S. 184.
112 Irmler 1940, S. 197.
113 Schmelzer, in: *Tagebuch Frank* S. 873; vgl. Kleßmann 1971, S. 84.

die Schulverwaltung jedoch darauf hin, den Deutschunterricht für Polen aus volkstumspolitischen Gründen zu untersagen. Stattdessen traf man in der Hauptabteilung Wissenschaft und Unterricht schon im Juli 1940 Vorbereitungen für die Durchführung polnischer Sprachkurse für deutsche Beamte. Die Polen, so der Regierungs- und Schulrat Dobbermann, Abteilungsleiter der Schulverwaltung des Distrikts Radom, würden Deutschkenntnisse nur als politische und wirtschaftliche Waffe einsetzen und mit ihrer Hilfe polnische Propaganda betreiben.[114] Im Schuljahr 1939/40 sollten zunächst in allen Grundschulen vier Wochenstunden Deutsch unterrichtet werden, von diesem Plan nahm man aber sogleich wieder Abstand.[115] Aus Kreisen der Wirtschaft, der Verwaltung, der Bahn und des Militärs kamen jedoch Forderungen nach Deutschkursen für Polen.[116] Ende 1940 wurden deshalb auf Wunsch verschiedener Dienststellen Unterrichtslehrgänge "in Kurzschrift und deutscher Sprache" für Polen, die bei deutschen Verwaltungen tätig waren, eingerichtet. Am 11. 2. 1941 gab die Regierung einen Erlaß heraus, der Deutsch als Unterrichtsfach (zwei Stunden) an polnischen Handels- und Haushaltungsschulen und darüberhinaus auch an Handwerker- und Pflichtberufsschulen zuließ. Erst im Juli 1944 wollte Frank Deutschunterricht in den beiden letzten Klassen der polnischen Volksschule einführen, dieser Beschluß wurde aber nicht mehr wirksam.[117]

Die polnischenen Lehrbücher wurden beschlagnahmt.[118] Bis 1942 gab es überhaupt keine Lehrbücher. Als verbindlicher Lesestoff für die polnischen Volksschulen diente lediglich eine von der deutschen Verwaltung herausgegebene Schülerzeitschrift. Die Hauptabteilung Wissenschaft und Unterricht beschloß dann nach Ausschreibung eines Wettbewerbs für polnische Lehrbücher 1943 die Herausgabe eines Rechen- und Lesebuchs und einer Fibel, die aber mangels Papier nicht gedruckt werden konnten.[119] Zu den restriktiven Eingriffen ins Schulleben gehörte das Verbot aller Schulfeiern, aller Versammlungen von Kindern außerhalb der festgesetzten Unterrichtszeiten und des Sammelns von Geldspenden für schulische oder gesellschaftliche Zwekke. Schülerorganisationen und Elternkomitees wurden aufgehoben.[120]

---

114 Oenning 1992. Dobbermann war Autor didaktischer Literatur, die in die Lehrerbibliotheken deutscher Schulen des Generalgouvernements aufgenommen wurden.

115 Kleßmann 1971, S. 83.

116 Oenning 1992, S. 61.

117 Ebd., S. 61f.

118 Kleßmann 1971, S. 80.

119 Majer 1981, S. 525.

120 Hellwig 1990, S. 184.

Als Eichholz sein Amt antrat, erließ er neue Lehrplan-Richtlinien für die polnischen Volksschulen.[121] Unterrichtsfächer waren jetzt im wesentlichen Polnisch – begrenzt auf Sprecherziehung, Rechtschreibung und die Behandlung von Gedichten und kurzen Prosastücken –, Rechnen sowie "praktische Beschäftigung", die zusammen etwa zwei Drittel des Unterrichts einer vollständigen, d. h. siebenklassigen Schule und 90% einer einklassigen Landschule ausmachten. Daneben war etwas Religion, Naturkunde, Zeichnen, Gesang und Erdkunde (Vermittlung von Kenntnissen über das Generalgouvernement und Großdeutschland) vorgesehen. Auf einen Lehrer bzw. eine Klasse sollten jetzt jeweils bis zu 100 Schüler kommen.

Die Heraufsetzung der Klassenfrequenzen und die entsprechende Reduktion der Schuletats – in Lublin beispielsweise wurde der Schuletat um 45% gekürzt[122] – ermöglichte die Entlassung einer großen Zahl von Lehrern. Entlassen wurden nach einer Anordnung vom 13. 4. 1940 insbesondere jene Lehrer, die als politisch unzuverlässig oder "charakterlich nicht einwandfrei" erschienen, sowie Doppelverdiener und Kontraktlehrer. Um das Unterrichtsniveau niedrig zu halten, durften die entlassenen Lehrer der aufgelösten Oberschulen grundsätzlich nicht an Volksschulen unterrichten. Man trieb sie dadurch in den illegalen Unterricht. Im Mai 1940 notierte Frank, die Zahl der Lehrer sei immer noch zu groß, man müsse die Klassenfrequenz auf 70-80 Schüler heraufsetzen: "Man müsse die jungen Lehrkräfte entfernen und den älteren Klassen in einer Größe zuweisen, daß der Unterricht von selbst mangelhaft werde. Auf diese Weise werde am besten dem jetzigen Zustand, daß der Lehrer der eigentliche Träger der antideutschen Propaganda sei, entgegengetreten." Wie in den eingegliederten Gebieten wurden auch im Generalgouvernement zahlreiche Lehrer, in denen die Polizei ein Rückgrat der Widerstandsbewegung sah, verhaftet. Die Zahl verhafteter Lehrer stieg in den letzten Jahren der Okkupation an. Von 5945 Lehrern des Distrikts Radom z.B. (Stand Februar 1940) waren 1943 nur noch 4100 im Amt, die übrigen waren als politisch unzuverlässig oder auf eigenen Antrag entlassen, danach setzte eine Verhaftungswelle ein: "Von April bis Juni 43 wurden in diesem Distrikt 367 Lehrer verhaftet, in Lublin lagen die Zahlen stellenweise noch höher, in einigen Kreisen bis zu 60%, so daß in mehreren Schulen wegen Lehrermangel kein Unterricht gegeben werden konnte".[123]

Die in den Verordnungen verkündete siebenjährige Schulpflicht konnte (oder sollte) nicht verwirklicht werden. Die Schulen waren häufig geschlos-

---

121 I. Z. Dok. I - 717.

122 Lasek 1973.

123 Kleßmann 1971, S. 86.

sen, wegen Belegung der Gebäude durch die Wehrmacht oder, im Winter, weil es an Brennmaterial mangelte; die "Sicherheitsorgane" – Polizei, SS und SD – wurden hauptsächlich in Schulgebäuden untergebracht.[124] Hinzu kam, daß in Gegenden mit starker Partisanentätigkeit ein geregelter Schulbetrieb oft nicht möglich war.[125] 1943 bestanden den Unterlagen der deutschen Verwaltung zufolge 8250 polnische Volksschulen mit 1,382 Millionen Schülern und rund 20 000 polnischen Lehrern. Die durchschnittliche Klassenfrequenz lag zu diesem Zeitpunkt noch bei 60-70 Schülern. Die schulische Versorgung fiel regional sehr unterschiedlich aus. Während in Krakau etwa keine deutliche Verschlechterung eintrat, war die Situation in Radom oder Warschau ganz anders: In Warschau hatte es 1938 noch 380 Grundschulen gegeben, 1940 waren es nur noch 175, von einst 140 000 Kindern besuchten nur noch 85 000 (61%) die Schule. Im Distrikt Radom, wo 1938 noch 300 000 Kinder die Schule besuchten, waren 1943 rund 100 000 Schüler ohne Unterricht. Die polnischen Volksschulen waren hier 1940 im Verhältnis von 1:3 zusammengelegt, die dadurch frei gewordenen Lehrer entlassen worden.[126] Diese Verhältnisse waren aber nicht nur der Ausdruck einer Mangelsituation: In einem Bericht des Ministerialrates Pax vom November 1942 wird festgestellt, daß sich von 25 000 schulpflichtigen Kindern und Jugendlichen in Warschau nur 4000 an öffentlichen Schulen angemeldet hätten und stattdessen immer mehr Schüler den illegalen Unterricht der Widerstandsbewegung besuchten.[127]

Alle höheren Schulen wurden geschlossen, ebenso Hochschulen, wissenschaftliche Gesellschaften und Akademien. Ein großer Teil der Hochschullehrer wurde verhaftet, viele von ihnen kamen in den Konzentrationslagern ums

---

124 Eckhardt 1941, S. 15.

125 Ministerialrat Pax, Bericht über eine Bereisung des Generalgouvernements. Berlin, November 1942. In: Hansen 1994, S. 253ff. In dem Bericht heißt es: "Dienen die Schulgebäude in den Städten meist als Lazarette oder Unterkünfte für Wehrmacht und Polizei, so werden diese auf dem Land zum mindesten zeitweise als Nahrungsmittelspeicher benutzt oder dienen den zur Sicherung der Ernte eingesetzten Polizeikräften als Unterkunft. Der Unterricht findet daher meistens in leerstehenden Privathäusern statt, in denen nur kleinere Räume zur Verfügung stehen, die die ursprünglich von der Hauptabteilung geplante Zusammenfassung von etwa 70 Kindern zu einer Klasse nicht zulassen." Der Bericht kommt zu dem Schluß, daß "zur Zeit oft kaum die Hälfte der schulpflichtigen Landkinder den Unterricht" besuche.

126 Kleßmann 1971 S. 84ff.; *Tagebuch Frank* S. 116.

127 Pax, Bericht ..., in: Hansen 1994, S. 254. Zum Untergrund-Unterricht siehe Kleßmann 1971.

Leben.[128] Die Akademie der Wissenschaft wurde geschlossen: "Eine irgendwie geartete zentralwissenschaftlich führende Tätigkeit muß verboten bleiben."[129] Einige wissenschaftliche Institute wurden, weil sie für die deutschen Interessen von Bedeutung waren, provisorisch weitergeführt, die meisten wurden jedoch aufgelöst. Die Bestände der wissenschaftlichen Bibliotheken wurden in Krakau und Warschau zusammengefaßt, standen aber nur noch deutschen Wissenschaftlern und Verwaltungsstellen zur Verfügung.[130]

Die deutschen Behörden lösten zwar die polnischen Oberschulen auf, bauten aber anders als in den eingegliederten Gebieten ein ausgedehntes Berufs- und Fachschulwesen auf, nicht zuletzt aus kriegswirtschaftlichen Erwägungen. Dies entsprach der allgemeinen politischen Zielsetzung, die politische und kulturelle Intelligenz auszuschalten, das Land jedoch wirtschaftlich auszunutzen. Das Reichserziehungsministerium betonte noch 1943 die Bedeutung einer Berufsausbildung für die polnische Jugend, "die mit einem gewissen Höchstmaß von Wissen, Können und Denkvermögen in [die] berufsbildenden Schulen eintreten soll, um dort in kürzestmöglicher Zeit das Rüstzeug für eine brauchbare Verwendung in der deutschen Kriegswirtschaft und Rüstungsindustrie zu erlangen."[131] Freilich: der "vorgefundene Zustand ... mußte stark vereinfacht und auf die tatsächlichen Bedürtfnisse des wirtschaftlichen Lebens, insbesondere der wirtschaftlichen Zusammenarbeit mit dem Altreich, zugeschnitten werden."[132] Die beruflichen Schulen waren stark frequentiert, weil sie nach der Schließung der Oberschulen als einzige Ausweichmöglichkeit blieben und außerdem einen Schutz vor der Deportation zum Arbeitseinsatz im Reich boten. Für die deutsche Verwaltung stellte sich vor allem die Aufgabe, Fachkräfte für den Bedarf der deutschen Wirtschaft bereitzustellen. 1941/42 setzte eine forcierte Anpassung an die wirtschaftlichen Erfordernisse ein. Am 29. 4. 1941 wurde eine allgemeine Berufsschulpflicht von drei Jahren angeordnet, die mit einem Gesellenzeugnis abgeschlossen werden konnte. Das Berufsschulwesens wurde in Pflicht-, Vor- und Fachschulen gegliedert. Berufsvorschulen ("Handwerkerschulen") sollten praktische und theoretische Lehre verbinden und Jugendliche in dreijährigen vollzeitschulischen Ausbildungsgängen auf einen Beruf vorbereiten. Wer

---

128 Kleßmann 1971 S. 54ff. Nach Walczak kamen während der Okkupationszeit insgesamt 38% aller Professoren und 25% alle Wissenschaftler durch Exekutionen, in Gefängnissen oder Konzentrationslagern ums Leben: Polish Western Affairs 20/1979, S. 136.

129 *Tagebuch Frank* S. 243.

130 Goguel 1964, S. 90f.

131 Hansen 1994, S. 403.

132 Irmler 1940.

die Pflicht- oder Vorberufsschule erfolgreich absolviert hatte, konnte zur Fachschule zugelassen werden. Die Ausbildung wurde konsequent auf den deutschen Bedarf ausgerichtet, allgemeinbildende und theoretische Elemente wurden weitgehend eliminiert bzw. stark reduziert, vierjährige Ausbildungsgänge auf drei Jahre verkürzt: "... die Lehrfächer sind weitgehend der nichtbenötigten allgemeinbildenden Stoffe entkleidet und unter ausschließlicher Betonung der Berufsbezogenheit auf die Ziele einfacher und klarer Arbeitsdisziplin ausgerichtet."[133]

Das Fachschulwesen wurde im Juni 1940 für Polen freigegeben: Polen konnten danach die Möglichkeit einer fachlichen Ausbildung "nach Art eines deutschen einfachen Technikums" erhalten.[134] Die Ausbildung dauerte zwei Jahre und setzte den erfolgreichen Besuch einer Berufspflichtschule oder Handwerkerschule und mindestens ein Jahr praktische Erfahrung voraus. Den Technischen Fachschulen sollten zur Ausbildung von Berufsschullehrern einjährige berufspädagogische Lehrgänge angeschlossen werden.[135] Im Distrikt Warschau waren schon im Februar 1940 die polnischen Fachschulen, Gewerbe- und Berufsschulen wiedereröffnet worden. Besondere Bedeutung kam in diesem Zusammenhang mit dem Ausschluß der Juden aus dem Wirtschaftsleben den Handelsschulen zu. Das Fachschulwesen und Umschulungsmaßnahmen für Polen wurden auch vor dem Hintergrund der Judendeportationen gefördert, um jüdische Händler und Handwerker zu ersetzen und an ihrer Stelle das mittelständische polnische Kleinbürgertum zu stärken.[136]

Man benötigte in der Wirtschaft eine Art polnisches "Unterführertum". So sollten etwa die Technischen Fachschulen "den Techniker liefern", der "als Angehöriger der mittleren Berufsführerschaft zwischen der deutschen Planung und polnischen Ausführung vermitteln soll."[137] Entgegen Hitlers Wünschen sollten polnische Facharbeiter hier einen Status erlangen können, der zwischen dem "Werkmeister und dem Ingenieur" angesiedelt war.[138] Den

---

133 Ebd.

134 *Tagebuch Frank* S. 242.

135 Hansen 1994, S. 300ff.

136 Kleßmann 1971, S. 87; Aly/ Heim 1991 S. 240ff. Mit der "Herausnahme der Juden aus sämtlichen Arbeitsstätten" entstand im Generalgouvernement z.B. ein Bedarf von rund 1000 Buchhaltern, daher wurden 1942 spezielle Buchführungskurse an den Handelsfachschulen eingeführt: Hansen 1994, S. 305ff. Um Polen auf zuvor hauptsächlich von Juden ausgeübte Handwerksberufe umzuschulen, richtete die Lubliner Handwerkskammer einen besonderen "Aktionsausschuß" ein. Versuche waren aber wenig erfolgreich, Ersatz boten eher die aus den eingegliederten Gebieten ins Generalgouvernement deportierten Polen: Pohl 1993, S. 78.

137 Irmler 1940, S. 200.

138 Vgl. *Tagebuch Frank* S. 151.

wirtschaftspolitischen Zielsetzungen und Interessen der Deutschen entsprechend wurden vor allem Landwirtschaftliche Berufs- und Fachschulen sowie Werkschulen in der Rüstungsindustrie eingerichtet. Alle wissenschaftlichen und technischen Hochschulen wurden dagegen aufgelöst. Nur in Warschau erlaubte man 1940 noch 100 Medizinstudenten, ihre Abschlußprüfung zu machen. Im Juli 1940 konnte Frank das Ende des polnischen Hochschulwesens verkünden. Von allen nicht-technischen Ausbildungs- und Studiengängen war lediglich für Mediziner ein Ersatz in Gestalt einer Fachschule geplant, an der polnische Ärzte für die polnische Bevölkerung ausgebildet werden sollten – darauf konnte man nicht völlig verzichten. Doch sollte sich diese Ausbildung auf die Vermittlung des "unerläßlichen technischen Könnens" beschränken und keinen fachwissenschaftlichen Charakter annehmen. Frank dachte an Ausbildungsgänge für "qualifizierte Dorfbader" in "Fachschulen für praktische Medizin". Dies war das Höchste, was man zugestehen mochte. Vorschläge zur Einrichtung einer Fachschule für Heilberufe lehnte Frank dagegen im November 1940 ab.[139]

Im Verlauf des Jahres 1942 wurde die deutsche Haltung bereits etwas flexibler. Wirtschaftliche Erfordernisse und nicht zuletzt die Folgen der Judenpolitik zwangen zu weiteren Kompromissen. Im April 1942 entstand in Warschau ein Polytechnikum als Nachfolgerin der früheren Technischen Hochschule, und in Lemberg richtete man höhere Fachkurse ein, die faktisch Hochschulcharakter hatten, obwohl man äußerlich alles vermied, diesen Anschein zu erwecken. Die Lemberger Hochschulkurse, die im Mai 1942 begannen, sollten dem immer empfindlicher zutage tretenden Nachwuchsmangel in technischen und landwirtschaftlichen Bereichen sowie auf medizinischem Gebiet abhelfen – hier war aufgrund der Ausschaltung von 1200 jüdischen Ärzten eine akute Mangelsituation eingetreten.[140] Unterrichtssprache und Lehrbücher sollten freilich zunächst deutsch sein, und als Studenten sollten nur "ungefährliche Ukrainer" zugelassen werden.[141] Daran mußte man aus praktischen Gründen schnell Abstriche machen. 1942/43 wurden die Kurse von 2966 Studenten (offiziell durften sie nur "Teilnehmer" heißen) besucht, über die Hälfte belegte medizinische, veterinärmedizinische und pharmazeutische Kurse; 68% waren Ukrainer, 31% Polen. Das Lemberger Institut hatte 1240 Mitarbeiter, von denen 70% Polen waren, weil es an deutschen und ukrainischen Fachkräften fehlte. Die Direktorenfunktionen wurden

139 Parallel zu den Einschränkungen im Gesundheitswesen wurden vorbeugende ärztliche und zahnärztliche Untersuchungen "fremdvölkischer" Mütter und Kinder verboten: Majer 1981, S. 574.

140 Kleßmann 1971, S. 60.

141 Ebd.

von deutschen Professoren wahrgenommen. In der Praxis wurde sowohl die deutsche als auch die polnische und ukrainische Sprache verwendet.[142]

Die Einrichtung der Lemberger Kurse machte deutlich, daß man ohne eine quasiakademische Ausbildung für einige Mangelberufe nicht auskam. Dies warf aber die grundlegende Problematik auf, daß solche Ausbildungsgänge auf Dauer ohne die Einrichtung von Oberschulen nicht realisierbar waren.[143] 1943 erkannte Eichholz auch, daß man auf polnische Kräfte zumindest im unteren Verwaltungsdienst angewiesen war und im polnischen Schulwesen deshalb die Möglichkeit einer gehobenen Ausbildung schaffen müsse.[144] Außerdem klagte die polnische Kirche, deren Wirken die Regierung des Generalgouvernements ja als Stabilisierungs- und Integrationsfaktor fest in ihre Volkstumspolitik eingeplant hatte, über ausbleibenden Nachwuchs für ihre Priesterseminare infolge der Schließung der Oberschulen. Spätestens im Februar 1944 begannen daher in der Schulverwaltung Überlegungen und Planungen zur Wiedereröffnung polnischer Gymnasien einzusetzen. Die Wiedereröffnung wurde schließlich zum 15. September 1944 in Aussicht gestellt.[145] Im Sommer 1944 wurden die Konturen des künftigen Gymnasiums umrissen; in die gleiche Zeit fiel übrigens auch die Planung einer "fremdvölkischen Beamtenlaufbahn". Das Gymnasium sollte achtklassig sein und von der vierten Volksschulklasse an Schüler aufnehmen; es sollte aber nur Schülern offenstehen, deren Eltern sich im deutschen Dienst bewährt hatten und gegen die keine Klagen vorlagen.

In diese Zeit fiel der Versuch Franks, einen grundlegenden Wandel in der Polen-Politik herbeizuführen, in der illusorischen Hoffnung, die polnische

142 Walczyk 1992, S. 77. Für den Gouverneur des Distrikts Krakau war die Einrichtung der Lemberger Kurse rückblickend (1944) "vom allgemeinen polnischen Standpunkt aus gesehen, nur ein Gnadenakt gegenüber denjenigen Studierenden, die bereits 1939 im Studium waren, es dann aber unterbrechen mußten." Hansen 1994, S. 394.

143 Kleßmann 1971, S. 60.

144 *Tagebuch Frank* S. 651.

145 Frank erhielt dafür offenbar auch Rückendeckung aus dem Reich. Für Himmler scheint es sich aber nur um ein Propagandamanöver gehalten zu haben, denn aus einem Brief Himmlers vom 30. 5. 1944 an HSSPF Koppe geht hervor, daß er es "für gut" halte, "daß nach außen hin die Sache den Polen gegenüber mit aller Ernsthaftigkeit gespielt wird. Es ist Vorsorge getroffen, daß ein Schaden daraus nicht entsteht": *Tagebuch Frank* Anm. S. 805. SS-Gruppenführer Wendler, der Gouverneur von Lublin, hatte Himmler, mit dem er verschwägert war, zuvor über die Pläne der Regierung des Generalgouvernements informiert: "Ich nahm ... an, daß es sich um eine Pille für das polnische Volk gehandelt hätte. Nun werden die Dinge aber ernst, und ich fühle mich verpflichtet, Dir die Abschrift dieses Fernschreibens vorzulegen." In: Röhr u.a. 1989, S. 298.

Bevölkerung für den "Kampf gegen den Bolschewismus" mobilisieren zu können, um so das Generalgouvernement noch zu retten. In einer Denkschrift vom 5. 7. 1944 für SS-Obergruppenführer Kaltenbrunner, Chef des RSHA, schlug Frank entsprechende Lockerungen und Reformen vor: "Diese Maßnahmen sollen in ihrer Gesamtheit den Polen den Alpdruck des angeblichen deutschen Vernichtungswillens gegen ihr Volkstum nehmen, in ihnen die Überzeugung erwecken, daß die deutsche Führung dem polnischen Volkskörper neben Ordnung und Sicherheit eine angemessene Entfaltungsmöglichkeit gibt, und die Polen vor allem in ihren zahlreichen rassisch brauchbaren Kräften eigenverantwortlich an den Westen und die europäische Kultur heranführen und damit endgültig vom Osten trennen ..."[146] Deshalb müsse man den Polen eine gewisse Selbstverwaltung, Sicherheit des Eigentums und ein bestimmtes Maß an kulturellem Eigenleben zubilligen – dazu gehörten auch höhere Schulen und Universitäten. Zunächst wollte Frank drei Höhere Schulen genehmigen, dann sollten gegebenenfalls weitere folgen.

Der stark restriktiven, wenn auch im Verhältnis zu den eingegliederten Gebieten weniger rigorosen Politik gegenüber den Polen stand eine großzügige Politik der Förderung eines deutschen Schulwesens für deutsche Kinder und Jugendliche gegenüber. Großzügiger war die deutsche Politik übrigens auch gegenüber den Ukrainern und anderen ethnischen Minderheitengruppen – getreu dem erklärten Ziel, durch Förderung ethnischer Minderheiten die Volksgruppen zu spalten und die polnische Nationalidee zu schwächen. In Ostgalizien, das am 1. 8. 1941 dem Generalgouvernement angegliedert wurde, lebten in der Mehrheit Ukrainer, deren Kultur zuvor durch die Polen stark unterdrückt worden war. So hatte es 1937/38 in Ostgalizien nur 487 rein ukrainische, aber 2406 polnische Volksschulen gegeben, in denen allerdings in den meisten Fällen zweisprachiger Unterricht erteilt worden war. Nachdem das Gebiet 1939 an die Sowjetunion gefallen war, kehrten die neuen Besatzer das Verhältnis um. Die Deutschen setzten diese Politik fort, und nach der Eingliederung ins Generalgouvernement gab es hier 3113 ukrainische und nur 720 polnische Volksschulen. In den Grundschulen war Unterricht in Deutsch und Ukrainisch vorgesehen, Polnisch und Russisch wurden abgeschafft. Und während sämtliche polnischen Gymnasien aufgelöst wurden, gestand man den Ukrainern, die während der polnischen Zeit über 22 Oberschulen verfügt hatten, immerhin noch 10 Gymnasien (mit 6797

146 In: Röhr u.a. 1989 S. 302ff. Ein detailliertes "Reformprogramm" wurde wenige Tage später im Gouvernement Krakau entworfen. In: Hansen 1994, S. 393ff.

Schülern) zu.[147] Den offiziellen Richtlinien folgend, orientierten sich die ukrainischen Gymnasien am deutschen Schulsystem. Neben Deutsch als erster Fremdsprache sollte auch Latein und Griechisch unterrichtet werden.[148] Da der Ausbau des ukrainischen Schulwesens einen stark wachsenden Lehrerbedarf mit sich brachte, richtete die deutsche Verwaltung auch eigene ukrainische Lehrerbildungsanstalten ein, an denen ukrainische Professoren unterrichteten. Bis 1942 gab es sechs solcher Einrichtungen mit insgesamt 1500 Studenten. Die Ausbildung sollte vier Jahre dauern, mit einem praktischen Vorbereitungsjahr; den Schwerpunkt bildete der Unterricht in deutscher und ukrainischer Sprache.[149] Auch das Berufsschulwesen wurde für die ukrainische Jugend besser ausgebaut als für die polnische. Lediglich Hochschulen sollte es auch für die Ukrainer nicht geben, obwohl die Lemberger Kurse, die in der Mehrzahl von Ukrainern besucht wurden, faktisch ein Hochschul-Substitut waren. Diese großzügige, auf Kooperation zielende Politik führte übrigens auch dazu, daß die Deutschen eine große Zahl ukrainischer Jugendlicher für ihre politischen und militärischen Ziele mobilisieren konnten.[150] Daß diese Politik gegenüber der ukrainischen Minderheit jedoch weniger von Vorstellungen einer womöglich rassisch höheren "Wertigkeit" der Ukrainer als von Zielvorstellungen ethnischer Spaltung geleitet war, wird daran deutlich, daß der Reichskommissar für die Ukraine, Erich Koch, in seinem Herrschaftsbereich eine ähnlich restriktive Schulpolitik verfolgte wie sie Greiser in Westpolen betrieb.[151] Unter dieser Zielsetzung wurde 1941 auch eine Einrichtung von "Russenschulen" im Generalgouvernement diskutiert: "Die so wünschenswerte Differentiation der Völkerschaften des Generalgouvernements zum Zwecke eines gegenseitigen Ausspielens ihrer Kraftfelder" dürfe bei den "ukrainischen Volksteilen" nicht Halt machen.[152]

Die Politik für die *deutschen* Kinder und Jugendlichen folgte im wesentlichen den gleichen pädagogischen, bildungs- und volkstumspolitischen Grundsätzen wie in den eingegliederten Gebieten: Trennung von den polnischen Kin-

---

147 Kleßmann 1971, S. 85; vgl. Walczak 1992, der etwas andere Zahlen nennt. Mädchen wurden nur in Ausnahmefällen zugelassen: Hansen 1994, S. 384.

148 Watzke 1942.

149 Walczak 1992, S. 75. Zum ukrainischen Schulwesen und zur Einrichtung einer ukrainischen Lehrerbildung im Generalgouvernement siehe auch Hansen 1994 S. 379ff.

150 Gross 1979, S. 188ff.

151 Dallin 1981, S. 471ff.

152 Hansen 1994, S. 373. Frank wollte sich diesem Argument nicht grundsätzlich verschließen: ebd., S. 244.

dern, maximale Versorgung, Ausbau nach Standards des Altreichs. Nach den Richtlinien vom Oktober 1939 sollte in allen Orten, in denen mehr als zehn deutsche Kinder lebten, eine deutsche Schule errichtet werden – eine anspruchsvolle Zielsetzungen, die aber, vor allem wegen des auch hier chronischen Mangels an geeigneten Lehrern, nicht realisiert werden konnte. Die Angaben über die Zahl der im Generalgouvernement eingerichteten deutschen Schulen schwanken. Watzke spricht 1941 von 350 Schulen; Higelke nennt 1942 210, Eichholz 1943 200 deutsche Volksschulen. Es scheint, daß im Verlauf der Zeit immer mehr Schulen wegen zu geringer Schülerzahlen zusammengezogen wurden. Offensichtlich wurden auch kleinere Landschulen zunehmend zugunsten von Schülerheimen aufgegeben, deren Einrichtung die Schulverwaltung auch aus volkstumspolitischen Gründen favorisierte – bis 1944 besuchten bereits 5000 Kinder solche Heimschulen, gemessen an der Gesamtzahl deutscher Schüler ein sehr hoher Anteil.

Nach einer Übersicht des Jahres 1942 gab es zu diesem Zeitpunkt 227 Volksschulen mit 380 Lehrkräften und 13 000 Schülern:[153]

Distrikt	Volksdeutsche	Volksschulen	Schüler
Radom	31 000	102	5451
Warschau *)	25 000	47	3931
Krakau	10 000	44	2402
Galizien	3 000	8	448
Lublin	1 000	26	972

* nach Bandorski bestanden 1942 in Warschau 45 Volksschulen mit 100 Lehrkräften.[154]

Im Verlauf der beiden folgenden Jahre scheint sich die Zahl der deutschen Schüler etwa verdoppelt zu haben. Nach Angaben der Schulverwaltung bestanden 1944 331 deutsche Volksschulen mit 27 094 Schülern und 773 Lehrkräften. Diese Zahlen verweisen darauf, daß das deutsche Schulwesen im Generalgouvernement anders als in den eingegliederten Gebieten während der ganzen Besatzungszeit nur ein Schulwesen für eine sehr kleine deutsche Minderheit blieb, ein Schulwesen vor allem auch für die Kinder deutscher Besatzungsangehöriger. Die Beschulung von Volksdeutschen, die es auch hier gab, spielte zahlenmäßig keine der Situation im westlichen Polen vergleichbare Rolle. Zu diesem Zeitpunkt – 1944 – existierten außerdem bereits zwei Lehrerbildungsanstalten mit 196 Schülern und 5 Lehrkräften, zehn

153 Dresler 1942.
154 Bandorski 1942.

Oberschulen mit 2230 Schülern und 94 Lehrkräften sowie 38 berufsbildende Schulen mit 3614 Schülern und 164 Lehrern; in 49 Schülerheimen waren, wie erwähnt, rund 5000 Schüler untergebracht.[155] Nach Angaben von Watzke bestanden bereits 1940 sechs deutsche Oberschulen (davon eine für Mädchen) mit insgesamt 776 Schülern und 79 Lehrern, etwas später waren es acht Schulen mit 1132 Schülern – also sehr kleine und gut ausgestattete Einrichtungen, die man schon deswegen einrichten mußte, um höhere Beamte aus dem Altreich zum Umzug ins Generalgouvernement bewegen zu können.[156] Dem entspricht, daß sich allein die Hälfte der Oberschulen in Krakau befand, während die übrigen sich auf die Hauptstädte der Gouvernements verteilten.

Die Mehrzahl der Lehrer waren volksdeutsche Lehrer, Kantoren und nicht vorgebildete Laienkräfte. Die Lehrer aus dem Altreich, die man für den Einsatz im Generalgouvernement gewinnen konnte, arbeiteten überwiegend in der Schulverwaltung, insbesondere als Schulräte; von 390 reichsdeutschen Lehrkräften waren 1942 lediglich 48 im Unterricht (vorwiegend an Oberschulen) tätig.[157] Hinzu kamen zu diesem Zeitpunkt noch 35 Schulhelfer aus dem Reich mit mittlerer Reife, die einen dreimonatigen Ausbildungslehrgang an den Hochschulen für Lehrerbildung in Lauenburg und Hirschberg absolviert hatten (Ausbildungslehrgänge in zwei Lagern, in denen jeweils Kurse von fünf Wochen stattfanden).[158] Um für Nachwuchs an qualifizierten Lehrern zu sorgen, gliederte man den Deutschen Oberschulen in Krakau ein Studienseminar an; daraus ging die erste Lehrerbildungsanstalt des Generalgouvernements hervor. Der Betrieb der Anstalt, die über ein eigenes Schülerheim verfügte, begann im September 1942 mit 40 Studenten, der Unterricht erfolgte "zusammen mit einigen neu verpflichteten Fachkräften" vor allem durch Lehrer der Krakauer Oberschulen.[159] Zwei weitere Anstalten entstanden in Gorlice – eine Lehrerinnenbildungsanstalt – und Zakopane.[160]

Die Schülerheime bzw. Heimschulen waren für eine Elite aus jenen "polonisierten volksdeutschen Kindern" gedacht, die man dem deutschen Volkstum zurückgewinnen wollte: "Sie sollten damit die Rolle von

155 Die deutsche Volksschule im Generalgouvernement 3 (3) 1944, S. 95.

156 Watzke 1942, S. 180.

157 Kleßmann 1971, S. 91; vgl. Watzke 1942.

158 Im Kreis Zamosc kamen 1943 Studenten der Lehrerbildungsanstalten Reichenberg und Eger zur Betreuung deutscher Siedlerkinder zum Einsatz: Hansen 1994, S. 335

159 Der Deutsche Erzieher im Ausland Nr.1, Jg. 1943.

160 Hansen 1994, S. 529ff. In Gorlice studierten 1944 84 Mädchen, von denen die meisten von der Lehrerbildungsanstalt Schneidemühl überstellt worden waren, 31 Mädchen kamen aus dem Generalgouvernement.

'Unteroffiziersschulen für die künftigen Kämpfer im Ostgebiet' spielen."[161] In solchen Heimschulen waren die optimalen Bedingungen der Rück-Erziehung zum Deutschtum gegeben: "Vor allem werden sie einer klaren deutschen Erziehungssphäre, einem deutschen Gemeinschaftsleben eingegliedert, das nicht nur im besonderen für die schnelle und sichere Erlernung der deutschen Muttersprache von Wert ist, sondern ganz allgemein und grundlegend eine deutsche Haltungserziehung gewährleistet, die an anderer Stelle nicht möglich ist."[162] An der Einrichtung solcher Heime war nicht zuletzt auch Himmler interessiert; das Amt des RKFDV sorgte deshalb für die Bereitstellung und Ausstattung der Gebäude und Räumlichkeiten, während die Regierung des Generalgouvernements die laufenden Kosten übernahm.[163] Die ersten solcher Heimschulen wurden in Lowitsch, Tarnow und Zakopane eingerichtet. Sie hatten vor allem die Aufgabe, die Kinder politisch zu erziehen und ihre Sprachprobleme zu beheben. Wie in den eingegliederten Gebieten widmete man auch im Generalgouvernement Fragen der Sprecherziehung besondere Aufmerksamkeit. Besonders Higelke, der in der muttersprachlichen Erziehung die "Grundaufgabe der gesamten Volksschularbeit" im Generalgouvernement sah, bemühte sich um die Entwicklung einer auf die dortigen Verhältnisse ausgerichteten "Didaktik und Methodik der Spracherlernung" und präferierte eine Heimerziehung, um die Kinder den "fremvölkischen Einflüssen" zu entziehen, denen sie oft auch noch im Elternhaus unterlagen: "Da es für die sprachliche Entwicklung der Kinder von besonderem Wert ist, sie allen hemmenden und hindernden Umwelteinflüssen zu entziehen, weil sie immer wieder in eine polnischsprechende Umgebung zurückgestoßen werden, hat die Errichtung von Schülerheimen in Verbindung mit deutschen Schulen im Generalgouvernement höchste pädagogische Bedeutung, wobei Schulleitung und Heimleitung in einer Hand liegen müssen."[164] In den Dienst der sprachlichen und volkspolitischen Erziehung wurde auch der Schulfunk gestellt, der mit dem Schuljahr 1940/41 eingeführt wurde: "Neben der großen nationalpolitischen Aufgabe soll er vor allem mit funkeigenen Mitteln der Sprecherziehung und Sprachbildung dienen. Vorerst wurde mit Märchenstunden und mit Singestunden begonnen. Später soll ein besonderer Kinderfunk noch eingerichtet werden und schließlich ein Erzieherfunk, der sich sowohl an die Eltern als auch an die Berufserzieher wendet."[165] An Rundfunkgeräten gab es ja, nach der Beschlagnahmeaktion, keinen Mangel.

---

161 Kleßmann 1971, S. 91.
162 Higelke 1942.
163 Die Deutsche Volksschule im Generalgouvernement 1 (10) 1942, S. 235.
164 Higelke 1942, S.32; vgl. Fink 1944.
165 Watzke 1942, S. 177.

Man sieht, die Schulen für die kleine deutsche Minderheit waren vielfach gut ausgestattet; dies gilt insbesondere im Verhältnis zu den polnischen Schulen. Die Deutschen reservierten stets, wie selbstverständlich, die besten vorhandenen Schulgebäude für sich. So, um ein Beispiel zu nennen, in Kielce: Hier gab es 1940 im Kreis 164 polnische und eine deutsche Volksschule, die beste, die verfügbar war; sie war mit Kindergarten, Turnhalle, Küche, Zentralheizung, Lesezimmer und Rundfunk ausgestattet. In Krakau wurde die deutsche Volksschule in einem "hübschen" Gebäude – "wirklich ideal für unsere Jugend" –, einem ehemaligen Erholungsheim für lungenschwache Kinder eingerichtet (wo kamen diese Kinder hin?): "Die Klassensäle waren licht und freundlich und helle Sonne flutete durch alle Räume und Gänge. Die große, offene Wiese hinter der Schule war ein Spiel- und Turnplatz, wie man ihn sich nicht idealer denken konnte."[166] Bei der Ausstattung der deutschen höheren Schulen konnte man auf Mobiliar der aufgelösten polnischen Gymnasien und auf "jüdische Bestände" zurückgreifen.[167]

Die höheren Schulen sollten "Brennpunkt des deutschen, des reichischen, des europäischen Aufbauwillens" werden. Deshalb wurden ihnen auch Aufgaben der nationalpolitischen Erwachsenenbildung und "Kulturarbeit" zugewiesen. Die Schulleiter wurden, nach einer Anordnung Eichholz' vom Januar 1943, dazu verpflichtet, monatliche Heimabende für die "deutsche Gemeinde der Schulstadt" zu veranstalten, mit Vorträgen, Spiel und Gesang – "die Lieder der Bewegung und das blutechte Volkslied soll Gemeingut der Deutschen im Generalgouvernement werden. Auch das Laienspiel läßt sich mit geringen Mitteln in diesem Rahmen entwickeln. Es gilt, die Sinnbilder deutschen Weistums und volkshafter Kunst wirken zu lassen, damit Volk zu binden, Gemeinschaft zu bilden, Heimat zu schaffen." In Orten mit ausgebauter Oberschule sollten an mindestens 4 Abenden im Jahr öffentliche Vortragsreihen organisiert werden: "Als Vortragsthemen empfehlen sich nur solche, die für die Landschaft brennende Fragen sind, z.B.: Sippenforschung, Siedlungskunde, deutsches Volkwerden im Osten, Neu-Stammbildung, Rassenlehre, Völkerkunde des Ostens, Staatenbildungen des Ostens, Kunstgeschichte des Ostlanddeutschtums, das deutsche Recht im Osten, die deutsche Wirtschaft im Osten u.ä." – kurz, die deutschen Oberschulen sollten sich zu einer Art nationalpolitischer Volkshochschulen erweitern.[168]

Zu einem vollausgebauten Bildungssystem gehörte auch eine Universität. Franks Ehrgeiz war, das Institut für deutsche Ostarbeit, das am 20. 4. 1940

166 Hansen 1994, S. 275 und 278.
167 Beispiele ebd., S. 338ff.
168 In: Hansen 1994, S. 328f.

in Krakau gegründet worden war, langfristig zu einer "Kopernikus-Universität" auszubauen. Parallel dazu plante er eine "Veit-Stoß-Akademie für Bildende Künste". Diese Pläne mußten jedoch aus Mangel an Mitteln auf die Zeit nach dem Krieg verschoben werden.[169] Das Institut für Ostarbeit übernahm deshalb nicht nur Forschungs- sondern auch Lehraufgaben. Zu seinen praktischen Aufgaben gehörte die "Einführung der aus dem Reich kommenden Beamten und Angestellten in das Leben des Generalgouvernements." Alle Verwaltungsangehörigen sollten sich hier einem Kursus unterziehen, der, so Franks Vorstellung, mit Prüfungen und Zeugnissen abschließen würde. Auf diese Weise hoffte er, eine Art Facharbeiterschaft für die Ostarbeit zu gewinnen. Dieser Plan ließ sich zwar so nicht durchführen, aber ab Mai 1941 wurden doch regelmäßig "Lehrkurse für Beamte, Angestellte, Angehörige der Polizei und SS" durchgeführt.[170] Die Schulungsaufgaben des Instituts sah Frank auch vor dem Hintergrund der geplanten und bereits anlaufenden Massendeportationen von Polen aus den eingegliederten Gebieten ins Generalgouvernement; sie warfen erhebliche Integrationsprobleme auf. In entsprechenden Schulungskursen müßten "die geistigen Grundlagen der geplanten Einsiedlung in den Vordergrund gestellt werden." Generell wies Frank dem Institut die Aufgabe zu, den Deutschen "hier in diesem immer polnischer werdenden Gebiet eine geistige Hilfe zu geben": "Es handle sich darum, den Gedanken wissenschaftlich herauszuarbeiten, daß das Generalgouvernement ein dem deutschen Lebensraum zuzuführendes Gebiet sei, das z. Zt. noch eine fremdvölkische Bevölkerung aufweise und in dieser fremdvölkischen Besiedlung von der deutschen Verwaltung anerkannt werde. Es sei ausgeschlossen, daß dieses Gebiet jemals anders geführt werde als von den Deutschen. Ein eigener polnischer Staat werde niemals mehr kommen; die Polen müßten das Generalgouvernement als ihre unter dem Schutze des Deutschen Reiches stehende Heimstätte betrachten. Es könne niemals genug betont werden, was die Deutschen in diesem Raum bereits in der Vergangenheit geleistet haben und jetzt wieder leisten. Das alles systematisiert und organisch durchdacht müsse die stete Formel sein, die vom Institut für Deutsche Ostarbeit ausgehe. Es sei überhaupt zu bezweifeln, ob die Polen, die

169 Ihre vorläufige Ablehnung ging vor allem auf das Betreiben Bormanns zurück. In einer Stellungnahme für den Reichserziehungsminister Rust meinte er, die im Generalgouvernement lebenden Deutschen könnten an Universitäten im Reich studieren. Rust schloß sich dem an; außerdem bestand ohnehin schon ein empfindlicher Mangel an geeignetem wissenschaftlichem Personal. Für die deutschen Studenten des Generalgouvernements stünde, so Rust, die Reichsuniversität Posen zur Verfügung: Gaweda 1981, S. 43.

170 Kleßmann 1971, S. 68.

mit dem Boden in geradezu katastrophaler Weise umgegangen seien, ein Heimatrecht in diesem Gebiet erworben haben. Die Frage, wie ein Volk Heimatrecht in einem Land erwirbt, könnte das Thema für eine wissenschaftliche Abhandlung abgeben."[171]

Ein Dauerproblem der Schulverwaltung war der Mangel an geeigneten Lehrern. Deshalb bemühte man sich vor allem um Fortbildungsmaßnahmen für Laienlehrkräfte und Schulhelfer. 1941 erging über Presse und Rundfunk ein Aufruf an Laien, sich für den pädagogischen Einsatz im Generalgouvernement zu melden. Die Resonanz muß erheblich gewesen sein. Unter den Personen, die sich meldeten, wurden 50 ausgewählt und zunächst zu einem dreimonatigem Ausbildungskurs an die Hochschule für Lehrerbildung in Lauenburg geschickt; sie wurden dort in zwei Lagern zusammengefaßt und vor allem in Sprecherziehung geschult. Anschließend kamen sie (inzwischen waren es nur noch 40) in ein Schulungslager in Neu-Sandez bei Zakopane, um sie dort mit den besonderen Verhältnissen des Generalgouvernements vertraut zu machen. "Im Rahmen dieses Lagers wurde der Gebietsjugendführung Gelegenheit gegeben, die Lehrkräfte für ihre künftige Aufgabe als HJ- bzw. BdM-Führer vorzubereiten und zu schulen."[172] Die Schüler wurden im Schulheim der Deutschen Volksschule von Neu-Sandez untergebracht. Der Lehrgang fand vom 15. 5. bis 8. 8. statt; die Leitung hatte Dr. Bernatzki inne, der schon als Leiter einer deutschen Lehrerbildungsanstalt in Brasilien auslandspädagogische Erfahrungen gesammelt hatte. Ihm standen vier Lehrer als Dozenten zur Seite. Nach dem theoretischen Lehrgang folgten vierzehn Tage praktische Unterrichtsarbeit in den benachbarten deutschen Landschulen. "In einer Abschlußprüfung muß der Befähigungsnachweis für eine ein- bis zweijährige Unterrichtspraxis als Schulhelfer erbracht werden." Bei Bewährung im Dienst sollte später ein weiterer neunmonatiger Lehrgang folgen, der dann zur Ablegung der ersten Prüfung für das Lehramt an Volksschulen berechtigte.[173] Nicht alle zum Lehrgang in Neu-Sandez Einberufenen konnten jedoch ihr Arbeitsverhältnis rechtzeitig lösen, so daß am Ende nur 20 Schulhelfer – 16 Frauen und vier Männer – teilnahmen. Ihr Unterricht umfaßte 42 Wochenstunden, davon wurden zehn Stunden vor den Klassen der Volksschule von Neu-Sandez abgehalten; hinzu kamen Hospitationen in den kleineren Schulen der deutschen Siedlungen der Umgebung, sowie einige

---

171 *Tagebuch Frank* S. 322f.
172 Watzke 1942, S. 174.
173 Die Deutsche Volksschule im GG 1 (6) 1942, S. 142f.

Sonderveranstaltungen.[174] Offenbar konnte Professor Kesselring, der an der Hochschule für Lehrerbildung in München-Pasing Psychologie und Pädagogik lehrte, für eine Vortragstätigkeit gewonnen werden. Kesselring, heißt es in einem Bericht über die Schulhelferlehrgänge in Neu-Sandez, "führte den Lehrgang durch das reiche Archiv und ließ auf einem Rundgang zu den hervorragenden Baudenkmälern der Stadt die wechselvolle Geschichte von Ort und Bezirk Neu-Sandez zu uns sprechen." Gemeinsame Unternehmungen lockerten das Lagerleben auf: "Frohes Erleben der schönen Landschaft, Wandern und Fahrt, Lagern am Berghang und deutsche Volkslieder bei sinkender Sonne geben am Wochenende neue Kraft und neue Freude." Am Kursende winkte ein Ausflug nach Zakopane als Lohn der Anstrengungen. Man pflegte eine gehobene ästhetische Geselligkeit: Die Kursteilnehmer veranstalteten Singeabende im Park, "umrahmten die Abende der Partei mit Musik und Liedern", trugen Werke von Schubert und Schumann bei Dichterlesungen vor etc. Ein zweiter Schulhelferlehrgang fand im Mai 1943 in Gorlice, Kreis Jaslo, mit 40 Teilnehmern statt.[175]

Die "Richtlinien für die berufspraktische Weiterbildung der Schulhelfer im GG", die am 7. 11. 1942 erlassen worden waren, sahen vor, daß Schulhelfer eine dreimonatige Grundausbildung zu absolvieren und anschließend einmal wöchentlich an Lehrbesprechungen mit den Schulleitern teilzunehmen hatten, in denen die Schulleiter ihre Wochenarbeitspläne festlegten, die schriftlichen Vor- und Nachbereitungen der Schulhelfer für die folgende Unterrichtswoche durchsahen und sie in Fragen der Schulverwaltung einwiesen. Man versuchte, eine strenge Kontrolle über die Schulhelfer auszuüben. Die Schulleiter bzw. "tüchtige Lehrkräfte" sollten einmal monatlich Unterrichtsproben mit anschließenden Besprechungen abhalten. Mindestens einmal im Monat sollten ganztägige Arbeitstagungen durchgeführt werden: vormittags zwei bis drei Unterrichtsproben mit anschließenden Besprechungen durch "tüchtige Lehrkräfte" und dann Unterrichtsproben der Schulhelfer selbst; nachmittags Vorträge, Referate und Besprechungen in Form von Rundgesprächen. Für alle Schulhelfer bestand Teilnahmepflicht für all diese Veranstaltungen. Den Richtlinien war ein Arbeitsplan für ein Jahr beigelegt, das die Themen und die Literatur für die jeweiligen Arbeitstagungen festlegte. Als Grundlagentexte waren vor allem Kurt Higelkes Werk "Neubau der Volksschularbeit" für Fragen der verschiedenen Fächer, Aufsätze aus der von Higelke herausgegebenen Zeitschrift "Die deutsche Volksschule im Generalgouvernement", Er-

174 Bernatzki 1942.
175 Die Deutsche Volksschule im GG 1(7/8) 1942, S. 190f.; 2 (7/8) 1943, S. 166.

lasse der Hauptabteilung Wissenschaft und Unterricht und für "jugendkundliche" Fragen Tumlirz' Abriß der Jugendkunde aufgeführt.[176]

Nach einem weiteren neunmonatigen Lehrgang konnten Schulhelfer die erste Volksschulehrerprüfung ablegen. Ein Erlaß vom 21. 4. 1942 regelte die Voraussetzungen für die Zulassung zur zweiten Lehrerprüfung: Neben dem Nachweis der bestandenen ersten Prüfung waren Bescheinigungen über Mitgliedschaft und Ämter in der NSDAP, ihren Gliederungen und angeschlossenen Verbänden, Nachweise über die Teilnahme an Weiterbildungsmaßnahmen in Leibeserziehang sowie an staatlichen und parteiamtlichen Lehrgängen und Schulungsveranstaltungen beizubringen. Im Osten sollte der Prototyp des Lehrers als "politischer Soldat" herangezogen werden. Politische Schulung und Gesinnung waren wichtiger als wissenschaftliche Qualifikation: Die wissenschaftliche Hausarbeit wurde für Lehrer im Osteinsatz für die Dauer des Krieges erlassen.[177]

Fortbildungsveranstaltungen wie sie die Richtlinien vom November 1942 vorsahen, wurden auch vorher für bereits im Einsatz stehende Schulhelfer und Lehrer organisiert. Schon 1940 beschloß die Regierung des Generalgouvernements "Einschulungs- und Fortbildungslager" für alle volksdeutschen Lehrer durchzuführen. Die Lagerteilnehmer sollten jeweils ein Exemplar von Hitlers "Mein Kampf" und ein Bild des "Führers" erhalten.[178] Über die Lehrerfortbildung im Distrikt Warschau berichtet der Schulrat Bandorski 1942: Von insgesamt 102 Lehrkräften kamen nur 12 voll ausgebildete Lehrer aus dem Reich – die anderen mußten deshalb umgeschult, vorgebildet oder weitergebildet werden. Die Abteilung Wissenschaft und Unterricht in Warschau veranstaltete daher im Sommer 1941 erstmals einen fünfwöchigen Ausbildungslehrgang, an dem insgesamt 22 Laienlehrkräfte teilnahmen. Die weitere Fortbildung blieb der Initiative der Kreisschulräte überlassen. Bandorski begann in seinem Kreis zunächst die Schulen zu inspizieren: "es war nicht sehr erfreulich, was ich vorfand ... Wollte ich die Schulen auf einen besseren Stand bringen, so mußte ich durch häufige Besichtigungen und Lehrbeispiele in den Klassenunterricht unmittelbar eingreifen und außerdem eine systematische und intensive Schulung der Lehrkräfte durchführen." In den Schulen fanden sich nur Kinder, die zu Hause überwiegend polnisch sprachen. Der Lehrerschaft fehlte, so Bandorski, zu 50% das wissenschaftliche Rüstzeug für ihren Beruf und die notwendige weltanschauliche Haltung. Unter fünfzehn Lehrkräften war nur eine voll ausgebildete aus dem Reich, sieben waren

---

176 Die Deutsche Volksschule im GG 1 (11/12) 1942, S. 276ff.
177 Die Deutsche Volksschule im GG 2 (5/6) 1943, S. 118f.
178 Hansen 1994, S. 242.

volksdeutsche, ehemals polnische Lehrkräfte, sieben waren Laien. Insbesondere die volksdeutschen Lehrer mußten weltanschaulich geschult werden. Bandorski ordnete daraufhin regelmäßige amtliche Lehrerkonferenzen einmal im Monat an. Auf diesen Konferenzen informierte er über die Anordnungen der Hauptabteilungen in Krakau und Warschau und gab schulverwaltungstechnische Anweisungen, hielt eigene Vorträge und forderte die Lehrer zu Vorträgen und Referaten zu Unterrichtsfragen auf, verbunden mit praktischen Übungen. Neben unterrichtspraktischer Fortbildung betrieb Bandorski auch weltanschauliche Schulung, z.B. wurden Vorträge zu Themen wie "Ahnenforschung in der Volksschule", "Deutschland treibt Rassenpolitik", "Der Krieg gegen die Sowjetunion ein weltanschaulicher Kampf", "Wie gestalte ich eine völkische Feier?" u.ä. gehalten.[179]

Vor allem an der Deutschen Oberschule in Krakau, an der auch die Lehrerbildungsanstalt eingerichtet wurde, fanden häufig Fortbildungsveranstaltungen statt. Vom 7. 7.-3. 8. 1942 wurde hier ein Fortbildungslehrgang für Musikerzieher an Volksschulen organisiert. Themen waren u.a.: "Das Lied der Bewegung", "Volkslied und Volkstanz im deutschen Ostraum", "Deutsche Meister der Musik als Künder deutschen Wesens im Ostraum".[180] Einige Tage später schloß sich ein Lehrgang für muttersprachliche Erziehung unter Leitung des Referenten Helmchen aus der Krakauer Verwaltung an. In drei Arbeitsgemeinschaften wurden verschiedene praxisorientierte Themen der Spracherlernung und des Sprachunterrichts bearbeitet, eine vierte betrieb praktische Sprecherziehung. "In den Dienst der Sprecherziehung wurden auch Gesangsstunden gestellt, die die Tagesarbeit umrahmten und gleichzeitig den für die Unterrichtsarbeit notwendigen Liedschatz vermittelten" Anschließend besuchte man gemeinsam die Ausstellung "Der Weltkampf" in den Tuchhallen von Krakau.[181] Im Juli des folgenden Jahres fand in der Krakauer Oberschule ein Ferienlehrgang für volksdeutsche Lehrkräfte im Höheren Schuldienst statt (vor allem in Deutsch, Geschichte, Erd- und Lebenskunde).[182]

---

179 Bandorski 1942. Bandorski, Konrektor aus Memel, gehörte zu den politischen Aktivisten der volksdeutschen Lehrerschaft. Er war vor der Eingliederung in das Reich "Truppführer der illegalen SA des Memelgebietes", unmittelbar nach der Eingliederung trat er der NSDAP bei und bekleidete unter anderem das Amt des Geschäftsführers und des "Ausbildungs- und Schießdienstleisters in der Ortsgruppe Memel-Steintor": Hansen 1994, S. 510f.

180 Die Deutsche Volksschule im GG 1 (11/12) 1942, S. 284.

181 Die Deutsche Volksschule in GG 1(10) 1942, S. 238f.

182 Die Deutsche Volksschule im GG 2 (7/8) 1943, S. 166. Zu den Fortbildungskursen in Krakau siehe auch Hansen 1994. S. 518f.

Veranschaulichen wir abschließend die Aufgaben und Probleme, denen sich ein deutscher Lehrer im Generalgouvernement gegenüber sah, am Beispiel eines Erfahrungsberichtes. Es handelt sich um den Bericht des Lehrers *Oswald Hanke* – Hanke verfaßte übrigens auch einen Beitrag über die "Ganzheitsmethode" im Sprachunterricht für die Zeitschrift "Die deutsche Volksschule im Generalgouvernement". Hanke schildert die typischen Probleme des Unterrichts für Volksdeutsche, wie sie auch im Wartheland bestanden. Als er mit dem Auftrag, die deutsche Schule zu übernehmen, in eine Kleinstadt des Generalgouvernements kam, fand er zunächst alle verfügbaren Räume von der Wehrmacht beschlagnahmt und belegt und mußte daher erst einmal eine leerstehende Wohnung finden, die er als Schule herrichtete und provisorisch ausstattete. Aber was man brauchte, fand sich in der Regel auch: "In einer alten Scheune entdeckte ich zweisitzige Bänke, aus einer geschlossenen polnischen Schule stammend, eine von der Feuchtigkeit windschief gewordene Tafel und ein lahmes Tafelgestell. Als Anschauungsmaterial suchte ich mir einige Steine und Tannenzapfen als Rechenhilfe für die Kleinen, und mit einer illustrierten Zeitschrift unter dem Arm für die Großen konnte ich dann nach 14tägiger Vorarbeit die Schule eröffnen." Schüler fanden sich nur allmählich ein. "Der erste Tag brachte 13 Anmeldungen: Am Ende des ersten Monats besuchten über 20 Schüler die Schule. Durch wiederholte Aufforderung wurden es bis zum 30. Juni, dem Beginn der Sommerferien, 43. Die Eltern der übrigen Kinder hatten entweder Angst, sich offen als Deutsche zu bekennen oder eingesehen, daß sie keine sind. Von allen den Kindern konnten nur zwei auf meine Frage: Wie heißt Du? antworten. Die Fragen nach Alter, Geburtstag und Geburtsort verstand nicht ein einziges. Sie konnten ebensowenig Deutsch wie ich Polnisch ..." Die Voraussetzungen für einen geordneten Unterricht waren denkbar ungünstig: Hanke konstatiert die "verheerende Wirkung des Wodka-Genusses", 28% der Schüler waren minderbegabt. "Vielfach herrschten anfangs noch 'polnische' Zustände". Die Schüler kamen schmutzig und unregelmäßig zur Schule: "Sie kamen zur Schule, wenn es ihnen oder den Eltern gerade paßte und blieben ohne triftige Gründe fern ... Entschuldigungszettel – das kannte man scheinbar nicht. Es wurden entweder gar keine gebracht oder erst nach vielen Ermahnungen. Zuspätkommen war eine Selbstverständlichkeit, über die man nicht sprach. Die Nachzügler setzten sich ruhig an ihren Platz, ohne sich zu melden ... Die Plätze wechselten sie nach Gutdünken. Klopfte es, dann brüllte die ganze Klasse: 'Herein!' Das mußte ihnen alles erst abgewöhnt werden ... Auch die Unwissenheit war überraschend groß. Die 13- und 14jährigen Schüler kannten weder Dezimalbruch noch den Dreisatz ... Mit ihnen zweistimmig zu singen, ist auch heute noch unmöglich ... Wer der Führer des Deutschen Reiches ist, wußte keins der 43 Kinder!" – Aber: "Eins taten die Kinder leidenschaftlich gern – mit 'Heil Hitler' unterschiedslos jeden zu begrüßen, den sie trafen, Verwaltungsbeamte in Uniform, mich – und auch jeden Polen. Das war zuviel des Guten. Ich mußte versuchen, ihnen verständlich zu machen, daß mit dem deutschen Gruß nur der Deutsche gegrüßt werden dar."[183]

5. 4. Schulen und Erziehungsbedingungen in den Ghettos

Da die Polen sich künftig durch ihre Arbeitskraft für die Deutschen nützlich machen sollten, mußte ihnen auch ein Minimum an Bildung zugestanden werden, das allerdings jene Grenze nicht überschreiten durfte, über der sich ein kulturelles und nationales Selbstbewußtsein rekonstituieren konnte. Für die polnischen Juden gab es jedoch in der Zukunft überhaupt keinen Platz mehr im deutschen Herrschaftsbereich. Sie sollten einfach nur beseitigt werden, entweder durch ihre Deportation in weit entfernte Regionen oder durch ihre physische Vernichtung. Deshalb kümmerten sich die Deutschen auch nicht mehr um die Erziehung ihrer Kinder: Sie wurden aus dem öffentlichen Bildungswesen ausgeschlossen. Es gehört allerdings zu den Paradoxien der nationalsozialistischen Polen-Politik, daß den polnischen Juden in schulpolitischer Hinsicht zunächst größere Rechte zugestanden wurden als der nicht-jüdischen polnischen Bevölkerung. Dafür lassen sich mehrere Gründe finden. Zum einen stand dies im Zusammenhang mit der Politik der ethnischen Spaltung, wie man sie beispielsweise auch zwischen polnischen und ukrainischen Volksgruppen betrieb. Doch war dieses Ziel, das etwa in der Denkschrift von Wetzel und Hecht 1939 formuliert wurde, eher fiktiv, weil die Juden schon unmittelbar nach der Besatzung deutlich schlechteren Lebensbedingungen unterworfen wurden als die übrige polnische Bevölkerung. Gleichwohl bemühten sich die Deutschen, feindselige Haltungen unter der nicht-jüdischen Bevölkerung zu schüren. Über Zeitungen und Schulen wurde antisemitische Propaganda verbreitet – so etwa, indem man Juden mit Seuchenträgern identifizierte: "Im Juni 1941 verteilte die Lubliner Propaganda-Abteilung beispielsweise nicht weniger als eine halbe Million entsprechender Broschüren an Schulkinder im Distrikt, gleichzeitig wurde dieser Stereotyp im Unterricht verbreitet."[184] Im Warthegau wanderte eine Ausstellung

183 Hanke 1941/42.
184 Pohl 1993, S. 65.

"Jüdische Weltpest" durch die Gemeinden.[185] Ein damals zehnjähriger polnischer Jude aus Krakau erinnert sich: "Die polnische Bevölkerung befand sich pausenlos unter dem Beschuß der antijüdischen Propaganda. Ich entsinne mich an die Plakate, die überall klebten. An ihren Inhalt erinnere ich mich bis heute ... Ich zitiere: 'Bleib stehn und lies und schau dir an, was dir der Jude antun kann: Ratten hackt er anstatt Fleisch, kippt Lauge in die Milch sogleich, Läuse seinen Teig versüßen, den er knetet mit den Füßen.' Neben den Sprüchen waren Abbildungen: ein widerlicher unrasierter jüdischer Fleischer mit Hakennase hält eine Ratte am Schwanz und stopft sie in einen Fleischwolf. Das zweite Bild zeigte einen Milchmann, der die Lauge aus einem Waschfaß in eine Milchkanne gießt."[186]

Eine zweite Überlegung, ebenfalls von Wetzel und Hecht, war, den Juden mehr an Bildung zuzugestehen, um sie "auswanderungsfähig" zu machen. Damit mögen sich vereinzelt deutsche Verwaltungsbeamte beruhigt haben, es rückte aber nie in den Bereich einer realistischen Planungsperspektive. Daher wird man den Hauptgrund in der Absicht sehen müssen, die Juden über das ihnen zugedachte Schicksal hinwegzutäuschen, um größere Unruhen zu vermeiden. Über der kurzen Zeit, in der sich im besetzten Polen ein jüdisches Schulwesen entfalten konnte, liegt daher eine besondere Tragik: Die Existenz der Ghetto-Schulen, die die Juden in eigener Regie und Verantwortung betreiben konnten, verbreitete Hoffnung und stärkte den Überlebenswillen, und sie trug gleichzeitig, indem sie Illusionen vermittelte, dazu bei, die Widerstandsfähigkeit zu schwächen.

Polen war das Land mit der größten jüdischen Bevölkerung in Europa, deshalb machte die Durchsetzung der nationalsozialistischen Rassenpolitik hier besondere Anstrengungen erforderlich, und deshalb wurde hier auch der gesamteuropäische Holocaust organisiert. 1918 lebten in Polen rund drei Millionen jüdische Bürger.[187] Ihnen waren in der polnischen Verfassung volle

---

185 Majer 1981, S. 508.

186 *Kinder des Holocaust* S. 41; s. a. S. 47.

187 Ende 1939 lebten noch etwa 1,68 Millionen polnische Juden in den von den Deutschen besetzten Gebieten, nachdem zuvor bereits etwa 300 000 in den russisch besetzten Teil geflohen waren: Golczewski 1991 S. 426. Nach anderen Angaben lebten zu diesem Zeitpunkt 1,139 Millionen Juden im Generalgouvernement, 0,678 Millionen in den eingegliederten Gebieten: ebd. Nach Majer (1981 S. 506) stieg die Zahl der im Generalgouvernement lebenden Juden im Sommer 1940 auf 1,6 Millionen an. Nach der Angliederung Ostgaliziens erhöhte sich die Zahl der polnischen Juden unter deutscher Besatzung auf insgesamt 2,8 Millionen (Bartoszewski 1987 S. 21). Der jüdische Anteil an der polnischen Bevölkerung lag bei insgesamt etwa 10%, während er in Deutschland nur 0,7% betragen hatte. In den größeren Städten wie Warschau, Lodz, Lemberg oder Krakau lag dieser Anteil bei 25 bis 33%. Den höch-

politische Gleichberechtigung und die Rechte einer nationalen Minderheit zuerkannt worden, zu denen das Recht gehörte, auf eigene Kosten und in eigener Verwaltung Sozialeinrichtungen, Schulen und andere Erziehungseinrichtungen zu gründen und zu unterhalten. Etwa die Hälfte der Kinder und Jugendlichen besuchten polnische staatliche und städtische Schulen mit polnischer Unterrichtssprache, in denen bei Bedarf auch jiddische oder hebräische Fächer unterrichtet wurden. In Warschau bestand ein staatliches jüdisches Lehrerseminar. Daneben gab es aber eine große Vielfalt von Privatschulen, die von den verschiedensten jüdischen und zionistischen Organisationen betrieben wurden und die teils religiös, teils weltlich orientiert waren.[188] Unmittelbar nach der deutschen Besetzung wurden alle jüdischen Kinder aus den polnischen Schulen ausgeschlossen, die Privatschulen wurden weitgehend aufgelöst und in Ghetto-Schulen umgewandelt. Sie unterstanden den jüdischen Selbstverwaltungseinrichtungen, die jedoch zu Befehlsempfängern der deutschen Stellen degradiert wurden.

Bereits am 21. 9. 1939 hatte Heydrich angewiesen, die polnischen Juden in "Konzentrierungsstädten" zusammenzufassen und dort "Judenräte" zu bilden, auf die sich die deutsche Herrschaft stützen sollte; die Deutschen errichteten also in diesem Fall eine Form der "indirekten Herrschaft". Dies vereinfachte für sie die Verwaltung der Ghettos und ersparte ihnen den unmittelbaren Kontakt mit der jüdischen Bevölkerung – dabei spielte die Furcht vor Seuchen, die sich bald in den Ghettos ausbreiteten, ebenso eine Rolle wie die Absicht, "Fraternisierungen" zu vermeiden.[189] Die Gefahr der Ausbreitung von Seuchen war die offizielle Begründung für die Ghettoisierung; sie war aber in Wahrheit ein Vorwand, denn Seuchen entstandenen erst *infolge* der durch die Ghettoisierung herbeigeführten Lebensbedingungen; auch hier gilt, daß die Deutschen die Wirklichkeit der Bilder, die sie verbreiteten, erst selber schufen. In dem Zusammenhang muß auch erwähnt werden, daß jüdische Krankenhäuser und Arztpraxen des größten Teils ihrer Einrichtungen beraubt wurden und Juden in keinem Krankenhaus mehr ärztliche Hilfe finden konnten.[190] Vor allem aber bot die "indirekte Herrschaft" ein Instrument, um Unmut und Unzufriedenheiten unter der jüdischen Bevölkerung auf deren eigene Vertreter umzulenken, zumal mit der Errichtung der Judenräte der jüdischen Bevölkerung jede Möglichkeit genommen war, sich direkt an deutsche

sten Anteil hatte Lublin, wo nach Angaben von 1931 knapp 44% der Bevölkerung jüdisch war. Zu den jüdischen Bevölkerungszahlen siehe auch Beranek 1959.

188 Fuks u.a. 1983; Beranek 1959.

189 Golczewski 1991, S. 435f.

190 Majer 1981, S. 574.

Behörden und Verwaltungsstellen zu wenden. Dies war insbesondere im Zusammenhang mit der Gestellung der Zwangsarbeiterkontingente und der Zusammenstellung der für die Deportationen bestimmten Gruppen von Bedeutung, die die Judenräte vornehmen mußten. Die Ghettoisierung war von Anfang an nur als eine Zwischenlösung geplant, um die vorgesehenen Deportationen zu erleichtern. Nach Himmlers Anweisung sollte der größte Teil der polnischen Juden (und Zigeuner) aus den eingegliederten Gebieten bereits bis zum Februar 1940 ins Generalgouvernement deportiert werden – das "Planziel" für 1940 war die Umsiedlung von 450 000 Juden und 35 000 Zigeunern. Für das Generalgouvernement hatte Heydrich ebenfalls bereits im September 1939 eine Zusammenfassung der Juden in "möglichst wenigen Konzentrierungspunkten" verfügt, "so daß die späteren Maßnahmen erleichtert werden". Offensichtlich war bereits an weitergehende Deportationen gedacht. Heydrich hatte deshalb angewiesen, die "Konzentrierungsstädte" möglichst in der Nähe von Bahnlinien anzulegen. Alle jüdischen Gemeinden mit weniger als 500 Personen sollten aufgelöst, die Bevölkerung sollte der nächsten "Konzentrierungsstadt" zugeführt werden.[191] Bis zum März 1940 waren etwa 80 000 bis 90 000 Juden aus den eingegliederten Gebieten deportiert worden – die meisten zunächst nach Lublin, wo ein "Judenreservat" geplant war, dann aber vor allem nach Warschau. Danach wurde die Maßnahme aber auf eine Intervention Görings hin aus wirtschaftlichen Erwägungen eingestellt, vor allem um die jüdische Arbeitskraft für die deutsche Rüstungswirtschaft im Warthegau zu nutzen. In den eingegliederten Gebieten verblieben rund 600 000 Juden, davon 400 000 im Warthegau, vorwiegend im Raum Litzmannstadt.[192] Greiser wollte hier ein "Gau-Ghetto" errichten. Litzmannstadt wurde das größte Ghetto in den eingegliederten Gebieten. Es war in erster Linie ein Arbeitsghetto, in das man die arbeitsfähige Bevölkerung aus den kleineren Orten schaffte, während andere oft noch an ihren Heimatorten umgebracht wurden.[193]

Das Ghetto Litzmannstadt entstand im Februar 1940 auf einem Raum von 4,13 km^2. Hier lebten im Dezember 1941 über 160 000 Menschen. Der Vorsitzende des Judenrates, Rumkowski, der die politische Strategie des "Überlebens durch Arbeit" verfolgte, hoffte, die Juden durch rationelle Ausnutzung ihrer Arbeitskraft für die Deutschen unentbehrlich zu machen und versuchte deshalb eine umfangreiche Ghetto-Industrie aufzubauen, die auch das Interesse der Deutschen fand und dazu beitrug, daß das Litzmannstädter

---

191 In: Röhr u.a. 1989, S. 120f.; Golczewski 1991, S. 423f.
192 Golczewski 1991, S. 430f.
193 Ebd., S. 440.

Ghetto bis 1944 fortbestand.[194] In großen Betrieben, in denen Tausende von Arbeitern und Arbeiterinnen beschäftigt waren, wurden hier Ausrüstungsgegenstände für die Wehrmacht angefertigt – etwa Mantelriemen und "Koppeltragegestelle", Uniformen, Sturmgepäck und selbst Hoheits- und militärische Rangabzeichen. Unter anderem wurde hier auch Spielzeug für deutsche Kinder hergestellt.[195]

Im Litzmannstädter Ghetto gelang es vorübergehend auch, ein eigenes, von den Deutschen geduldetes Schulwesen mit jüdischen Lehrern aufzubauen. Bei der Einrichtung des Ghettos übernahm die jüdische Gemeinde 46 Schulen verschiedener Art, von denen viele, darunter sogar Ober- und Mittelschulen, die für die nicht-jüdische polnische Bevölkerung aufgelöst worden waren, bis Mitte 1941 fortbestanden. Litzmannstadt war das einzige Ghetto mit einem höheren Unterricht für jüdische Kinder und Jugendliche im gesamten deutschen Herrschaftsgebiet des ehemaligen Polen. Zu diesem Zeitpunkt – 1941 – existierten hier 23 Volksschulen mit 13 000 jüdischen Kindern und zwei Gymnasien mit 1000 Kindern, die unentgeltlich von fast 500 jüdischen Lehrern unterrichtet wurden. Die polnischen Lehrer der jüdischen Schulen mußten nach einer Anweisung der Deutschen bereits im Oktober 1939 entlassen werden. Der Litzmannstädter Judenrat führte 1941 unter dem Druck der deutschen Behörden Jiddisch als Unterrichtssprache ein, "um dadurch das judaische Wissen zu vertiefen", doch weil es an Unterrichtsbüchern und geeigneten Lehrern fehlte, ließ sich dies nur beschränkt realisieren. Im Juli 1941 wurde ein "Seminar für Jiddisches Wissen" eröffnet, um die Sprachkenntnisse der Lehrer, die – wie die Kinder – oft nur Polnisch konnten, zu verbessern. Da die meisten Schulgebäude sich außerhalb des Ghettos befanden, mußte ein Ersatz gefunden werden; der Unterricht mußte deshalb oft unterbrochen werden und konnte vielfach nur in überfüllten Klassen erteilt werden. Obwohl die Verhältnisse in Lodz günstiger waren als anderswo, sank auch hier die Zahl der Kinder, die die Schule besuchen konnten, um mehr als 50% gegenüber dem Vorkriegsniveau.[196] Doch wurde die Zahl der Schulen auch im Ghetto schon bald wieder eingeschränkt, weil man die Schulgebäude brauchte, um hier neu eintreffende Juden unterzubringen. Als das Ghetto vollständig in ein Arbeitslager umgewandelt wurde, verschwanden die Schulen schließlich.[197]

---

194 Dawidowicz 1979, S. 221.
195 Zorn 1988, S. 112f.
196 Trunk 1972, S. 208f.
197 Madajczyk 1988, S. 346; Fuks 1983, S. 101; vgl. a. Dwork 1991, S. 187f.

Die Schulen wurden im Stadtteil Marysin, einem Vorort von Lodz, eingerichtet. Hier befanden sich neben Fabriken und Werkstätten auch Ferienlager, Tagesheime und Krankenstationen. Im September 1941 wurde eine Straßenbahnlinie gebaut, die Marysin mit den Wohnbezirken des Ghettos in der Stadt verband.

Das Tagebuch des damals siebzehnjährigen David Sierakowiak vermittelt ein Bild über das Schulleben und den Unterricht im Litzmannstädter Ghetto. Er besuchte 1941 die viere Klasse des Gymnasiums; unterrichtet wurden in sechs Stunden am Tag Mathematik, Geometrie, Physik, Biologie, Latein, Deutsch, Polnisch, Jiddisch, Hebräisch, jüdische Geschichte und Bibelkunde. 1940 und 1941 wurden auch noch Abiturprüfungen des Lyzeums (an dem es einen humanistischen Zug gab) durchgeführt. Das Lyzeum sollte den Kern einer künftigen Hochschule bilden. Im September 1940 besuchten noch 250 Schüler die höheren Lyzeumskurse – es gehört zu den Paradoxien der deutschen Politik, daß nur hier das polnische Bildungssystem in seinen formalen Strukturen noch eine Zeitlang fortbestand.[198] An den Schulen gab es Formen der Schülerselbstverwaltung, die, wie aus dem Tagebuch hervorgeht, eine "Schülermiliz" aufstellte, sich um Fragen der Schulordnung und -hygiene kümmerte, Geldsammlungen für die jüdische Selbsthilfe organisierte und eine Schulzeitung in jiddischer Sprache herausgab. Daneben existierten Formen der Erziehungsarbeit von Jugendorganisationen und politischen Gruppen im Untergrund; Dawid Sierakowiak berichtet u.a. von Soziologie-Lehrgängen und Jungen- und Mädchengruppen, die über die proletarische Revolution und Texte von Lenin diskutierten. Im September 1941 wurden noch Aufnahmeprüfungen für das nächste Schuljahr durchgeführt. Kurz darauf begannen jedoch größere Deportationen von Juden aus Deutschland und anderen europäischen Ländern nach Litzmannstadt, und die Neuamkömmlinge mußten zum Teil in den Schulgebäuden untergebracht werden. Damit kam das Schulwesen weitgehend zum Erliegen.[199] Die Schüler, die bis dahin in der Schule verpflegt worden waren, waren jetzt gezwungen, sich eine Arbeit oder eine Lehre in den Werkstätten des Ghettos zu suchen. Die Ghettoverwaltung intensivierte daraufhin ihre Anstrengungen, für die Kinder Formen der beruflichen Bildung zu organisieren. Im Juli 1942 wurde der Judenrat angewiesen, auch die letzten Klassen und Berufsbildungskurse zu schließen.[200]

---

198 Trunk 1972, S. 209.

199 Sierakowiak 1993. Oktober/ November 1941 wurden 20 000 Juden aus dem Altreich, Prag, Luxemburg und Wien nach Litzmannstadt deportiert, 5000 Sinti und Roma aus Österreich wurden in einem "Zigeunerlager" innerhalb des Ghettos eingesperrt.

200 Trunk 1972, S. 210.

Das Ghetto verwandelte sich in ein Arbeitslager; damit verschlechterten sich gleichzeitig die Lebens- (und Überlebens-) bedingungen der Kinder. Da die Deutschen eine Politik der schleichenden Aushungerung betrieben, waren auch Kinder und Jugendliche in zunehmendem Maß gezwungen, für das Überleben der Familien und für ihr eigenes Überleben zu sorgen – durch Arbeit, Bettelei, Schmuggel, Diebstahl etc. Je mehr das Ghetto die Form eines bloßen Arbeitslagers annahm, desto mehr wurden Kinder, Kranke und Arbeitsunfähige zur "Belastung". Im Januar 1942 begannen deshalb die ersten Deportationen ins nahe gelegene Vernichtungslager Kulmhof (Chelmno), das um diese Zeit seine Arbeit aufnahm (hier fanden die ersten Tötungen durch Gas in getarnten Krankenwagen statt). Im September 1942 erfolgte die Anweisung, die Spitäler zu räumen, die Kranken und Alten über 65 Jahren sowie alle Kinder unter 10 Jahren zu deportieren – innerhalb einer Woche wurden 15 589 Menschen nach Chelmno verbracht, darunter die meisten Kinder, ausgenommen die Kinder von Angehörigen der Verwaltung, der Feuerwehr und der Polizei.[201] Daß gerade die Kinder in Litzmannstadt für das Überleben der arbeitsfähigen Ghetto-Bevölkerung geopfert wurden, war unter den gegebenen Umständen der Preis, den die Strategie des "Überlebens durch Arbeit" forderte. Der Judenrat selbst mußte die Kindertransporte zusammenstellen.[202] Wenig später, im Dezember 1942, wurde am Rande des Ghettos das "Polenjugendverwahrlager" errichtet, in das etwa 10 000 Kinder und Jugendliche eingeliefert wurden. Ein Teil von ihnen wurde im Laufe der Zeit zur Zwangsarbeit eingesetzt, andere in Auschwitz und Kulmhof umgebracht. Im Juli 1944 lebten noch 68 000 Menschen im Ghetto; sie wurden im August nach Auschwitz deportiert. Die Befreiung durch die sowjetischen Truppen am 19. 1. 1945 erlebten noch 877 Insassen mit, die für Aufräumarbeiten zurückgelassen worden waren.

Wie im Wartheland war die Ghettoisierung auch im Generalgouvernement nur als vorübergehende Maßnahme geplant, die letztlich der Vorbereitung von Deportation und Ermordung diente.[203] Frank hoffte noch lange, die Juden in seinem Herrschaftsgebiet weiter nach Osten abschieben zu können. Die Ghettobildung wurde vor allem im Zusammenhang mit der Kriegsentwicklung und den Vorbereitungen für den Überfall auf die Sowjetunion for-

---

201 Loewy/ Schoenberner 1990, S. 29: Unter den Deportierten befanden sich 2000 Kranke, darunter 400 Kinder. Insgesamt wurden 1942 über 70 000 Insassen des Ghettos zur Ermordung nach Chelmno deportiert, unter ihnen auch die 5000 Zigeuner.

202 Dwork 1991, S. 173ff.

203 Pohl 1993, S. 68.

ciert: Die Zahl der im Generalgouvernement stationierten Soldaten stieg von rund 400 000 im April 1940 auf 2 Millionen im Juni 1941. Um die dadurch entstehenden Unterbringungsprobleme zu lösen, wurde ein Teil der Juden vertrieben, ein anderer in Ghettos geschafft. In die freigewordenen Wohnungen der Juden rückten Polen nach, deren Wohnungen dann von der Wehrmacht genutzt wurden.[204] Im übrigen gab es im Generalgouvernement keine einheitliche Judenpolitik: Die Ghettos waren teils offen, teils hermetisch abgeriegelt; in Krakau beispielsweise konnte das Ghetto verlassen werden. In Warschau nicht. Die meisten Ghettos wurden allerdings im Verlauf des Jahres 1941 abgeriegelt.[205] Sie bestanden zumeist bis Mitte 1942, als die im großen Stil organisierte Vernichtung einsetzte. Von den größeren Ghettos existierte nur das Litzmannstädter Ghetto im Warthegau bis 1944, das Warschauer Ghetto wurde nach dem Aufstand im April/Mai 1943 dem Erdboden gleichgemacht. Die größten jüdischen Bevölkerungskonzentrationen befanden sich in Warschau und im Distrikt Lublin. In Warschau lebten 1939 allein 350 000 Juden, das waren 28% der Bevölkerung. Hier entstand das größte Ghetto auf polnischem Boden – zeitweise lebten hier über 500 000 Menschen, bereits im September 1941 waren es rund 400 000. Die Abriegelung des Ghettos begann im Oktober 1940, nachdem zuvor die überwiegend von Juden bewohnten Stadtteile Muranow und Mirow zu "Seuchensperrgebieten" erklärt worden waren. Innerhalb von sechs Wochen wurden 113 000 Polen und 138 000 polnische Juden umquartiert. In der Folgezeit wurden auch die in Warschau lebenden Zigeuner hier eingewiesen. Das Ghetto umgab man mit einer drei Meter hohen Mauer, die noch einmal um einen Meter mit Stacheldraht erhöht wurde; die Kosten für diese Maßnahmen hatte die jüdische Gemeinde zu tragen.[206] Zur Abriegelung gehörte auch die Durchtrennung aller Telefon- und Verkehrsverbindungen nach außen, um jeden Kontakt zwischen Juden und Polen zu verhindern; und nicht nur war die Unterstützung eines Juden, der das Ghetto verließ, unter Strafe gestellt, bestraft wurde auch, "wer von dem Aufenthalt eines Juden außerhalb des jüdischen Wohnbezirks Kenntnis hat oder erhält und dies nicht unverzüglich zur Anzeige bringt."[207] Auf unbefugtes Verlassen der Ghettos und "Unterschlupfgewährung" stand im Generalgouvernement seit dem Oktober 1941 die Todesstrafe; sie wurde im Mai 1942 auch auf Eltern ausgedehnt, deren Kinder das Ghetto verließen.[208] Kinder konnten leichter als Erwachse-

---

[204] Ebd., S. 86f.
[205] Burleigh 1988, S. 272; Golzewski 199,1 S. 437ff.
[206] Gutschow/Klain 1994, S. 111.
[207] Mitteilungsblatt der Stadt Warschau Nr. 3, 18.1.1941.
[208] Majer 1981, S. 858 und 867.

ne unbemerkt aus dem Ghetto hinausgelangen, und viele Familien waren zu dieser Zeit bereits auf die Lebensmittel angewiesen, die die Kinder ins Ghetto hineinschmuggeln konnten.

In Warschau wurden – anders als in Litzmannstadt, die jüdischen Schulen zunächst aufgelöst, so daß es nur noch die Möglichkeit der Teilnahme am illegalen Unterricht gab. 1940 besuchten etwa 40 000 Schüler die Untergrundschulen; dazu gehörten auch religiöse und höhere Schulen – 172 Schüler absolvierten im Warschauer Ghetto noch die Abiturprüfung. Der geheime Unterricht bot natürlich auch eine Überlebensmöglichkeit für jüdische Lehrer, die sich damit freilich Todesgefahren aussetzten. So wurden beispielsweise nach der Aufdeckung zweier Geheimschulen durch die Deutschen die Lehrer erschossen und die Kinder nach Majdanek transportiert.[209]

Die Juden wurden im Generalgouvernement noch im Dezember 1939 aus dem gesamten öffentlichen Schulwesen ausgeschlossen; ähnliches gilt im übrigen für "Zigeunerkinder".[210] Die jüdischen Privatschulen, die bis 1939 bestanden hatten, verschwanden daraufhin aus der Schulstatistik, das Mobiliar wanderte in die deutschen Schulen.[211] Nach einer Anordnung vom 31. 8. 1940 sollte das jüdische Schulwesen jedoch generell als Privatschulwesen – obwohl Privatschulen sonst im Prinzip aufgehoben waren – wiedereröffnet werden, das die jüdischen Gemeinden aus eigener Tasche finanzieren mußten. Für die jüdischen Kinder bestand jetzt Schulpflicht (die aber nie realisiert wurde und im übrigen mit dem Arbeitszwang kollidierte, dem jüdische Kinder ab zwölf Jahren seit dem Juli 1940 unterlagen); als Lehrer durften nur vollausgebildete jüdische Lehrkräfte angestellt werden.[212] Die Nationalsozialisten erweckten auch hier zunächst den Anschein einer gewissen "Normalisierung" und den Eindruck, es ginge ihnen nur um eine Trennung und Absonderung der jüdischen Bevölkerung und Kultur, der man im übrigen, wie es schien, mehr Selbstverwaltungsrechte einräumen wollte als den Polen. Dabei spielte auch hier die Absicht, der Verwahrlosung von Kindern und Jugendlichen entgegenzuwirken, ebenso eine Rolle wie die Überlegung, der Entwicklung "eines illegalen geheimen Unterrichtswesens, das sich jeder

---

209 Fuks 1983, S. 101f.; Dawidowicz 1979, S. 241; Dwork 1991, S. 182.

210 Das Reichserziehungsministerium stellte 1941 klar, daß nur "Zigeunerkinder" mit deutscher Staatsangehörigkeit zur Schule zuzulassen sind, allerdings nur so lange sie keine "sittliche Gefahr" für die deutschen Kinder seien: Hansen 1994, S. 207.

211 Beispiele bei Hansen 1994, S. 277ff.; 273ff; 340ff.

212 Ebd., S. 372. Zum Arbeitszwang siehe Majer 1981, S. 554; bis zum Juli 1940 konnten alle 14-bis 60jährigen laut "Verordnung über den Arbeitszwang für Juden im Generalgouvernement" vom 26. 10. 1939 zur Zwangsarbeit herangezogen werden.

Kontrolle entzieht", zu begegnen.[213] Die entsprechende Verordnung über das jüdische Schulwesen lautete:

"§ 1 Der in jeder Gemeinde gebildete Judenrat ist Träger des jüdischen Schulwesens.

§ 2 (1) Der Judenrat ist verpflichtet, für das Schulwesen der Juden zu sorgen,

(2) Zu diesem Zwecke hat der Judenrat die notwendige Zahl von Volksschulen zu errichten und zu unterhalten; er kann außerdem Fach und Berufsschulen errichten.

(3) Der Judenrat hat für die Ausbildung und Fortbildung der Lehrer der von ihm unterhaltenen Schulen zu sorgen.

(4) Die von dem Judenrat unterhaltenen Schulen sind Privatschulen.

§ 3 Juden dürfen nur Schulen besuchen, die von dem Judenrat unterhalten werden. Sie sind nach Maßgabe der allgemeinen polnischen Schulvorschriften zum Besuche dieser Schulen verpflichtet."[214]

Die Einrichtung von Schulen war jedoch an die Erlaubnis der lokalen Behörden gebunden; der Erlaß wurde daher willkürlich und regional unterschiedlich angewandt. In Warschau zum Beispiel verweigerten die deutschen Behörden zunächst die Erlaubnis, jüdische Schulen zu eröffnen, "unter dem Vorwand, es würde zu einer Typhusepidemie kommen"; 50 000-60 000 Kinder im schulpflichtigen Alter waren damit sich selbst überlassen.[215] Erst 1941 wurde die Erlaubnis zur Eröffnung allgemeinbildender Schulen hier erteilt. In Krakau dagegen gaben die Deutschen diese Erlaubnis bereits im September 1940. In anderen Städten, wie Zamosc oder Lemberg, wurde die Einrichtung jüdischer Schulen dagegen abgelehnt.[216] In Radom versagten die deutschen Behörden dem Judenrat im Mai 1941 die Genehmigung für die Einführung von Berufskursen; solche Kurse müßten verboten werden, denn: "ein Jude wird nie dem 'produktiven Arbeitseinsatz zugeführt' werden können."[217] In Warschau waren solche Kurse dagegen schon 1940 zugelassen, Mitte 1941 nahmen bereits 2454 Schüler daran teil. 1941 entstand darüberhinaus im Warschauer Ghetto eine Chemiefachschule und ein Kurs für den Sanitätsdienst zur Seuchenbekämpfung, im Dezember wurde ein Pharmazeutenlehrgang, im März 1942 schließlich ein Technikum eröffnet, für den Volksschulunterricht wurde die Einrichtung von Pädagogiklehrgängen vorbereitet.[218]

---

213 Hansen 1994, S. 240.
214 Verordnungsblatt für das Generalgouvernement 1940. Krakau 1940 S. 258.
215 Dawidowicz 1979, S. 242; Trunk 1972, S. 197f.
216 Trunk 1972, S.202f.
217 Hansen 1994, S. 307.
218 Czerniakow 1986; Trunk 1972, S. 200f.

Das Bildungssystem glich sich hier formal dem für die polnische Jugend an. Im allgemeinen war die Zustimmung zu beruflichen Kursen anfangs leichter zu bekommen als zur Eröffnung allgemeinbildender Schulen. Erst im Frühjahr 1942 wies die Abteilung "Innere Verwaltung, Bevölkerungswesen und Fürsorge" der Regierung des Generalgouvernements die Distriktverwaltungen an, keine Erlaubnis mehr für jüdische Handwerks- und Landwirtschaftskurse zu erteilen.[219]

Das allgemeinbildende Schulwesen konnte im Warschauer Ghetto erst im Herbst 1941 mit Zustimmung der deutschen Behörden eröffnet werden; die Deutschen gestatteten zunächst nur sechs Schulen, im Juni 1942, am Ende des Schuljahres, bestanden aber bereits 19 Schulen, die von 7000 Kindern besucht wurden. "Die meisten Schulen hatten vier Klassen, manche fünf. Die Unterrichtssprache war Jiddisch, hebräisch oder Polnisch, obwohl die letzte offiziell verboten war. Der Lehrplan enthielt Lesen, Schreiben, Arithmetik, Botanik, Bibelkunde und Judaismus, Kunst und Handwerk sowie Leibeserziehung."[220] Unterricht in Geschichte und Geographie wurde von den deutschen Behörden untersagt. Nur ein Bruchteil der Kinder konnte freilich diese Schulen besuchen, denn im Ghetto lebten an die 100 000 Kinder unter sechzehn Jahren. Etwas Elementarunterricht konnten die Kinder auch in den Einrichtungen der jüdischen Sozialhilfeorganisationen erhalten. Formen der höheren Bildung gab es im Warschauer Ghetto, von beruflichen Kursen abgesehen, nur im Untergrund. Der Unterricht litt im übrigen unter den schwierigen äußeren Lebensbedingungen. Vor allem im Winter fehlte es an Heizmaterial und an entsprechender Kleidung und Schuhwerk der Kinder. Einige Schulgebäude waren durch die Bombardierung während des Krieges beschädigt und konnten nur notdürftig wiederhergestellt werden. Czerniakow, der Vorsitzende des Judenrates, notierte in seinem Tagebuch über den Besuch der Chemiefachschule: "Sie sieht wie ein Müllabladeplatz aus"; nach einem Besuch der Volksschulen: "Ich habe 4 Typen unserer Volksschulen besichtigt. Da, wo uneigennützige Menschen unterrichten, sind sie vom pädagogischen Gesichtspunkt aus gut. Dagegen ist es in den Klassen, auf den Korridoren und Treppen meistens sehr schmutzig."[221] Die Schulen wurden gleichwohl "festigende Kulturzentren für das gesamte Getto". Schulkinder gaben dramatische Darbietungen, Chorgesangs- und Musikvorstellungen, vor allem im

---

219 Trunk 1972, S. 205.

220 Dawidowicz 1979, S. 242f. Nach Fuks gab es im Ghetto 20 Schulen, die von verschiedenen weltlichen und religiösen Organisationen unterhalten wurden, Trunk nennt 16 Schulen, die im Herbst 1941 in Betrieb waren und von rund 10 000 Kindern besucht wurden. Fuks 1983, S. 101; Trunk 1972, S. 199.

221 Czerniakow 1986, S. 205 und 219f.

Zusammenhang mit Sammlungen für soziale Fürsorgeprogramme. Ihr Anblick, schreibt Dawidowicz, ermutigte die Ghettobewohner: "Wie Brot und Kartoffeln erhielten Erziehung und Kultur das Leben im Getto."[222]

Hinsichtlich des kulturellen Lebens ließen die Deutschen den Ghettobewohnern relativ große Freiheit. Heinz Auerswald, der für den jüdischen Wohnbezirk Warschaus zuständige deutsche Kommissar, begründete dies so: "All diese Maßnahmen haben ein gewisses Vertrauen hervorgerufen, das nötig ist, wenn ihre wirtschaftliche Kapazität für unsere Zwecke genutzt werden soll."[223] Es gab eine legale jüdische Zeitung – daneben existierte eine umfangreiche konspirative Presse (1940-43 erschienen im Getto etwa 70 illegale Zeitschriften). Die Deutschen erteilten Konzessionen zur Leitung von Theatern und zur Durchführung von Musikveranstaltungen – aber nur Werke jüdischer Autoren durften gespielt werden. Es gab fünf Theater, von denen zwei in jiddischer, drei in polnischer Sprache spielten, eine Kleinkunstbühne mit Kabarettcharakter, ein Musiktheater ("Femina"), in dem Operetten und Estradenkonzerte zur Aufführung gelangten, Caféhäuser, Straßenkapellen, kleine Kammerorchester und ein Jüdisches Sinfonieorchester aus 70 Musikern. Das Sinfonieorchester mußte jedoch im Juli 1942 schon wieder eingestellt werden, nachdem es bereits im April 1941 für zwei Monate suspendiert worden war, weil es Werke "arischer" Komponisten gespielt hatte.[224] Czerniakow erwähnt Aufführungen von Kindern der Schulen, Tänze und Gymnastikübungen, Feste und Feiern zur Eröffnung von Kindergärten u.ä. als kulturelle Höhepunkte des Ghettolebens. Daneben gab es geheime Bibliotheken, ein konspiratives Archiv, das das Ghettoleben dokumentierte, und geheime Kulturorganisationen, die Vorlesungen und Kurse in Jiddisch, Vorträge über Literatur und Geschichte etc. veranstalteten.[225]

Diese relativ große Vielfalt des kulturellen Lebens war Ausdruck des Überlebenswillens, kann aber nicht darüber hinwegtäuschen, daß die Verhältnisse extrem waren. Im Herbst 1941 waren bereits 150 000 Bewohner des Warschauer Ghettos von der jüdischen Sozialfürsorge abhängig; von rund 100 000 Kindern waren drei Viertel hilfsbedürftig.[226] Die Ghetto-Schu-

---

222 Dawidowicz 1979, S. 244.

223 Zit. n. Eisen 1993, S. 68.

224 Fuks 1983, S. 102f.; Dawidowicz 1979, S. 245; Fuks 1083, S. 104ff.; Czerniakow 1986, S. 242.

225 Dawidowicz 1979, S. 245f. Auch in Litzmannstadt gab es ein Kulturhaus, in dem bis zum Sommer 1942 Konzerte und Revuen veranstaltet wurden: Loewy/ Schoenberner 1990, S. 147; Fuks 1983, S. 196. Zum kulturellen Leben in den Ghettos siehe auch Trunk 1972, S. 215ff.

226 Czerniakow 1986, S. 209; Adolphs 1984, S. 27.

len konnten, wie erwähnt, nur einen Bruchteil der Jugend aufnehmen: "Die meisten Kinder streunten ohne Aufsicht in den Straßen umher, sich selbst überlassen, weil sie entweder Waisen waren oder beide Eltern von früh bis spät arbeiteten ... Die überwältigende Mehrheit der Kinder blieb ohne moralische Führung und physische Versorgung."[227] Kinderbanden lieferten sich regelrechte Schachten. Der Kinder nahmen sich Selbsthilfeorganisationen der jüdischen Gemeinde an. Sie leisteten Sozialarbeit, legten Kindergärten und -ecken in Hinterhöfen an, organisierten Kinderspiele und -feste.[228] Die Hilfsinstitutionen betrieben 30 Waisenhäuser, 20 Tagesheime, 20 Küchen, 30 Kinder- und Jugendheime und konnten auf diese Weise 25 000 Kindern helfen.[229] Zu diesen Einrichtungen gehörte auch das Waisenhaus Janusz Korczaks, des großen polnischen Pädagogen. Georg Eisen hebt in seiner Studie über Kinder in Ghettos und Lagern die Bedeutung von Sport und Spiel für die Überlebensfähigkeit der Kinder als Mittel der Erholung und der Therapie hervor.[230] Kindergärten und Spielplätze wurden den Kindern aber auch zur Falle, weil sie den Deutschen die Sammlungen für die Deportationen erleichterten.

Der Planung und Einrichtung von Kindergärten, die erst im Verlauf des Jahres 1942 zustande kamen, nahm sich Czerniakow mit besonderer Geduld an. Das Spiel bot einen Schutz gegen die allgegenwärtige Trostlosigkeit, und der Anblick spielender Kinder wirkte beruhigend auf Ghettobewohner.[231] Anders als etwa in Lodz gab es im Warschauer Ghetto jedoch keine Grünflächen. Schon vor der Abriegelung wurden Juden von allen Parks, Spielplätzen oder Schwimmbädern der Stadt ausgeschlossen, selbst die Benutzung von Ruhebänken außerhalb der Parkanlagen war ihnen untersagt.[232] Das Betreten der Parks und der städtischen Promenaden wurde ihnen verboten, sofern sich im Ghetto noch öffentliche Anlagen befanden, wurden sie entweder geschlossen oder aus dem Ghettobereich herausgenommen, so daß es schließlich keinen einzigen Park mehr gab. Man versuchte, provisorisch Höfe und Ruinen in Spielplätze zu verwandeln, für die Eintritt gezahlt werden mußte:

---

227 Eisen 1993, S. 61 und 83.

228 Ebd., S. 62ff.

229 Deutschkron 1965, S. 126. Nach einem Bericht vom Herbst 1941 gab es damals im gesamten Generalgouvernement 26 Wohnzentren mit 2734 Kindern, 61 Kinderheime mit 9565 Kindern, 122 öffentlichen Küchen und Ernährungsstellen, die über 47 000 Kinder verköstigten, 2 Institute für Kleinkinderbetreuung mit 1725 Babys und 15 Tageskinderheime für 6413 Kinder; dazu 30 Waisenhäuser und Verpflegungsstationen: Dawidowicz 1976, S. 233.

230 Eisen 1993, S. 67 und 71.

231 Ebd., S. 82.

232 Mitteilungsblatt der Stadt Warschau Nr. 27, 1.8.1940.

"Im Sommer 1941 entwickelte sich ein lebhafter Handel mit freien Flächen; private Grundstücke, von einfallsreichen Besitzern in öfftentliche Gärten verwandelt, wurden zu einem kostbaren Handelsgut und als Freiluftcafés für die Erwachsenen sowie als Spielplätze für die Kinder vermietet."[233] Die Einrichtung der "Kindergärten" fiel in eine Phase relativer Stabilisierung, in der auch das Schulwesen einen gewissen Aufschwung erfuhr. Im Juli 1942 konnte der Judenrat auch die Planung eines Besserungsheims für verwahrloste Kinder in Angriff nehmen. Doch im gleichen Monat verlangten die Deutschen die Zusammenstellung eines ersten Kindertransportes; Czerniakow, für den die Hoffnung auf eine Zukunft der Juden an die Existenz der Kinder gebunden war, nahm sich daraufhin das Leben.

Die Lebensbedingungen der Kinder im Ghetto waren – in Warschau wie anderswo – durch Vernachlässigung, Mangel an Spielgelegenheiten und chronischen Hunger geprägt, der einen normalen Schulbesuch immer illusorischer machte; nicht nur, weil Hunger mit der Zeit die Konzentrationsfähigkeit zerstört, sondern auch, weil er die Kinder zwang, nach eigenen Strategien des physischen Überlebens zu suchen. Dadurch wurden die Kinder zwar vorzeitig "erwachsen" – sie mußten Erwachsenen-Rollen übernehmen –, doch diese Rollenumkehr lastete ihnen Verantwortungen auf, die viele von ihnen zwangsläufig überfordern mußten: "Die Kinder lebten – und starben – in dem vollen Bewußtsein, daß ihr eigenes Handeln für ihre Mitmenschen folgenreich war"[234] – eine Problematik, die sich noch einmal verschärft in den Konzentrationslagern stellte und die hochgradig traumatisierend war. Viele Kinder blieben aber auch in ihrer körperlichen Entwicklung zurück: "Wegen der Unterernährung lernten Kleinkinder spät gehen und sprechen, und größere Kinder hörten auf zu wachsen."[235] Das Leben im Ghetto bedeutete eine Vernichtung von Kindheit, noch bevor die Kinder real starben und ermordet wurden.

---

233 Eisen 1993, S. 60; vgl. Dwork 1991, S. 188.

234 Eisen 1993, S. 42f.

235 Zit. ebd., S. 70; vgl. Dwork 1991, S. 193.

6. Nationalsozialistische Jugendbewegung und volkstumspädagogische Ostarbeit

Im Rahmen der Germanisierungs- und Volkserziehungsaufgaben, die sich in den eingegliederten Gebieten, vor allem im Warthegau stellten, spielten die Hitler-Jugend und der Bund Deutscher Mädel eine besondere Rolle; sie leisteten jene praktische und alltägliche Volkstumsarbeit "an der Basis", ohne die Himmlers Zielsetzungen nicht realisierbar gewesen wären. Himmler und die Volkstumsexperten der SS verstanden es, eine Gefolgschaft nationalsozialistischer Jugendlicher für ihre Ziele zu gewinnen und gerade die Energien eines Teils der Jugend für die Pionierarbeit des "Aufbaus im Osten" zu mobilisieren. Die Mobilisierungsappelle für den Osteinsatz richteten sich bevorzugt an die Jugend: "Die Jugend des deutschen Volkes hat es in der Hand, durch ihre Gemeinschaftserziehung an der Rückgewinnung deutschen Blutes, das schon in Gefahr war, dem Druck des gegnerischen Volkstums zu erliegen, entscheidend mitzuwirken. Sie hat es ebenso in der Hand, den Kampf des deutschen Volkes um den Lebensraum im Osten mit aller Härte und Zähigkeit zum endgültigen Erfolg zu bringen."[1] Mehr als andere Gliederungen der Partei war die HJ in Himmlers Bevölkerungspolitik einbezogen, von ihrer Arbeit hing letztlich der Erfolg dieser Politik entscheidend mit ab, denn sie sollte die praktische "Germanisierung" und "Umvolkung" der Volksdeutschen bewerkstelligen. Während Ministerial- und Verwaltungsbeamte Pläne und Verordnungen erstellten, war die HJ mit der konkreten Realität und den schwierigen Bedingungen der Umsetzung der Pläne konfrontiert. Auch rein zahlenmäßig war der Einsatz der Hitler-Jugend beachtlich: Insgesamt nahmen 46 700 junge Frauen und Männer der HJ an Aktionen des Ost-Einsatzes teil, 16 000 im Rahmen des Landdienstes.[2]

Die Aufgaben der HJ waren im wesentlichen:

1. der Aufbau der HJ-Organisationen in den eingegliederten Gebieten;

---

[1] Coulon 1940 S. 83f.

[2] Siehe hierzu und zum folgenden Rempel 1989 S. 141ff.

2. die Betreuung der neu angesiedelten Volksdeutschen: Unterstützung und Hilfen für die Familien; Gemeindearbeit, Sozialarbeit, Schulhilfe und kulturelle Arbeit;
3. die Betreuung der Jugend in den Umsiedlerlagern.

Während der ersten Jahre der Okkupation kamen rund eine Viertelmillion Umsiedler aus dem Osten in die eingegliederten Gebiete, darunter 50 000 bis 55 000 Jugendliche im jugenddienstpflichtigen Alter. Die HJ begann daraufhin 1941, Übergangslager für volksdeutsche Jugendliche einzurichten. Die Jugendlichen wurden auf 500 Lager verteilt, in denen unter Leitung des HJ-Führers Hans Menzel eine sechsmonatige "Germanisierungsarbeit" organisiert wurde.[3] Für die Arbeit in den Lagern wurden zunächst volksdeutsche Jugendführer ausgebildet. Die Arbeit bestand in politischer Indoktrination, körperlichen Übungen, kultureller Schulung, Gesundheitsinstruktionen und einigen berufsbezogenen, insbesondere landwirtschaftlichen Aktivitäten. Das Schwergewicht lag auf der politischen Schulung. Hierfür wurden Schulungsmappen ("Heimabendmappen") für HJ-Führer zusammengestellt, in denen die deutsche Geschichte bis Hitler und Themen wie die Judenfrage oder die nationalsozialistische Ostpolitik aufbereitet waren. Flaggenappelle, Gesangsfeste, Spiele und sonntägliche Morgenfeste, die den Gottesdienst ersetzten, umrahmten diese Arbeit, dabei kamen die Spielscharen der HJ zum Einsatz. Ein weiterer Schwerpunkt war die berufsvorbereitende Arbeit – Eingangs- und Vorbereitungskurse, denen oft die Vermittlung in eine reguläre Lehre folgte. HJ-Führer wurden als Lehrkräfte der Berufserziehung eingesetzt, die vormittags Unterricht erteilten und nachmittags den HJ-Dienst leiteten. In den Berufsvorbereitungslagern der HJ wurden "Leistungskämpfe" wie im Reich organisiert: "Allwöchentlich am Sonnabend treten die einzelnen Leistungsklassen zum Wettstreit an. Vormittags werden in den Schulräumen schriftliche Arbeiten angefertigt, Zeichnungen hergestellt oder Erlebnisse nacherzählt. Nachmittags muß beim Hitler-Jugend-Dienst und im Sport jeder seine Leistungsfähigkeit unter Beweis stellen und zeigen, daß er über Willenskraft, Ausdauer und Einsatzfähigkeit verfügt. Auch seine Leistungen im anderen Hitler-Jugend-Dienst – Geländedienst, Schießausbildung, bei Ausmärschen und im Heimabend – werden gewertet."[4] Der BDM widmete sich vor allem dem Sprachunterricht und der Schulung von BDM-Führerinnen; man bot spezielle berufsvorbereitende Kurse für Gesundheitshelferinnen, Wohlfahrtsschwestern, Kindergärtnerinnen und Schulhelferinnen an. Insgesamt wurden bis 1944 rund 700 Schulhelfer/-innen in Schulen und über 7000

---

[3] Menzel 1941.
[4] Das Junge Deutschland 36 (5) 1942, S. 121.

Mädchen in landwirtschaftliche Berufe und Tätigkeitsbereiche der Wohlfahrtsarbeit vermittelt. Eine Elite, die in entsprechenden Lehrgängen ermittelt wurde, wurde zur Reichslanddienst-Führerschule in Groß-Gurek (Oberschlesien), zur Reichsführerschule für Umsiedler der HJ in Steinau a.d. Oder und auf die BDM-Schule in Tieffensee bei Berlin geschickt.[5]

Für Jugendliche aus dem Altreich wurde die Möglichkeit geschaffen, ihr Landjahr in den eingegliederten Gebieten zu absolvieren. Die Einrichtung von Landdienstlagern begann hier im April 1940. Im ersten Jahr entstanden bereits 47 Lager mit 1680 Mädchen und 820 Jungen,[6] im Frühjahr 1941 existierten in den eingegliederten Gebieten 106 Lager mit 3000 Teilnehmern. In diesen Lagern wurden Jugendliche aus dem Altreich und Landjahrpflichtige aus dem Warthegau zusammengefaßt. Die Landarbeit war begleitet von weltanschaulicher und beruflicher Erziehung, und ein Teil der Teilnehmer wurde anschließend als HJ- bzw. BDM-Führer/-innen eingesetzt; die Landjahrlager dienten also gleichfalls der Rekrutierung des Nachwuchses der Jugendorganisationen.[7] In Danzig-Westpreußen, wo es nur "Mädel-Lager" gab, ging man dabei so vor, daß Mädchen aus den noch zum Altreich gehörenden Teilen des Gaus in die besetzten Gebiete, Mädchen aus den besetzten Gebieten in die ehemaligen östlichen Grenzlandregionen versetzt wurden: "Unsere Arbeit im befreiten Gebiete ist eine zweifache: einmal die volksdeutschen Mädel gut durchzuschulen, damit sie nach beendeter Landjahrzeit in ihren Heimatorten möglichst als Führerinnen kleiner BDM-Einheiten eingesetzt werden können, zum anderen müssen die Lager sich in die Wiederaufbauarbeit hineinstellen. Wir haben deshalb die volksdeutschen Mädel zum überwiegenden Teil in die Lager des ehemaligen Freistaatsgebietes und des Altreichs genommen, um sie hier, in einer rein deutschen Umgebung, gründlich durchschulen zu können. Die Lager im befreiten Gebiet, die die Aufgabe haben, vom ersten Tag an in das Dorf hin zu wirken, sind soweit wie möglich mit der Auslese der Danziger und ostpreußischen Mädel belegt worden, um hier möglichst bald eine einsatzfähige Mannschaft für die kulturelle Arbeit in den Dörfern bereit zu haben."[8]

1942 wurde ein Ausbildungsgang für Landdienstführer geschaffen, der auf Himmlers Wehrbauern-Siedlungspläne ausgerichtet war: Mit dem vierzehnten Lebensjahr konnte man sich freiwillig zu einem neunmonatigen Landdienst melden, der als erstes Jahr der Landwirtschaftslehre angerechnet

---

[5] Menzel 1941, S. 278.
[6] Schmidt-Bodenstedt 1940/41.
[7] Sprenger 1941, S. 85.
[8] Hoffmann 1940/41.

wurde. Danach bestanden schrittweise Aufstiegs- und Fortbildungsmöglichkeiten: die Vermittlung in eine Landwirtschafts- oder Hauswirtschaftsstelle – das zweite Lehrjahr im elterlichen oder einem fremden Betrieb; mit dem sechzehnten Lebensjahr konnte dann eine Landarbeits- oder Hausarbeitsprüfung zum Landarbeitsgehilfen abgelegt werden. Danach konnte man die Landwirtschaftslehre mit dem Besuch der Landwirtschaftsschule fortsetzen, mit achtzehn die Landwirtschaftsprüfung ablegen und die Freisprechung zum "Jungbauern" erhalten. Wer soweit gelangt war, konnte an einen "Landdienst-Lehrhof" und in den "Landdienstsiedlungsring" der HJ berufen werden und in den Lagern für die vierzehnjährigen für ein Jahr als "Landdienstlagerführer" zum Einsatz kommen. Die Absolvierung einer anschließenden Dienstzeit bei der Waffen-SS qualifizierte dann zur Übernahme eines Landdienstlagers in den Ostgebieten und zum Erwerb des "Neubauernscheins" – die Voraussetzung für den Erwerb eines Hofs im Osten. Mit 27 Jahren würde man dann durch den SS-Reichsführer RKFDV angesiedelt werden. In den Dienst dieser Aufgabe, nämlich die kommenden Siedler für den Osten heranzuziehen, wurde die Erziehungsarbeit im Landdienst gestellt.[9].

Erfahrungsberichte aus der Landjahrsarbeit in den eingegliederten Gebieten zeigen, daß die Landarbeit eng mit Volkstums- und Erziehungsarbeit verknüpft war. Die Jugendlichen aus dem Reich halfen nicht nur den Bauern bei der Landarbeit, sondern betätigten sich selbst gleichzeitig als "Volkserzieher" im nationalsozialistischen Sinn, indem sie Dorffeiern und Dorfabende gestalteten und versuchten, die "in Vergessenheit geratenen alten Sitten und Gebräuche" wiederzuerwecken, um den Zusammenhalt der volksdeutschen Gemeinschaft zu stärken. Das Landjahrlager wurde so zum kulturellen Mittelpunkt auf dem Land:[10] das Lager war "für die vielfach noch verstreut wohnenden Deutschen der einzig vorhandene Kristallisationspunkt", "offene Sing- und Dorfabende bringen die Landjahrpflichtigen mit den Menschen ihrer Umgebung zusammen."[11] Die Jugendlichen erteilten deutschen Sprachunterricht: "... so kamen zum Beispiel im Lager Schönburg etwa siebzig 7-14jährige Jungen und Mädel dreimal wöchentlich nachmittags zum Unterricht, abends kamen die 15-20jährigen Mädchen zum Singen und an anderen Abenden die Frauen des Dorfes. Hier muß vielfach ganz von vorn begonnen werden; in mühseliger Kleinarbeit werden die Bezeichnungen für Gegenstände und einfache Sätze gelernt und geübt. Dazwischen wird gesungen und ge-

---

9 Das Junge Deutschland 36 (5) 1942, S. 10f.
10 Schmidt-Bodenstedt 1940/1941.
11 Kallbach 1940/41; Pastorff 1940/41.

spielt."[12] Für das Selbstbewußtsein der deutschen HJ-Führer und den Enthusiasmus, mit dem viele von ihnen diese "Pionierarbeit" erlebten, ist charakteristisch, daß sie gleichzeitig blind waren für die Kehrseite der "Ost-Arbeit", nämlich die Repressionspolitik gegenüber den Polen – wir werden diesem Nebeneinander von jugendlichem Enthusiasmus und Blindheit noch öfter begegnen. So machte sich kaum jemand Gedanken darüber, daß die Lagerteilnehmer zumeist in Gebäuden untergebracht wurden, aus denen die Polen zuvor vertrieben werden mußten: ehemals polnische Klöster, Gutshöfe, Schlösser, Kinderheime, Sanatorien, Pensionen, Schulen etc. Typisch waren Kommentare wie dieser: "1939 noch meist in den Händen polnischer Vereine und konfessioneller Verbände und entsprechend verwahrlost – sollen nun wieder Stützpunkte im deutschen Streben nach vorbildlichen Dörfern sein."[13]

Bei der Auswahl volksdeutscher Jugendlicher für die HJ- und BDM-Führer/-innenschulung mußte man einige Abstriche von den im Altreich geltenden Auslesekriterien machen. Die volksdeutsche Jugend der eingegliederten Gebiete befand sich körperlich, seelisch und geistig infolge der harten Lebensbedingungen und, wie man meinte, der polnischen Umwelteinflüsse in einem beklagenswerten Zustand: "Körperlich sind in fast jedem einzelnen Falle die Spuren der Rachitis zu erkennen. Die Jungen sind im Durchschnitt trotz der um ein Jahr erweiterten Altersgrenze klein, schwächlich und immer vollkommen ungeübt. Es gibt unter Hunderten kaum einen völlig fehlerlos gewachsenen Körper ... In vielen Fällen kommt zur körperlichen Unterentwicklung noch die Mißentwicklung durch frühzeitige schwere bäuerliche Arbeit ohne entsprechenden Ausgleich hinzu. Nirgends ein freier und lockerer, spannungs- und leistungsfähiger Körper. Fast alle sind Nichtschwimmer. Sie waren zuerst von einer regelrechten Scheu vor ihrem körperlichen Dasein, einer vollkommenen Vertrauenslosigkeit besessen, die sich oft gerade beim Schwimmen in Angst ausweitete. – Fast noch erschütternder sind die Folgen polnischer 'Volkstumspolitik'. Es gibt Fälle, in denen Jungen außer ihrem deutschen Bewußtsein und ihrem deutschen Namen nichts Deutsches mehr an sich tragen ...." Sie kannten keine deutschen Lieder und waren unfähig zum gemeinsamen Singen: "Die Lieder, die man hier in den ersten Tagen hörte, hätten Steine erweichen können. Choralhaft langsam, unbetont und mit vielen fremdartigen Klängen quollen sie dahin ... In einem Lager konnten nur wenige als einziges Frühlingslied 'Der Mai ist gekommen', und es allen beizubringen, war eine Angelegenheit mehrstündiger Übung. So aber ist das Fehlen und das Zerstören jeglicher deutschen Geistesatmosphäre in jedes

12 Pastorff 1940/41.
13 Hoffmann 1940/41; Pastorff 1940/41.

Gebiet eingedrungen. Die Frage nach der Hauptstadt des Deutschen Reiches wird mit 'Poznan' (Posen) beantwortet; aber auch die, die noch manches äußerlich wissen, haben keine Vorstellung vom deutschen Raum, seiner Gliederung und seinen Nachbarn." Die Jugendlichen, so der Bericht, waren "innerlich stumm geworden"; ihr Horizont war eng, ihnen fehlte jede Elementarbildung, der Sinn für Ordnung und Hygiene und vor allem für den Gemeinschaftsgeist, der in den Jugendorganisationen des Dritten Reichs gepflegt wurde: "Unglaublich fremd erschienen den Jungen die großen Räume, das eigene Bett, aber natürlich auch die Gewohnheit häufigen Waschens. In manchen Lagern sind zwei Drittel der Belegschaft zum erstenmal in der Eisenbahn gefahren. Viele haben noch nie einen Film gesehen und stehen vor dieser Erscheinung wie vor einem Rätsel. Weit fremder aber war ihnen die selbstverständliche Kameradschaft ihrer Lagerführer. Sie konnten es nicht fassen, daß dieser ausgewachsene Mann (der 'Herr Lagerführer') mit Du angeredet werden sollte."[14]

Den Hauptanteil an der "Stärkung des deutschen Volkstums im Osten" hatte der BDM. Im Rahmen der Ostaktion des BDM waren 1942 bereits 16 022 Frauen bzw. Mädchen im Osteinsatz. Die Aktionen begannen im Frühjahr 1940, nachdem Greiser BDM-Altreichsführerinnen in den Warthegau eingeladen hatte, damit sie dort den HJ-Organisationen bei der Hilfe neuer Siedler assistierten. Die Umsiedlerarbeit konzentrierte sich auf den Bezirk Litzmannstadt, wo die SS ihre Umsiedlerzentrale eingerichtet hatte. Nach einer kurzen Einweisung durch Experten der SS wurden die jungen Frauen zu Einsatzlagern aus je zehn Führerinnen zusammengefaßt, von denen aus jeweils drei bis vier Dörfer zu betreuen waren. Hier leisteten sie, weitgehend auf sich gestellt, harte und konkrete "entwicklungspädagogische" Arbeit: "Es waren keine Lehrerinnen, keine Kindergärtnerinnen vorhanden. Vor allen Dingen war das Dorf als solches noch in keiner Hinsicht zur Gemeinschaft geworden." Zu den Arbeiten gehörte zum Beispiel auch die Organisation der Schulen für die Umsiedlerkinder, angefangen mit der Herrichtung der Schulräume: "Eine Führerin übernahm die Schule; meistens bestand das Schulgebäude aus einem alten schmutzigen polnischen Haus, das zuerst einmal gründlich gesäubert und zweckmäßig eingerichtet werden mußte."[15] Die BDM-Führerinnen, selber oft erst zwischen 15 und 21 Jahren alt, gingen von Dorf zu Dorf und Hof zu Hof, um den Umsiedlern – sie kamen vor allem aus Galizien, Wolhhynien, Bessarabien und dem Baltikum – zu helfen, sich in der

14 Kallbach 1940/41.
15 Rüdiger 1942, S. 3f.

neuen Umgebung einzurichten und zurechtzufinden. Die Mädchen halfen ihnen bei der Arbeit, im Haushalt, versorgten die Kleinkinder, erzählten von Deutschland, sangen Volkslieder und unterrichteten sie in deutscher Sprache, hielten abendliche Versammlungen ab, organisierten Spiele, Feste und andere kulturelle Aktivitäten. "In Lagern von 14 bis 18 Führerinnen (zwischen 15 und 25 Jahren) stehen diese Mädel in den weiten östlichen Gefilden des Warthelandes, eingeschaltet in den Betreuungsbereich des Höheren SS- und Polizeiführers Warthe als des Beauftragten des Reichskommissars für die Festigung des deutschen Volkstums, und gehen nun, völlig auf sich gestellt, ohne jede Anleitung und Voraussetzung, daran, Hof für Hof der Deutschen aufzusuchen und den Bauernfamilien durch Arbeit, Lieder und Plauderstunden die Heimat näherzubringen. – Die Mädel kommen als Boten des Altreichs, sie gehen morgens auf die Höfe, die vielfach kilometerweit auseinanderliegen, greifen jede Arbeit im Hause auf, putzen und waschen, säubern die Kleinen und spielen mit ihnen, vor allem aber: sie sind da, man kann Fragen an sie stellen, Fragen über den Führer und die Heimat, über den Krieg und die Jahre des Kampfes, die zurückliegen."[16]

Ende 1940 waren rund 1400 Mädchen an diesem Einsatz beteiligt; nach dem Erfolg der Aktion wurde sie auf andere Teile der eingegliederten Gebiete ausgeweitet, und 1941 waren bereits 9973, 1944 über 16 000 Altreichsführerinnen im Osteinsatz.[17] BDM-Regionen des Altreichs entsandten jeweils in Quasi-Partnerschaften nach einem Rotationssystem Mädchen in den Osten, zunächst für sechs Wochen. Aber schon bald mußte der Einsatz auf ein ganzes Jahr ausgeweitet werden – dafür wurden die Mädchen vom Landdienstpflichtjahr befreit. Der BDM arbeitete eng mit den Stellen des RKFDV zusammen. Hauptaufgaben waren Hilfe in Haus und Feld, Kinderbetreuung und Schulunterricht. So baute der BDM, unterstützt von der NSV, Kindergärten auf, um die Siedlerinnen bei der Arbeit zu entlasten. Der Kindergärtnerinnen-Einsatz wurde später aus volkstumspolitischen Erwägungen intensiviert, um volksdeutsche Kinder dem Einfluß polnischer Kindermädchen zu entziehen. In einem Rundschreiben des Gauamts für Volkstumsfragen im Wartheland wurde im Februar 1944 auf die Gefahren aufmerksam gemacht, die von polnischen Dienstmädchen für deutsche Kinder ausgingen, wenn etwa deutsche Kinder "polnische Abzählreime gebrauchen und polnische Kinderlieder singen" – dem müsse durch den verstärkten Einsatz von deutschen Kindergärtnerinnen entgegengewirkt werden, den deutschen Frauen müsse man ihre

---

16 Müller1940, S. 232.
17 Rüdiger 1942, S. 4.

Verantwortung klar machen und ihnen unter Umständen das polnische Mädchen wegnehmen.[18]

Wegen des Lehrermangels, der im Warthegau herrschte, wurden BDM-Führerinnen als Schulhelferinnen rekrutiert, mit dem Versprechen einer eventuellen vollen Anerkennung: "Der Schulhelferin soll die Möglichkeit gegeben werden, nach einer längeren Tätigkeit im Osten, nach Sonderkursen oder nach einer einjährigen Ausbildung ihr Examen als Volksschullehrerin abzulegen." 1942 arbeiteten bereits 174 Führerinnen als Schulhelferinnen im Warthegau.[19] Die Schulhilfe des BDM spielte eine Schlüsselrolle bei der Germanisierung der Volksdeutschen in den eingegliederten Gebieten. Die Schulhilfearbeit des BDM eröffnete Mädchen Karrieren, die ihnen sonst nicht möglich gewesen wären. In Danzig-Westpreußen wurden die Mädchen auf dreimonatige Vorbereitungslehrgänge an die Hochschule für Lehrerbildung in Elbing geschickt, danach genügten zwei Wochen Anleitung durch die HJ und drei Monate pädagogische Praxis in den Dörfern, um als Lehrkraft eingestellt zu werden. Im Warthegau warb man BDM-Führerinnen aus dem Altreich an, die nach einer zehntägigen "allgemeinen Einweisung" einer Eignungsprüfung unterzogen wurden; die Prüfung umfaßte eine dreistündige Klausur, einen Lehrprobenentwurf und eine allgemeine Beurteilung. Nach praktischer Bewährung als Schulhelferinnen sollten sie zu einem Abschlußlehrgang an der in Posen geplanten Lehrerbildungsanstalt zugelassen werden.[20] Bis 1944 wurden auf diese Weise insgesamt 700 Schulhelferinnen in den eingegliederten Gebieten gewonnen. Die Mädchen waren in der Regel Anfang 20 und kamen aus verschiedenen, die meisten aus kaufmännischen Berufen. Alle waren zuvor im Altreich Teilzeit-BDM-Führerinnen gewesen; 72% hatten nur die Volksschule besucht, nur 2% besaßen das Abitur; 68% waren gleichzeitig in der Parteiarbeit tätig gewesen. Manchmal waren die Schulhelferinnen kaum älter als ihre Schüler. "Nicht selten kommt es vor, daß fünfzehnjährige Mädel vierundzwanzig Jungen und Mädchen in den Anfangsgründen der Schulweisheit unterrichten; ältere fassen die letzten schulpflichtigen Jahrgänge zusammen und betreuen diese. Über die Grundschulung hinaus gilt es, der Jugend einen festen Begriff der Rasse beizubringen, den Stolz auf ihr Deutschtum und den Ehrbegriff der Gemeinschaft."[21]

Zu den Aufgaben der BDM-Mädel gehörte auch, den Siedlerfrauen beim Aufbau eines nach deutschen Maßstäben geordneten Haushalts zu helfen.

---

18 I. Z. Dok. I-336. Zur volkstumspolitischen Bedeutung der Kindergärten siehe auch Erdmann 1943; Schaeffer 1943.

19 Rüdiger 1942, S. 5.

20 Wiggert 1942, S. 81ff.

21 Das Junge Deutschland 36/1940, S. 233.

Deshalb führte der BDM in den eingegliederten Gebieten eine – allerdings zunächst noch auf freiwilliger Teilnahme beruhende – "hauswirtschaftliche Ertüchtigungspflicht" ein: "Ein geordneter Haushalt war noch immer eine unentbehrliche Voraussetzung für die Erhaltung und Festigung des Volkstums in den Grenzlanden"[22] Der BDM half volksdeutschen Mädchen, "echte deutsche Hausfrauen" zu werden. Sie unterrichteten die Siedlerinnen in Fragen des Gartenbaus, der Ernährung und der Essenszubereitung, halfen ihnen bei Haushaltsreparaturen oder beim Herstellen von Spielzeug und vor allem bei der Kinderpflege, sie übernahmen die Verteilung von Spielsachen, Büchern und Kleidern, die die NSV für die Umsiedler sammelte, etc. All diese Aktivitäten standen auch im Dienst einer national-kulturellen Mission: Sie sollten den Volksdeutschen ein Gefühl für die höhere und überlegene Qualität deutscher Sitten vermitteln. Weitere Aufgaben waren der Aufbau der lokalen BDM-Organisation – neue BDM-Einheiten wurden während dieser Zeit in 64 Siedlerdörfern errichtet – und die Entwicklung eines Dorfgemeinschaftslebens: Der BDM führte nach Angaben von Rempel insgesamt 213 "Morgenfeiern", 329 "Kindernachmittage" und 1045 Dorffeste durch, ebenso Trauungen und Taufen als Ersatz für priesterliche Tätigkeiten, die man im Warthegau tendenziell beseitigen wollte. Der BDM wurde auf diese Weise die wichtigste Kraft des Gemeindelebens, so wie Herman Nohl es sich schon vor 1933 vorgestellt hatte. Die Energien und der Enthusiasmus, die der BDM unter diesen Mädchen entfaltete, hatten sicher auch etwas damit zu tun, daß sich ihnen hier ein vielfältiges und zugleich volkstumspolitisch bedeutsames Feld an selbständigen Arbeiten anbot: "It was the Nazi version of female liberation, conditioned by wartime necessity, which produced its own kind of equality."[23]

Nohls Vision der "Siedlungshelferin" wurde in der sozial- und kulturpädagogischen Arbeit des BDM Wirklichkeit. Diese Arbeit wird anschaulich in dem autobiographischen Bericht Melita Maschmanns beschrieben, die zwischen 1939 und 1943 als BDM-Führerin im Warthegau tätig war. Ihre Schilderungen sind geprägt vom Eindruck des "Traditionalismus" und der Rückständigkeit der Volksdeutschen, an denen die BDM-Mädchen eine kulturelle Mission erfüllen zu müssen meinten, mit der sie aber auch oft scheiterten. Insofern verdeutlichen diese Schilderungen auch den teils illusorischen Charakter des deutschen "Germanisierungsprojektes". So beschreibt sie beispielsweise, in welchem Maße das Denken der volksdeutschen Bauern noch von abergläubischen Vorstellungen durchdrungen war. Eines Tages fand sie einen

[22] Rüdiger 1941, S. 178.
[23] Rempel 1989, S. 152.

11- oder 12jährigen Jungen mit verletztem Fuß: "Jemand hatte dem Jungen eine Kompresse aus Fliederblättern, die mit Hühnermist bestrichen waren, auf die Wunde gelegt. Ich ging zu seinen Eltern und beschwor sie, sofort mit dem Kind in die Stadt zu fahren. Aber sie hielten es nicht für nötig, einen Arzt aufzusuchen. Da machte ich mich selbst mit Daniel auf den Weg ... Später bin ich mehrmals in der Woche auf dem Rad mit meiner Apothekentasche durch die umliegenden Dörfer gefahren und habe meine 'Patienten' besucht, vorher mußte ich freilich die 'Konkurrenz' einer Gesundbeterin aus dem Feld schlagen."[24] Ähnlich bei der Geburtshilfe: Als sie einmal eine Hebamme zu Hilfe holen wollte, hieß es: "Wir brauchen keine Hebamme. Das Kind kommt so auf die Welt, wie wir auch auf die Welt gekommen sind." Eine Wiege und Windeln, die sie bereitstellte, gaben die Eltern wieder weg: "Wenn ein Kind erwartet wird, darf man keine Vorbereitungen für die Geburt treffen, sonst stirbt es."[25] Ihre Bemühungen brachen sich oft an diesem Traditionalismus, manchmal waren sie erfolgreich, manchmal nicht und führten dann zur Resignation und zum Scheitern. So in einem Beispiel, wo eine Frau sie nicht mehr an ihr Kind heranließ, das falsch und schlecht behandelt wurde: Möhrensaft, den sie vorbereitete, schüttete die Mutter heimlich wieder weg und gab dem Kind zur Beruhigung einen mit Schnaps beträufelten Schnuller. Während Melita Maschmann sich um eine gesunde Ernährung bemühte, das Kind im Freien strampeln ließ, eincremte etc., bekam zu hören: "Ich werde das Kind so behandeln, wie ich als Kind von meiner Mutter behandelt wurde." Sie scheiterte hier übrigens auch daran, die "Rassentrennung" durchzusetzen: "Die Bäuerin hält keinen Abstand von den polnischen Mägden. Sie albert den ganzen Tag mit ihnen herum und läßt das Kind dauernd von ihnen küssen. Der Bauer – er ist Ortsvorsteher – meinte auf meine dringende Vorhaltung, er möchte doch deutsch in seinem Haus sprechen, 'Deutsch oder polnisch, das ist mir alles eins'. – Ich war in Versuchung, ihm zu erklären, daß ein Mann mit einer solchen Einstellung nicht geeignet sei, Ortsvorsteher zu sein. Aber ich habe es unterlassen. Die übrigen volksdeutschen Bauern denken wohl kaum anders. Es wäre auch sinnlos, hier mit Zwang oder Drohung vorzugehen. Die Menschen müssen erst lernen, stolz auf ihr Deutschtum zu sein. – Auffallend ist auch die scheinbar deutschfreundliche Einstellung des polnischen Gesindes. Eine der Mägde – sie hat im Haushalt mehr zu sagen als die Bäuerin – singt den ganzen Tag deutsche Lieder ... Ich habe ihr verboten, derartige Lieder zu singen."[26]

---

[24] Maschmann 1963, S. 119f.
[25] Ebd., S. 105
[26] Ebd., S. 103.

Als Melita Maschmann im Rahmen eines Osteinsatzlagers mit einem Dutzend BDM-Mädchen die Betreuung einer Gruppe umgesiedelter Volksdeutscher übernahm, mußte sie nicht nur sozial- und kulturpädagogische Arbeit leisten, sondern auch Funktionen der Gemeindeverwaltung übernehmen: "Unser Gemeindevorsteher war ein alter, schwerhöriger Mann, der nach und nach all seine Verpflichtungen an mich abtrat, ohne jemals ein Wort darüber zu verlieren. Ich wurde 'Gemeindeschreiber', 'Friedensrichter', 'Arzt', 'Lehrer' und schließlich sogar 'Pfarrer'." Dabei übernahm sie auch polizeiliche Aufgaben: "Wenn die polnischen Knechte zu faul oder zu frech waren, holten die Bäuerinnen, deren Männer eingerückt waren, mich zu Hilfe. Ich setzte dann eine strenge Miene auf und erging mich in allerhand Drohungen. Das Äußerste, womit ich drohen konnte, war eine Anzeige beim Amtskommissar. Die Leute wußten, daß ihnen dann unter Umständen eine Verschikkung ins 'Altreich' bevorstand."[27]

Sonntags betrieben die Mädchen Erwachsenenbildung und Kulturarbeit. Vormittags "versammelten sich die meisten Männer des Dorfes, und es kamen immer auch ein paar Frauen mit, in der Schule. Wir besprachen die wichtigsten Fragen miteinander, und dann berichtete ich, was es an den Fronten und in der Politik Neues gegeben habe. Wir betrieben auch ein wenig 'Erwachsenenbildung', etwa, indem wir uns eine Weltkarte betrachteten und ich von den fremden Ländern erzählte."[28]. Man veranstaltete Morgenfeiern und "fröhliche Sonntagnachmittage, an denen wir mit unseren Gästen tanzten, sangen, Märchen erzählten und spielten." Die Morgenfeiern wurden vor allem für ältere Leute ein Kirchen-Ersatz. "Unsere Morgenfeiern waren zunächst nur als Stunden der Sammlung für meine Kameradinnen und mich gedacht. Auch wir 'brauchten' eine Art gläubiger Besinnung, und wir suchten nach einer Form, die sich mit den von uns als Lebensinhalt erfahrenen Werten deckte. Die Themen boten sich uns in Fülle an. Wir feierten die Heiligkeit des Brotes, oder der Heimat, oder der Arbeit, oder des Mutterseins usw. Ein andermal stellten wir politische Themen in die Mitte unserer Besinnung, etwa die Berufung, Führer eines Volkes zu sein. – Bald empfanden wir, daß wir auch diese Stunden mit unseren Bauern teilen sollten, mit denen wir eine immer engere Gemeinschaft anstrebten. Nun suchten wir nach einfacheren Worten und Liedern. Es stellte sich schnell heraus, daß unsere Gäste wenig mit den Versen und dichterischen Prosatexten anfangen konnten, die wir bisher reichlich verwendet hatten. Sie wollten persönlich in ihrem Schicksal, in ihren täglichen Nöten und Freuden angesprochen werden. Was blieb mir üb-

27 Ebd., S. 118f.
28 Ebd., S. 120.

rig, als von jetzt an eine Art Predigt in den Mittelpunkt unserer Besinnung zu stellen?"[29] In Ermangelung eines Geistlichen übernahmen die Mädchen auch Begräbniszeremonien: "Wie sollten die neuangesiedelten Bauern das Begräbnis ihres ersten Toten feiern? Sie hatten keinen Friedhof und keine Kirche und keinen Pfarrer ... Ich erbot mich, die Beerdigung gemeinsam mit meinen Kameradinnen auszugestalten. Es war niemand da, der ihnen sonst hätte helfen können." In einem anderen Fall beschreibt Melita Maschmann die pädagogische Arbeit mit volksdeutschen Mädchen: "Die meisten stammten wohl aus Wolhynien und wiesen alle charakterlichen Merkmale auf, die man dort findet, wo Familien seit Generationen in den untersten sozialen Schichten zwischen zwei Völkern hin- und hergeschoben wurden. Vor allem waren sie verschlossen und mißtrauisch. Sie hatten wenig Selbstgefühl, und es fiel ihnen schwer, zu einer Meinung zu stehen ... Meistens konnten sie weder Deutsch lesen noch schreiben, und ihr Bildungsniveau lag in der Nähe des Nullpunktes. Für sie richtete ich eine Art Elementarschule ein ..."[30]

Höppner, Gauamtsleiter für Volkstumsfragen im Wartheland, deklarierte die Kulturarbeit auf dem Dorf zu einer Haupterziehungsaufgabe der NSDAP, um die Angehörigen der Abt. 3 und 4 der DVL zu integrieren und das Entstehen einer "Zwischenschicht" zu verhindern: "Wohl nichts ist so geeignet, die Dorfgemeinschaft zu stärken, als ein Dorfabend, der aus der Gemeinschaft heraus gestaltet wird." Die Tätigkeit des BDM: Märchenspiele, Puppenspiel, Kasperletheater und dergleichen hätten besonders starkes Interesse gefunden. Auch das "Heimwerken" im Winter führe dazu, "daß tatsächlich im Dorf die Menschen zusammensitzen und gemeinsam basteln und arbeiten."[31]

Ein anderes Beispiel für die praktische Umsetzung solcher kulturpädagogischen Ideen liefert der Jungmannen- und Erzieher-Einsatz, den die Nationalpolitische Erziehungsanstalt Stuhm (Ostpreußen) 1941 organisierte: "Eine Reihe von Zügen durchzogen den Kreis und veranstalteten an für das Deutschtum wichtigen Orten Dorfgemeinschaftsabende, um so den Volksdeutschen deutsche Art, nationalsozialistisches Denken und unsere Art der Feiergestaltung näherzubringen. Auf diese Weise wurden etwa 7000 Volksdeutsche in kurzer Zeit erfaßt."[32] Dem praktischen Einsatz ging ein Einsatzlager voraus, in dem das Thema "Einsatz im Osten" behandelt wurde. Themen und Gegenstände dieses Schulungs- und Vorbereitungslagers waren:

---

29 Ebd., S. 121f.

30 Ebd., S. 140. 52% der Wolhyniendeutschen waren Analphabeten: Jansen/ Weckbecker 1992, S. 22.

31 Höppner 1943, S. 260ff., 272f.

32 Zit. n. Ueberhorst 1969, S. 356f.

"Unterrichtliche Behandlung des Themas 'Aufbau im Osten'.
Musische Vorbereitung der Dorfgemeinschaftsabende und Sonnenwendfeiern.
Politischer Einsatz im Kreise Leipe.
Geländeübung im Kreise Leipe an der Weichsel bei Bogpomosch.
Teilnahme am Kreistag der NSDAP in Leipe.
Landeinsatz der Züge 4 und 5 und Kreisleitereinsatz des Zuges 7."

Während des praktischen Einsatzes wurde der musischen Arbeit – gemeinsames Singen und Volkstanz während der Dorfgemeinschaftsabende und Sonnenwendfeiern – besonderes Gewicht gegeben: "Vielen der Zuhörer, insbesondere den Bessarabiern, waren Dorfgemeinschaftsabende in dieser Form etwas gänzlich Neues, so daß die Zuhörer äußerst zurückhaltend waren und erst im Laufe des Spiels Feuer fingen, dann aber zum Teil selbst aus dem Zuschauerraum heraus mitspielten ... Dort wo der Volkstanz in Gang kam, brachte er natürlich die beste Verbindung von Mensch zu Mensch zustande. Er erwies sich auch wieder bei der starken Zurückhaltung und Befangenheit vieler Volksdeutschen als ein wesentliches lösendes und belebendes Moment für eine solche kleine Gemeinschaft eines Dorfabends."[33]

Solche Tätigkeiten der nationalsozialistischen Jugendbewegung konzentrierten sich auf die eingegliederten Gebiete. Ähnliche Aktivitäten gab es aber auch im Generalgouvernement, sie waren allerdings wegen der geringen Zahl der Volksdeutschen weniger umfangreich. Ansätze einer vergleichbaren Siedlungs- und Germanisierungspolitik gab es im Distrikt Lublin. Im Rahmen der "Fahndung nach deutschem Blut" fand man hier eine größere Zahl deutschstämmiger Bauernfamilien, die "ins Polentum abgeglitten" waren, und für die zwecks "völkischer Rückgewinnung" im November 1940 eine Betreuungsarbeit begann: "Die Wiedergewinnung dieses deutschen Blutes wurde auf das energischste vorangetrieben ..." 1941 wurden Einsatzgruppen gebildet, "die aus einem Volksdeutschen als Schulhelfer und Dolmetscher sowie zwei reichsdeutschen BDM-Führerinnen als Dorfhelferinnen bestanden", um den Volksdeutschen "deutsche Sprache, deutsche Kultur, deutsche Lebensart und deutsche Arbeitsweise" wiederzubringen. Diese "Einsatzgruppen" in Zamosc und 20 Dörfern des Kreises erfaßten insgesamt 7800 Menschen:

"Die Betreuung erfolgt fast auf allen Lebensgebieten, und zwar:
wurden Schulen eingerichtet, in denen die Jungen und Mädels deutschen Schulunterricht erhalten;

[33] Ebd., S. 363.

an einigen Abenden in der Woche wurde den Erwachsenen deutscher Sprachunterricht erteilt und ihnen auch Anschauungsunterricht über deutsches Wesen, deutsche Art und deutsche Arbeit erteilt, wobei das Leben des Führers den besten Grundstoff abgab;
fröhliche Dorfabende stärkten den Gemeinschaftsgeist ebenso wie die im Laufe des Sommers veranstalteten Dorffeste, bei denen sich auch die Deutschstämmigen der umliegenden Dörfer einstellten und dadurch wieder ein Zusammengehörigkeitsgefühl bekamen;
Kindergärten für die Kleinen wurden eingerichtet;
erfolgte die Einrichtung von Näh- und Flickstuben;
Sport wurde betrieben, Bälle u. dgl. beschafft;
durch die NSV erfolgte Mütterschulung, Säuglingsfürsorge, sowie die soziale und hygienische Betreuung;
ebenso wurden die Deutschstämmigen durch Ausgabe von Kleidungsstükken usw. wirksam unterstützt;
zur Unterhaltung und geistigen Betreuung wurde von der Volksdeutschen Mittelstelle monatlich eine Zeitschrift 'Kolonistenbrief' herausgegeben, die erst in deutscher und polnischer Sprache gedruckt wurde, mit dem fortschreitenden Sprachunterricht aber verschwindet das Polnische immer mehr, so daß der Kolonistenbrief in absehbarer Zeit nur noch in deutscher Sprache erscheinen wird. Außer Unterhaltungsstoff enthält der 'Kolonistenbrief' Anregungen für landwirtschaftliche Arbeiten und sonstige praktische Winke für den Landwirt.
Außer dieser Erziehungsarbeit wurden die Dörfer mit deutschen Büchereien versehen.
Vom VDA wurden auch Kalender, Bilder, Musikinstrumente und dgl. mehr für die Deutschstämmigen zur Verfügung gestellt. Mit Unterstützung des VDA werden laufend begabte junge Volksdeutsche zur Erlernung eines Handwerkes nach Deutschland vermittelt und im Jugendhandwerkerheim in Frankfurt/Main untergebracht.
In Panska Dolina wurde ein Schulungsheim eingerichtet, wo junge Deutsch-stämmige zu einem Kurs zusammengefaßt, dort volkspolitisch geschult und auf dem angeschlossenen Wirtschaftshof unter Leitung eines Landwirtes mit der rationellen Bewirtschaftung des Bodens vertraut gemacht werden."[34]

[34] Doc. occ. Bd. VI, S. 209ff.; vgl. a. den Bericht in *Sonderlaboratorium* I, S.53ff. sowie Globocniks "Dienstanweisung über die kulturelle Fürsorge für die Angesiedelten" in: ebd. Bd. II, S. 45ff.

Dies war bereits ein sehr umfangreiches und anspruchsvolles Programm pädagogischer Betreuungsarbeit, das in dieser Weise eher ungewöhnlich war und im Generalgouvernement eine Modellfunktion erfüllte. Schließlich sollte von hier aus Himmlers Germanisierungsprojekt weiter gen Osten vorangetrieben und ein zusätzlicher Volkstumswall als Keil ins Generalgouvernement hineingetrieben werden. Da benötigte man schon eine entsprechend geschulte und gefestigte volksdeutsche "Grundlage". Globocnik entwarf 1943 einen umfangreichen Plan für die Volkstumsarbeit, für die volks- und nationalpolitische Erziehung der Volksdeutschen im Kreis Zamosc, die von der inneren und äußeren Gestaltung der Bauernhäuser über Empfehlungen für Kleidung und Trachten bis zur Gestaltung von Festtagen und Dorfgemeinschaftsabenden reichte, und die Pflege des "Bluts-, Rassen- und Sippenbewußtseins" ebenso einschloß wie handwerkliche Kunst, Volkstänze, Sportwettkämpfe und Übungen zur "Wehrertüchtigung". Die Bildungsarbeit am Volksdeutschen müsse sich auch auf die "äußere Gestaltung seines Hofes, seiner Kleidung, seiner Art" richten, "um nicht nur einen entsprechenden Abstand zum Fremdvölkischen zu erreichen, sondern in ihm seine kulturelle Schaffenskraft zu erwecken und zur Entwicklung zu bringen." Unter anderem sollte in jedem Dorf ein "Sippenhaus" entstehen, in dem Ereignisse wie Geburten, Eheschließungen und Totenfeiern begangen würden: "Eine freundliche Halle mit den Insignien des Reiches, mit Blumen und Licht geschmückt, soll die Gleichmäßigkeit unserer Betrachtung der Lebensakte geben. Nur das Symbol der Handlung, also einem Kind etwas als Erbe seiner Ahnen zu geben, was er getreu in seinem Leben zu behüten hat, bei der Hochzeit den Eheschließern etwas zu geben, das sie Zeit ihres Lebens an ihre Treueverpflichtung erinnert und schließlich vom Toten etwas aufzubewahren, das den Nachkommen zur Ermahnung dienen soll." Die grundlegenden Planungsarbeiten sowie die Vorgaben für die Gestaltung von Gebäuden, Einrichtungen, Feiern etc. sollten durch Globocniks "Forschungsstelle"[35] erfolgen, für die Ausführung waren die HJ und der "Fraueneinsatz" zuständig. 1943 forderte Globocnik 80 Studenten bzw. Studentinnen bei der Einsatzleitung Ost der Reichsstudentenführung in Posen an, die vor allem als landwirtschaftliche Berater der Siedler benötigt wurden. Globocniks Liste umfaßte aber auch Architekten, technische Zeichner, Volkswirtschaftler, Historiker, Slawisten u.a., die er offenbar für den Aufbau seiner "Forschungsstelle" benötigte.[36]

---

[35] Siehe oben S. 119. 1943 waren fünf von vierzehn geplanten Abteilungen dieser Forschungsstelle besetzt, darunter auch die Abteilungen Architektur, "Sammlung von volkskundlichem Material" und "Germaneneinsatz".

[36] *Sonderlaboratorium* II, S. 44ff. und 109f.

1942 waren im Kreis Zamosc 45 BDM-Mädchen im Einsatz, unterstützt von neun Kindergärtnerinnen. Die meisten waren allerdings nur jeweils vier bis acht Wochen hier tätig, nur acht arbeiteten längerfristig im Kreis, gehörten damit aber auch zu den besten Kennern der volksdeutschen Familien. Die Mädchen wurden einer bestimmten Zahl von Volksdeutschen zugeordnet, über deren Verhalten sie Buch führten. Ihre Eintragungen lieferten der SS "wertvolle Hinweise bezüglich der Haltung der Familie im Verlaufe eines Jahres."[37] Da Zamosc das Zentrum der deutschen Siedlungspolitik war, richtete man hier auch 1943 die erste Schule für "Dorfberaterinnen" ein; BDM-Mädchen, die bereits in den volksdeutschen Siedlungsgebieten des Generalgouvernements gearbeitet hatten, erhielten hier eine fachliche und weltanschauliche Schulung. Geplant war, daß in Zukunft für alle "Dorfberaterinnen" der Besuch dieser Schule obligatorisch sein sollte.[38] Daneben wurden im Generalgouvernement weitere eigene Ausbildungsstätten für sozialpädagogische Tätigkeiten aufgebaut. So gab es Vorschulen und Schulheime für Krankenschwester-Anwärterinnen, für Anwärterinnen sozialer Berufe und für Kindergärtnerinnen in Krakau und Warschau; auf der Krakauer "Schulungsburg" wurden Lehrgänge für soziale Fachkräfte der Familien- und Jugendhilfe durchgeführt, in denen Leiterinnen und Referentinnen der NSV-Einrichtungen "eine offizielle weltanschauliche, biologische und geschichtliche Ausrichtung" erfuhren.[39]

Kehren wir zurück zum Warthegau. Mit Beginn des Krieges gegen die Sowjetunion wurden die Ost-Aktivitäten von HJ und BDM hier intensiviert; in den Vordergrund rückte jetzt die Aufgabe der Integration der volksdeutschen Jugend in die nationalsozialistischen Jugendorganisationen, um dadurch die soziale Stabilität in den besetzten Gebieten zu sichern und zu festigen. 1942 dienten 16 022 Mädchen und junge Frauen des BDM in den eingegliederten Gebieten. Um ihre Arbeit zu unterstützen, wurden zunächst 1000, 1943 weitere 5326 männliche HJ-Führer in den Osten geschickt. Ihre Hauptaufgaben waren Supervisions- und Erziehungsarbeit, politische Schulung und Berufsberatung der Siedlerjugend. 1942 begann man, in jedem HJ-Distrikt der eingegliederten Gebiete "Spezialisten für Siedlerhile" einzusetzen, die die Tätigkeiten der Jugendorganisationen mit der Arbeit der NSDAP und der SS koordinieren und die BDM-Lagerführerinnen, Schul- und Kindergartenhelferinnen beaufsichtigen sollten. Menzels Ansiedlungsbüro in

37 Ebd., I, S. 58.
38 Pressedienst des Generalgouvernements Folge 324, Krakau 1943, S. 8.
39 Ebd., Folge 326, S. 7 f., Folge 328, S. 7.

Litzmannstadt, das für die Durchgangslager verantwortlich war, wurde jetzt direkt dem RKFDV unterstellt, und die HJ wurde unmittelbar in die rassen- und volkstumspolitische Arbeit der SS einbezogen. Die HJ richtete in Litzmannstadt einen Aktionsstab ein, der unter anderem an den Klassifizierungsarbeiten und Untersuchungen im Rahmen der Deutschen Volksliste mitwirkte und eigene rassische Überprüfungen vornahm, um festzulegen, wer in die HJ aufgenommen werden konnte. HJ-Mitarbeiter überprüften volksdeutsche Jugendliche auf ihre Germanisierungsfähigkeit. Da das Ziel war, möglichst alle volksdeutschen Jugendlichen zu erfassen und in die HJ zu integrieren, mußte eine Differenzierung nach deutscher Abstammung und rassischer Zugehörigkeit vorgenommen werden. Die Jugendlichen wurden also entsprechend untersucht und "durchprüft", und wer in die DVL Abt. 1 und 2 aufgenommen wurde, wurde automatisch Mitglied der HJ, Angehörige der Abt. 3 und 4 dagegen nur nach einer Bewährungszeit. 1943 wurde eine Dienstkarte der HJ eingeführt mit entsprechenden Qualifikationen – damit begann eine bürokratisch geregelte Hierarchisierung der Jugend. Auf der Karte wurde vermerkt: "unmittelbare Eindeutschung – aufnahmeberechtigt – Eindeutschung auf Widerruf – Ächtung oder Verbannung (für nicht-eingedeutschte Familien, politisch nicht verläßliche oder deutschfeindliche) – Ausnahme – Waisenkind." Anfang 1944 begann man im Warthegau mit der Einrichtung von Jugendlagern für Angehörige der Liste 3 und 4, um berufliche, vor allem aber sprachliche und weltanschaulich-politische Defizite zu beheben.

Die Grundzüge dieser veränderten Politik wurden in Besprechungen zwischen der Gauamtsleitung für Volkstumsfragen und der Obergebietsführung der HJ im Wartheland im März 1944 festgelegt.[40] Danach trat die "Rückdeutschungsarbeit" an Jugendlichen in den Vordergrund des BDM-Osteinsatzes; die Siedlerhilfe und Betreuung der Familien sollte künftig hauptsächlich durch die NS-Frauenschaft erfolgen, hier sollte sich der BDM-Einsatz auf besonders gefährdete, "sprachschwierige" Familien beschränken. Den kurzfristigen Einsatz in der Ernte- und Siedlerhilfe wollte man auf einige wenige besonders wichtige Aufgaben zurückführen wie den Einsatz von Erntekindergartenhelferinnen. Stattdessen wollte man sich künftig auf die Arbeit in "Volkslistenlagern" konzentrieren, die zu Dauereinrichtungen werden sollten. Besonders gefährdete und erziehungsbedürftige Kinder sollten mehrmals in Lagern erfaßt werden, um sie sprachlich und politisch zu schulen, für die älteren Jugendlichen waren spezielle berufsvorbereitende Lager von einem halben Jahr Dauer geplant, um sie für eine längere Zeit ihrer polnisch beeinflußten Umwelt zu entziehen. Um eine nachhaltige Rückdeut-

---

40 Hierzu und zum Folgenden I. Z. Dok. I-277 und 363.

schungsarbeit leisten zu können, sei es notwendig, die Jugendlichen der Volkslistengruppen 3 und 4 "immer und immer wieder in HJ-Lager zu holen."

Über die Arbeit in den Volkslistenlagern für rückzudeutschende Jugendliche der Abt. 3 und 4 der DVL schrieb die BDM-Führerin Margot Frohwerk im September 1944: "In diesen Menschen, die in den wenigsten Fällen selbst abtrünnig geworden sind, sondern deren Eltern oder Großeltern durch Heirat oder die Machenschaften der polnisch-katholischen Kirche ihre Abstammung vergaßen, verleugneten und im polnischen Volk aufgingen, ist das deutsche Erbgut durch polnische Einflüsse verschüttet und überwuchert ... Voraussetzung für die Zurückgewinnung der polnisch beeinflußten Jugend ist allerdings, daß es uns gelingt, sie die polnischen Eindrücke vergessen zu machen, sie nach Möglichkeit eine längere Zeit dem polnisch verstrickten Elternhaus zu entziehen und ihnen in deutscher Gemeinschaft deutsches Kulturgut, Ordnung und Fleiß beizubringen, um die in ihnen schlummernden deutschen Blutskräfte zu wecken." Bis zu diesem Zeitpunkt, bis August 1944, waren bereits 2642 Jungen und Mädchen von zehn bis vierzehn Jahren in solchen Lagern erfaßt worden. "Dabei ist zu erwähnen, daß mehr als die Hälfte dieser Jugendlichen sprachlich so schlecht ist, daß sie noch einmal in Wiederholungslager einberufen werden müssen. Darüberhinaus wird versucht, die zur Schulentlassung kommende sprachlich besonders schlechte Jugend in berufsvorbereitenden Förderungslehrgängen, alle anderen in weitgehendstem Maße in Landdienstlagern, Jugendwohnheimen, deutschen Lehrstellen usw. zu erfassen, um die Jungen und Mädel für eine längere Zeit in rein deutsche Umgebung zu bringen und sie hier in unserem Sinne erziehen zu können." Diese Jugendlichen, so Margot Frohwerk, dürften "unter keinen Umständen sich selbst überlassen bleiben", sie bedürften "einer dauernden Aufsicht und Lenkung unsererseits", denn andernfalls blieben sie ein "unsicheres Element in unserem Volkskörper". Hauptproblem waren die schlechten deutschen Sprachkenntnisse der Kinder und Jugendlichen. Diese waren auch in einem vierwöchigen BDM-Osteinsatzlager "mit Führungskräften der HJ" kaum zu beheben. Die Sprecherziehung bestand wohl im wesentlichen darin, daß den Kindern deutsche Lieder beigebracht wurden: "Eine der Hauptaufgaben in diesen 4 Wochen ist darum, die Kinder bei Lied und Spiel, im täglichen Umgang an den Gebrauch der deutschen Sprache zu gewöhnen und ihnen immer und immer wieder einzelne Begriffe zu erklären. Das deutsche Lied und das deutsche Märchen wecken am schnellsten das in ihnen verschüttete Erbgut." Die Verknüpfung mit "Lied und Spiel" gehörte auch in der Schulpädagogik zu den Grundprinzipien deutscher Spracherziehung im Osten: "Mit suggestiver Kraft zwingen unsere deutschen Sing- und Sprechspiele die Schulanfänger, die deutsche Sprache zu gebrauchen."[41]

Die "Rückdeutschungslager" für die Kinder und Jugendlichen der Abt. 3 und 4 hatten nicht nur den Zweck, die Jugendlichen beschleunigt zu integrieren, sondern sie erfüllten gleichzeitig auch Funktionen der Kontrolle, der Hierarchisierung und der vorbereitenden Selektion im Hinblick auf die endgültige Aufnahme in die DVL. In einem anderen Bericht schrieb Margot Frohwerk: "Wir dürfen diese Menschen zumindest während der ersten Jahre nicht sich selbst überlassen, sondern müssen eine ständige Kontrolle über sie ausüben, schon um bei entsprechender Gelegenheit (Verzicht auf den Widerruf, Gebrauch vom Widerruf) eine richtige Beurteilung abgeben zu können und die Menschen aus unserer Gemeinschaft abzustoßen, die nicht wert sind, zu uns zu gehören." Noch im Januar 1945 entwickelte Margot Frohwerk aufgrund einer Auswertung der bis dahin gemachten Erfahrungen in der "Rückdeutschungsarbeit" weitergehende Überlegungen. Zwei Gruppen hätten sich bei dieser Arbeit herausgeschält: diejenigen, die sprachlich so schlecht seien, daß sie in Wiederholungslager müßten, und diejenigen, die "z.T. unseren Pimpfen und Jungmädeln gleichgestellt werden können oder zumindestens schnell in ihre Gemeinschaft hineinwachsen würden." Ein wiederholtes Zusammenfassen in Lagern sei aber bei beiden nötig. Für die zweite Gruppe genügten jedoch sechs- bis achttägige Lager, um ihnen "deutsches Gemeinschaftserlebnis" zu vermitteln ("den Unterschied zwischen ihrer zum größten Teil noch polnischen Erziehung und unserem Gemeinschaftsleben aufzuweisen"); für die anderen seien Wiederholungslager in Osteinsatzlagern nötig. Im Elternhaus volkspolitisch besonders stark gefährdete Mädel müßten in berufsvorbereitende Förderlager kommen und anschließend Hauswirtschaftslehrgänge in HJ-Lagern machen. Am effektivsten sei die Einrichtung von Jugend- und Volksschulheimen, weil die Jugendlichen hier ihrer gefährdenden Umwelt für längere Dauer vollständig entzogen werden könnten.

Die Erfahrungen, die man in den "Rückdeutschungslagern" machte, waren eher entmutigend: "Die 13 und 14 Jährigen sind teilweise schon sehr verstockt und widerspenstig und schwer zu lenken." Selbst dort, wo die Kinder schon mehr oder weniger gut deutsch sprachen, war doch der polnische Einfluß zumeist noch dominant: "Man merkt aber immer wieder, daß die Umgangssprache im Elternhaus in den meisten Fällen polnisch ist. Die Kinder versuchen immer wieder, polnische Briefe nach Hause zu schreiben, nachts träumen sie polnisch, Ordnung und Sauberkeit kennen sie kaum, und es kostet viel Mühe, sie an Disziplin zu gewöhnen." Auch deswegen genügte ein

[41] Bochdam 1940.

einmaliges Lager nicht: "Es muß die Möglichkeit geschaffen werden, diese Lager immer und immer wieder in den Ferien zu wiederholen ... Es wird in sehr vielen Fällen unbedingt notwendig sein, die Jugendlichen aus dem polnisch beeinflußten Elternhaus überhaupt zu entfernen und sie in andere Umgebung zu verpflanzen." Die Errichtung von Schulheimen für Tausende von Jugendlichen war freilich zu diesem Zeitpunkt – zu Beginn des Jahres 1945 – bereits illusorisch.

In Erfahrungsberichten aus der Lagerarbeit wird immer wieder deutlich, wie fremd die Jugendlichen den Mitarbeitern des BDM in Wahrheit waren: Den Mädchen fehlt, so hieß es beispielsweise, jedes "Ehrgefühl", sie würden diesen Begriff nicht einmal kennen; sie seien unordentlich, einige "teils schon verschlampt"; die Einfügung in die Gemeinschaftsordnung bereite den meisten große Schwierigkeiten; ihre Aufnahmebereitschaft sei von ständig wechselnden Launen abhängig. Bei 75% der Mädchen könne die Mutter kein Wort Deutsch. Unter solchen Bedingungen mußte man die pädagogischen Ansprüche zwangsläufig erheblich reduzieren. Die Kinder kämen zwar in den vier Wochen des Lagers, so ein Kommentar, "rein schulisch" kaum weiter, fingen aber doch an, "deutsche Sauberkeit, Ordnung, Ehrlichkeit und auch deutsches Denken ein klein wenig zu lernen." Eine BDM-Pädagogin versuchte, in "Erzählabenden" den Kindern "den Führer und seine Mitarbeiter" näherzubringen, ihnen von Deutschland etc. zu berichten: "Dabei mußte ich feststellen, daß sie, obwohl alles sehr kindlich und einfach vorgetragen wurde, kaum folgten und plötzlich mit ganz anderen Fragen kamen. Ich ließ diese Themen dann ganz fort und erzählte ihnen nun jeden Abend ein Märchen, diesen folgten die Kinder mit ungeteilter Aufmerksamkeit ..."

Es überrascht kaum, daß die Kinder und Jugendlichen der Abt. 3 und 4 der DVL in diesen Lagern von vielen BDM- und HJ-Angehörigen mit Mißtrauen, teils auch mit Verachtung betrachtet und nicht als "wirkliche Deutsche" angesehen wurden.[42] Die Zustände in den Lagern glichen daher manchmal eher denen in einem Straf- bzw. Konzentrationslager. Von einem Lager wurde der Gauleitung gemeldet, daß die Kinder dort Läuse und Krätze

---

[42] Berichte des Sicherheitsdienstes bestätigten allgemein verbreitete Vorurteile und eine ablehnende Haltung von Reichs- gegenüber Volksdeutschen: "In deutschen Geschäften und Gaststätten werden anstehende Volksdeutsche von Reichsdeutschen immer wieder als Fremdvölkische behandelt. Bei Auseinandersetzungen, die nicht zur Seltenheit gehören, übt der Reichsdeutsche in seinen Ausführungen keineswegs Zurückhaltung, beschimpft die Volksdeutschen als 'polnische Schweine, minderwertiges Gesindel' und dergl." Der Volksdeutsche werde sogar als Arbeitskraft abgelehnt: "So sträuben sich beispielsweise die deutschen Haushalte, deutsche Dienstmädchen anzustellen, weil sie 'anspruchsvoller als die Polen' und dazu 'ordinärer' seien": Doc. occ. Bd. VI, S. 226.

hätten, der Schlafraum sei nicht geheizt, die Kinder seien ständig erkältet, das Essen sei unzulänglich, die Kinder litten chronisch an Hunger, während die Lagerführerinnen das bessere Essen für sich reservierten. Eine BDM-Gruppenführerin schrieb der Gauleitung im Mai 1944 über ein anderes Lager, die Lagerführer/-innen seien zu jung und unreif und daher ihren Aufgaben nicht gewachsen: "Der 16-jährige Lagerunterführer kommandiert die Jungen in einem unerhörten Unteroffizierston. Ich habe von ihm noch kein freundliches Wort im Gespräch mit seinen Jungen gehört. Selbstverständlich sollen die Jungen zu Zucht und Ordnung erzogen werden. Das ist jedoch nicht allein mit Anbrüllerei zu erreichen. Es ist empörend, in welcher Weise der Führer die Jungen mit Gewaltkuren straft. Einer der Buben hatte z.B. ein Telegramm an seine Eltern geschickt mit der Bitte, ihm bald zu schreiben. Daraufhin ließ ihn der Führer bei kalter, nasser Witterung in der Turnhose vor versammelter Lagerbelegschaft im feuchten Gras strafexerzieren und stieß ihm bei Ungeschicklichkeiten mit seinem Stiefel in die Seite."[43]

Dort, wo nicht mehr ganz klar war, ob man es noch mit Deutschen oder schon mit Polen zu tun hatte, konnte die zunächst enthusiastisch begonnene Volksbildungsarbeit offensichtlich schnell in eine von der Mentalität deutschen Herrenmenschentums geleitete Erziehungsarbeit umkippen. Diese Mentalität zeigte sich natürlich erst recht da, wo deutsche Jugendliche im Landdienst mit polnischen Landarbeitern in Berührung kamen und bei ihrer Beaufsichtigung eingesetzt wurden. Das läßt sich am Beispiel eines Berichts über den Landdienst von Schülern einer Nationalpolitischen Erziehungsanstalt im Warthegau aus dem Herbst 1942 veranschaulichen. Die "Jungmannen" mußten sechs bis acht Wochen Dienst bei einem volksdeutschen Siedler oder Bauern leisten: "Diese Arbeit war nicht in erster Linie als soziale Hilfe für die Bauern gedacht, sondern die Jungmannen sollten eine Zeitlang mit den Bauern leben, um sie später einmal führen zu können." Einer der "Jungmannen" schrieb über seine Erfahrungen bei einem volksdeutschen Bauern: "Er ist der einzige Deutsche auf seinem 280 Morgen großen Hofe, auf dem 14 Polen arbeiten ... Meine Aufgabe ist es, die Polen bei ihrer Arbeit zu beaufsichtigen und mitzuarbeiten. Ich muß die Polen antreiben und aufpassen, damit sie nicht stehlen. Sie sind zum größten Teil Analphabeten und nicht gerade intelligent. Ihre Behausungen sind ... nicht zu beschreiben. Es sind eben Polen und die sind minderwertig. Damit ist alles gesagt. – Wir arbeiten mit an der Aufgabe, dieses Land vollkommen deutsch zu machen. Dazu müssen junge deutsche Menschen mit dem Land und der Wirtschaft in Berührung kommen, um später, wie einst unsere Vorfahren, als Bauern oder

---

[43] I. Z. Dok. I-363 Bl.73f.

auch als Beamte und Soldaten nach Osten zu ziehen. Der durch den Soldaten erkämpfte Raum muß dem Volke erhalten bleiben. Das Land muß von deutschen Menschen bebaut werden, um unser Volk zu ernähren."[44]

Das Beispiel veranschaulicht auch das Nebeneinander von Pioniergeist und Verachtung gegenüber den Polen, die für die Unterdrückung und die Leiden der polnischen Bevölkerung blind machte. Dies wird besonders gut an den Berichten Melita Maschmanns deutlich. Ihre Schilderungen geben einen Eindruck von der Härte der Arbeit, aber auch vom Abenteuer- und Pioniergeist, vom Enthusiasmus und der leidenschaftlichen Hingabe der Jugendlichen, die sich für den "Ost-Einsatz" meldeten. Sie agierten im Bewußtsein einer Elite und einem Vorposten des Reichs anzugehören, einer großen Mission, die sie für "das Reich" erfüllten: "Meine Gefährten und ich empfanden es als eine Auszeichnung, daß wir mithelfen durften, dieses Gebiet für unser Volk und für die deutsche Kultur zu 'erobern". Wir hatten durchaus den hochmütigen Elan des 'Kulturbringers' ... Hier herrschte noch nicht die Bürokratie, hier war fast jeder in seinem Wirkungsbereich ein kleiner König. Es gab Spielraum für Mut, Phantasie und Unternehmungsgeist, und wenn unser aller Verantwortungsbewußtsein auch fixiert war auf die Frage: 'Was dient deinem Volk zum Nutzen?' –, so gab es doch auch Raum für persönliche Verantwortung. Selbst die Atmosphäre der Feindseligkeit in der Begegnung mit den Angehörigen des anderen Volkes war nicht immer Anlaß zu Bedrükkung. Manchmal empfand man sie wie ein Stimulans ... Daß wir nun dort 'auf vorgeschobenem Posten' eine Art 'Kolonisationsarbeit' verrichten durften, heilte das in unserer Kindheit und frühen Jugend so sehr verletzte nationale Ehrgefühl. Deutschland verlangte nicht nur eine Leistung, sondern den ganzen Menschen von uns. Diese Erfahrung steigerte sich in manchen Augenblicken zu einem berauschenden Gefühl."[45] Den volksdeutschen Siedlern begegnete sie wegen ihrer starken Heterogenität mit einer Mischung aus Verachtung und Sympathie; aber es waren doch "Deutsche", denen man die "deutsche Arbeitsmoral" vermitteln, die man von Aberglauben und kultureller Rückständigkeit befreien würde. In dieser Hinsicht waren HJ und BDM auch Träger einer kulturellen "Modernisierung", freilich einer rassistisch gebrochenen Modernisierung. Die "polnische Mißwirtschaft" vor Augen schrieb Ulrich Greifelt: "Unsere Aufgabe kann nur sein, hier einen völligen Wandel zu schaffen – also neue Dörfer zu errichten, die deutscher Menschen würdig und ihnen eine wirkliche Heimat sind."[46] Daß die "Volksdeutschen"

---

[44] Der Jungmann 8. Kriegsnummer, S. 85, zit. b. Ueberhorst 1969, S. 277f.
[45] Maschmann 1963, S. 75 und 77.
[46] Greifelt 1941, S. 75.

sich meistens kaum von der polnischen Bevölkerung unterschieden, wurde nicht wirklich realisiert, sondern rassenideologisch rationalisiert. Die "Modernisierung" erfolgte unter Ausgrenzung und zu Lasten der Polen, denn Modernisierung bedeutete "Germanisierung", und davon waren die Polen ausgeschlossen, weil ihnen die rassischen Voraussetzungen fehlten – darauf waren die Jugendlichen im Osteinsatz lange vorher ideologisch indoktriniert worden, so daß ihnen Ausgrenzung und Aussiedlung der Polen jetzt auch kaum zum Problem wurden. Melita Maschmann bringt diese Widersprüche auf den Begriff: "fraglose Bereitschaft zu einem sehr harten Dienst, mit dem wir den 'Volksgenossen' helfen wollten, gepaart mit Blindheit für das Leid der 'Fremden'."[47]

Sie beschreibt, wie die BDM-Mädchen die neuen Häuser für die volksdeutschen Umsiedler aus Rußland und anderen Regionen des ferneren Ostens herrichteten. Oft fanden sie die Gebäude in einem schmutzigen und verkommenen Zustand vor und sahen sich in ihrem Vorurteil von der "polnischen Mißwirtschaft" bestätigt; wer Land und Gebäude so vernachlässigt, hatte keinen Anspruch darauf. Aber von der Vertreibung der Polen, die dem voranging, bekamen sie in der Regel nichts mit. Sie war zuvor von der SS besorgt worden (die oft auch für den schlechten Zustand der Räumlichkeiten verantwortlich war), die Mädchen kamen normalerweise erst *danach*: "Anfangs sahen wir kaum noch etwas von den Polen, wenn wir frühmorgens in die Dörfer kamen. Manchmal fuhr einer der hochbeladenen Wagen in der Dämmerung an uns vorbei, dann konnte man den Blick abwenden."[48] Auch sonst erhielten sie ein verzerrtes Bild von der polnischen Realität: "Die Tatsache, daß man Polen der gehobenen Schichten nirgends traf, verleitete mich zu dem Trugschluß, das polnische Volk setzte sich aus Proletariern, kleinen Bauern und ärmlichen Bürgern zusammen. Kein Wunder, so sagte ich mir, daß es in seiner Geschichte immer wieder lange Perioden der Fremdherrschaft erleiden mußte. Offenbar war es nicht imstande, eine dauerhafte tragfähige Führungsschicht heranzubilden."[49]

Daß den BDM-Mädchen gleichwohl nicht entging, was den Polen widerfuhr, daß sie vielmehr im Einzelfall selber an der Repression und Vertreibung beteiligt waren, zeigt aber Melita Maschmanns – durchaus selbstkritischer – Bericht *auch*. Zunächst ihre Schilderung der Arbeiten zur Herrichtung der für die Umsiedler bestimmten Häuser im Rahmen eines BDM-Einsatzlagers:

---

47 Maschmann 1963, S. 99.
48 Ebd., S. 126.
49 Ebd., S. 66.

"Im ersten Morgengrauen brachte uns ein Pferdefuhrwerk in das Dorf, in dem die Polen während der Nacht den Räumungsbefehl bekommen hatten. Ein SS-Führer erklärte uns, wozu wir gebraucht wurden: Wir sollten die leeren Häuser putzen, um sie für den Einzug der deutschen Bauern vorzubereiten, die in der Regel noch am selben Tag erwartet wurden. Seit Monaten hatten die Polen damit gerechnet, daß man sie eines Nachts innerhalb weniger Stunden von Haus und Hof vertreiben würde. Begreiflicherweise hatten viele ihr Anwesen unter diesen Umständen verwahrlosen lassen ... Mit Feuereifer machten wir uns an die Arbeit. Daß die meisten Häuser dreckig waren, bestätigte uns in unserem Hochmut: Hier herrschte eben die berüchtigte 'polnische Wirtschaft', und wir fanden, es sei an der Zeit, daß endlich 'ordentliche deutsche Bauern das Land und die Höfe übernahmen' ... Wenn wir uns ausmalten, wie unglücklich die Umsiedler über die schmutzigen Häuser sein würden, machte uns die Arbeit Freude. Sobald die Zimmer leidlich gereinigt waren, kochten wir ein Eintopfgericht und stellten es für den Empfang der deutschen Bauern bereit. Dann gingen wir an die feineren Putzarbeiten und setzten sie so lange fort, bis die neuen Hausbewohner eintrafen."[50]
Dies war gewissermaßen die "positive", "enthusiastische Seite" der Ost-Arbeit. An anderer Stelle schildert sie jedoch, wie die Mädchen unmittelbar in die Tätigkeiten der SS verstrickt wurden. Wenn es der SS an Personal fehlte, mußten sie offenbar selbst Polizeifunktionen bei der Vertreibung übernehmen:

"Während die Mädchen, über die Höfe verteilt, ihre Posten bezogen hatten, eilte ich mit dem Fahrrad von Hof zu Hof, um mich möglichst oft auf jedem Anwesen zu zeigen. Manchmal blieb mir nichts anderes übrig, als ein Fuhrwerk wieder abladen zu lassen und dann genau zu bestimmen, welche Gegenstände neu aufgeladen und welche zurückgelassen werden sollten. Da die Polen meine Anordnungen oft nicht verstanden oder nicht verstehen wollten, mußte ich die eindeutigere Gebärdensprache zu Hilfe nehmen. Ich pflegte mich dabei mit einem kräftigen Kleiderbügel zu bewaffnen, diese Amazonenbewaffnung empfahl ich auch meinen Kameradinnen. – Wenn ich vor den Fuhrwerken stand, die auf meinen Befehl wieder abgeladen wurden, sah ich um mich herum Blicke ohnmächtigen Hasses und geballte Fäuste. Ich hörte den wütenden und verzweifelten Protest in einer Sprache, die ich nicht verstand, und manchmal dachte ich: Jetzt greift hinter deinem Rücken einer nach dem Messer. – Den Mädchen hatte ich eingeschärft: Sorgt dafür, daß ihr den polnischen Männern und vor allem den jungen unter ihnen nie den Rücken zukehrt. Da sie jeweils zu zweit auf den Höfen waren, ließ sich das

50 Ebd., S. 126f.

einigermaßen einrichten."[51] Auf Fragen, wohin die Polen kämen, erhielten sie zur Antwort: in die Höfe der umgesiedelten Deutschen oder ins Generalgouvernement, und gaben sich damit zufrieden. "Unser Unterbewußtsein sorgte in der Regel mit Erfolg dafür, daß das Bewußtsein sich nicht erst in gefährliche Diskussionen einließ."[52]

Eine repressive Polizeigewalt gegenüber der polnischen Bevölkerung übten die BDM-Mädchen noch auf andere Weise aus. Um den volksdeutschen Ansiedlern bei der Einrichtung zu helfen, unternahmen sie, wie Melita Maschmann schreibt, "Piratenzüge" bei den Polen:

"In dieser Nacht versprach ich der Frau jede Hilfeleistung, zu der ich in der Lage sein würde. Vor allem wollte ich mich darum bemühen, daß sie bald das unentbehrlichste Mobiliar bekäme. Für Fälle wie den ihren war die Ausstattung mit sogenannten NS-Volkswohlfahrts-Möbeln vorgesehen ... Als ich ihr mein Versprechen gab, konnte ich nicht vorhersehen, daß gerade jetzt eine lange Lieferungsstockung zu erwarten war. Nach vier Wochen war das Haus fast noch so leer wie am ersten Tag. Da faßte ich den Entschluß, eigenmächtig zu helfen. In meinem Besitz befanden sich noch eine Reihe von Kopfbögen meiner früheren Hitler-Jugend-Dienststelle. Für den uneingeweihten Betrachter waren sie nur schwer von den Kopfbögen der Gau- und Kreisleitungen der NSDAP zu unterscheiden. – Auf einem dieser Bögen schrieb ich eine fingierte Anweisung des zuständigen Kreisleiters und Landrates, aus der hervorging, daß jeder polnische Hausbesitzer im Bereich der Gemeinden XY verpflichtet sei, einen kleinen Teil seines Mobiliars und seiner Küchenausstattung abzuliefern. Dann lieh ich mir eines Morgens von einem unserer schon länger angesiedelten Bauern einen großen Heuwagen, angeblich, um damit Möbel für die Neuangesiedelten aus der Kreisstadt abzuholen. – Mit diesem Gespann fuhr ich in eine entfernte Gegend des Kreises, in der – wie ich wußte – die Ansiedlung noch kaum begonnen hatte. Hier holte ich zusammen, was meine Bäuerin brauchte. Ich ging in die Häuser, die leidlich wohlhabend aussahen, hielt den erschrockenen Bewohnern meinen 'Kreisleiterbefehl' vor, verlas ihn und machte den Leuten dann durch Gebärden klar, welche Gegenstände sie auf den Wagen tragen sollten."[53]

---

51 Ebd., S. 129f.
52 Ebd., S. 130.
53 Ebd., S. 136f.

7. Zwangsarbeit, Germanisierung und Selektion der polnischen Kinder

Polnische Kinder und Jugendliche[1] unterlagen im Prinzip der Arbeitspflicht – in den eingegliederten Gebieten vom zwölften, im Generalgouvernement, wo die Schulpflicht etwas länger dauerte, vom vierzehnten Lebensjahr an. Die Altersgrenzen wurden aber oft unterschritten.[2] Im Warthegau erklärte der Reichsstatthalter 1944, alle Personen über zehn Jahren seien als einsatzfähig in der Landwirtschaft und in der gewerblichen Wirtschaft anzusehen: "Ich ersuche daher, die Beschäftigung von Ostarbeiter- und Polenkindern über 10 Jahren in der gewerblichen Wirtschaft zuzulassen, wenn sie mit geeigneten leichteren, ihrer Leistungsfähigkeit entsprechenden Arbeiten beschäftigt werden, ggf. auch dann, wenn die Arbeitszeit über 4 Std. tägl. ausgedehnt wird."[3] Kinder kamen auch in Arbeitslagern zum Einsatz: Zwölf- bis Fünfzehnjährige mußten etwa im Vernichtungslager Treblinka Arbeit verrichten, und Kinder waren auch unter den zur Zwangsarbeit ins Reich Deportierten. Kinder polnischer Zwangsarbeiter im Reich waren von der Möglichkeit des Schulbesuchs faktisch ausgeschlossen und damit für die Arbeit verfügbar. Das Reichserziehungsministerium erließ am 4. 2. 1943 Richtlinien zum Schulbesuch von Kindern ausländischer Arbeiter in Deutschland. Darin wurde zwischen drei Kategorien unterschieden: 1. Kinder aus Familien germanischer Abstammung, d.h. "stammesgleiche": Sie wurden zum Besuch deutscher Volksschulen zugelassen; 2. Kinder "nicht stammesgleicher fremdvölkischer Familien": Sie "sind im Gegensatz zu den stammesgleichen Kindern getrennt von den deutschen Kindern zu unterrichten. Sofern sie bei dringenden Arbeiten (Erntehilfe u.a.) eingesetzt werden können, sind sie großzügig vom Schulunterricht zu befreien". Bei größeren Zahlen sollten

---

[1] Das Schicksal der *jüdischen* Kinder in den Konzentrationslagern klammere ich hier aus, weil es nicht mehr als spezieller Teil der nationalsozialistischen Polen-Politik, sondern im Rahmen einer erziehungsgeschichtlichen Arbeit zum Holocaust zu behandeln wäre.

[2] Beispiele bei Hrabar u.a. 1981, S. 76.

[3] *Verbrechen* S. 186; vgl. Rundschreiben des Reichsarbeitsministeriums 5. 5. 1944, in Röhr u.a. 1989, S. 298.

Sonderklassen gebildet werden, in denen sie einen "verkürzten Unterricht" durch Laienhelfer erhalten sollten, die die Kinder in Grundlagen der deutschen Sprache und des Rechnens einführten. 3. Dies galt aber nicht für Polen und Ostarbeiter, sondern gemeint waren Ukrainer, Weißruthenen, Balten und Tschechen.[4] Damit waren die polnischen Kinder ohne jeden Schutz der wirtschaftlichen Ausbeutung ausgeliefert.

Wachsender Arbeitskräftemangel während des Kriegs führte zu einem verstärkten Rückgriff auf polnische Kinder und Jugendliche; seit im Februar 1943 die totale Mobilmachung aller Arbeitskräfte für den Krieg verkündet worden war, galt Arbeitszwang für alle Polen, angefangen bei den zehn- bis zwölfjährigen. Himmler erließ am 10. 9. 1943 eine Anordnung, die es u.a. erlaubte, Kinder über zehn Jahren zur Arbeit ins Reich zu schaffen.[5] Verwahrloste und elternlose Kinder wurden in Lagern zusammengefaßt und dort zur Arbeit angehalten. In solchen Fällen überlagerten sich oft Zwangsarbeit und Verwahrmaßnahmen. Dies gilt auch für die sogenannte "Heu-Aktion" in Rußland, bei der heimatlose und verwahrloste Kinder und Jugendliche vom deutschen Militär "aufgesammelt" wurden, die zum Teil durch Einziehung ihrer Eltern in Arbeitsbataillone heimat- und elternlos und die wegen Bettelns und Lager- und Küchendiebstählen eine Belastung für die Armee geworden waren. Teils handelte es sich um Kinder, die Spionage- und Erkundungsarbeit für Partisanen geleistet hatten oder die im Zuge von Aktionen gegen Partisanenbanden aufgegriffen worden waren. Für diese Kinder plante man 1944 die Einrichtung von "Kinderdörfern", in denen 40 000 bis 50 000, unter Einschluß weiterer Kinder in der Nordukraine sogar 135 000 Kinder unter vierzehn Jahren untergebracht werden sollten.[6] Sie sollten ins Reich abtransportiert und dort als Anlernlinge zu Fabrikbetrieben und bäuerlichen Handwerksbetrieben gegeben werden, um später als Facharbeitskräfte im militärischen Bereich bzw. als SS-Helfer Verwendung zu finden. Himmler verband damit das Ziel einer biologischen Schwächung des Gegners. Die Aktion blieb aber in Ansätzen stecken, nur 2500 bis 3000 Jugendliche konnten noch aus den rückwärtigen Armeegebieten in Marsch gesetzt werden. Sie landeten in Zwischenlagern in Litzmannstadt und Falkenburg/Pommern.[7]

In arbeitsrechtlicher Hinsicht wurden Jugendliche und Erwachsene im besetzten Polen gleich behandelt. Das bedeutet, für polnische Jugendliche entfielen die Schutzbestimmungen des deutschen Arbeitsrechts, und Jugendliche

---

[4] I. Z. Dok. I-324.
[5] Hrabar u.a. 1981, S. 78f.
[6] Ebd., S. 79.
[7] Herzog 1960 S. 41ff., 75ff.

wurden daher unter schweren gesundheitsgefährdenden Bedingungen in der Rüstungsindustrie eingesetzt. "Der Rüstungskonzern Krupp beschäftigte zum Beispiel die ganze Besatzungszeit hindurch zahlreiche Kinder im Alter von 11 bis 17 Jahren und 1944 sogar sechsjährige Kinder. In diesen Betrieben waren besondere Lager für die dort beschäftigten Kinder eingerichtet."[8] Im Generalgouvernement konnten Jugendliche zum "Baudienst" eingezogen werden; ab 1943 wurden an Berufsschulen nur noch junge Leute aufgenommen, die ihren Baudienst abgeleistet hatten. 1941 zählte der Baudienst im Generalgouvernement bereits 120 000 junge Leute.[9] Diese Jugendlichen wurden u.a. für die Arbeiten zur Abriegelung der Ghettos herangezogen und bei rüstungswirtschaftlich wichtigen Vorhaben eingesetzt. Die "Verordnung über den Baudienst" vom 1. 12. 1940 schuf im Generalgouvernement die Grundlage für die Einführung der Baudienstpflicht für männliche Jugendliche. Sie war zunächst auf drei bis vier Monate festgelegt und wurde 1941 auf eine Dauer von sieben Monaten ausgeweitet.[10]

Kinder und Jugendliche hatten in besonderem Maß unter den Deportationen und Aussiedlungen zu leiden. Die Aussiedlung von Polen begann im Oktober 1939 im Gebiet um Danzig. Bis zum November 1940 waren bereits 30 758 Personen aus Pomorze (Pommerellen) ins Generalgouvernement ausgesiedelt, darunter etwa ein Drittel Kinder. Im Warthegau wurden zwischen Oktober 1939 und Oktober 1944 rund 600 000 Polen ausgesiedelt, darunter etwa 250 000 bis 300 000 Minderjährige.[11] Viele Kinder starben beim Transport in die Lager vor Hunger und Kälte. Die Umsiedlungslager für Polen waren vorwiegend in alten Fabrikhallen oder Gebäuden ohne sanitäre Anlagen eingerichtet, in denen sich leicht Krankheiten und Epidemien ausbreiten konnten. Entsprechend hoch war die Kindersterblichkeit in diesen Lagern. Allein im Lager Potulice zum Beispiel, in das elternlose Kinder, Kinder von Widerständlern oder Kinder, die bereits aus anderen Lagern oder Gefängnissen (jugendliche Häftlinge) kamen, starben zwischen 1941 und 1945 583 Kinder unter sechs Jahren. "Im Lager entstand eine besondere Abteilung für Minderjährige. Die Kinder bis zu 12 Jahren wurden bei Landarbeiten auf

---

8 Hrabar u.a. 1981, S. 79.

9 *Kinder des Holocaust* S.41.

10 Das Generalgouvernement 1 (13/14) November 1941, S. 28ff. Hier wird erwähnt, daß die Jugendlichen u.a. im "Schnee-Katastrophendienst" eingesetzt wurden, um die Nachschubwege "für die im Osten kämpfende deutsche Wehrmacht" zu sichern. Aus dem Bericht geht außerdem hervor, daß die verschiedenen Volkstumsgruppen – Polen, Ukrainer, Goralen – jeweils in geschlossenen Arbeitsdienstabteilungen erfaßt wurden.

11 Ebd. S. 82.

Gütern, beim Steinesammeln und Steineklopfen für den Straßenbau usw. eingesetzt. Die älteren Kinder waren in der Lagerkartei als 'Erwachsene' registriert."[12] In einigen Aussiedlerlagern führten Rassenkommissionen der SS Untersuchungen im Hinblick auf eine mögliche Eindeutschungsfähigkeit durch, "rassisch wertvolle" Personen kamen in Eindeutschungslager. Aus den Aussiedlerlagern wurde häufig nur ein Teil ins Generalgouvernement umgesiedelt, andere kamen in andere Lager oder zur Zwangsarbeit ins Altreich.

Von der "Aktion Zamosc" im Distrikt Lublin, bei der die polnische Bevölkerung ausgesiedelt bzw. zur Zwangsarbeit deportiert werden sollte, um hier eine Bastion der nationalsozialistischen Siedlung nach Osten zu schaffen, waren Kinder in besonderer Weise betroffen: Sie sollten zusammen mit den arbeitsunfähigen Kranken und Alten in "Rentendörfer" geschafft werden (s.o.). Die Aussiedlungsaktion begann im November 1942. Der Abschlußbericht über die erste Phase der Aussiedlungen weist 1838 zur Deportation in "Rentendörfer" bestimmte Kinder bis vierzehn Jahren aus; solche "Rentendörfer" wurden, wie es in dem Bericht heißt, "in den Distrikten Warschau und Radom in der Hauptsache in von Juden verlassenen Dörfern errichtet." Der Bericht gibt allerdings zu bedenken: "Um die Aussonderung des unerwünschten Blutes und der Asozialen restlos zu erreichen, wäre zu erwägen, ob nicht auch die Kinder mit ihren Eltern in das Arbeitslager nach Auschwitz überführt werden sollten. In absehbarer Zeit treten die jetzt in die Rentendörfer verbrachten Kinder der Wertungsgruppe III biologisch wieder in Erscheinung und tauchen später erneut in unliebsamer Weise auf."[13] Eine Alternative war die Germanisierung der Kinder: "Waren Kinder unter sechs Monate alt, durften sie von ihren Müttern nicht getrennt werden. Waren sie älter als ein halbes Jahr, jedoch noch nicht alt genug, um mit den Großvätern in die Rentendörfer abgeschoben zu werden, so wurden sie in SS-Kinderheime eingewiesen, die sich vorwiegend im Reich befanden."[14] Etwa 4 500 polnische Kinder aus der Region Zamosc wurden zur "Germanisierung" nach Deutschland verschleppt; das waren vor allem "Bandenkinder", unter denen man stets ein hohes Potential von "Trägern wertvollen Blutes" vermutete.[15]

Im Dezember 1942 wandte sich der Warschauer Stadtarzt Wilhelm Hagen in einem Brief an Hitler, in dem er gegen den Plan der Deportation von Alten und Kindern in "Rentendörfer" protestierte, weil damit die Absicht verbunden sei, die Betroffenen dem Tod zu überantworten; bei der starken Liebe

---

12 Ebd., S. 83.

13 In: Röhr 1989, S. 238f.

14 Kuby 1986, S. 148. Bei Kindern unter 6 Monaten wurden die Mütter mit ihnen zusammen in die Rentendörfer verbracht: *Sonderlaboratorium* I, S. 176.

15 Wasser 1993, S. 290.

der Polen zum Kinde würde man mit dieser Aktion "den letzten Funken Verständigungsbereitschaft" auf Seiten der Polen auslöschen. Hagen wurde wenig später aus seinem Amt entlassen, Himmler erwog, ihn in ein Konzentrationslager zu überführen. Die Deutschen versuchten, die Kindertransporte geheimzuhalten. Als im Januar 1943 in Warschau Gerüchte kursierten, in der Umgebung seien Kinder aus Zamosc eingetroffen, die von ihren Eltern getrennt worden waren, weil diese zur Zwangsarbeit nach Deutschland deportiert wurden, ließ die deutsche Verwaltung über öffentliche Lautsprecheranlagen die Gerüchte dementieren und ihre Weiterverbreitung unter Strafandrohung verbieten. Wenig später trafen aber erneut Transporte mit über 1000 Kindern aus Zamosc im Distrikt Warschau ein. In einem Bericht des Sicherheitsdienstes wird festgehalten: "Der Transport nach Garwolin bestand zum größten Teil aus Kindern bis zu 10 Jahren. Die Kinder kamen in Personenwagen an und waren nur mit kleinen Kleiderbündeln versehen. Kurz nach der Ankunft verstarben 13 Kinder. Weitere mußten sofort in ein Krankenhaus überführt werden. Von diesen Kindern starben in den nächsten Tagen wiederum einige. Die Ausgesiedelten wurden im ehemaligen jüdischen Wohnbezirk untergebracht. – Von dem Transport nach Siedlce waren infolge mangelnder Verpflegung und Kälte bei der Ankunft bereits 20 Kinder tot. 80 weitere Personen mußten sofort in ein Krankenhaus überführt werden. Auch von diesen starb eine Anzahl während der nächsten Tage."[16] Die Bestattung der toten Kinder gestaltete sich zu einer Massendemonstration gegen die Deutschen; die Vorfälle lösten heftige Unruhen in Warschau aus. In der Regierung des Generalgouvernements wurde daraufhin über die Einstellung der Umsiedlungsmaßnahmen diskutiert. Als es etwas später im Raum Zamosc zu Massenerschießungen durch die SS kam, denen auch Kleinkinder, Frauen und Greise zum Opfer fielen, wandte Frank in einem Schreiben gegenüber Himmler ein, daß solche Maßnahmen nur die Widerstandsbewegung stärken würden. Dies waren Überlegungen, die schließlich zur Versetzung Globocniks und zur Einstellung der "Aktion Zamosc" führten.[17]

War bei der "Aktion Zamosc" der Tod von Kindern einkalkuliert worden, so ging man noch bedenkenloser daran, behinderte Kinder und Jugendliche umzubringen, die nach der Doktrin der nationalsozialistischen Psychiatrie als "unwertes Leben" galten. Bereits unmittelbar nach Kriegsbeginn wurden Insassen polnischer Heil- und Pflegeanstalten systematisch umgebracht; es war

---

16 *Sonderlaboratorium* I, S. 381.

17 Doc. occ. VI, S. 232; *Sonderlaboratorium* II, S. 61ff. Ein weiterer Grund für die Einstellung der Aktion war, daß die Bauern im Raum Zamosc ihren Ablieferungspflichten nicht mehr nachkamen.

der Beginn der organisierten Euthanasie. So wurden im Spital Owinska bei Posen zwischen Oktober und Dezember 1939 900 bis 1000 Insassen durch Erschießungskommandos ermordet, in der Nähe von Bromberg wurden von Ende September bis Anfang November 1939 2342 Geisteskranke ermordet – insgesamt brachten die Deutschen über 10 000 Insassen polnischer Anstalten um.[18] In Lubliniec (deutsch: Loeben) in Oberschlesien wurde 1942 eine jugendpsychiatrische Abteilung (bzw. "Kinderfachabteilung") eingerichtet, in die in der Folgezeit Kinder aus Polen und Deutschland eingewiesen wurden. Kinder, bei denen man eine angeborene oder erworbene Geisteskrankheit diagnostizierte, kamen in die "Abteilung B", wo sie medikamentös getötet wurden. Insgesamt kamen hier bis zum Kriegsende 194 Kinder um. Gehirn und Rückenmark einiger Kinder gingen an das Breslauer neurologische Institut Viktor von Weizsäckers.[19]

Für Jugendliche wurden besondere Jugend-KZs eingerichtet.[20] 1942 errichtete die Sicherheitspolizei in Litzmannstadt ein "Polen-Jugendverwahrlager", um zu verhindern, daß sich ein "Reservoir des Berufsverbrechertums" herausbildete. Die Pläne für dieses Lager gingen auf Heydrich, den Chef der Sicherheitspolizei und des Sicherheitsdienstes zurück, nachdem Himmler bereits im Juni 1941 angeordnet hatte, daß jugendliche polnische Verbrecher nicht von der öffentlichen Fürsorge zu erfassen, sondern sofort in ein Konzentrationslager einzuweisen seien. Eine Initiative zur Errichtung eines solchen Lagers war im Juni 1941 von der Litzmannstädter Stadtverwaltung ausgegangen, die sich besorgt über das Anwachsen der Jugendkriminalität in ihrem Raum zeigte – dies ist auch vor dem Hintergrund zu sehen, daß es zu diesem Zeitpunkt für die meisten polnischen Kinder hier kein Schulangebot gab. Heydrichs Konzeption sah zunächst nur ein Lager für Jugendliche über sechzehn vor, für jüngere sollte ein gesondertes polizeiliches Verwahrungslager errichtet werden. Die Altersgrenze wurde aber Ende 1942 aufgehoben, seitdem kamen Kinder zwischen acht und sechzehn Jahren in dieses Lager, darunter auch Mädchen, für die es eine eigene Abteilung gab; Untersuchungen ergaben, daß sich hier auch Kleinkinder befanden.[21] Die Errichtung des

---

18 Hinzu kommen deutsche Patienten, die zur Ermordung in polnische Anstalten geschafft wurden. Schmuhl 1987, S. 236ff.; Klee 1985, S. 67ff. Der Euthanasie fielen auch psychiatrisierte polnische Zwangsarbeiter zum Opfer: Hamann 1985.

19 Hrabar u.a. S. 176ff.; Schmuhl S. 376.

20 Hrabar u.a. 1981, S. 143f; Kozlowicz 1973, S. 37ff.

21 Kozlowicz 1973, S. 54. Die Kriminalpolizei von Litzmannstadt ging schon im August 1941 von Einweisungen sieben- bis sechzehnjähriger aus: Vermerk der Kriminalpolizeistelle Litz-mannstadt 30. 8. 1941, in: Loewy/ Schoenberner 1990, S. 188f.

Lagers stand im Zusammenhang mit dem Problem der Verwahrlosung während des Krieges. Familien wurden entwurzelt, zahlreiche Schulen waren geschlossen usf.: "Daher treiben sich die polnischen Kinder vielfach ohne jede Aufsicht und beschäftigungslos umher, betteln, handeln, stehlen und werden zu einer moralischen Ansteckungsquelle für die deutsche Jugend", so ein SD-Bericht. Weniger die Verwahrlosung der polnischen Kinder und Jugendlichen als vielmehr die daraus möglicherweise entstehenden Gefahren für die Deutschen waren das bestimmende Motiv bei der Einrichtung des Lagers: "Diesen asozialen Elementen muß die Möglichkeit einer dauernden Berührung mit der deutschen Bevölkerung genommen werden, zumal deren Verhalten nachteilige Folgen beim Aufbau in den hiesigen Ostgebieten hat."[22] In einem Rundschreiben des Reichsinnenministers vom Dezember 1942 wurden die Jugendämter angewiesen, alle zur Zeit in Fürsorgeerziehung befindlichen polnischen Minderjährigen unverzüglich der Kriminalpolizei zu melden, damit sie zum Schutz der *deutschen* Jugend ins Litzmannstädter Lager eingewiesen werden; eine besondere Antragstellung seitens der Jugendämter war nicht mehr nötig. Die Fürsorgeerziehung wurde damit zu einer rein polizeilichen Augabe.[23]

Das "Polen-Jugendverwahrlager" war daher keine Jugenderziehungs- oder -fürsorgeanstalt, sondern unterstand der Sicherheitspolizei. Da der "Erziehungsgedanke im Polenstrafrecht keinen Platz hat", kam das deutsche Jugendstrafrecht in Polen nicht zur Anwendung. Das bedeutete, daß über Jugendliche auch die Todesstrafe verhängt werden konnte.[24] "Erziehungsmaßnahmen", so Heydrich, "kommen für die polnischen Jugendlichen außer der Gewöhnung an Ordnung, Sauberkeit und Arbeit nicht in Frage. An Wissen und Können soll ihnen nur soviel beigebracht werden, daß sie einfache Arbeitsanweisung lesen, verstehen und sinngemäß ausführen können."[25] Ähnlich äußerte sich die Kriminalpolizeistelle Litzmannstadt: "Da die Verwendung der Jugendlichen auch im reiferen Alter nur für untergeordnete Arbeiten in Betracht kommt, ist ihre Erziehung auf einem möglichst niederen Ni-

---

22 Ebd.

23 Kuhlmann 1989, S. 238.

24 Doc. occ. V, S. 342; vgl. Majer 1981, S. 758f. Die Straffähigkeitsgrenze von vierzehn Jahren galt zwar auch für polnische Kinder, nicht jedoch bei Taten gegen den "Schutz des Volkes" (Hrabar u.a. 1981, S. 196). In Oberschlesien wurde die Schuldfähigkeitsgrenze gegen Kriegsende auf das zehnte Lebensjahr herabgesetzt: Kuhlmann S. 239. Das Reichsjustizministerium hatte bereits in einer Verordnung vom 18. 7. 1940 eine unterschiedliche Behandlung straffällig gewordener volksdeutscher und "fremdvölkischer" Jugendlichen angeordnet: volksdeutsche Jugendliche sollten in Jugendgefängnisse, fremdvölkische in Erwachsenenstrafanstalten eingeliefert und "dort von den Erwachsenen getrennt" gehalten werden: Dörner 1991, S. 272.

25 Zit. Hrabar u.a. 1981, S. 144.

veau zu halten. Grundsatz soll sein: nicht eine regelrechte 'Beschulung', sondern eine Erziehung als politische Maßnahme. Diese Maßnahmen dürfen sich nur soweit erstrecken, als es zur Durchführung der von den Lagerinsassen zu fordernden untergeordneten Arbeiten erforderlich ist. Es ist also nur ein ganz geringes Maß an Kenntnissen zu vermitteln." Daraus ergab sich für die Auswahl des Personals: "An den Erzieher sind daher, da der Unterricht in einfachster Form zu halten ist, keinerlei große pädagogischen Anforderungen zu stellen. Bei ihm kommt es vor allem darauf an, daß er eine in sich weltanschaulich und charakterlich gefestigte Persönlichkeit ist, die sich auch durchzusetzen vermag. Es wird daher als Leiter des Lagers zweckmäßigerweise ein Angehöriger aus den Reihen der Schutzstaffel genommen werden. Damit tritt die 'Erziehung' der kriminellen polnischen Jugend aus dem Bereich der 'Schule' heraus und stellt eine rein politische arbeitstechnische Maßnahme dar."[26]

Die Einweisung erfolgte aufgrund von Befehlen und Anträgen der Polizeiorgane, ohne jedes Untersuchungsverfahren. Einweisungsgründe waren etwa: "'Herumtreiben' an öffentlichen Orten, Obdachlosigkeit, Verweigerung der Zwangsarbeit, Verdacht der Mitarbeit in der Widerstandsbewegung, Abstammung aus Familien, die es abgelehnt hatten, die Deutsche Volksliste zu unterschreiben, Aufenthalt oder Tod der Eltern in einem Lager oder Gefängnis, körperliche und geistige Gebrechen sowie kein bestimmter Grund."[27] Alle Formen von Jugendkriminalität konnten zur Einweisung führen, darunter auch geringfügige Vergehen – so kam beispielsweise ein Junge, den man in der Straßenbahn ohne Fahrschein aufgriff, ins Lager.[28] Für den Lageraufenthalt war keine zeitliche Begrenzung vorgesehen. Die Kinder mußten in Lagerwerkstätten, in der Wäscherei, der Landwirtschaft und für die Kriegswirtschaft arbeiten. In dem Lager, in dem sich durchschnittlich 1500 Kinder befanden, herrschten überaus harte Arbeits- und Lebensbedingungen: "Der Lagertag begann um 6 Uhr morgens und endete um 18 Uhr. Nach dem Frühstück fand der Appell statt, danach gingen die Kinder zur Arbeit. Sie arbeiteten vormittags und nachmittags. An den Sonntagen wurde exerziert, wobei deutsche Lieder gelernt und gesungen werden mußten. Der Rest des Tages war für Ordnungsarbeiten in den Blocks und im Lagergelände bestimmt."[29] Polnisch-Sprechen war verboten. Die Kinder wurden wegen kleinster Vergehen schwer bestraft und zum Beispiel schon wegen "Faulheit

---

26 Zit. n: Loewy/ Schoenberner 1990, S. 189.

27 Hrabar u.a. 1981, S. 145.

28 Kozlowicz 1973, S. 53.

29 Kozlowicz 1973, S. 56. Zum "Jugendverwahrlager Litzmannstadt" siehe auch Zorn 1988 S. 79ff.

und Einschlafen bei der Arbeit" ausgepeitscht. Prügel und Auspeitschen waren an der Tagesordnung: "Für kleinere Vergehen – zum Beispiel ein zerschlagener Topf, eine unvorschriftsmäßige Antwort oder ein fehlender Knopf – wurden jeweils 15 bis 20 Hiebe mit dem Ochsenziemer zugemessen. Zu den schwereren Vergehen zählten Brotdiebstahl, Polnisch-Sprechen und das Abreißen von Obst von den Bäumen. Für solche Vergehen wurden – auf Raten verteilt – bis zu 80 Stockhiebe zugemessen. Andere Strafen waren das Hüpfen in einem am Hals zugebundenen Sack, das Einschließen in einer Dunkelzelle für mehrere Tage bis zu zwei Wochen, Essensentzug, 'Froschhüpfen', Läufe auf dem Appellplatz bis zur Atemlosigkeit und Üben des Paradeschritts. Häufig kam es zu sadistischen Quälereien der Häftlinge. So hängte man sie zum Beispiel in der Garage an den Füßen auf, tauchte ihren Kopf in Öl oder übergoß sie bei Frostwetter mit kaltem Wasser."[30] Oft überlebten die Kinder solche Torturen nicht. Unter dem Lagerpersonal befanden sich, wie in so vielen Konzentrationslagern, besonders sadistisch veranlagte Personen. So beispielsweise die Aufseherin der Mädchenabteilung, Sydonia Beyer: "Eine Erfindung der Beyer waren die sogenannten Spritzen. Auf den nassen Körper wurde ein nasses Handtuch gelegt und darauf mit 'Kasimir' genannter fünfendiger Peitsche geschlagen". Oder der Kriminalangestellte Augustin, der in der Verwaltungsabteilung arbeitete. Er "blieb im Gedächtnis der Kinder als 'August' haften" Ein ehemaliger Häftling sagte später aus: "Ich erinnere mich an einen Fall, wo August einem Jungen aus Krakow, dessen Name mir entfallen ist, dafür, daß er nachts die Pritsche naß machte, mit einem Taschenmesser die Hoden herausschnitt. Am Morgen war der Junge tot."[31] Aus einer anderen Zeugenaussage: "'Die zehnjährige Jakubowska stahl aus Hunger einer Gefährtin Brot, wofür sie geschlagen wurde und kein Essen bekam. Es war also zu verstehen, daß die Hungernde wieder Brot stahl. Dafür wurde sie wieder geschlagen und bekam einen Tag lang nichts zu essen. Für weitere Diebstähle wurde dem Kind die Strafe von 100 Hieben auferlegt ... Sie lag dann in der Krankenstube. Infolge der Schläge hatte sie Wunden bis auf die Knochen. Als ich dahin kam, lag sie schon. Sie machte das Bett naß. Dafür befahl die Beyer dem Diensthabenden, sie in den Schnee zu legen und mit Wasser, das von der Pumpe in Eimern und Kannen geholt werden mußte, abzuspülen'. Kurze Zeit darauf war das Mädchen Jakubowska gestorben."[32] Solche Grausamkeiten nicht nur gegenüber Erwachsenen, sondern auch Kindern, gehörten, unnötig, daran zu erinnern,

---

[30] Hrabar u.a. 1981, S. 150.
[31] Kozlowicz 1973, S. 62.
[32] Ebd., S. 63.

auch in anderen Konzentrationslagern zum Alltag. Aus dem KZ Majdanek bei Lublin ist zum Beispiel folgende Strafe überliefert, die eine SS-Aufseherin an Kindern wegen Brotdiebstahls ausführte: "Sie mußten sich in einer Reihe mit dem Gesicht zur Sonne hinknien, mit einem großen Stein auf dem Kopf, die Arme hocherhoben, in jeder Hand einen Ziegel- oder Pflasterstein. Sie blieben in dieser Lage bis zum Ende des Appells, manchmal zwei oder drei Stunden, bis zur Erschöpfung."[33]

Das Litzmannstädter Kinder- und Jugendverwahrlager blieb das einzige dieser Art auf polnischem Boden. Himmler hatte daneben 1943 die "Einrichtung von Kinder- und Halbwüchsigen-Sammellagern" in Lublin auf dem Gelände des KZ Majdanek geplant. Hier sollten neben verwaisten und obdachlosen Kindern, die von der Polizei aufgegriffen wurden, sogenannte "Bandenkinder" bis zu zehn Jahren und aus der Sowjetunion deportierte Kinder verhafteter oder hingerichteter Partisanen untergebracht werden. Globocnik erklärte sich im Juni 1943 bereit, im Sonderlager Trawniki bei Lublin bis zu 4000 "Bandenfrauen mit Kindern" aufzunehmen.[34] Der Plan eines gesonderten Kinderlagers wurde zwar nicht realisiert, doch wurde in einigen Baracken von Majdanek eine Kinderabteilung als Ersatzeinrichtung geschaffen, in der sich sowjetische und jüdische Kinder befanden.[35] Himmler, der in diesen Lagern auch rassische Untersuchungen durchführen lassen wollte, äußerte sich zur Erziehung und Ausbildung der Kinder: "In diesen Lagern hat die rassische und politische Musterung zu erfolgen. Die rassisch wertlosen Halbwüchsigen, männlichen und weiblichen Geschlechts, sind den Wirtschaftsbetrieben der Konzentrationslager als Lehrlinge zuzuweisen. – Die Kinder müssen großgezogen werden. Ihre Erziehung hat im Unterricht zu Gehorsam, Fleiß, bedingungsloser Unterordnung und zu Ehrlichkeit gegenüber den deutschen Herren zu erfolgen. Sie müssen bis 100 rechnen, die Verkehrszeichen erkennen lernen und auf ihre Fachberufe als Landarbeiter, Schlosser, Steinmetze, Schreiner usw. vorbereitet werden. Die Mädchen sind als Landarbeiterinnen, Weberinnen, Spinnerinnen, Strickerinnen und für ähnliche Arbeiten anzulernen."[36] Die Absicht, die Kinder rassisch zu überprüfen, hing wohl mit Himmlers Wahnvorstellung zusammen, daß gerade Widerstandskämpfer häufig "wertvolles Blut" in sich trügen und die "gutrassigen"

---

33 Zit. n. Heyne 1993, S. 209.

34 Sosnowski 1962, S. 431f.

35 Madajczyk 1988, S. 385f.; Marszalek 1982, S. 72f. Majdanek hatte im übrigen einen im Vergleich zu anderen Konzentrationslagern allgemein hohen Anteil an Kindern und Jugendlichen, weil hier die meisten der aus dem Raum Zamosc ausgesiedelten polnischen Kinder interniert wurden: Marszalek S. 80.

36 In: Heiber 1968, S. 179f.

Kinder besonders gefährlich seien und deshalb, wo möglich, eingedeutscht werden müßten. In diesem Sinn verfuhr er beispielsweise auch mit den Kindern exekutierter tschechischer Widerstandskämpfer. Im Juni 1943 schrieb er an den Chef des "Amtes Lebensborn", über das die Germanisierung erfolgen sollte: "Die Entscheidung muß selbstverständlich eine sehr kluge sein. Die schlechten Kinder kommen in bestimmte Kinderlager. Die gutrassigen Kinder, die selbstverständlich die gefährlichsten Rächer ihrer Eltern werden könnten, wenn sie nicht menschlich und richtig erzogen werden, müssen, wie ich mir vorstelle, über ein Kinderheim des Lebensborn, in das sie zunächst probeweise aufgenommen und in dem sie möglichst charakterlich erkannt werden, in deutsche Familien als Pflege- oder Adoptiveltern vermittelt werden."[37]

Der Lebensborn war auch in Polen an der Eindeutschung "fremdvölkischer" Kinder im Rahmen der umfangreichen "Germanisierungsaktionen" beteiligt, die vor allem im Warthegau durchgeführt wurden. Diese Aktionen betrafen zunächst vor allem Waisenkinder und uneheliche Kinder aus polnischen Heimen und Pflegefamilien, dann aber auch zunehmend Kinder aus deutsch-polnischen Mischehen oder aus Verbindungen zwischen polnischen Frauen und deutschen Männern sowie Kinder, deren Eltern es ablehnten, sich in die Deutsche Volksliste eintragen zu lassen, die ins Reich zur Zwangsarbeit deportiert oder die verhaftet, hingerichtet oder in Konzentrationslager eingewiesen worden waren. Insgesamt wurden nach polnischen Schätzungen etwa 150 000 bis 200 000 polnische Kinder auf diese Weise germanisiert.[38] "Sie wurden aus ihrer vertrauten Umgebung in der Familie, bei der Mutter oder im Heim herausgerissen und nach der rassischen Musterung durch SS-Kommissionen, die im Auftrag des RKFDV arbeiteten, in deutsche Heime entweder in den eingedeutschten Gebieten oder im Altreich gebracht."[39] Für die Betreuung und Umerziehung der zur Eindeutschung bestimmten polnischen Kinder war die NSV zuständig, während der Lebensborn sich in Polen der unehelichen Kinder deutscher Wehrmachtsangehöriger annehmen sollte. Darüberhinaus war der Lebensborn an der Weitervermittlung der ins Reich transportierten polnischen Kinder in deutsche Heimschulen und Pflegefamilien beteiligt. Der Lebensborn unterhielt eigene Heime auf polnischem Boden,[40] es ist aber unklar, wie weit es sich dabei um Entbindungsheime handel-

---

[37] In: ebd., S. 214.
[38] Röhr 1989, S. 61.
[39] Lilienthal 1993, S. 196f.
[40] Hrabar u.a. 1981, S. 238.

te. Himmler plante zwar, in sämtlichen Distrikten des Generalgouvernements Entbindungsheime für volks- und reichsdeutsche Frauen, die sich im "Osteinsatz" befanden, einzurichten und ernannte einen Lebensborn-Beauftragten für das Generalgouvernement, der den Aufbau von Entbindungsheimen in die Wege leiten sollte; ein zweiter Beauftragter in Posen sollte den Transport der einzudeutschenden Waisen- und Pflegekinder koordinieren. Der Plan zur Errichtung von Entbindungshäusern wurde aber bis zum Kriegsende nicht mehr verwirklicht. Lediglich im Bezirk Zichenau, wo eine Siedlung ("Heimstätt") für ledige Lebensborn-Mütter und ihre Kinder geplant war, war ein Projekt in Ansätzen realisiert worden, mußte aber wieder abgebrochen werden, weil die Gebäude von der Luftwaffe beschlagnahmt wurden. Die Siedlung sollte mit einem eigenen Gesundheitsdienst, Kindergarten und Schule ausgestattet sein und den Frauen Gelegenheit zu gewerblichen und landwirtschaftlichen Arbeiten bieten. Bis April 1944 waren die ersten Häuser fertig und von Müttern bezogen worden.[41]

Die spektakulärste Aktion der "Germanisierung", an der der Lebensborn unmittelbar beteiligt war, war der Raub polnischer Waisen- und Pflegekinder im Warthegau. Ulrich Greifelt, Chef des Stabshauptamtes des RKFDV, war der Meinung, daß "die Polen ehedem systematisch alle Waisenkinder, die von volksdeutschen Eltern stammen, als 'Findelkinder' in polnische Waisenhäuser oder in polnische Pflegeelternstellen gebracht hätten"; deshalb sei es legim, diese Kinder nach Deutschland zurückzuholen. Greifelt legte für diese Aktion, die der Lehrer und SS-Rassenprüfer Walter Dongus leitete,[42] im Februar 1942 im Auftrag Himmlers folgende aufwendige Verfahrensweise fest: Die Jugendämter erhielten den Auftrag, die Kinder in den ehemaligen polnischen Waisenhäusern und bei polnischen Pflegestellen zu ermitteln; sie sollten dann die Unterlagen ans RuSHA der SS in Litzmannstadt zur rassischen Überprüfung der Kinder weiterleiten. Kinder, die danach als eindeutschungsfähig angesehen werden konnten, sollten durch die Gesundheitsämter medizinisch und erbgesundheitlich untersucht werden; die Unterlagen gingen dann ans RuSHA zurück. In der nächsten Etappe sollte das Gaujugendamt die ihm vom RuSHA benannten Kinder ins Gaukinderheim Brockau überführen; hier würden sie während eines sechswöchigen Aufenthalts psychologisch und charakterologisch beobachtet und überprüft. Die psychologische Beobachtung und Begutachtung sollte durch die Professorin Hildegard Hetzer von der NSDAP-Reichsleitung für Volkswohlfahrt erfolgen. – Hildegard Hetzer,

---

41 Lilienthal 1993, S. 224f.
42 Koehl 1957, S. 142.

seit 1931 Professorin für Psychologie und Sozialpädagogik in Elbing, später eine renommierte Professorin für Psychologie in Gießen, arbeitete von 1939 bis 1945 für die NSV und wurde in diesem Rahmen auch in Brockau tätig. Sie schied aber im Mai 1942 aus der Arbeit in Brockau wieder aus, weil sie sich, so die Gauwaltung Warthegau, für diese Arbeit nicht als geeignet erwies, "eigenen Angaben zufolge, weil das RuSHA rassische Gesichtspunkte in den Gutachten vermißt habe."[43] – Nach dieser psychologischen Begutachtung gingen die Gesamtunterlagen an den Beauftragten des RKFDV (Greifelt), der über die Weiterleitung an den Lebensborn (Kinder bis sechs Jahren) oder den Inspektor der Heimschulen (Kinder von sechs bis zwölf Jahren) entschied. Der Lebensborn sollte die Kinder dann zur Adoption an kinderlose SS-Familien weitervermitteln. Kinder, die in einer Deutschen Heimschule untergebracht wurden, sollten anschließend in ländliche Pflegestellen kommen.[44] Auslesekriterien waren danach Rasse, Gesundheit und charakterliche Haltung. Die Kinder wurden in drei Gruppen gegliedert: "erwünscht, annehmbar, unerwünscht". Nach diesem Vorgehen wurden wahrscheinlich etwa 300 polnische Waisen- und Pflegekinder ausgelesen und nach Deutschland verbracht – die genaue Zahl ist bislang nicht bekannt.[45] Aus einem Bericht des Beauftragten des RKFDV vom 10. 3. 1943 zur Eindeutschung polnischer Waisenkinder geht hervor, daß sich die Unterbringung in Brockau als unzureichend erwies; die Kinder kamen stattdessen ins Gaukinderheim Kalisch. Dort lief zu diesem Zeitpunkt bereits der fünfte "Kursus" mit 19 Kindern. Insgesamt waren bis dahin in Brockau und Kalisch 172 Kinder erfaßt worden; davon waren 29 abgelehnt worden, bei 19 stand die Entscheidung noch aus. 124 waren als eindeutschungsfähig befunden worden; von ihnen wurden 18 dem Lebensborn, 106 deutschen Heimschulen im Altreich überstellt. Die "nicht-eindeutschungsfähigen" Kinder gab man an ihre alten Pflegestellen zurück.[46] Die polnischen Waisenhäuser wurden im übrigen aufgelöst, so daß ein großer Teil der "nicht-eindeutschungsfähigen" Kinder der Gefahr des Todes ausgesetzt war.[47]

---

43 Geuter 1984, S. 411; I. Z. Dok. I-232.

44 *Verbrechen* S. 182ff.; Doc. occ. IV, S. 195ff.

45 Ähnliche "Germanisierungsaktionen" sind für andere ost- und südosteuropäische Länder nachgewiesen. Koehl nennt 200 Kinder aus dem tschechischen Lidice, 900 Kinder hingerichteter slowenischer Partisanen und "tausende" Kinder aus Rußland: Koehl 1957, S. 219f.; vgl. Sosnowski 1962, S. 393ff.; zur "Germanisierung" slowenischer Kinder siehe Seidler/ Rett 1988, S. 211.

46 I. Z. Dok. I-232.

47 Im Krankenhaus Kalisch wurden bereits im Oktober 1940 Abgas-Lkw zur Ermordung jüdischer Patienten eingesetzt; ein Jahr später wurden auch Kinder aus dem Kalischer Waisenhaus in diese Aktion einbezogen: Golczewski 199,1 S. 431.

Ein Beispiel möge veranschaulichen, welche Odysseen diese zur Germanisierung bestimmten Kinder zum Teil zurücklegen mußten:

"1940 wurden aus dem Waisenhaus 'Sienkiewiczowka' vier Jungen – alle hellblond wie ich – zur Untersuchung ins Gesundheitsamt abgeholt. Wir wurden auch sogleich in das städtische Heim in der Przedzalnicza-Straße gebracht. Man nahm uns Blutproben ab, maß alle Körperteile, den Kopf u. dgl., untersuchte die Haare, die Haut usw. Am Ende brachte man mich nach Bruczkow [Brockau]. Dort waren schon etwa 70 bis 80 Kinder von drei Jahren an. In Bruczkow brachte man uns die deutsche Sprache bei und verbot uns, polnisch zu sprechen. Nach einigen Wochen wurde ein Teil der Kinder nach Luxemburg und ein Teil nach Ludwikowo verschickt. Ich kam nach Lodz. Dort wurde ich wieder 'auf meine Rasse' untersucht. Schließlich brachte man mich nach Bruczkow zurück, von wo aus ich nach sechs Wochen nach Niederalteich, nach Regendorf kam. Dort war ich anderthalb Jahre in der SS-Schule. Außer dem Deutschunterricht mußten wir intensiv trainieren. Wir machten Läufe u. dgl. Wir trugen Steine. Die Übungen dienten der Gewandtheit und der Stärke. Wegen Kirchenbesuchen und Polnischsprechen wurden wir geschlagen, und man entzog uns das Essen. Nach dieser Ausbildung wurden wir nach Salzburg gebracht. Dort im Lager traf ich Mädchen und Jungen, die aus Ludwikowo und Luxemburg gekommen waren. Dort wurde uns gesagt, daß wir jetzt Deutsche seien, und man gab uns neue Namen. Jeder bekam eine Karte mit dem neuen Namen. Dann wurden wir im Lager an die Bauern verteilt. Beim Bauern arbeitete ich bis Kriegsende. Man befahl mir, die Bauersleute mit 'Vater' und 'Mutter' anzureden, um schneller zu vergessen, daß ich aus einem anderen Land stamme. Ich sollte mich statt Jan Sulisz 'Johann Suhling' nennen."[48]

Den Bestimmungen Greifelts und Himmlers vom Februar 1942 zur Eindeutschung von Waisenkindern waren bereits eigenmächtige Maßnahmen des Gesundheitsamtes in Litzmannstadt vorausgegangen. Obermedizinalrat Dr. Grohmann hatte dort schon 1940 eine Auswahl von Kindern in Waisenhäusern und Pflegestellen getroffen, die sich nach seiner Meinung für eine Eindeutschung eigneten. Die Kinder wurden in deutsche Anstalten und deutsche Pflegestellen gegeben. Regierungsrat Dr. Coulon, Dezernent und zu diesem Zeitpunkt Leiter des Gauvolkstumsamtes beim Reichsstatthalter in Posen, wandte sich gegen ein eigenmächtiges Vorgehen in Litzmannstadt "in dieser vom Reichsführer-SS endgültig zu entscheidenden Frage." Man einigte sich darauf, vorerst solche Kinder in einem unter deutscher Verwaltung stehenden Heim für Polenkinder zu lassen und plante, eines der zwei katholischen Wai-

---

[48] Zit. n. Hrabar u.a. 1981, S. 188.

senhäuser der Stadt als "Ausleseheim" zu verwenden.[49] Der Oberbürgermeister von Litzmannstadt bat in einem Schreiben an Coulon vom 11. 6. 1941 um eine grundsätzliche Klärung, wie mit den Pflegekindern zu verfahren sei. Es gebe in Litzmannstadt rund 1400 polnische Pflegekinder, von denen sich jeweils die Hälfte in Anstalten und Pflegestellen befanden. Sie seien schon vor längerer Zeit alle von Grohmann auf ihre Rückdeutschungsfähigkeit hin untersucht worden, eine verhältnismäßig große Zahl habe sich als rassisch und erbbiologisch völlig einwandfrei erwiesen. Einige seien schon in deutsche Familien gegeben worden. Zwischen deutschen und polnischen, bei Deutschen untergebrachten Pflegekindern dürfe kein Unterschied gemacht werden: "d.h. also, daß das polnische Kind auch in die deutsche Schule geht, sobald es das schulpflichtige Alter erreicht." Eine Adoption solle erst dann in Frage kommen, wenn das Kind bereits einige Jahre als Pflegekind betreut worden ist. "Ich denke dabei besonders an Säuglinge (die übrigens am meisten begehrt werden), bei denen, namentlich im äußeren Erscheinungsbild, noch wesentliche Veränderungen eintreten können, die unter Umständen den Abschluß eines Adoptionsvertrages unzweckmäßig erscheinen lassen." Bislang habe man aber noch keine grundsätzliche Stellungnahme der maßgebenden Stellen erhalten.[50] 110 Kinder hatte man in Litzmannstadt bereits zur "versuchsweisen Eindeutschung" überwiesen.[51]

Himmler schrieb daraufhin am 18. 6. 1941 an Reichstatthalter Greiser:

> "1.) Ich halte es für richtig, wenn besonders gutrassige kleine Kinder polnischer Familien zusammengeholt und von uns in besonderen, nicht zu großen Kinderhorten und Kinderheimen erzogen würden. Das Wegholen der Kinder müßte mit gesundheitlicher Gefährdung begründet werden.
> 2.) Kinder, die nicht einschlagen, sind den Eltern zurückzugeben.
> 3.) Ich rate, zunächst einmal nur mit zwei oder drei solchen Einrichtungen zu beginnen, um Erfahrungen zu sammeln.
> 4.) Von den Kindern, die sich als einigermaßen gut herausstellen, wäre nach einem halben Jahr Ahnentafel und Abstammung einzuholen. Nach insgesamt einem Jahr ist daran zu denken, solche Kinder als Erziehungskinder in kinderlose gutrassige Familien zu geben.
> 5.) Als Leiter und Leiterinnen für solche Institutionen dürfen nur die besten und rassisch klarsehenden Kräfte genommen werden."[52]

---

49 Doc. occ. Bd. XIII, S. 172f.
50 Doc. occ. Bd. XIII, S. 174f.
51 Hrabar u.a. 198,1 S. 187.
52 Doc. occ. Bd. XIII, S. 73f.

Diese Überlegungen betrafen nicht mehr nur Waisenkinder, sondern auch Halbwaisen, uneheliche Kinder und Kinder polnischer Pflegeeltern. Bereits im Dezember 1941 erging eine Aufforderung der Landräte an die Gemeinden, Listen der Familienpflegestellen und Pflegekinder zu erstellen.[53] Die NSV legte daraufhin ein Verzeichnis der bei Pflegeeltern befindlichen Kinder im Warthegau an. Mitarbeiter der NSV führten Besuche durch, um festzustellen, ob sie etwa unter dem "Einfluß des polnischen Milieus" stünden. War der Vormund politisch einwandfrei, deutscher Abstammung etc., so ließ man ihm das Kind, im negativen Fall wurde entweder ein anderer Vormund gesucht oder das Kind an Lebensborn-Heime in Deutschland weggegeben.[54] Damit näherte man sich den familienrechtlichen Bestimmungen an, die bereits im Altreich für "nicht-arische" Vormundschaftsverhältnisse galten, und nach denen nicht-arische Vormünder arischer Pflegekinder allein aus rassischen Gründen aus dem Verhältnis entlassen wurden.[55]

Eine Regelung mußte auch für uneheliche Kinder aus deutsch-polnischen Verbindungen getroffen werden. Die unehelichen Kinder von "Fremdvölkischen" wurden zunächst vom Reichssicherheitshauptamt erfaßt, während das RuSHA für die rassische Überprüfung der Eltern zuständig war. "Durch die Erfassung", heißt es in einem Bericht des RuSHA vom Oktober 1942, "ist in gewisser Beziehung schon eine Handhabe gegeben, die uns die Ausscheidung unerwünschter Elemente ermöglicht."[56] Anläßlich der Anfrage einer deutschen Frau mit einem unehelichen Kind eines polnischen Vaters an die DAF wegen Kinderbeihilfe entschied Coulon, die Mutter sei der Staatspolizei zu übergeben. Mutter und Kind müßten rassisch überprüft werden, und wenn die Überprüfung positiv ausfalle, seien sie ins Altreich zu verbringen.[57] Trotz des Verbots des Geschlechtsverkehrs zwischen Deutschen und Polen gab es im Warthegau 1944 rund 2000 uneheliche Kinder, die deutsche Männer mit polnischen Frauen gezeugt hatten. Greiser entschied darüber im Juni 1944, 20% sollten mit ihren Müttern, die eindeutschungsfähig seien, ins Altreich verbracht werden. "Der Rest von etwa 80% wird im Laufe der Zeit durch bestimmte rassische und psychologische Methoden untersucht. Dabei werden die ausgemerzt, bei denen von vornherein feststeht, daß sie für das deutsche Volk keinen erwünschten Bevölkerungszuwachs bedeuten, sondern völlig unerwünscht sind. Es werden danach etwa 1200 Kinder übrig bleiben." Diese Kinder sollten ins Gaukinderheim Kalisch und dann nach einer Beob-

---

53 Pospieszalski 1946, S. 358.
54 Hrabar u.a. 1981, S. 192ff.
55 Majer 1981, S. 699.
56 Sosnowski 1962, S. 381.
57 I. Z. Dok. I-237.

achtungszeit einzeln ins Altreich gegeben werden. "Damit wird vor allen Dingen vermieden, daß im jetzigen Augenblick im Großen ein Wegnehmen der Kinder von ihren polnischen Müttern erfolgt."[58]

Zahlenmäßig weit mehr ins Gewicht fielen die Kinder von Eltern, die die Aufnahme in die Deutsche Volksliste ablehnten: Sie mußten dem "Renegatentum" entrissen und für Deutschland gerettet, also germanisiert werden. Die Grundlage für das Vorgehen waren hier die Richtlinien Himmlers zur Deutschen Volksliste vom September 1940. Darin hatte Himmler angewiesen, "gegenüber Personen, die sich weigerten, sich 'wiedereindeutschen' zu lassen, sicherheitspolizeiliche Maßnahmen zu ergreifen und ihre Kinder, 'die nicht für das Verhalten der Eltern verantwortlich gemacht werden können', den entsprechenden deutschen Institutionen zur Erziehung zuzuleiten." Himmlers Erlaß vom 16. 2. 1942 ergänzte dies dahin, daß die Kinder von den Eltern zu trennen seien, wenn es sich um "politisch besonders schwer belastete Personen" handelte.[59] In solchen Fällen, insbesondere bei Verhaftungen und Einweisungen von "Renegaten" in ein Konzentrationslager, wurden die Kinder von Fürsorgerinnen der NSV abgeholt und zu Erziehungseinrichtungen der deutschen Fürsorge gegeben oder ins Reich deportiert und dort in deutsche Pflegefamilien vermittelt. Als "Renegat" konnte bereits gelten, wer seine Kinder in einer deutschstämmigen oder deutsch-polnischen Familie "polnisch" erzog. So berichtete, um ein Beispiel zu nennen, später ein polnischer Landarbeiter aus Pommerellen: "Meine Frau, wenngleich evangelisch, fühlte sich als Polin, und unsere Tochter erzogen wir auf Polnisch und im polnischen Geist. Das war der Grund, warum sie von der NSV abgeholt wurde. Meine Tochter wurde bei dem Deutschen Schubert in Parki, Kreis Grudziaz, untergebracht. Nach zwei Jahren riß meine Tochter nach Hause aus. Sie wurde aber von der Gendarmerie wieder zu Schubert gebracht, wobei man sie sowie ihre Mutter Elzbieta schlug. Nach einiger Zeit fuhren die Schuberts nach Deutschland, und wahrscheinlich haben sie meine Tochter mitgenommen. Vor einigen Tagen bekamen wir einen Brief von Anna Schubert aus Deutschland, in dem sie mir schrieb, daß meine Tochter als Deutsche anerkannt worden sei, weil sie keinerlei Papiere besäße."[60]

Himmler ließ es sich nicht nehmen, gelegentlich Einzelfälle selber zu entscheiden, um damit Präzedenzfälle für die Verwaltung zu schaffen. In einem Schreiben vom 16. 2. 1943 teilte er den zuständigen Stellen im Warthegau beispielsweise mit:

---

58 *Verbrechen* S. 186ff.; Doc. occ. Bd. XIII S. 177f.
59 Hrabar u.a. 1981, S. 197.
60 Ebd., S. 196.

"Die Maria Lambucki aus Tomaszow-Lub ist 100% deutscher Abstammung und total polnisch gesinnt. Ich verfüge ihre sofortige Verbringung in das Konzentrationslager Ravensbrück. Die beiden Söhne, die 8 und 13 Jahre alt und sehr gut rassisch sind, sind durch den Chef des Rasse- und Siedlungshauptamtes-SS und der Mithilfe der Sicherheitspolizei nach Deutschland zu verbringen und getrennt in 2 besonders gut geleiteten Heimschulen als interne Schüler zu versetzen. Ich ersuche vierteljährlich um Führungsbericht. Der Schriftverkehr mit der Mutter ist bis auf weiteres verboten, bis die Mutter zur Einsicht des von ihr begangenen Verrates kommt. Bei beiden gutrassischen Jungens müßten die Lehrer und Mitschüler bestrebt sein, diesen klar zu sagen, daß sie keineswegs dem Polentum gegenüber fahnenflüchtig geworden sind, sondern auf Grund ihrer Abstammung und ihres rassischen Wertes sich lediglich wieder zu ihrem Blut bekennen sollen, von dem sie abstammen. Dies muß das Fundament für alle derartigen Aufgaben und Versuche sein, wertvolles rassisches Volksgut, was politisch und national abgeschwommen ist, wieder zurückzugewinnen."[61]

Auf der Suche nach vermeintlich "deutschem Blut" wurden gelegentlich auch Kinder in größeren Gruppen direkt aus den Schulen geholt. Sie wurden dann einer Untersuchung unterzogen und anschließend in besondere Kinderlager nach Deutschland transportiert. Dort kleidete man sie in deutsche Uniformen und verbot ihnen die Benutzung der polnischen Sprache. Sie wurden zur Arbeit herangezogen, erhielten Deutsch-Unterricht und wurden in die nationalsozialistischen Jugendorganisationen eingegliedert. "Wer polnisch sprach, wurde geschlagen ... Die Jungen und Mädchen trainierten auf dem Sportplatz. Die Turnübungen waren mit Marsch und Gesang in deutscher Sprache verbunden."[62] Aus den bei Hrabar u. a. wiedergegebenen Berichten geht hervor, daß es eine ganze Reihe solcher Lager für verschleppte polnische Kinder in Deutschland gegeben haben muß.

Die "Eindeutschung" selbst war der Versuch einer kompletten, zumeist mit Zwangsmitteln verbundenen "Um-Sozialisierung" der Persönlichkeit. Da Greifelt zufolge, der sich hier auf die Erkenntnise der Psychologen stützen konnte, eine "Umvolkung" nur bis zum zwölften Lebensjahr Aussichten auf Erfolg hatte, konzentrierte man sich entsprechend auf Kinder. Die Kinder, die über das Kinderheim Kalisch bei Litzmannstadt nach Deutschland gebracht wurden, erhielten bereits dort eine neue Identität. Wie die Lebensbornheime in Deutschland verfügte auch das Kinderheim Kalisch über eine

---

61 In: Heiber 1968, S. 191; Kanz 1990, S. 340.
62 Hrabar u.a. 1981, S. 226.

eigene Meldestelle, um den Kindern neue Geburtsurkunden mit deutschem Namen, oft auch mit neuem Geburtsort und -datum auszustellen und so Nachforschungen von Verwandten unmöglich zu machen.[63] Das Reichsinnenministerium hatte die Gauverwaltung im Dezember 1942 durch eine geheime Anordnung zur Errichtung einer solchen Meldestelle autorisiert: "Wie sich im Laufe der Zeit herausgestellt hat, ist damit zu rechnen, daß vorhandene polnische Angehörige oder Bekannte den Aufenthaltsort der Kinder ausfindig zu machen suchen. Dies ist jeder Zeit durch Nachfrage bei den örtlichen polizeilichen Meldebehörden möglich. Hierdurch würde der beabsichtigte Zweck der Eindeutschung dieser Kinder gefährdet werden. Erziehungsschwierigkeiten, die durch Beeinflussung der Kinder seitens Verwandter oder alter Bekannter die Folge wären, müssen daher unter allen Umständen ausgeschaltet werden. Ich ersuche deshalb, für dieses Heim eine besondere polizeiliche Meldestelle einzurichten, die die Bezeichnung 'Polizeiliche Meldestelle II in Kalisch/ Warthegau' führt."[64] Der zweite Schritt der Umerziehung bestand im Verbot der Muttersprache in den Lagern oder Erziehungsheimen, in die die Kinder verbracht wurden: "Ein Verstoß gegen dieses Verbot hatte Prügelstrafe, Schläge ins Gesicht, Essensentzug oder qualvolles militärisches Exerzieren zur Folge."[65] Die Kinder wurden der nationalsozialistischen Erziehung unterworfen, man zwang sie, den deutschen Gruß zu benutzen und deutsche Lieder zu singen und gliederte sie in die nationalsozialistischen Jugendorganisationen ein. Die Schlußetappe dieses Prozesses war dann die Unterbringung bei deutschen Pflegeeltern in Deutschland, die "politisch einwandfrei" waren, d.h. in der Regel der SS angehörten.[66] Himmlers Ziel war, diese germanisierten, in Deutschland erzogenen Kinder eines Tages in den Osten zurückzuschicken und sie dort in Jugendlagern der SS unterzubringen, um aus ihnen den künftigen Nachwuchs der regionalen SS-Einheiten zu rekrutieren.[67]

In den meisten Fällen kam es allerdings nicht so weit. Für viele der zur Germanisierung bestimmten Kinder von "polonisierten Volksdeutschen" oder aus Mischehen etc. blieben die "Rückdeutschungslager" im Warthegau, die 1944 geschaffen wurden, die letzte Station auf dem Weg zur Eindeutschung. Das nahende Ende des Krieges erschwerte weitere Transporte im großen Stil nach Deutschland, obwohl der letzte Transport von Kalisch aus noch im Ja-

---

63 Lilienthal 1993, S. 212.
64 In: *Verbrechen* S. 77.
65 Hrabar u.a. 1981, S. 229.
66 Ebd., S. 231.
67 Koehl 1957, S. 201.

nuar 1945 abging.[68] In diesem Zusammenhang standen die Aktivitäten der HJ zur "Rückdeutschung Jugendlicher", über die wir schon berichtet haben. Das Gauamt für Volkstumsfragen im Wartheland legte 1944 allgemeine Richtlinien zur "Rückdeutschung" von Kindern der DVL Abt. 3 und 4 fest:[69] Bei drei- bis sechsjährigen Kindern wurden die Eltern verpflichtet, sie in deutsche Kindergärten zu schicken; Sechs- bis Zehnjährige wurden in Horte einberufen und hatten die Kindergruppen der NS-Frauenschaft zu besuchen. Bei den Zehn- bis Vierzehnjährigen begann man mit der "lagermäßigen Erfassung", die Lager wurden in Zusammenarbeit mit der HJ durchgeführt. "Für besonders gefährdete Kinder werden die Lager in den Sommermonaten wiederholt." Die Vierzehn- bis Achtzehnjährigen sollten im Laufe des Sommers in drei- bis vierwöchigen Ferienlagern zusammengezogen werden. Besonders gefährdete Jugendliche plante man ganz aus dem Elternhaus oder der polnischen Umgebung zu entfernen:

"Die Erfahrungen, die bereits in den ersten Lagern gesammelt wurden, zeigen, daß es einen gewissen Prozentsatz Jugendlicher gibt, die aus dem Elternhaus oder der polnischen Umgebung herausgenommen werden müssten. Verhältnismäßig einfach ist es bei den 14- und 15jährigen, die dem Landdienst überwiesen werden können. Für die Einberufung der ersten Jugendlichen zum Landdienst sind von hier aus bereits die ersten Weisungen ... erlassen worden. Für sprachlich schlechte und im allgemeinen zurückgebliebene Jugendliche stehen die berufsvorbereitenden Förderungslager der Hitler-Jugend zur Verfügung. Für die Arbeitsdienstpflichtigen wird angestrebt, alle Zurückstellungen durch Arbeitsamt und Kreisbauernschaft auszuschließen und die Jugendlichen in Arbeitsdienstlager im Altreich einzuberufen.

Schulpflichtige gefährdete Kinder sollen in Schülerheimen untergebracht werden. Für Jugendliche, die bereits im Arbeitsprozeß stehen, aber aus ihrer stark polnischen Umgebung (Elternhaus) gelöst werden müssen, wird das angestrebte Ziel ohne Errichtung neuer Jugendwohnheime schwerlich zu erreichen sein. Geplant ist schließlich noch ein Lehrlingsaustausch mit dem Altreich."[70]

Ähnliche Ansätze der Eindeutschung von Kindern der DVL Abt. 3 und 4 gab es im Generalgouvernement im Raum Zamosc. In einer Dienstanweisung von SS-Gruppenführer Globocnik vom 11. 5. 1943 heißt es dazu:

---

68 Martyn 1973.

69 Doc. occ. Bd. IV, S. 131ff.

70 Ebd., S. 138.

“Die von mir im Jahre 1941 eingeleitete Aktion ‘Fahndung nach deutschem Blut’ ist keine politische Maßnahme, sondern eine auf rassischen Erkenntnissen aufgebaute Tätigkeit zur Rettung deutschen Blutes. Sie hat einzig und allein den Zweck, jeden deutschen Blutsträger zu erfassen und ihn dem Volksganzen wieder zuzuführen. Nach erfolgter Überprüfung über die Wertigkeit durch die EWZ ist der Betreffende verpflichtet, in die deutsche Volksgemeinschaft einzutreten. Eine Weigerung gibt es nicht. – Der Träger kann sein deutsches Blut nicht als Privateigentum betrachten, sondern als Volkstumsbestandteil. – Daraus ergibt sich weiter, daß für uns die Verpflichtung entsteht, den in fremdes Volkstum abgeglittenen deutschen Blutsträger nicht nur volkstumsmäßig sondern auch rassisch dem deutschen Blutskreis einzuverleiben und ihn aufzufrischen. Es ist daher vollkommen abwegig, Deutschstämmige unter sich in Gemeinschaften zusammenzuschließen, diese müssen vielmehr immer wieder in starke deutsche Blutskreise eingestreut werden, um daraus Blutsauffrischungen für sich zu erhalten. Eine Absonderung der Deutschstämmigen unter sich würde eine weitere Degenerierung bedeuten.... Sie müssen aber nicht nur blutsmäßig, sondern auch kulturell auf ein anderes Niveau gebracht werden, und dieses kann nur aus dem nationalsozialistischen Gedankengut und aus den damit bedingten Formungen bestimmt sein. Wenn auch berücksichtigt werden muß, daß durch die Erlernung der deutschen Sprache besondere Sorgfalt und evtl. Sonderbelehrungen stattfinden müssen, so dürfen die Deutschstämmigen nicht einer Sondererziehung unterworfen werden....”[71]

In Oberschlesien wurden die Waisen- und Pflegekinder zumeist geschlossen “eingedeutscht”, ohne rassische Überprüfungen, indem die NSV die polnischen Erziehungs- und Fürsorgeanstalten übernahm, ein Verbot der polnischen Sprache erließ, eine nationalsozialistische Erziehung einführte und die “begabteren” Kinder in die nationalsozialistischen Formationen eingliederte. Alle polnischen Waisenkinder, so der Beauftragte des RKFDV für Oberschlesien, Fritz Arlt, in einem Schreiben vom April 1943, waren über die NSV “sowohl sprachlich als auch kulturell bereits vollständig in die deutsche Volksgemeinschaft aufgenommen und den Einsatzorten für ihren einjährigen staatlichen Pflichtdienst zugewiesen” worden.[72] In Grodkow befand sich eine “Landes-Erziehungsanstalt”, die mit durchschnittlich 600 Jugendlichen belegt war. Hier wurden die Jugendlichen untergebracht, deren Eltern verhaftet, im KZ waren oder die Aufnahme in die Deutsche Volksliste abgelehnt hatten;

---

71 In: Röhr 1989, S. 265.
72 Hrabar u.a. 1981, S. 190.

ebenso wurden hier jene Kinder und Jugendlichen eingewiesen, die sich weigerten, eine deutsche Schule zu besuchen und die polnische Sprache aufzugeben, und die "demonstrativ ihr Polentum unter Beweis stellten."[73] "In der Anstaltsordnung war vorgeschrieben, ausschließlich die deutsche Sprache zu benutzen, obwohl 40 bis 60% der Kinder sie überhaupt nicht beherrschten. Die Verwendung der polnischen Sprache wurde mit empfindlichen Prügeln bestraft, die gewöhnlich am Samstagabend oder am Sonntagmorgen verabreicht wurden."[74] Prügelstrafe gab es auch hier schon für geringfügige Vergehen wie das Stehlen von Mohrrüben oder den Austausch von Lebensmitteln gegen Zigaretten. Bei schweren Vergehen kamen die Jugendlichen in eine Arrestzelle in einem Betonbunker. Der Tagesablauf umfaßte jeweils drei bis vier Stunden Unterricht und Arbeit. Nach erfolgreicher "Eindeutschung" sollten die Jugendlichen mit 18 Jahren in die Wehrmacht eingegliedert werden.

Himmler wollte übrigens auch polnische Dienstmädchen eindeutschen und als Haushaltshilfen und Kindermädchen nach Deutschland schaffen; am 10. 7. 1941 ordnete er an:
"Mädchen polnischer oder ukrainischer Nationalität, die den Wertgruppen 1 und 2 entsprechen, werden herausgesucht und kommen nach Deutschland. Sie werden nicht gleichzeitig deutsche Staatsbürgerinnen, sondern bekommen zunächst ein eigenes 'Tätigkeits- und Führungsbuch'. Erst auf Grund einer bestimmten Tätigkeit, wenn sie – je nach Alter – 3 bis 5 Jahre in tadelloser Form Dienstmädchen, Köchin und Kindermädchen bei einer Familie mit drei und mehr Kindern, oder bei einer Familie, die ein Kind hat und wo die Mutter gerade ein zweites erwartet, gearbeitet hat, erhalten sie die deutsche Staatsangehörigkeit und zugleich die Berechtigung, von einem Deutschen geheiratet zu werden. Den Mädchen ist außerdem in Aussicht zu stellen, daß nach ihrem Benehmen und ihrer Haltung auch ihre Familie beurteilt würde, die dann später die Möglichkeit hätte, nach Deutschland zu kommen und eingedeutscht zu werden.

Die Vermittlung dieser wohl in die Tausende gehenden Anzahl von Dienstmädchen darf nicht durch die Arbeitsämter erfolgen, sondern muß den Dienststellen der Beauftragten des Reichskommissars für die Festigung deutschen Volkstums vorbehalten bleiben ...

Die Familien müssen sowohl bezüglich ihrer Eigenschaft, daß sie Kinder haben (siehe oben), als auch ihrer Eignung geprüft werden, solche Mädchen

---

[73] Ebd., S. 168.
[74] Ebd., S. 169.

fremder Nationalität und guten Blutes durch Erziehung, Unterweisung, Nachhilfe im Sprechen für die rassisch begründete deutsche Volksgemeinschaft zu gewinnen ... Es würde damit folgendes erreicht:
1. Ein Teil der Dienstmädchen-Not in den kinderreichen Familien – und gerade den besten Familien – wäre behoben,
2. das deutsche Volk würde in diesen Mädchen gutrassige und wertvolle spätere Mütter bekommen,
3. diese gutrassigen und wertvollen Mütter würden der fremden Nation, der sie die fähigsten Kinder gebären, genommen."[75]

Bis Ende 1942 befanden sich in Deutschland insgesamt 6818 "eindeutschungsfähige" polnische Haushaltshilfen über vierzehn Jahren. Gleichzeitig war die Beschäftigung "echter" Polinnen als Haushaltshilfen bei Familien im Reich verboten.[76] Aus einem Bericht des Stabshauptamtes des RKFDV vom Februar 1942 geht hervor, daß mit der Auslese der Mädchen die Zweigstelle des RuSHA in Litzmannstadt beauftragt worden war. In diesem Bericht liest man: "Die bei der Ausnutzung der wiedereindeutschungsfähigen jungen Leute, deren Familien im Osten geblieben sind, gesammelten Erfahrungen sind im großen und ganzen unerfreulich. Der Briefwechsel mit den Familien läßt sich nicht unterbinden. Viele der untergebrachten Hausgehilfinnen verhielten sich hartnäckig und mußten bestraft werden. Es sind viele Selbstmordfälle vorgekommen. Daher war ich gezwungen, der Dienststelle des Rasse- und Siedlungsamtes SS besondere Vorsicht bei der Auswahl dieser Mädchen zu empfehlen."[77]

Exkurs: Abtreibungspolitik gegenüber polnischen Zwangsarbeiterinnen im Deutschen Reich

Himmler hoffte also, wie das Beispiel der polnischen Dienstmädchen zeigt, auch auf Geburtenzuwachs im Reich durch "gutrassische" polnische Frauen. Die große Masse der polnischen Zwangsarbeiterinnen in Deutschland kam dafür freilich nicht in Frage; ihnen gegenüber wurde eine repressive Geburtenpolitik betrieben. Man wollte keinen "fremdvölkischen Nachwuchs" und förderte daher den Schwangerschaftsabbruch bei polnischen und russischen Arbeiterinnen im Reich. Dort jedoch, wo "rassisch wertvolle" Kinder zu er-

---

75 In: Heiber 1968, S. 91f.
76 Broszat 1961, S. 115.
77 Zit. n. Hrabar u.a. 1981, S. 222.

warten waren, wurden sie den Arbeiterinnen nach der Geburt weggenommen, um sie zu "germanisieren".

Unter den 6 Millionen ausländischen zivilen Arbeitern, die 1944 größtenteils zwangsweise in Deutschland arbeiteten, waren 2 Millionen, unter Berücksichtigung von Fluktuationen 2,5 Millionen Frauen, von denen die meisten aus dem Osten kamen.[78] Bei solchen Zahlen kamen auch immer wieder Schwangerschaften vor. Bis 1942 wurden schwangere Ostarbeiterinnen in ihr Heimatland abgeschoben; viele uneheliche Schwangerschaften von Ostarbeiterinnen in Deutschland waren deshalb gewollt, um dem Arbeitseinsatz zu entgehen. 1941/42 begann man, eine Abtreibungs- und Selektionspolitik gegenüber "fremdvölkischen" Frauen zu betreiben. Sie zielte darauf ab, a) Unterbrechungen und Störungen des Arbeitseinsatzes durch Schwangerschaften zu verhindern, b) die Fortpflanzung der "slawischen Rasse" einzudämmen und c) zwischen "rassisch erwünschten und unerwünschten Geburten" zu selektieren.

Um Störungen des Arbeitseinsatzes durch Schwangerschaft zu verhindern, hatte Sauckel, der Generalbevollmächtigte für den Arbeitseinsatz, im Dezember 1942 die Rückkehr schwangerer Frauen aus dem Osten in ihre Heimat untersagt; "germanische" Schwangere aus Nord- und Westeuropa konnten dagegen zurückkehren.[79] Krankenhäuser und Entbindungsheime für Deutsche nahmen aber keine Fremdarbeiterinnen auf. 1943 begann daher eine "großzügige" Abtreibungspolitik gegenüber Fremdarbeiterinnen. Dabei ging es nicht nur um den Arbeitseinsatz, es handelte sich vielmehr um Maßnahmen, die im Kontext einer allgemeinen Strategie der Geburtenverhinderung bei der "slawischen Rasse" standen. Ein Element dieser Strategie war der Arbeitseinsatz selbst: Um "'auf biologischem Wege eine Verminderung der Slawen' herbeizuführen, schlug Mitte 1942 der SD in Posen vor, 'jede polnische schwangere Person bis zum achteinhalbten Monat zum vollsten Arbeitseinsatz heranzuziehen. Die daraus möglicherweise entstehende Schwangerschaftsunterbrechung und Störung sind nicht nur gewollt, sondern werden auch erwartet und bringen neben der erzieherischen Auswirkung auch eine Erleichterung für kommende Aufgaben mit sich.'"[80] Hier wurde also die doppelte Zielsetzung der biologischen Reduktion und der Sicherung eines reibungslosen Arbeitseinsatzes verfolgt.[81]

---

78 Bock 1986, S. 440. Ingrid H.E. Schupetta (1981) nennt 2,1 Millionen (1941) bei 8,3 Millionen insgesamt in Deutschland beschäftigten Frauen.

79 Bock 1986, S. 446; vgl. Hamann 1985, S. 129ff.

80 Ebd., S. 445.

81 Schupetta 1981, S. 314.

Um die Fortpflanzung der "slawischen Rasse" einzudämmen, wurden zunächst – schon im Januar 1941 – Abtreibungen an Polinnen für straffrei erklärt, später wurden sie dann gefördert. Am 11. 3. 1943 erließ der Reichsgesundheitsführer eine Verordnung, nach der auf Antrag einer Ostarbeiterin eine Schwangerschaftsunterbrechung durchgeführt werden konnte. In der Realität wurden die Frauen mehr oder weniger zur Abtreibung gezwungen, und die Verweigerung der Unterschrift konnte faktisch zur Festnahme durch die Gestapo und zur Einweisung ins KZ führten. Schwangerschaftsunterbrechungen sollten möglichst innerhalb der Lager durch polnische oder russische Ärzte ausgeführt werden. In den Fällen, in denen die Schwangerschaft bereits zu weit fortgeschritten war und fremdrassige Kinder geboren wurden, kamen die Kinder in Ausländerpflegestätten.[82] Um Geburten zu erschweren, wurde es Hebammen in Deutschland verboten, Polinnen und Russinnen Geburtshilfe zu leisten. Sie mußten in Lagern, Baracken oder Ausbildungsstätten entbinden. Die Vorschriften des Mutterschutzes galten für sie nicht, sie mußten bereits am Tag nach der Geburt wieder zur Arbeit erscheinen; während der Schwangerschaft bestand die Arbeitspflicht fort. 1944 wurde zwar ein Mindestmutterschutz von zwei Wochen eingeführt, aber im Ausnahmefall konnte davon abgesehen werden.[83]

Polinnen und Russinnen dienten als Anschauungs- und Unterrichtsmaterial für Studenten, Hebammen und angehende Ärzte in Frauenkliniken. Himmler hatte 1943 verfügt: "Die Aufnahme in eine Ausländer-Krankenbaracke bei einem deutschen Krankenhaus oder ganz ausnahmsweise in eine deutsche Krankenanstalt kommt nur beim Vorliegen von Regelwidrigkeiten in Frage oder bei der Notwendigkeit, für die Ausbildung von Studenten oder Hebammen-Schülerinnen das Untersuchungsgut zu schaffen."[84] Die Hebamme Marietta Hubacher, die einen Kurs an der Universitätsfrauenklinik Greifswald besuchte, berichtet: "Unter den Hausschwangeren der Klinik befanden sich auch die Fremdarbeiterinnen aus Rußland und Polen. Sie mußten die schweren Arbeiten im Haus verrichten, zugleich waren sie in extremem Ausmaß Unterrichts- und Anschauungsmaterial für die Studenten und angehenden Ärzte. Manchmal standen bis zu zwanzig Leute bei der Geburt um die Frau, an der alle Geburtsvorgänge demonstriert werden konnten. Die Frauen ließen das notgedrungen über sich ergehen, denn sie konnten sich in dieser Lage nicht wehren. Natürlich wurden sie während der Geburt von allen Studenten und Schülerinnen manuell untersucht – auch wenn es fünfundzwanzig waren.

---

82 Vögel 1989, S. 49ff.
83 Grabrucker 1989, S. 235ff.
84 Doc. occ. Bd. V, S. 296.

An einen Fall kann ich mich besonders gut erinnern, denn es wurde vom Professor absichtlich gezeigt, was passiert, wenn die Gebärmutter zu zerreißen droht und nicht eingegriffen wird. Es war eine Polin, an der man den Versuch machte. Sie hat so geschrien und gelitten, daß ich veranlaßte, ihr heimlich eine Morphiumspritze zu geben. Aber dann mußte ich weglaufen, ich konnte nicht mehr zusehen." Die Hebamme berichtet auch von einer Anweisung, daß Neugeborene von Fremdarbeiterinnen keine Muttermilch trinken durften.[85]

Bereits im Januar 1941 war übrigens mit der "Verordnung über Erbpflege von Schutzangehörigen" auch das Sterilisationsgesetzes auf die nach Deutschland deportierten Polen übertragen und dabei "großzügig" ausgelegt worden: "'Sie können unfruchtbar gemacht (sterilisiert) werden, wenn zu erwarten ist, daß sie für die Volksgemeinschaft unerwünschten Nachwuchs haben werden.' Ein 'Erbpflege-Ausschuß' ersetzte die Sterilisationsgerichte, neben den bekannten Behörden konnte auch die Polizei Anträge stellen, Sterilisationsbeschlüsse brauchten weder begründet noch zugestellt zu werden, Schwangerschaften konnten bei Sterilisandinnen ohne deren Zustimmung abgebrochen werden, und das Verbot, außerhalb medizinischer und eugenischer Indikation zu sterilisieren und abzutreiben, wurde aufgehoben."[86] Zu einer "fremdvölkischen Sterilisierungspolitik" gab es weitergehende Pläne. Der Arzt Dr. Pokorny schrieb Himmler im Oktober 1941: "Allein der Gedanke, daß die 3 Millionen momentan in deutscher Gefangenschaft befindlichen Bolschewisten sterilisiert werden könnten, so daß sie als Arbeiter zur Verfügung stünden, aber von der Fortpflanzung ausgeschlossen wären, eröffnet weitgehendste Perspektiven." Vor dem Hintergrund solcher Visionen ließ Himmler entsprechende Experimente zur Entwicklung von Verfahren der Massensterilisation anstellen – "sofortige Versuche an Menschen (Verbrecher !)".[87] Ähnliche Pläne wurden auch für die Juden erwogen: Bei etwa 10 Millionen europäischer Juden müsse man mindestens 2 bis 3 Millionen arbeitsfähige Männer und Frauen "herausziehen und erhalten", sie aber gleichzeitig fortpflanzungsunfähig machen.[88] Es wäre schon überraschend, wenn solche Ideen nicht auch in der Polen-Politik wiederzufinden wären. Höppner schlug im Juli 1941 in Posen vor, alle Juden des Warthegaus in ein Lager zu schaffen und dort alle gebärfähigen jüdischen Frauen zu steri-

---

[85] Grabrucker 1989, S. 110f.
[86] Bock 1986, S. 444.
[87] Zit. Mitscherlich/ Mielke 1962, S. 237.
[88] Ebd., S. 242.

lisieren.[89] Im Oktober 1941 legte Dr. Grohmann, der Leiter des Litzmannstädter Gesundheitsamtes – er war übrigens auch an der Ermordung von Psychiatrie-Insassen in Lodz beteiligt[90] –, dem Reichsstatthalter des Warthegaus eine Denkschrift "Zur Schwächung der biologischen Kraft des polnischen Volkes im Wartheland" vor. Darin regte er an, den Bevölkerungszuwachs der Polen durch die Festlegung von Heiratsaltersgrenzen, den Nachweis eines Mindesteinkommens bei der Eheschließung, durch Arbeitsdienstpflicht, Besteuerung unehelicher Vaterschaft u. ä. einzudämmen; jedoch: "Primitivschichten lassen sich dagegen durch wirtschaftlichen Druck nicht an der Zeugung einer zahlreichen Nachkommenschaft hindern. Dieser unerwünschte Nachwuchs kann nur durch Ausmerzemaßnahmen verhindert werden. Da diese Schicht meist für den Arbeitseinsatz keinen allzu hohen Wert darstellt, wäre also auch diese Maßnahme vom wirtschaftlichen Standpunkt aus zu verantworten. Dabei ist als selbstverständlich vorauszusetzen, daß die Ausdeutung des Begriffes 'erbkrank' bzw. 'sozial unbrauchbar' großzügig zu geschehen hat. Es handelt sich hierbei nicht um eine negative Maßnahme der Erbpflege, sondern um eine Maßnahme völkischer Ausmerze."[91]

In der Abtreibungspolitik wurde für Ostarbeiterinnen die "ethnische Indikation" (Bock) eingeführt: Schwangerschaftsunterbrechungen bei Polinnen und Russinnen waren erlaubt, wenn anhand rassischer Untersuchungen keine Geburt eines "gutrassischen Kindes" zu erwarten war. Das im Deutschen Reich bestehende Verbot anderer als medizinisch indizierter Abtreibung und Sterilisation wurde für Ostarbeiterinnen aufgehoben. Anträge auf Abbruch konnten von den Schwangeren, den Betrieben, den Arbeitsämtern und der Polizei gestellt werden.[92] Gleichzeitig mußte aber jeder Tropfen "guten Blutes" gerettet werden. In einer Rede vor den Höheren SS- und Polizeiführern hatte Himmler am 16. 9. 1942 erklärt, "russische Kinder, einschließlich der ein bis eineinhalb Millionen von deutschen Soldaten gezeugten sollten als 'rassisch

---

89 Loewy/ Schoenberner 1990, S. 169.

90 Klee 1992, S. 72.

91 Doc. occ. Bd. XIII, S. 29.

92 Die genaue Zahl der an polnischen und russischen Zwangsarbeiterinnen vorgenommenen Abtreibungen ist nicht bekannt, sie muß jedoch erheblich gewesen sein. Nach erhaltenen Unterlagen aus Oberfranken sind allein dort zwischen Mai 1943 und April 1944 insgesamt 530 Abtreibungen vorgenommen worden. In 99 Fällen erfolgten rassische Musterungen, in 22 Fällen wurde die Erlaubnis zum Schwangerschaftsabbruch aus rassischen Gründen versagt: Hamann 1986, S. 171. Nach Koehl sollen insgesamt 637 Abtreibungen bei polnischen und anderen osteuropäischen Arbeiterinnen nach Prüfungen durch das RuSHA vorgenommen worden sein: Koehl 1957, S. 221.

wertvolle Kinder den Müttern weggenommen und nach Deutschland gebracht' werden, die 'fremdvölkischen' Mütter im Osten wie in Deutschland sollten einer 'rassischen Musterung', einer 'Grobauslese' unterzogen werden, welche die Fälle ausschied, wo 'die Mutter ganz unmöglich' sei und aus denen 'eine blutliche Versauung der Völker' entstehen könne; eine 'Feinauslese' solle schließlich von SS-Offizieren vorgenommen werden."[93] Himmler veranlaßte, die Abschiebungen der Schwangeren einzustellen, die Kinder jedoch zu selektieren. Die weniger wertvollen Kinder wurden den Frauen nach der Geburt weggenommen und in Kindersammelstätten, sogenannten "Ausländerkinderpflegestätten" zusammengefaßt und einer "Sonderbehandlung" zugeführt, d.h. sie wurden oft bewußt so schlecht ernährt, daß sie nach einigen Monaten starben.[94]

Am 9. 6. 1943 ordnete Himmler an, Abtreibungen an Zwangsarbeiterinnen vorzunehmen, wenn der "Erzeuger" ein "fremdvölkischer Mann" war; war der Erzeuger nach der Behauptung der Frau ein Deutscher oder "Angehöriger eines stammesgleichen (germanischen) Volkstums", war die Abtreibung zustimmungspflichtig. In diesem Fall waren rassische Überprüfungen vorzunehmen: "Läßt das Ergebnis der rassischen Überprüfung erkennen, daß mit einem rassisch wertvollen Kind zu rechnen ist, so ist die Zustimmung zur Schwangerschaftsunterbrechung zu versagen ..."[95] In einer Anordnung vom 27. 7. 1943 legte Himmler das Verfahren der rassischen Selektion fest. Leitender Gedanke war, möglichst viele Kinder von Ausländerinnen dem "Deutschtum" zu erhalten und als deutsche Kinder zu erziehen, sofern der Vater ein "Angehöriger artverwandten Volkstums" war. Alle Schwangerschaften waren danach von den Betrieben übers Arbeitsamt den Jugendämtern zu melden. Die Jugendämter untersuchten die Vaterschaft. Verweigerte die Mutter die Auskunft über den Vater, war sie der Gestapo zu übergeben. Ließ sich die Vaterschaft nicht ohne weiteres feststellen, dann, so die Verfügung Himmlers, "vermerkt das Jugendamt unter knapper Darlegung des Sachverhalts, ob nach der Lage des Einzelfalls die Vaterschaft eines deutschen oder artverwandten stammesgleichen (germanischen) Mannes wahrscheinlich ist."[96] Die Unterlagen waren dann an die zuständigen Stellen der SS zur rassischen Überprüfung und gesundheitlich-erbgesundheitlichen Begutachtung weiterzuleiten. Die rassischen Überprüfungen wurden, als gesundheitliche Untersuchungen getarnt, durch SS-Eignungsprüfer durchge-

93 Bock 1986, S. 449.
94 Ebd., S. 447.
95 Zit. n. Hrabar u.a. 1981, S. 218.
96 Doc. occ. Bd. V, S. 297.

führt; die Entscheidung wurde entlang einer Werteskala von I bis IV und IV f gefällt, wie man sie auch in der Wiedereindeutschungspolitik in den besetzten Ostgebieten verwendete. Frauen, die in die Gruppen IV und IV f (Asoziale) eingestuft wurden, waren Abtreibungskandidatinnen. Die Einstufung erfolgte auf der Grundlage einer zusammenfassenden Auswertung verschiedener Bewertungssysteme: "Das Rasseurteil umfaßte von a = 'rein nordisch' bis e = 'rein fremdblütig' oder 'Mischling mit außereuropäischem Bluteinschlag' sechs Stufen. Hinzu kam eine 'körperbauliche Beurteilung' von 9 = 'Idealgestalt' bis 1 = 'Mißgestalt'. Körperliche Merkmale, insbesondere Kopf-, Gesichts-, Nasen-, Lippenform usw., Haut-, Haar- und Augenfarbe wurden einer 5stufigen Bewertung unterworfen ... Die Gesamtwertung RuS III bedeutete 'ungeeignet', IV 'völlig ungeeignet' und IVf 'untragbar'."[97]

Bei Erwartung "gutrassischen" Nachwuchses wurden die Kinder von der NSV betreut, "die sie in besondere Kinderheime für gutrassische Ausländerkinder oder in Familienpflegestellen einweist."[98] Die Vormundschaft dieser Kinder übernahm das Jugendamt. Rassisch besonders wertvolle Schwangere wurden vom Lebensborn betreut. Dabei bereitete es einige Probleme, den Rassewert von Säuglingen festzustellen: "Allerdings merkten selbst die SS-'Rasseprüfer', daß es wenig Sinn hatte, Säuglinge und Kleinkinder auf ihren 'Rassewert' hin zu untersuchen. Insbesondere in positiven Fällen sei es angebracht, die Beurteilung 'nicht zu bestimmt zu fassen'. Das bedeutete aber nichts anderes, als daß auch die 'gutrassischen' Kinder ständig der Gefahr ausgesetzt waren, abgeschoben oder vernichtet zu werden, wenn sie – um Himmlers Ausdruck zu gebrauchen – nicht 'einschlugen'."[99] Mit der Übernahme "gutrassischer" Kinder durch die NSV oder den Lebensborn war die Trennung des Kindes von der am Arbeitsplatz verbleibenden Mutter verbunden; sie mußte deshalb zustimmen. "Es wird allerdings erwogen, ob nicht bei Ostarbeiterinnen, Arbeitskräften aus dem Generalgouvernement und Schutzangehörigen auf die Zustimmung verzichtet werden kann, wenn die Belehrung keinen Erfolg hat."[100] Mütter "gutrassischer" Kinder sollten allerdings im Reich bleiben dürfen, arbeitsunfähige Mütter mit rassisch unerwünschten Kindern wurden dagegen abgeschoben (was häufig das Todesurteil bedeutete).[101] Den gleichen Trennungsprozessen wurden die Kinder unterworfen, die mit ihren zur Zwangsarbeit deportierten Eltern nach Deutschland ka-

---

97 Vögel 1989, S. 87 Zu dieser Selektionspraxis vgl. auch Hamann 1986.

98 Doc. occ. Bd. V, S. 298.

99 Vögel 1989, S. 88.

100 Doc. occ. Bd. V, S. 299.

101 Hrabar u.a. 1981, S. 218f

men.[102] Es sind Fälle bekannt, in denen Zwangsarbeiterinnen die Kinder, die sie mitbrachten, nach rassischen Untersuchungen weggenommen wurden. Auch dort, wo von Himmlers Germanisierungsprogrammen nichts bekannt war, wurden die Kinder, die von Polinnen in Deutschland zur Welt gebracht wurden, kurz nach der Geburt von den Müttern getrennt und in Firmen-Kindergärten gegeben. Allein in der amerikanischen und britischen Besatzungszone stießen die Besatzungsmächte auf 40 000 Geburtsscheine von Kindern, die von polnischen Arbeiterinnen geboren worden waren.[103]

Bei Erwartung eines "schlechtrassischen" Kindes wurde also abgetrieben, bei Erwartung eines "rassisch erwünschten" Kindes wurde das Kind ausgetragen und anschließend in spezielle Krippen, Lager und Pflegestätten gegeben. Die besonders wertvollen Kinder übernahm der Lebensborn, die anderen kamen in "Ausländerkinderpflegestätten", die der NSV unterstanden. Dies war aber mehr eine Idealvorstellung, und unter dem Begriff "Ausländerkinderpflegestätten" konnte sich sehr Verschiedenes verbergen. Oft wurden die Klein- und Kleinstkinder der Ostarbeiterinnen aber auch in Kindergärten der Betriebe und Lager für deportierte Fremdarbeiter untergebracht, für die die DAF zuständig war. In diesen Einrichtungen war ihr Überleben noch keineswegs garantiert; in der Realität hing es jeweils vom Handeln der örtlichen Behörden ab. Der Generalbevollmächtigte für den Arbeitseinsatz hatte im März 1943 angeordnet, den Müttern unter den ausländischen Arbeiterinnen müsse Gelegenheit zum Stillen gegeben werden, ihre Säuglinge sollten die gleiche Nahrung wie die Kleinstkinder deutscher Mütter erhalten. Unter den Begriff "ausländische Mütter" fielen Ostarbeiterinnen und Polinnen aber wiederum nicht. Da sie von den arbeitsrechtlichen Schutzbestimmungen ausgenommen waren, sollten sie ihre Kinder auch nicht stillen, deshalb ordnete Sauckel an: "Die Säuglinge von Ostarbeiterinnen und Polinnen erhalten bis zu 3 Jahren 1/2 Liter Vollmilch." Nach einer Anweisung des Reichsministeriums für Ernährung und Landwirtschaft vom Oktober 1942 wurden Mindestregelungen für die Ernährung polnischer bzw. russischer Säuglinge und Kleinkinder in den Lagern festgelegt; dabei handelte es aber nur um Kann-Bestimmungen.[104] In der Realität wurden diese Kinder daher oft bewußt schlechter ernährt und versorgt als andere, so daß viele an Unterernährung starben: "Wegen des Fehlens sowohl der Betreuung durch Ärzte und Schwestern als auch der primitivsten sanitären Einrichtungen, vor allem aber wegen des systematischen, absichtlichen Aushungerns der Säug-

---

[102] Ebd. S. 221f.

[103] Seeber 1964, S. 167f.

[104] Vögel 1989, S. 40.

linge wurden diese Anstalten zu Zentren der Massenvernichtung."[105] Als der Leiter des Hauptamtes für Volkswohlfahrt, Hilgenfeldt, 1943 ein "Ostarbeiterkinderheim" besichtigte, mußte er feststellen, daß die Säuglinge dort nur einen halben Liter Milch und eineinhalb Stück Zucker pro Tag erhielten: "Bei dieser Ration müssen die Säuglinge nach einigen Monaten an Unterernährung zugrunde gehen. Es wurde mir mitgeteilt, daß bezüglich der Aufzucht der Säuglinge Meinungsverschiedenheiten bestehen. Zum Teil ist man der Auffassung, die Kinder der Ostarbeiterinnen sollen sterben, zum anderen Teil der Auffassung, sie aufzuziehen. Da eine klare Stellungnahme bisher nicht zustande gekommen ist, und wie mir gesagt wurde, man 'das Gesicht gegenüber den Ostarbeiterinnen wahren wolle', gibt man den Säuglingen eine unzureichende Ernährung, bei der sie, wie schon gesagt, in einigen Monaten zugrunde gehen müssen." Hilgenfeld bat daraufhin Himmler um eine grundsätzliche Stellungnahme: "Die augenblickliche Behandlung der Frage ist m. E. unmöglich. Es gibt hier nur ein Entweder – Oder. Entweder man will nicht, daß die Kinder am Leben bleiben – dann soll man sie nicht langsam verhungern lassen und durch diese Methode noch viele Liter Milch der allgemeinen Ernährung entziehen; es gibt dann Formen, dies ohne Quälerei und schmerzlos zu machen. Oder aber man beabsichtigt, die Kinder aufzuziehen, um sie später als Arbeitskräfte verwenden zu können. Dann muß man sie aber auch so ernähren, daß sie einmal im Arbeiteinsatz vollwertig sind." Himmler entschied zwar, daß die Kinder aufgezogen werden müssen;[106] das Reichsernährungsministerium gab daraufhin im Januar 1944 einen Erlaß heraus, der verbesserte Nahrungsmengen auch für polnische und russische Kinder vorsah – doch galt dies nur für Pflegekinder, nicht die Kinder, die weiterhin mit ihren Müttern in den Lagern lebten, für sie bestand die Kann-Bestimmung vom Oktober 1942 fort.[107]

Die Kinderheime, die entweder den Arbeitslagern, in denen die Mütter arbeiteten, angeschlossen waren oder sich in deren Nähe befanden, hatten häufig lediglich den Zweck, den reibungslosen Arbeitseinsatz der Mütter zu ermöglichen und die Kinder notdürftig zu versorgen oder zumindestens den Anschein einer Versorgung zu erwecken. Zum Beispiel das "Entbindungsheim Broitzem" bei Braunschweig: Die Mütter, die ihre Kinder hier zur Welt bringen konnten, wurden nach acht bis neun Tagen zur Arbeit zurückgeschickt und durften ihre Kinder, die in gesonderter Baracke untergebracht waren, nicht sehen. Man versuchte, alle Faktoren auszuschalten, die

---

105 Hrabar u.a. 1981, S. 171.
106 Vögel 1989, S. 41f.
107 Ebd., 42.

die Arbeitsleistung der Frauen hätten beeinträchtigen können.[108] Die meisten Kinder litten unter Hospitalismus und Unterernährung. Entsprechend hoch war die Kindersterblichkeit: Von insgesamt 800 in der Braunschweiger Anstalt zur Welt gekommenen Kindern starb die Hälfte. Insgesamt lag die Kindersterblichkeit in den verschiedenen Lagern bei 40 bis 70%.[109] Im Kinderheim Velpke, um ein anderes Beispiel zu nennen, wurden uneheliche Kinder von Polinnen und Ostarbeiterinnen untergebracht. Die Einrichtung des Heims war notwendig geworden, weil es im Kreisgebiet rund 200 unehelich geborene Kinder von Polinnen und Ostarbeiterinnen gab, die die Mütter bei der Arbeit behinderten. Im Heim herrschten primitivste sanitäre Bedingungen. Es gab weder fließendes Wasser noch elektrisches Licht. Von insgesamt 102 Kindern starben 1944 von Mai bis Mitte Dezember 89, die meisten an Unterernährung. In der Regel kamen die Kinder acht Tage nach der Geburt im "Entbindungsheim" hierhin. Das Heim wurde im Dezember 1944 geschlossen, die übriggebliebenen Kinder kamen in die Ausländerpflegestätte in Rühen. In Rühen wurden 1944 318 Kinder aufgenommen, davon starben im gleichen Jahr 254.[110]

---

108 Hrabar u.a. 1981, S. 172.
109 Ebd., S. 173ff; vgl. a. Seeber 1964, S. 166.
110 Vögel 1989, S. 74ff.

Abkürzungen

BDM = Bund Deutscher Mädel
DAF = Deutsche Arbeitsfront
DVL = Deutsche Volksliste
EWZ = Einwandererzentrale
GG = Generalgouvernement
HJ = Hitler-Jugend
HSSPF = Höherer SS-Polizeiführer
IDO = Institut für deutsche Ostarbeit
NSLB = Nationalsozialistischer Lehrerbund
NSV = Nationalsozialistische Volkswohlfahrt
RFSS = Reichsführer SS
RKFDV = Reichskommissar für die Festigung des deutschen Volkstums
RSHA = Reichssicherheitshauptamt
RuSHA = Rasse- und Siedlungshauptamt
SD = Sicherheitsdienst
SS = Schutzstaffel

Literatur

1. Zeitgenössische Zeitschriften

Amtliches Mitteilungsblatt des Reichsstatthalters (Abt. III) im Reichsgau Wartheland für Erziehung, Unterricht, Kultur- und Gemeinschaftspflege

Deutsche Forschung im Osten

Die deutsche Volksschule im Generalgouvernement

Mitteilungen der Reichsuniversität Posen

Mitteilungsblatt des NSLB, Gauwaltung Schlesien

Mitteilungsblatt des NSLB, Gauwaltung Wartheland

Mitteilungsblatt der Stadt Warschau

NS-Erzieher. Bundesblatt des Nationalsozialistischen Lehrerbundes Gau Danzig

Osteuropäische Lageberichte (Hg. Institut für osteuropäische Wirtschaft, Königsberg)

Verordnungsblatt für das Generalgouvernement 1940. Krakau 1940

Warschauer Kulturblätter

2. Quellensammlungen, archivalisches und biographisches Material

Czerniakow 1986 = *Im Warschauer Getto. Das Tagebuch des Adam Czerniakow 1939-1942*. München 1986

Doc. occ. = *Documenta occupationis*, 13 Bde. Poznan 1945-1990

- Band IV: Pospieszalski, Karol Marian: Niemiecka lista narodowa w "Kraju Warty". Poznan 1946

- Band V: Pospieszalski, Karol Marian: Hitlerowskie "prawo" okupacyne w Polsce. Cz. 1. Poznan 1952

- Band VI: Pospieszalski, Karol Marian: Hitlerowskie "prawo" okupacyne w Polsce. Cz. 2. Poznan

- Band XI: Dlugoborski, Waclaw/ Molendowa, Janina/ Srokowa, Irena/ Szefer, Andrzej: Polozenie Ludnosci w Rejencji Katowickiej w Latach 1939-1945. Poznan 1983

- Band XIII: Luczak, Czeslaw: Polozenie ludnosci Polskiej w tzw. Kraju Warty w okresie Hitlerowskiej Okupacij. Poznan 1990

Gamm, Hans-Jochen: *Führung und Verführung. Pädagogik des Nationalsozialismus*. München 1990

Hansen, Georg (Hg.): *Schulpolitik als Volkstumspolitik. Quellen zur Schulpolitik der Besatzer in Polen 1939-1945*. Münster-New York 1994

Heiber, Helmut (Hg.): *Reichsführer!.... Briefe an und von Himmler*. Stuttgart 1968

Heiber, Helmut: "Der Generalplan Ost". In: *Vierteljahrshefte für Zeitgeschichte* 6, 1958
Hohenstein, Alexander: *Wartheländisches Tagebuch aus den Jahren 1941/42.* Stuttgart 1961
I.Z. = Institut Zachodni w Poznaniu (Westinstitut Posen): Serie I
Kanz, Heinrich (Hg.): *Der Nationalsozialismus als pädagogisches Problem. Deutsche Erziehungsgeschichte 1933-1945*. Frankfurt/M., Bern, New York, Paris 1990
Kinder des Holocaust sprechen ... Lebensberichte. Leipzig 1995 [*Kinder des Holocaust*]
Maschmann, Melita: *Fazit. Kein Rechtfertigungsversuch.* Stuttgart 1963
Mitscherlich, Alexander/ Mielke, Fred: *Medizin ohne Menschlichkeit. Dokumente des Nürnberger Ärzteprozesses.* Frankfurt/M. 1962
Picker, Henry: *Hitlers Tischgespräche im Führerhauptquartier 1941-1942.* Stuttgart 1965
Präg, W./ Jacobsmeyer, W. (Hg.): *Das Diensttagebuch des deutschen Generalgouverneurs in Polen 1939-1945.* Stuttgart 1975 [*Tagebuch Frank*]
Rauschning, Hermann: *Gespräche mit Hitler.* Zürich, Wien, New York 1940
Röhr, Werner u.a.: *Europa unterm Hakenkreuz. Die faschistische Okkupationspolitik in Polen (1939-1945).* Berlin 1989
Sierakowiak 1993 = *Das Ghettotagebuch des Dawid Sierakowiak. Aufzeichnungen eines Siebzehnjährigen 1941/42.* Leipzig 1993
Sonderlaboratorium = Czeslawa Madajczyka, (red.): *Zamojszczyna - Sonderlaboratorium SS.* Tom 1 + 2. Warszawa 1977
Sosnowski, Kiryl: *The Tragedy of Children under Nazi Rule.* Poznan, Warszawa 1962
Tagebuch Frank: siehe Präg/ Jacobsmeyer 1975
Ueberhorst, Horst: *Elite für die Diktatur. Die nationalsozialistischen Erziehungsanstalten 1933-1945.* Düsseldorf 1969
Verbrechen an polnischen Kindern 1939-1945. Eine Dokumentation. Herausgegeben von der Hauptkommission zur Untersuchung der Naziverbrechen in Polen (Warschau 1969). München, Salzburg 1973 [*Verbrechen*]
Weh, Albert: *Das Recht des Generalgouvernements.* Krakau 1940

3. Zeitgenössische Literatur

Arnold, Hans: Ostpolitik und Schule. In: *Erziehung zum Osten* 1 (9) 1934
AWI: Arbeitswissenschaftliches Institut der Deutschen Arbeitsfront: *Jahrbücher* 1939 (= 1939a) und 1940
AWI 1939b = *Soziale Probleme im ehemaligen Polen (deutsches Interessengebiet).* Berlin, Oktober 1939

Baedekers Reiseführer: *Das Generalgouvernement.* Leipzig 1943
Baer, Georg: Die Erziehung zum Osten in der Hitler-Jugend. In: *Erziehung zum Osten* 3 (1) 1936
Bandorski, Georg: Die Fortbildung der Lehrerschaft im Distrikt Warschau. In: *Die Deutsche Volksschule im Generalgouvernement* 1 (11/12) 1942
Beck, Robert: Zur Psychologie der Umvolkung. In: *Baltische Monatshefte* 1, 1938
Berger, Siegfried Werner: *Unternehmertum und Rassenbild.* Diss. Erlangen 1940

Bernatzki, A.: Schulhelferlehrgänge im Generalgouvernement. In: *Die Deutsche Schule* 46 (8) 1942
Beyer, Hans-Joachim: Ghetto oder Assimilation? Die amerikanische Soziologie und ostmitteleuropäische Volkstumsfragen. In: *Zeitschrift für Politik* 32, 1942
Beyer, Hans-Joachim: Zur Frage der Umvolkung. In: *Auslandsdeutsche Volksforschung* 1 (4) 1937
Bochdam, Kurt: Die Wiederkehr der deutschen Sprache in den Volksschulen im befreiten Gebiet des Reichsgaues Danzig-Westpreußen. In: *NS-Erzieher. Bundesblatt des Nationalsozialistischen Lehrerbundes Gau Danzig* 8, 1940
Boeck, Adalbert: Ein Jahr Schulaufbau im befreiten Gebiet des Reichsgaues Danzig-Westpreußen. In: *Der Deutsche im Osten* 3/1941

Clauss, Ludwig Ferdinand: *Die nordische Seele. Eine Einführung in die Rassenseelenkunde*. Berlin 1939 (7. Aufl.)
Clauss, Ludwig Ferdinand: *Der nordische Gedanke unter den Deutschen*. München 1927
Clauss, Ludwig Ferdinand: Inneres Schicksal. In: *Nordische Blätter* 7/1931
Clauss, Ludwig Ferdinand: Rassenseele und Volksgemeinschaft. In: *Rasse* 2 (1) 1935
Clauss, Ludwig Ferdinand: *Rasse und Seele*. München, Berlin 1940 (14. Aufl.)
Coulon, Karl Albert: Grundlagen einer deutschen Ostpolitik. Die Volksliste im Wartheland. In: *Das Junge Deutschland* 35 (3) 1941
Culemann, Carl: Die Gestaltung der städtischen Siedlungsmasse. In: *Raumforschung und Raumordnung* 5 (3/4) 1941

Darré, Richard Walter: *Neuadel aus Blut und Boden*. München 1930
Deutsche Karls-Universität Prag: *Personal- und Vorlesungsverzeichnis Wintersemester 1944/45*. Prag 1944
Dobers, Ernst: *Die Judenfrage. Stoff und Behandlung in der Schule*. Bad Heilbrunn 1936
Dobers, Ernst/ Higelke, Kurt, Hg.: *Rassenpolitische Unterrichtspraxis*. Leipzig 1938
Dresler, Adolf: Der Aufbau des deutschen Schulwesens im Generalgouvernement. In: *Der deutsche Erzieher* 4 (8) 1942
Drost, Überblick über die Rückdeutschungsarbeit. Erfahrungen und Anregungen (1944). In: *Doc. occ.* Bd. IV

Eckhardt, Otto: Der Hochbau im Generalgouvernement. In: *Das Generalgouvernement* Folge 1, Heft 7, April/ Mai 1941
Eckle, Christian: *Erbcharakterologische Zwillingsuntersuchungen*. Leipzig 1939
Erdmann, Walter: Wachstum im Wartheland. In: *Nationalsozialistischer Volksdienst* 10 (2) 1943

Fink, Leopold: Die erzieherischen Aufgaben der deutschen Schülerheime im Generalgouvernement. In: *Die Deutsche Volksschule im Generalgouvernement* 3 (3/4) 1944

Geißler, Heinrich: Umvolkungserscheinungen bei Jugendlichen in der fremdvölkischen Großstadt. In: *Auslandsdeutsche Volksforschung* 2/1938
Gerstenhauer, Max Robert: *Der Führer. Ein Wegweiser zu deutscher Weltanschauung und Politik*. Jena 1927
Gerstenhauer, Max Robert: *Rassenlehre und Rassenpflege*. Leipzig 1913

Giese, Gerhardt: Grundlagen volksdeutscher Erziehung vor den Grenzen. In: *Die deutsche Schule* 42 (11) 1938
Gottong, Heinrich: Bedeutung und Aufgaben der Sektion Rassen- und Volkstumsforschung. In: *Deutsche Forschung im Osten* 1 (6) 1941a
Gottong, Heinrich: Eine polnische Bevölkerungsgruppe im Generalgouvernement. In: *Deutsche Forschung im Osten* 1 (5) 1941b
Gottong, Heinrich: Das biologische Bild einer deutschen Gemeinde in Polen. In: *Deutsche Forschung im Osten* 1 (1/2) 1941c
Gradmann, Die Erfassung der Umsiedler. In: *Zeitschrift für Politik* 32/1942
Greifelt, Ulrich: Die Ostaufgabe der Jugend. In: *Das Junge Deutschland* 35 (3) 1941
Grimm Hans: Fortschritte der anthropologischen Erforschung Ostdeutschlands und des Generalgouvernements. In: *Deutsche Monatshefte* 8 (18) 1941/42
Grundmann, Karl: Deutsches Kulturleben in Warschau. In: *Das Generalgouvernement* 1 (6), März 1941
Günther, Hans F.K.: *Ritter, Tod und Teufel. Der heldische Gedanke.* München 1920
Günther, Hans F.K.: *Rassenkunde des Deutschen Volkes.* München 1928 (1. Aufl. 1922)
Günther, Hans F.K.: *Platon als Hüter des Lebens.* München 1928
Günther, Hans F.K.: *Volk und Staat in ihrer Stellung zu Vererbung und Rasse.* München 1933a
Günther, Hans F.K.: Zur Frage einer akademischen Ausbildung der Volksschullehrer. In: *Deutschlands Erneuerung* 17 (4) 1933b
Günther, Hans F.K.: *Die Verstädterung.* Leipzig-Berlin 1934a
Günther, Hans F.K.: Zur Frage der Begründung eines Neuadels. In: *Rasse* 1 (4/5) 1934 b
Günther, Hans F.K.: *Führeradel durch Sippenpflege.* München 1936

Hanke, Oswald: Schulaufbau im Osten. In: *Die Volksschule* 37/1941-42
Harpe, W.v.: Das Institut für Grenz- und Auslandsstudien und die Methoden volkspolitischer Schulung. In: *Deutsches Grenzland. Jahrbuch des Instituts für Grenz- und Auslandsstudien 1935.* Berlin 1934
Helmich, Wilhelm: Deutsch. In: Dobers/ Higelke 1938
Hentschel, Dorothea: Erzieherinnen im deutschen Osten. In: *Nationalsozialistische Mädchenbildung* 6 (10) 1940
Hentschel, Willibald: *Mittgart. Ein Weg zur Erneuerung der germanischen Rasse.* Leipzig 1914
Hentschel, Willibald: *Varuna. Das Gesetz des aufsteigenden und sinkenden Lebens in der Völkergeschichte.* Leipzig 1907
Hiegemann, Friedrich: Lehrer-Studenten im Osteinsatz. In: Strickner 1941
Higelke, Kurt: Das deutsche Volksschulwesen im Generalgouvernement. In: *Die Deutsche Schule* 46 (2) 1942
Hippius, Rudolf u.a.: *Volkstum, Gesinnung und Charakter. Bericht über psychologische Untersuchungen an Posener deutsch-polnischen Mischlingen und Polen, Sommer 1942.* Prag 1943
Hippius, Rudolf/ Feldmann, J.G.: Siedlungsbereitschaft für den Osten. In: *Deutsche Wissenschaftliche Zeitschrift im Wartheland* 3 (5/6) 1942
Hochschule für Lehrerbildung Cottbus: *Arbeitspläne 1936-1939*
Hochschule für Lehrerbildung Hirschberg: *Jahresberichte 1935-1937*

Höppner, Heinz: Die Aufgaben des Gauamtes für Volkstumsfragen im Reichsgau Wartheland (1943). In: *Doc. occ.* IV S. 254-300
Hoffmann, Doris: Das Landjahrlager im Reichsgau Danzig-Westpreußen. In: *Landjahrschulungsbriefe* 5, 1940/41
Hunkel, Margart: *Von deutscher Gottesmutterschaft*. Sontra 1919
Huth, Albert: *Seelenkunde und Arbeitseinsatz*. München 1937

Illustrierter Führer durch die Gauhauptstadt Posen und Umgebung. Leipzig 1941
Irmler, Josef: Aufbau des Schulwesens im Generalgouvernement. In: *Deutsches Schulverwaltungsarchiv* 37/1940

Jaenicke, Ernst: Propaganda und Kulturarbeit. In: *Das Generalgouvernement* 1 (15) 1941

Kade, Franz (Hg.): *Danziger Beiträge zur Erneuerung des deutschen Bildungswesens*. Danzig 1935
Kallbach, Konrad: Sonderaufgaben des Landjahrs im Warthegau. In: *Landjahrschulungsbriefe* 5, 1940/41
Kielski, B.: Les idées directrices de la nouvelle loi sur le régime de l'enseignement public en Pologne. In: *Internationale Zeitschrift für Erziehungswissenschaft* 3/1933-34
Kommerell, H.: Biologie an der Hochschule für Lehrerbildung Eßlingen. In: *Der Biologe* 1937
Krieck, Ernst: *Volkscharakter und Sendungsbewußtsein. Politische Ethik des Reichs*. Leipzig 1940
Krieck, Ernst: Zur Frage der künftigen deutschen Volksschullehrerbildung. In: *Volk im Werden* 2/1934
Kroh, Oswald: Zur Psychologie der "Umvolkung". In: *Auslandsdeutsche Volksforschung* 1 (4) 1937
Küppers, Hans: Das Sonderarbeitsrecht der jugendlichen Polen und Juden. In: *Das Junge Deutschland* 36 (3) 1942

Laack, F.: Pädagogische Osthilfe. In: *Freie Volksbildung* 7 (9) 1932
Lanz von Liebenfels, Jörg: *Theozoologie*. Wien, Leipzig, Budapest 1905
Lehmann, Theodor: Grenz-Landschulheime als eine zeitgemäße Forderung. In: *Mitteilungen der Akademie zur wissenschaftlichen Erforschung und zur Pflege des Deutschtums* 11 (1) 1936
Lehmann, Theodor: *Das Landschulheim und die Erziehung des künftigen politischen Deutschen*. Osterwieck 1933
Lenz, Fritz: Menschliche Erblichkeitslehre. In: Erwin Baur/ Eugen Fischer/ Fritz Lenz: *Grundriß der menschlichen Erblichkeitslehre und Rassenhygiene*, Bd.1. München 1921
Lenz, Fritz: *Über die biologischen Grundlagen der Erziehung*. München 1925
Lenz, Fritz: Gedanken zur Rassenhygiene (Eugenik). In: *Archiv für Rassen- und Gesellschaftsbiologie* 37/1943
Leucht, Gerhard/ Jacob, Walter: Einsatz im Osten. In: *NS-Erzieher. Bundesblatt des Nationalsozialistischen Lehrerbundes Gau Danzig*, 8, Dezember 1942
Leuschner, Egon: *Nationalsozialistische Fremdvolkpolitik*. O. O. u. J. (1942)

Lochner, Rudolf: Erziehungswissenschaft und Erziehungslehre im deutschen Volksstaat der Gegenwart. In: *Der neue Volkserzieher* 1/1935
Lochner, Rudolf: Der volkspolitische Staatsgedanke als deutsches Erziehungsziel. In: *Wissenschaft im Volkstumskampf. Festschrift für Erich Gierach*. Reichenberg 1941
Lochner, Rudolf: *Planungen zur Akademisierung der sudetendeutschen Volksschullehrerbildung zwischen 1918 und 1945*. In: Keil 1967.
Lorenz, Konrad: Durch Domestikation verursachte Störungen arteigenen Verhaltens. In: *Zeitschrift für angewandte Psychologie und Charakterkunde* 59/1940
Ludwig, H.: Ethische Grundzüge zukünftiger deutscher Kolonialpolitik und Kolonialrechtspolitik. In: *Deutsches Recht* 7 (23/24) 1937

Maurer, Erich: Bedeutung und Aufgaben der Sektion Gartenkultur. In: *Deutsche Forschung im Osten* 1 (1/2) 1941
Menzel, Hans: Umsiedlerjugend in sicherer Obhut. In: *Das Junge Deutschland* 35 (11) 1941
Meyer, Konrad (Hg.): *Landvolk im Werden*. Berlin 1942
Möller, Günther: Erziehung zum Führertum und deutscher Osten. In: *Leibesübungen und körperliche Erziehung* 62 (1/2) 1943
Müller, Albert: Das Recht der jungen Arbeit. In: *Das Junge Deutschland* 34 (10) 1940
Müller, K.V./ Springer, M.: Sozialanthropologische Beobachtungen. In: *Archiv für Rassen- und Gesellschaftsbiologie* 18, 1926
Müller, Karl Valentin: Der Nordische Gedanke in der Arbeiterbewegung. In: *Die Sonne* 6 (9) 1929
Müller, Karl Valentin: Die Bildungsbedeutung der Volkshochschulen vom Standpunkt der Rassen- und Gesellschaftsbiologie. In: *Gesundheit und Erziehung* 46 (11) 1933
Müller, Karl Valentin: *Der Aufstieg des Arbeiters durch Rasse und Meisterschaft*. München 1935
Müller, Karl Valentin: Gesetzmäßigkeit bei Wandlungen von rassisch nahestehenden Nachbarvölkern durch Umvolkungsvorgänge. In: *Archiv für Rassen- und Gesellschaftsbiologie* 31, 1937
Müller, Karl Valentin: Deutsches Führertum. Eine rassenbiologische Betrachtung. In: Das *Junge Deutschland* 35 (9) 1941
Müller, Kurt: Ein Jahresbericht aus der oberschlesischen Aufbauarbeit. In: *Die Volksschule* 37 (5/6) 1941

Nohl, Herman: *Landbewegung, Osthilfe und die Aufgaben der Pädagogik*. Leipzig 1933
Nolte, Otto: Der Aufbau des deutschen Schulwesens in dem befreiten Teile des Regierungsbezirks Kattowitz. In: *Deutsches Schulverwaltungsarchiv* 38/1941

Oberländer, Theodor: Von der Front des Volkstumskampfes. In: *Neues Bauerntum* 32, 1940
"Der Osten des Warthegaus". Hg. von der Ausstellungsleitung "Der Osten des Warthegaus". Litzmannstadt o.J.
Osteuropa-Institut Breslau: *Jahrbuch 1942*

Pastorff, Hans: Das Landjahrlager in Ostoberschlesien. In: *Landjahrschulungsbriefe* 5, 1940-41

Personal- und Vorlesungsverzeichnis der Reichsuniversität Posen. Posen 1941; 1944
Petermann, Bruno: Das Problem der Rassenseele. Leipzig 1943 (2. Aufl.)
Plügel, Anton: Bedeutung und Aufgaben der Sektion Rassen- und Volkstumsforschung (II). In: *Deutsche Forschung im Osten* 1 (6) 1941
Plügel, Anton: Rassen und Volkstümer des Generalgouvernements. In: *Zeitschrift für Erdkunde* 10, 1942

Reche, Otto: Leitsätze zur bevölkerungspolitischen Sicherung des deutschen Ostens, Leipzig 24. September 1939. In: Rössler/ Schleiermacher 1993
Reche, Otto: Stärke und Herkunft des Anteiles Nordischer Rasse bei den West-Slawen. In: Hermann Aubin u.a., *Deutsche Ostforschung. Ergebnisse und Aufgaben seit dem 1. Weltkrieg*. Leipzig 1942.
Reichsuniversität Posen (Hg.): *Die Gründung der Reichsuniversität Posen am Geburtstag des Führers. Reden bei dem Staatsakt zur Eröffnung am 27. April 1941*
Reinhardt: Der deutsche Sprachunterricht für die Kinder volksdeutscher Rücksiedler. In: *Mitteilungsblatt des NSLB, Gauwaltung Wartheland* 1941
Rosenberg, Alfred: Der deutsche Ordensstaat. In: ders., *Gestaltung der Idee*. München 1936
Rosenberg, Alfred: *Der Mythus des 20. Jahrhunderts*. München 1930
Rüdiger, Jutta: Die Ostaufgabe der Mädel. In: *Das Junge Deutschland* 36, 1942

Schaeffer, Helmut: Tatsachen geben uns recht. NSV-Einrichtungen - wertvolle Eindeutschungsinstrumente im Rahmen der Volkstumspolitik des Gaues Danzig-Westpreußen. In: *Nationalsozialistischer Volksdienst* 10 (2) 1943
Schallmeyer, Wilhelm: *Vererbung und Auslese. Grundriß der Gesellschaftsbiologie und der Lehre vom Rassedienst*. Jena 1918
Schmidt-Bodenstedt, Adolf: Das Landjahr in den eingegliederten Ostgebieten. In: *Landjahrschulungsbriefe* 5, 1940-41
Schliebe, Georg: Stand und Aufgabe der Zweisprachigkeitsforschung. In: *Auslandsdeutsche Volksforschung* 1 (2) 1937
Schmitz, Rolf: Rassisch-stammliche Artung zum Straßenbahnführerberuf. In: *Die Rheinprovinz* 12 (7) 1936;
Schottky, Johannes: Erbbiologische Siedlerauswahl. In: *Volk und Rasse* 10 (2) 1935.
Schultz, Arved: Rassengeschichte und Rassen Osteuropas. In: Seraphim 1937
Schultz, Bruno K.: Rassische Siedlerauslese. In: *Volk und Rasse* 10 (2) 1935
Schwantz, Erwin: Was wir wollen. In: Strickner 1941
Schwidetzky, Ilse: Die Rassenforschung in Polen. In: *Zeitschrift für Rassenkunde* 1/1935.
Seberich, Anna: Unvergeßliche Erlebnisse aus dem Austauschlager im Gau Wartheland. In: *Nationalsozialistische Mädchenbildung* 6 (11) 1940
Seraphim, Peter Heinz (Hg.): *Einige Hauptprobleme deutscher Ostwissenschaft*. Königsberg 1937
Seraphim, Peter Heinz: Die Judenfrage im Generalgouvernement als Bevölkerungsproblem. In: *Die Burg. Vierteljahresschrift des Instituts für deutsche Ostarbeit Krakau* 1 (1) 1940
Seraphim, Peter Heinz: Bevölkerungs- und wirtschaftspolitische Probleme einer europäischen Gesamtlösung der Judenfrage. In: *Weltkampf* 1941, Heft 1/2

Seweryn, Stanislaw: La loi de l'organisation de l'enseignement en Pologne. In: *Internationale Zeitschrift für Erziehungswissenschaft* 3/1933-1934
Siebert, Friedrich: *Der völkische Gehalt der Rassenhygiene.* München 1917
Skawran, Paul: Grenz-Landschulheime. In: *Der Deutsche Volkserzieher* 2 (18) 1937
Solger, Friedrich: Der deutsche Mensch und die östliche Landschaft. In: *Erziehung zum Osten* 1 (9/10) 1934
Sprenger, Wir brauchen Junglehrer für den Osten! In: *Das Junge Deutschland* 35 (3) 1941
Stegemann, Hermann: Der Aufbau des Schulwesens im Reichsgau Wartheland. In: *Deutsches Schulverwaltungsarchiv* 37, 1940
Stegemann, Hermann: Der Aufbau des Volksschulwesens im Warthegau. In: Strickner 1941
Strickner, Herbert (Red.): *Der deutsche Osten ruft den Jungerzieher. Werbeheft der "NSLB-Jungerziehergemeinschaft in den befreiten Ostgebieten".* Posen 1941
Strickner, Herbert: Die "Deutsche Volksliste" in Posen. Bericht über ihre Entstehung und die Entwicklung des Verfahrens (1942). In: *Doc. occ.* Bd. IV

Tumlirz, Otto: *Anthropologische Psychologie.* Berlin 1939

Urban, Herbert: Krakaus gegenwärtige und zukünftige Neubauten. In: *Das Generalgouvernement* Folge 7, Heft 8, April/Mai 1941

Vasterling, Christian: *Entdeutschungsgefahren im Reifealter. Zur Psychologie der Umvolkung Jugendlicher.* Berlin 1936
Viergutz, Rudolf: Nordische Ehevermittlung? In: *Die Sonne* 11/1928

Watzke, Adolf: Wissenschaft, Erziehung und Volksbildung. In: Max du Prel (Hg.): *Das Generalgouvernement.* Würzburg 1942
Wetzel, E./ Hecht, G.: Die Frage der Behandlung der Bevölkerung der ehemaligen polnischen Gebiete nach rassenpolitischen Gesichtspunkten. Berlin 1939. In: *Doc. occ.* Bd. V
Wiepking, H. Fr.: Deutsche Landschaft als deutsche Ostaufgabe. In: *Neues Bauerntum* 32, 1940
Wiggert, Von der BDM-Führerin zur Schulhelferin. In: *Mitteilungsblatt des NSLB, Gauwaltung Wartheland* Jg. 1942 Nr. 11
Wilhelm, Theodor: Die europäische Aufgabe der Erziehungswissenschaft. In: *Internationale Zeitschrift für Erziehung* 11 (3) 1942

Zoch, Wilhelm: Landnahme im Dienst der Volksordnung. In: *Neues Bauerntum* 32, 1940
Zoch, Wilhelm: *Neuordnung im Osten. Bauernpolitik als deutsche Aufgabe.* Berlin 1939

4. Literatur nach 1945

Ackermann, Josef: *Heinrich Himmler als Ideologe. Göttingen*, Zürich, Frankfurt/M. 1970
Adolphs, Lotte: *Kinder in Ketten. Kinderschicksale in Ghettos und Konzentrationslagern.* Duisburg 1984

Aly, Götz/ Heim, Susanne: *Ein Berater der Macht. Helmut Meinhold oder der Zusammenhang zwischen Sozialpolitik und Judenvernichtung*. Hamburg, Berlin 1986

Aly, Götz/ Heim, Susanne: *Vordenker der Vernichtung. Auschwitz und die deutschen Pläne für eine neue europäische Ordnung*. Hamburg 1991

Aly, Götz/ Roth, Karl Heinz: *Die restlose Erfassung. Volkszählen, Identifizieren, Aussondern im Nationalsozialismus*. Berlin 1984

August, Jochen u.a.: *Herrenmoral und Arbeitsvölker. Ausländische Arbeiter in Deutschland 1939-1945*. Berlin 1986

Bartoszewski, Wladyslaw: *Uns eint vergossenes Blut. Juden und Polen in der Zeit der "Endlösung"*. Frankfurt/M. 1987

Baske, Siegfried: *Bildungspolitik in der Volksrepublik Polen 1944-1986*. Teil 1: 1944-1970. Wiesbaden 1987

Becker, Peter Emil: *Zur Geschichte der Rassenhygiene. Wege ins Dritte Reich*. Stuttgart, New York 1988

Beranek, Franz J.: Judentum in Polen. In: Markert (Hg.) 1959

Bergmann, Klaus: *Agrarromantik und Großstadtfeindschaft*. Meisenheim 1970

Berndt, Emil Karl: Die deutschen Lehrerorganisationen im tschechoslowakischen Staate. In: Keil 1967

Bock, Gisela: *Zwangssterilisation im Nationalsozialismus*. Opladen 1986

Bosma, Koos: Verbindungen zwischen Ost- und Westkolonisation. In: Rössler/ Schleiermacher 1993

Bramwell, Anna: *Blood and Soil. R.W. Darré and Hitler's Green Party*. Buckinghamshire 1985

Broszat, Martin: *Nationalsozialistische Polenpolitik 1939-1945*. Stuttgart 1961

Burleigh, Michael: *Germany turns eastwards. A study of the "Ostforschung" in the third Reich*. Cambridge 1988

Daim, Wilfried: *Der Mann, der Hitler die Ideen gab. Die sektiererischen Grundlagen des Nationalsozialismus*. Wien, Köln, Graz 1985

Dallin, Alexander: *Deutsche Herrschaft in Rußland 1941-1945*. Königstein/Ts. 1981

Dawidowicz, Lucy S.: *Der Krieg gegen die Juden 1933-1945*. München 1979

Deutschkron, Inge: *...denn ihrer war die Hölle. Kinder in Gettos und Lagern*. Köln 1965

Dörner, Christine: *Erziehung durch Strafe. Die Geschichte des Jugendstrafvollzugs 1871-1945*. Weinheim, München 1991

Drewek, Peter: Die Begabungsuntersuchungen Albert Huths und Karl Valentin Müllers nach 1945. Zur wissenschaftsgeschichtlichen Bedeutung des konservativen Begabungsbegriffs in der Nachkriegszeit. In: *Zeitschrift für Pädagogik* 35 (2) 1989

Dwork, Deborah: *Children with a Star. Jewish Youth in Nazi Europe*. New Haven, London 1991

Eisen, George: *Spielen im Schatten des Todes. Kinder im Holocaust*. München, Zürich 1993

Eisenblätter, Georg: *Grundlinien der Politik des Reichs gegenüber dem Generalgouvernement 1939-1945*. Diss. Frankfurt/M. 1969

Evangelische Akademie Iserlohn (Hg.), *Die nationalsozialistische Bildungspolitik und das geheime polnische Unterrichtswesen während der Zeit der deutschen Besetzung in Polen*. Iserlohn 1992

Friedrich, Walter/ Schubarth, Wilfried: Ausländerfeindliche und rechtsextreme Orientierungen bei ostdeutschen Jugendlichen. In: *Deutschland Archiv* 24, 1991

Fuks, Marian: Die Jahre der Naziokkupation. In: Tomaszewski 1983

Fuks, Marian/ Hoffman, Zygmunt/ Horn, Maurycy/ Tomaszewski, Jerzy: Polnische Juden. Geschichte und Kultur. In: Tomaszewski 1983

Gaweda, St.: *Die Jagellionische Universität in der Zeit der faschistischen Okkupation 1939-1945*. Jena 1981

Geuter, Ulrich: *Die Professionalisierung der deutschen Psychologie im Nationalsozialismus*. Frankfurt/M. 1984

Giordano, Ralph: *Wenn Hitler den Krieg gewonnen hätte. Die Pläne der Nazis nach dem Endsieg*. Hamburg 1989

Goguel, Rudolf: *Über die Mitwirkung deutscher Wissenschaftler am Okkupationsregime in Polen im 2. Weltkrieg*. Diss. Berlin 1964

Golczewski, Frank: Polen. In: Wolfgang Benz, Hg.: *Dimensionen des Völkermords. Die Zahl der jüdischen Opfer des Nationalsozialismus*. München 1991

Grabrucker, Marianne: *Vom Abenteuer der Geburt. Die letzten Landhebammen erzählen*. Frankfurt/M. 1989

Gröning, Gerd/ Wolschke-Bulmahn, Joachim: *Der Drang nach Osten: Zur Entwicklung der Landespflege im Nationalsozialismus und während des 2. Weltkrieges in den "eingegliederten Ostgebieten"*. München 1987

Gross, Jan Tomasz: *Polish Society under German Occupation*. Princeton/ New Jersey 1979

Gürtler, Paul: *Nationalsozialismus und evangelische Kirche im Warthegau*. Göttingen 1958

Gutschow, Niels: Stadtplanung im Warthegau 1939-1944. In: Rössler/ Schleiermacher 1993

Gutschow, Niels/ Klain, Barbara: *Utopie und Vernichtung. Stadtplanung Warschau 1939-1945*. Hamburg 1993

Hamann, Matthias: Die Morde an polnischen und sowjetischen Zwangsarbeitern in deutschen Anstalten. In: G. Aly u.a.: *Aussonderung und Tod. Die klinische Hinrichtung der Unbrauchbaren*. Berlin 1985 (Beiträge zur nationalsozialistischen Gesundheits- und Sozialpolitik 1)

Hamann, Matthias: Erwünscht und unerwünscht. Die rassenpsychologische Selektion der Ausländer. In: Jochen August u.a.: *Herrenmensch und Arbeitsvölker. Ausländische Arbeiter in Deutschland 1939-1945*. Berlin 1986 (Beiträge zur nationalsozialistischen Gesundheits- und Sozialpolitik 3)

Hansen, Georg: Selektion und ethnische Differenzierung als Prinzip von Schulpolitik - der Reichsgau "Wartheland" 1939-1945. In: Evangelische Akademie Iserlohn 1992

Harten, Hans-Christian: Rasse und Erziehung. Zur pädagogischen Psychologie und Soziologie des Nationalsozialismus. In: *Zeitschrift für Pädagogik* 39 (1) 1993

Hellwig, Jan: Pädagogik unter der Okkupation - Schulwesen und Wissenschaft in Polen 1939-1945. In: Keim 1990

Herzog, Robert: *Besatzungsverwaltung in den besetzten Ostgebieten - Abteilung Jugend.* Tübingen 1960

Heyne, Claudia: *Täterinnen. Offene und versteckte Aggression von Frauen.* Zürich 1993

Hillgruber, Andreas: Die "Endlösung" und das deutsche Ostimperium als Kernstück des rassenideologischen Programms des Nationalsozialismus. In: ders., *Deutsche Großmacht- und Weltpolitik im 19. und 20. Jahrhundert.* Düsseldorf 1977

Hrabar, Roman/ Tokarz, Zofia/ Wilczur, Jacek E.: *Kinder im Krieg - Krieg gegen Kinder. Die Geschichte der polnischen Kinder 1939-1945.* Reinbek 1981

Jansen, Christian/ Weckbecker, Arno: *Der "Volksdeutsche Selbstschutz" in Polen 1939/40.* München 1992

Kalisch, Johannes/ Voigt, Gerd: "Reichsuniversität Posen". Zur Rolle der faschistischen deutschen Ostforschung im zweiten Weltkrieg. In: Alfred Anderle/ Werner Basler, Hg.: *Juni 1941. Beiträge zur Geschichte des hitlerfaschistischen Überfalls auf die Sowjetunion.* Berlin 1961

Kater, Michael H.: *Das "Ahnenerbe" der SS 1935-1945.* Stuttgart 1974

Kater, Michael H.: Die Artamanen - Völkische Jugend in der Weimarer Republik. In: *Historische Zeitschrift* 213, 1971

Keil, Theo (Hg.): *Die Deutsche Schule in den Sudetenländern.* München 1967

Keim, Wolfgang (Hg.): *Pädagogik und Pädagogen im Nationalsozialismus.* Frankfurt/M. 1990

Klain, Barbara: Warschau 1939-1945: Vernichtung durch Planung. In: Rössler/ Schleiermacher 1993

Klattenhoff, Klaus/ Wißmann, Friedrich: Der deutsche Überfall auf Polen 1939 und seine Auswirkungen auf polnische Schulen im "Reichsgau Danzig-Westpreußen". In: *Pädagogik und Schule in Ost und West* 37 (1) 1989

Klattenhoff, Klaus: Erziehung zum Untermenschen. Nationalsozialistische Schul- und Bildungspolitik für polnische Kinder im Reichsgau Wartheland 1939 bis 1945. In: Evangelische Akademie Iserlohn 1992

Klee, Ernst (Hg.): *Dokumente zur "Euthanasie".* Frankfurt/M. 1985

Kleßmann, Christoph: *Die Selbstbehauptung einer Nation. Nationalsozialistische Kulturpolitik und polnische Widerstandsbewegung im Generalgouvernement 1939-1945.* Düsseldorf 1971

Kleßmann, Christoph: Die Zerstörung des Schulwesens als Bestandteil deutscher Okkupationspolitik im Osten am Beispiel Polens. In: Keim 1990

Kleßmann, Christoph: Osteuropaforschung und Lebensraumpolitik im Dritten Reich. In. Peter Lundgreen (Hg.): *Wissenschaft im Dritten Reich.* Frankfurt/M. 1985

Koehl, Robert L.: *RKFDV: German Settlement and Population Policy 1939-1945. A history of the Reich Commission for the Strengthening of Germandom.* Cambridge 1957

Kozlowicz, Tatjana: Das Arbeitsstraflager für polnische Kinder und Jugendliche in Lodz. In: *Verbrechen*

Kuby, Erich: *Als Polen deutsch war. 1939-1945.* München 1986

Kuhlmann, Carola: *Erbkrank oder erziehbar? Jugendhilfe als Vorsorge und Aussonderung in der Fürsorgeerziehung in Westfalen von 1933-1945.* Weinheim, München 1989

Kuhn, Walter: Deutschtum in Polen und sein Schicksal in Kriegs- und Nachkriegszeit. In: Markert (Hg.) 1959

Kupffer, Heinrich: *Der Faschismus und das Menschenbild in der deutschen Pädagogik. Frankfurt/M.* 1984

Lasek, Krystyna: Der Schulunterricht der polnischen Kinder im Raum Lublin. In: *Verbrechen*

Laux, Hermann: *Pädagogische Diagnostik im Nationalsozialismus 1933-1945.* Weinheim 1990

Lederer, Gerda u.a.: Autoritarismus unter Jugendlichen der ehemaligen DDR. In: *Deutschland Archiv* 24, 1991

Lilienthal, Georg: *Der "Lebensborn e.V.". Ein Instrument nationalsozialistischer Rassenpolitik.* Frankfurt/M. 1993

Loewy, Hanno/ Schoenberner, Gerhard: *"Unser einziger Weg ist Arbeit". Das Getto in Lodz 1940-1944.* Wien 1990

Löwenberg, Dieter: *Willibald Hentschel. Seine Pläne zur Menschenzüchtung, sein Biologismus und Antisemitismus.* Mainz 1978

Lutzhöft, Hans-Jürgen: *Der Nordische Gedanke in Deutschland 1920-1940.* Stuttgart 1971

Madajczyk, Czeslaw: *Die Okkupationspolitik Nazideutschlands in Polen 1939-1945.* Berlin, Köln 1988

Majer, Dieter: *"Fremdvölkische" im Dritten Reich. Ein Beitrag zur nationalsozialistischen Rechtssetzung und Rechtspraxis in Verwaltung und Justiz unter besonderer Berücksichtigung der eingegliederten Ostgebiete und des Generalgouvernements.* Boppard 1981

Markert, Werner: *Osteuropa Handbuch: Polen.* Köln, Graz 1959

Marszalek, Jozef: Majdanek. *Geschichte und Wirklichkeit des Vernichtungslagers.* Reinbek 1982

Marten, Heinz-Georg: *Sozialbiologismus. Biologische Grundpositionen der politischen Ideengeschichte.* Frankfurt/M. 1983

Martyn, Tadeusz: Das Gaukinderheim in Kalisz. In: *Verbrechen*

Mattausch, Roswitha: *Siedlungsbau und Stadtneugründungen im deutschen Faschismus: dargestellt anhand exemplarischer Beispiele.* Frankfurt/M. 1981

Mommsen, Hans: Die Realisierung des Utopischen: Die "Endlösung der Judenfrage" im "Dritten Reich". In: *Geschichte und Gesellschaft* 9, 1983

Moreau, Partick: Die neue Religion der Rasse. In: Iring Fetscher (Hg.), *Neokonservative und "Neue Rechte".* München 1983.

Müller, Rolf-Dieter: *Hitlers Ostkrieg und die deutsche Siedlungspolitik.* Frankfurt/M. 1991

Müller, Harry/ Schubarth, Wilfried: Rechtsextremismus und aktuelle Befindlichkeiten von Jugendlichen in den neuen Bundesländern. In: *Aus Politik und Zeitgeschichte* 38, 1991

Müller-Hill, Benno: *Die Philosophen und das Lebendige.* Frankfurt/M., New York 1981

Müller-Hill, Benno: *Tödliche Wissenschaft.* Reinbek 1984

Oenning, Ralf Karl: Zur Sprachen- und Schulsprachenpolitik der Nationalsozialisten im Generalgouvernement und im Wartheland. In: Evangelische Akademie Iserlohn 1992

Peschken, Goerd: Die neue Deutsche Stadt Warschau. In: H. Frank (Hg.), *Faschistische Architekturen. Planen und Bauen in Europa 1930 bis 1945.* Hamburg 1985

Pilichowski, Czeslaw: Nationalsozialistischer Völkermord im Lichte der Pläne des Dritten Reiches und deren Realisierung. In: *Polnische Weststudien* 11 (2) 1983

Pohl, Dieter: *Von der "Judenpolitik" zum Judenmord. Der Distrikt Lublin des Generalgouvernements 1939-1944.* Frankfurt/M. 1993

Pospieszalski, Karol Marian: La liste nationale allemande au "pays de la Warta". In: *Doc. occ.* Bd. IV (1946) S. 307-79

Prieberg, Fred K.: *Musik im NS-Staat.* Frankfurt/M. 1982

Rammstedt, Otthein: *Deutsche Soziologie 1933-1945.* Frankfurt/M. 1986

Rempel, Gerhard: *Hitler's Children. The Hitler Youth and the SS.* Chapel Hill, London 1989

Ritter, Ernst: *Das Deutsche Ausland-Institut in Stuttgart 1917-1945. Ein Beispiel deutscher Volkstumsarbeit zwischen den Weltkriegen.* Wiesbaden 1976

Röhr, Werner: Die faschistische Okkupationspolitik in Polen 1939 bis 1945 und die Stellung dieses Landes in den Plänen für eine "Neuordnung Europas". In: *1999. Zeitschrift für Sozialgeschichte des 20. und 21. Jahrhunderts* Heft 3, 1992

Rössler, Mechthild: *"Wissenschaft und Lebensraum". Geographische Ostforschung im Nationalsozialismus. Ein Beitrag zur Disziplingeschichte der Geographie.* Berlin 1990

Rössler, Mechthild/ Schleiermacher, Sabine (Hg.): *Der "Generalplan Ost": Hauptlinien der nationalsozialistischen Planungs- und Vernichtungspolitik.* Berlin 1993

Roth, Karl Heinz: "Generalplan Ost" - "Gesamtplan Ost". Forschungsstand, Quellenprobleme, neue Ergebnisse. In: Rössler/ Schleiermacher 1993

Schmuhl, Hans-Werner: *Rassenhygiene, Nationalsozialismus, Euthanasie.* Göttingen 1987

Scholtz, Harald: *Nationalsozialistische Ausleseschulen. Internatsschulen als Herrschaftsmittel des Führerstaates.* Göttingen 1973

Scholtz, Harald: Die "NS-Ordensburgen". In: *Vierteljahrshefte für Zeitgeschichte* 15/1967

Schupetta, Ingrid H.E.: Jeder das Ihre - Frauenerwerbstätigkeit und Einsatz von Fremdarbeitern/-arbeiterinnen im Zweiten Weltkrieg. In: Frauengruppe Faschismusforschung (Hg.:) *Mutterkreuz und Arbeitsbuch. Zur Geschichte der Frauen in der Weimarer Republik und im Nationalsozialismus.* Frankfurt/M. 1981

Schuster, Helmuth: Theorien, Utopien und rassistische Abgründe sozialwissenschaftlicher Bevölkerungsforschung zwischen wilhelminischem Mitteleuropa-Modell und SS-Generalplan Ost. In: Carsten Klingemann (Hg.): *Rassenmythos und Sozialwissenschaften in Deutschland.* Opladen 1987

Schwanbeck, J.: Von der Pädagogischen Akademie zur LBA in Elbing. In: *Elbing-Kreis* 1/1958

Seeber, Eva: *Zwangsarbeiter in der faschistischen Kriegswirtschaft. Die Deportation und Ausbeutung polnischer Bürger unter besonderer Berücksichtigung der Lage der Arbeiter aus dem sogenannten Generalgouvernement (1939-1945).* Berlin 1964

Spittler, Botho: *Das höhere Schulwesen in der "polnischen Ecke" Westpreußens im Spannungsfeld der Nationalitätenpolitik.* Dortmund 1986

Stachura, Peter D.: *Nazi Youth in the Weimar Republic.* Santa Barbara, Oxford 1975

Stasiewski, Bernhard: Die Kirchenpolitik der Nationalsozialisten im Warthegau 1939-1945. In: *Vierteljahrshefte für Zeitgeschichte* 7/1959

Szarota, Tomasz: *Warschau unterm Hakenkreuz. Leben und Alltag im besetzten Warschau 1. 10. 1939 bis 31. 7. 1944.* Paderborn 1989

Tomaszewski, Jerzy (Hg.): *Abriß und Geschichte der polnischen Juden im 19. und 20. Jahrhundert.* Warschau 1983

Trunk, Isaiah: Judenrat. *The Jewish Councils in Eastern Europe under Nazi Occupation.* New York, London 1972

Umbreit, Hans: *Deutsche Militärverwaltungen 1938/39. Die militärische Besetzung der Tschechoslowakei und Polens.* München 1977

Vögel, Bernhild: *"Entbindungsheim für Ostarbeiterinnen" Braunschweig, Broitzemer Straße 200.* Hamburg 1989

Volkmer, Gerhard F.: Die deutsche Forschung zu Osteuropa und zum osteuropäischen Judentum in den Jahren 1933 bis 1945. In: *Forschungen zur osteuropäischen Geschichte* 42, 1989

Walczyk, Marian: Zur divide et impera-Strategie der nationalsozialistischen Bildungspolitik - am Beispiel des ukrainischen Schulwesens im Generalgouvernement. In: Evangelische Akademie Iserlohn 1992

Wasser, Bruno: Die "Germanisierung" im Distrikt Lublin als Generalprobe und erste Realisierungsphase des "Generalplans Ost". In: Rössler/ Schleiermacher 1993

Weingart, Peter: *Doppel-Leben. Ludwig Ferdinand Clauss: Zwischen Rassenforschung und Widerstand.* Frankfurt/M., New York 1995

Weingart, Peter/ Kroll, Jürgen/ Bayertz, Kurt: *Rasse, Blut und Gene. Geschichte der Eugenik und Rassenhygiene in Deutschland.* Frankfurt/M. 1988

Wißmann, Friedrich: Zum Schulwesen während der deutschen Besatzung im Reichsgau Danzig-Westpreußen 1939-1945. In: Evangelische Akademie Iserlohn 1992

Wroblewska, Teresa: Die Rolle und Aufgaben einer nationalsozialistischen Universität in den sogenannten östlichen Reichsgebieten am Beispiel der Reichsuniversität Posen 1941-1945. In: *Pädagogische Rundschau* 32, 1978

Zimniak, Henryk: Das deutsche Musikleben im Reichsgau Wartheland (1939-1945). In: *Polnische Weststudien* 23 (2) 1983

Zorn, Gisela: *Nach Ostland geht unser Ritt. Deutsche Eroberungspolitik und die Folgen. Das Beispiel Lodz.* Köln 1988